자민당 정권과 전후 체제의 변용

자민당 정권과 전후 체제의 변용

박철희 지음

서울대학교출판문화원

| **차례** |

| 글머리에 |

1990년대 초반부터 일본 정치에 본격적인 관심을 가지기 시작했으니, 이미 일본 정치 연구에 관심을 가진지도 20여 년이 흘렀다. 그 기간 중 반 정도는 대학과 대학원에서 일본 정치를 가르쳤다. 그러면서 일본 정치에 대한 책을 써야지 하면서도 엄두를 내지 못했다. 박사 학위 논문을 일본어로 출판하고, 일본 정치에 관한 번역서를 여럿 내면서도, 정작 일본 정치에 대한 총괄적인 저서를 한국어로 출판하는 작업은 게을리했다. 바쁘다는 핑계를 댔지만, 사실 그보다는 어떤 책을 쓸까가 고민이었다. 평범한 교과서를 쓰고 싶지는 않았다. 일본 정치에 관한 일반적인 교과서가 될 만한 책과 글은 한국에서도 이미 수없이 출판되었다. 단순한 일본 정치에 관한 글로는 성이 차지 않는다는 욕심이 오히려 강박관념이 되었는지도 모르겠다. 하지만 일본 정치의 틀이나 역사만을 다루는 글보다는 일정한 테마를 가지고 현장감 있는 분석을 해낸 책을 쓰고 싶었다. 또한 미국이나 일본에서 쓰인 글을 단순 조합하거나 그대로 옮기고 싶지는 않았다. 필자는 한국에서 정치학을 공부했고, 미국 콜럼비아 대학에서 일본 정치 연구로 정치학 박사를 받았다. 그리고 일본에서도 일본 정치를 가르친 경험이 있다. 시간이 지나면 지날수록 과연 일본 정치를 한국인의 입장에서 해석한다면 어떠한 글을 쓸 수 있을까 하는 고민이 뇌리를 떠나지 않았다.

이러한 고민의 결과 세 가지 선택을 했다. 하나는 일본 정치를 장기 집권에 성공한 자민당 정치 중심으로 다루는 것이었다. 전후 일본 정치의 변화는 곧 자민당 정치의 변화를 의미하며, 자민당과 야당의 복합적인 경쟁과 협력의 관계 속에서 전후 체제는 변화해 왔다. 따라서 자민당 자체의 분석에 함몰되기보다는 자민당과 야당의 역학 관계, 그리고 자민당 내의 다양한 흐름을 포괄함으로써 전후 일본 정치의 변화를 읽어보고자 했다. 일본의 전후 체제가 자민당을 중심으로 어떻게 변화해 왔고, 왜 변화했는가, 지금의 일본은 어디에 있는가를 필자 나름대로 분석해 보고자 하였다. 둘째, 일본 정치에 관한 이론과 현실을 복합적으로 구성한 글을 쓰고자 했다. 일본 정치에 대한 이론에 치우치면 일본에 관심이 있는 일반 독자가 이해하기 어렵고, 현실에만 치우치면 연구자들에게 도움을 줄 수 없다는 판단 아래, 일본 정치에 대한 기존의 연구 결과를 포괄하면서도 현실을 설명하는 글을 쓰고자 하였다. 이 책은 일본 정치학에 대한 글이 아니라 일본 정치를 설명하는 글이다. 셋째, 일본 정치를 해석함에 있어 비판적 시각을 도입하고자 했다. 미국의 일본 연구자들은 자민당에 대해 긍정적인 평가를 내리면서 자민당 중심의 보수가 가지는 유연성에 주목하는 저작을 많이 발표하였다. 미국의 관점에서 자민당 중심의 정치는 미·일동맹의 중요성을 기초로 시대 변화에 현실적인 적응을 해 온 긍정적 변화의 정치였다. 따라서 미국에서의 일본 정치 연구에서는 자민당에 대해 긍정적으로 평가하는 경우가 많다. 일본의 연구자들은 정치적 현실과 일정한 거리를 두고 치밀하게 자료를 축적하며 분석적인 연구 성과를 높이는 데 초점을 두고 있다. 따라서 일본 정치의 제도적 틀의 변화에 대한 이론적 논쟁이나 정치 지도자에 대한 역사적 접근 내지 구술사口述史, oral history에 중점을 두는 연구가 많다. 현실 정치에 대한 평가와 시시비비는 인내심 있게 유보하고 있는 것이다. 한편, 한국의 일본 정치 연구를 보면 일본에 대한 외국 학자의 연구를 소개하거나 일본에 대한 자신의 입장을 정해놓고 자신의 시각과 틀에 맞는 사실만 취사선택하든지, 아니면 단순한 사실을 소개하는 경우가 많다. 하지만 이것만으로는 한국인이 일본에 대해 가지는 관심의 기본인 '일본이 어디로 가고 있는가'에 대한 답을 낼 수 없다. 한국에서는 일본 국가 노선의 방향성, 정책 노선, 그리고 거시적 정치판에 대한 관심이 높다. 그래서 이 글에서는 필자 나름대로 일본 정치의 어제와 오늘에 대해 비판적 상상력을 가지면서도 객관적 사실에 근거한 현실 분석을 통해 일본 정치 변화의 방향성에 대한 궁금증을 해소해 보고자 했다.

현대 일본 정치를 분석하면서 이 책에서는 세 가지 중점을 두었다. 첫째, 이 책은 '전후 일본戰後 日本'에 대한 글이다. 일반적으로 한국인들은 전후 일본에 대한 이해가 부족하다. 식민지 시대의 일본, 전전의 일본에 대해서는 깨알같이 공부하면서도 전후의 일본에 대해서는 큰 붓으로 그림을 그리고 끝을 내는 감이 든다. 입구에 서서 출구를 미리 알고 있는 듯한 논조가 많다. 그러나 이 책은 전후 일본의 체제가 어떻게 전전의 일본과 다르게 형성되었고, 전후 일본의 보수와 혁신은 전후 체제와 어떻게 선이 닿아 있는가를 논하는 데서 시작하고 있다. 자민당 지배 체제는 전후 체제의 형성과 변화에 직접적으로 연관된다. 이 책은 전후 체제의 형성으로부터 전후 체제로부터의 본격적인 탈각을 시도하는 가운데 정권을 상실한 자민당 체제를 분석의 대상으로 한다. 둘째, 이 책은 자민당 지배의 '역사적 변화歷史的 變化'에 초점을 둔다. 자민당 정치는 왜, 어떻게, 그리고 어느 방향으로 변하고 있는가가 논의의 초점이다. 일본의 전후 체제는 지난 60여 년이 넘도록 많은 변화를 겪어왔다. 전쟁 직후의 일본과 현재의 일본은 비교도 안될 만큼 다르다. 하지만 평화헌법의 체제가 아직 존재하고 있는 데서 알 수 있듯이, 전후 체제는 완전히 해체되지 않았다. 이 책은 전후 체제가 형성되고 발전되며, 변화되는 과정을 설명하고 있다. 1945년 전후 체제의 출발로부터 1955년 체제의 형성과 변화, 1955년 체제의 붕괴와 1990년대의 대전환기, 그리고 고이즈미 이후의 전후 체제 탈각 시도가 가져온 일본 정치의 거시적 변화에 대해 분석하고 있다. 셋째, 이 책은 전후 일본의 자민당 정치가 가지는 '복합성複合性'과 '다원성多元性'에 주목하고 있다. 필자는 일정한 정치 세력이 특정한 정치적 의도를 가지고 일본을 이미 정해진 방향으로 끌고 가고 있다는 시각에 동의하지 않는다. 정치는 가능성의 예술이며, 끝을 미리 알 수 없는 게임open-ended game이다. 그래서 정치는 살아 있는 것이라고 한다. 누가 어떠한 정치적 이념과 정책적 아이디어를 가지고, 어떠한 상대와 상호작용을 하는가가 아주 중요하다. 권력욕, 이해관계, 이념, 제도, 관행 등 다양한 요소가 정치적 행위자의 선택을 열어주기도 하고 구속하기도 한다. 단선적 · 일원론적 분석보다는 복합적 · 복안複眼적 분석이 필요한 이유가 여기에 있다. 이 책에서는 정치적 이념ideas, 정치제도institutions, 그리고 정치적 이해관계interests 간 복합적 상호작용을 분석하는 데 중점을 두었다. 자민당 지배 체제의 변화는 정치사회적 맥락에서 이해할 수 있다. 다른 민주주의 국가와 마찬가지로 자민당 지배 체제는 여당과 야당과의 경쟁과 협력 관계, 자민당 내부의 권력 관계, 그리고 국가와 사회 간 상호작용의 연장선상에서 변화해 왔다. 정치는 제도적 틀 안에서 이루어지지만 제도적 틀의 변화가 정치적 변화를 강요한 것도 아니다. 정치적 이해를 가진 복수의 정치 세력과 정치 집단 내에서의 이해의 충돌과 갈등이 자민당의 변화를 유도해 왔다.

이 책은 서론, 1장부터 6장까지의 본론, 그리고 결론으로 구성되어 있다. 서론에서는 한국에서 일본에 대한 논의가 가지는 맹점을 지적하고, 자민당 정치를 어떻게 이해해야 하는지를 다루고 있다. 한국에서 일본을 보는 눈은 과거사 중심인 데다 갈등론적으로 고착되어 있어 분석적 약점을 드러내고 있다. 필자는 전후 일본을 객관적으로 이해하기 위해서는 변화하는 일본, 다양한 정치 세력이 경합하고 경쟁하는 일본에 대한 이해가 중요함을 주장하고 있다. 제1장에서는 전후 체제의 이중성二重性이 보 · 혁 갈등으로 연결되고 있음을 밝히고 있다. '민주화'와 '탈군사화'로 대변되는 전쟁 직후의 점령군 개혁을 받아들인 것이 일본의 혁신이며, 냉전의 전개와 더불어 역코스를 통해 미국과 동맹을 맺고 자위대를 가진 '강한 일본' 만들기를 받아들인 것이 일본의 보수였음을 지적한다. 보수 세력 내부에서도 요시다 라인으로 대표되는 온건 보수와 하토야마, 기시 등으로 대표되는 급진 보수가 존재하였으며, 1950년대 후반기는 혁신 진영과 급진 보수 간의 전면 대결로 점철되었다. 제2장에서는 1960년대에서 1970년대에 이르는 기간 동안 중도 야당의 성장으로 다당화 단계를 거치면서 보·혁 백중세가 이루어지는 과정을 설명한다. 또한 자민당 내부에 5대 파벌이 정착하면서 서로 경합하는 모습을 분석하고 있다. 제3장에서는 다나카-다케시타파를 중심으로 자민당이 총주류파 체제를 확립하여 당내 안정을 꾀하고, 야당에 대한 자유주의적 공세를 통해 일당 우위 체제를 확립해 가는 과정을 분석한다. 그러나 다이나믹한 정치적 경쟁의 상실이 정치적 부패로 이어져 정치개혁 열풍에 휩싸이는 과정도 함께 담고 있다. 제4장에서는 일본인들이 '잃어버린 10년'이라고 부르는 1990년대가 실제로는 총체적인 체제 변환기였음을 밝히고 있다. 사회당과 공산당을 중심으로 한 혁신 정당의 몰락, 자민당 내에서의 신보수주의 세력의 성장, 그리고 중도 야당의 노선 전환과 새로운 야당인 민주당의 성장을 분석함으로써 일본 정계가 총체적으로 탈바꿈하였음을 밝혔다. 제5장에서는 고이즈미 시대의 정치를 개괄한다. 필자는 고이즈미 시대의 정치를 전후 체제 해체의 정치로 명명하였다. 고이즈미는 반하시모토파적 정치 수법, 반하시모토파적 정책 내용을 통해 일본 정치에서 새로운 정치적 틀을 마련하고자 하였다. 이는 관료 의존에서 벗어난 수상 관저 주도의 정치, 재정투융자를 통한 경기활성화가 아닌 구조개혁 노선의 추진, 미·일동맹을 강화하는 한편, 아시아에 대한 '주장하는 외교'로 특징지어진다. 제6장에서는 고이즈미 정치의 여파로 나타나는 자민당 내부의 분열과 약체화가 전후 체제 변환에 대한 정치적 재정의의 혼란과 구태의연한 체제로의 복귀를 희망하는 타성의 정치로 이어지면서 자민당이 급속하게 약화되는 과정을 분석한다. 반면, 최대 야당인 민주당이 조용하면서도 빠른 성장을 보이면서 자민당에 대한 대안으로 등장하는 과정을 통해 자민당 정치가 종언을 고하고 있음을 보여준다. 결론 부분에서는 본론에서의 논의를 바탕으로 전후 일본의 정치가 보 · 혁 대립의 정치에서 보수 정당 간 경쟁의 정치로, 자민당 내 파벌 간 유사 정권 교체에서 정당 간 정권 교체로 바뀐 맥락을 분석하고, 전후 지배 이념과 정책적 대립축이 이행하는 과정을 포괄적으로 다루고 있다.

이 책의 집필을 구상한 것은 필자가 고베 대학에 객원 연구원으로 있었던 2007년 1월경이었다. 그 이후로 자민당 정치는 그야말로 급전직하의 변화를 겪으면서, 급기야 2009년 총선에서 정권을 내놓았다. 필자는 2009년 가을 학기에 서울대학교에서 안식년을 얻어 도쿄에 체재하면서 일본 정치의 변화를 현장에서 실감나게 체험하였다. 자민당 체제가 일단락을 지은 현시점에서 이 책을 마무리 짓지 않으면 영원히 숙제로 남을 것이라는 생각에 2010년 봄 학기에 미국 콜럼비아 대학으로 자리를 옮겨 이 책의 집필에 집중하였다. 안식년을 마치고 돌아와서 2011년에 접어들어서까지 다시 초고를 읽어보고 뜯어고치고 결론 부분을 쓰는 작업을 계속하였다. 결국 책의 구상부터 완성까지 무려 4년이나 걸리고 말았다. 책의 내용에 여전히 아쉬운 부분이 남아있기는 하지만, 일본 정치를 연구하려는 후학이나 일본 정치 변화에 관심을 가진 일반 독자에게 조금이나마 도움이 되었으면 좋겠다는 소박한 생각에서 원고를 탈고하기로 마음을 먹었다.

이 책을 집필하기까지 여러 분의 도움을 얻었다. 일본 정치의 생생한 현장감을 얻을 수 있었던 것은 전 · 현직 정치인과의 격의 없는 대화였다. 나카소네 야스히로中曽根康弘, 가토 고이치加藤紘一, 오타 아키히로太田昭宏, 마치무라 노부타카町村信孝, 아베 신조安倍晋三, 시오자키 야스히사塩崎恭久, 히라사와 가츠에이平沢勝榮, 하야시 요시마사林芳正, 오카다 가츠야岡田克也, 후루카와 모토히사古川元久, 후쿠야마 테츠로福山哲郎, 곤도 쇼이치近藤昭一, 미노리카와 노부히데御法川信英, 다나카 시게루田中茂, 고바야시 유타카小林豊 등 여러 분께서 바쁜 일정에도 불구하고 필자의 거듭된 인터뷰 요청에 언제고 흔쾌히 응해 주셨다. 이 자리를 빌어 다시 감사드린다. 현장에서 일본 정치를 취재하고 분석하는 정치부 기자들도 필자와 귀중한 정보를 공유해 주었다. 특히 와카미야 요시부미若宮啓文, 와타나베 츠토무渡辺勉, 마츠다 다카가즈松田喬和, 이토 도모나가伊藤ともなが, 기시 도시미츠岸俊光, 야마다 미치코山田道子, 우치야마 기요유키内山清之, 오오키 쥰大木潤, 이노우에 교井上協, 고마츠자와 교코小松沢恭子 등 현장 취재 기자와 데스크에 신세를 많이 졌다. 필자 나름의 일본 정치에 대한 시각을 정립하는 데 도움을 준 것은 물론 일본 정치를 연구하는 학자들이었다. 그 중에서도 현대 일본 정치를 연구하는 분들께 많은 시사점을 얻었다. 돌아가신 사토 세이자부로佐藤誠三郎 교수는 언제나 생각나는 스승이다. 가바시마 이쿠오蒲島郁夫, 이노구치 다카시猪口孝, 오타케 히데오大嶽秀夫 등 레바이어선 1세대에게 배운 바가 참으로 많다. 기타오카 신이치北岡伸一, 야마구치 지로山口二郎, 가토 준코加藤淳子, 이오 쥰飯尾潤 등 여러 분이 때때로 조언을 아끼지 않았다. 또한 동시대 연구자인 다케나카 하루카타竹中治堅, 우치야마 유内山融, 다니구치 마사아키谷口將紀는 지적 자극을 주었다.

이 책을 쓰기까지 직간접적으로 도움을 받은 분들이 너무 많다. 우선 필자가 소속한 서울대학교 국제대학원의 동료들에게 감사하고 싶다.

대학원에서의 강의나 업무로부터의 물리적 해방이 없었다면 책을 쓰는 엄두를 못 냈을 것이다. 2007년 고베 대학 국제협력연구과는 필자를 고베 대학 객원 연구원으로 초빙해 주어 이 책의 초고 작성에 도움을 주었다. 특히, 마츠나미松並潤, 기무라木村幹, 다테바야시建林正彦 교수는 필자에게 계속 지적인 자극을 가했다. 2009년 안식년을 맞아 일본의 게이오 대학 방문 교수와 세계평화연구소의 객원 연구원 자격으로 연구에 몰두할 수 있었다. 일본국제교류기금은 일본 연구자 펠로우쉽을 통해 필자의 체재를 적극 지원해 주었고, 게이오 대학의 소에야添谷芳秀 교수, 오코노기小此木政夫 교수, 그리고 니시노西野純也 교수는 필자의 방문을 환영해 주었다. 두 번째로 객원 연구원 자격을 얻은 세계평화연구소에서는 오카와라大河原良夫 전 이사장, 사토佐藤 현 이사장을 비롯하여, 야쿠시지藥師寺 연구주간으로부터 분에 넘치는 환대와 지도를 받았다. 박사과정 때부터 도움을 주신 고지마小島弘 사무차장과 오사와大沢 주임연구원, 그리고 사무국 모두에게 감사드린다. 또한, 일본 체재 기간 중 재일한국상공인연합회 회장인 최종태 회장, 세가그룹의 사토미里見 회장, 기도木戸 회장으로부터 물심양면으로 도움을 받았다. 이 자리를 빌어 감사드린다. 2010년 봄 학기 콜럼비아 대학으로의 복귀는 한국연구센터 소장인 찰스 암스트롱Charles Armstrong 교수의 덕택이었다. 오랜만에 찾은 모교 콜럼비아 대학은 필자에게 다시 한 번 지적인 자극을 안겨주었다. 콜럼비아 대학 시절 지도교수였던 커티스Gerald Curtis 교수는 줄곧 격려와 채찍질을 아끼지 않았다. '이제 책 한 권 더 쓸 때가 된 것 아니냐'고 필자를 자극한 것도 커티스 교수였다. 변함없이 지도와 편달을 해 주시며 필자에게 등대이자 나침반이 되어 주신 커티스 교수께 감사드린다.

또한 콜럼비아 대학 시절부터의 은사인 휴 패트릭Hugh Patrick 교수와 임머만Robert Immerman 씨는 안식년을 맞아 다시 찾은 뉴욕을 편안하게 해주고 지적인 자극을 주었다. 서울대학교 국제대학원 일본지역전공 학생들은 매 학기가 끝날 때마다 '선생님 책 언제 나와요'라고 하며 필자를 압박해 왔다. 대학원생의 많은 질문에 대한 답변이 이 책의 원안이 되었다. 좋은 학생들과 함께 일본 연구를 하고 있는 것도 기쁨이 아닐 수 없다.

무엇보다도 가족들은 언제나 필자에게 평안과 안도감을 주었다. 이 책을 쓰는 기간에도 아들 기동基東이는 와세다 대학을 휴학하고 힘든 군대 생활을 계속했다. 씩씩한 청년이 된 기동이를 보면서 대견하면서도 아빠로서 제대로 해 준 게 없다는 미안한 마음이 든다. 이 책이 아들이 군대에서 고생하는 동안 아버지가 한 일이라고 얼버무릴 핑계가 되었으면 좋겠다. 딸 기연基姸이는 아빠를 따라 고교 입학을 1년이나 늦추어가며 미국에 다녀왔다. 웃음을 잃지 않으며 학교에 다니는 기연이가 기특하고 대견하기만 하다. 무엇보다도 시간이 많이 걸렸음에도 불구하고 참아주면서 이 책을 끝낼 수 있도록 조용히 지켜봐 준 아내에게 감사하기 그지없다. 2007년 겨울방학 내내 필자가 가족들을 남겨둔 채 혼자 훌쩍 고베로 떠나도, 2009년 후반기에 다시 가족을 뒤로 하고 동경에서 연구 생활을 할 때도 아내는 말없이 필자를 응원해 주었다. 아내의 헌신적인 뒷바라지가 없었다면 연구와 집필이라는 일 자체가 사치에 불과했을 것이다. 한편으로 미안하고, 다른 한편으로 고맙기 그지없다. 서당개 삼 년이면 풍월을 읊는다는 말을 위안으로 삼아가면서 초고를 포함하여 이 책을 필자만큼이나 여러 번 읽은 사람이 아내일 것이다. 이 책은 박사 과정 때부터 줄곧 필자 옆에서 묵묵히 힘이 되어준 아내 정효근鄭孝根에게 바친다.

끝으로 이 책의 출판에 선뜻 응해 주신 서울대학교출판문화원 형난옥 본부장께 감사를 드린다. 또한 이 책이 세상의 빛을 보기 전에 기획에서 조판, 교정, 디자인에 이르기까지 김미진 연구원의 세심한 손길이 미치지 않은 곳이 없다. 국제대학원 일본지역학 심미정, 권설아 양은 여름 방학 동안 꼼꼼한 교정에 손을 보탰다. 이 자리를 빌어 좋은 책을 만들도록 도움을 주신 분들께 감사의 마음을 전한다.

2011년 8월
서울대학교 연구실에서
저자 박 철 희

| 서론 |

전후 일본 정치의 이해와 자민당 지배 체제

◆ ◆ ◆

전후 일본 정치를 이해함에 있어 자민당 지배 체제에 대한 이해는 필수적이다. 자민당은 1955년 창당한 이래 2009년 8월에 이르기까지 54년에 걸치는 기간 중 11개월을 제외하고는 줄곧 집권 여당이었다. 마치 일본의 여당은 자민당밖에 없는 것 같은 인상마저 줄 만큼 자민당의 정치적 위치는 절대적이었다. 따라서 자민당 지배 체제가 어떻게 형성되었고 어떻게 발전해 왔으며 어디로 가고 있는가는 일본 연구자에게는 물론 비교정치학자에게도 흥미로운 관심사이다.

이 책은 전후 자민당 정권의 흐름을 조망해 보는 데 주된 관심이 있다. 자민당 정권은 전후 일본 체제의 변환과 직접적으로 관계가 있으며, 전후 일본의 변화와 더불어 자민당도 변화를 거듭해 왔다. 따라서 이 책은 전후 일본에 대한 소개이기도 하다. 일본 사회와 경제의 변화라는 맥락에서 자민당의 정치는 성립되고 또 변화해 왔기 때문이다.

한국에서 일본에 대한 이해 전반은 물론 자민당 지배 체제에 대한 이해는 굴절되고 편향된 면이 많다. 일본을 이야기할 때는 항상 보수우경화, 우익의 발흥, 군국주의화, 군사대국화 등의 개념이 통과의례처럼 일상화되어 사람들의 입에 오르내린다. 이 책은 이러한 용어가 얼마만큼 일본에 존재하는 객관적 사실을 반영하는가를 간접적으로 규명하고자 한다.

미국과 일본은 1941년부터 1945년까지 전쟁을 했다. 그런 미국과 일본이 지금은 '세계 속의 동맹'을 지향하면서 아시아 · 태평양 지역에서 가장 가까운 동맹 국가가 되어 있다. 자민당은 미 · 일동맹을 강화하는 데 가장 공헌한 정당이다. 그래서인지 미국에서의 일본 정치 연구는 자민당을 칭찬하고 유연성을 높이 평가하는 경향이 많다. 반면, 일본에 대한 한국의 접근은 과거사 지향적이다. 3 · 1절과 광복절이 국정 공휴일인 것에서 알 수 있듯이, 한국의 국가 정체성과 일본의 식민지 지배는 불가분의 관계에 있다. 그래서 한국에서 일본을 논하면 식민지와 전쟁, 피해와 반성, 분노와 시위 등을 연상한다. 그 연장선상에서 오랜 여당이었던 자민당은 과거사를 반성하지 않고 한국을 무시하는 골칫거리 정당과 같은 이미지가 남아 있다.

필자는 자민당 지배 체제를 논하기에 앞서, 이 책의 서론 부분에서 한국에서의 일본 이해가 가지는 편향성을 먼저 지적하고, 전후 일본 정치, 특히 자민당 정치를 이해하기 위한 분석의 틀을 제공하고자 한다.

[01]
한국에서의 굴절된 일본 이해

한국에서 일본에 관련된 담론은 과거사에 대한 언급이 대세를 이룬다. 일본을 말하면서 과거사를 짚고 넘어가지 않으면 현재의 일본에 대한 분석이 존재하지 못할 만큼 과거사 편향성은 아주 강하다. 한국의 근대사가 일본에 의한 식민지 지배로 점철된 이상, 이것은 어쩌면 당연한 귀결이다. 하지만 전후 일본에 대한 이해는 전전 일본에 대한 이해에 비하면 일천하기 그지없다. 전후戰後 일본은 전전戰前 일본의 연장선상에서 보일 뿐, 전전과 전후를 구분하는 일본론은 많지 않다. 따라서 과거사 중심의 일본론이 고정관념이 되어 담론을 지배하고, 그 결과 일본을 보는 눈은 대립과 갈등의 시각에 기초를 두고 있는 경우가 많다.

과거사 중심적 일본 이해

한국에서 반일 정서를 무시하고는 일본을 논할 수 없다. 반일 정서는 가라앉은 앙금과도 같아서 늘 잠재적으로 의식의 밑바닥에 깔려있다. 이것이 과거사를 연상시키는 정서적 자극이 있을 때 조건반사적으로 모습을 드러내며 반일 감정으로 이어진다. 과거사 문제는 그만큼 잠재적이며 또 지뢰밭과 같이 폭발적이다. 잘 피해서 지나가면 아무 일도 없을 수 있지만, 신경을 쓰지 않으면 언제고 폭발할 수 있는 게 한일 간 과거사의 성격이다. 일본에 대한 정서적 표현은 '다른 나라한테는 몰라도 일본에게 져서는 안 된다'든가 '다른 나라는 몰라도 일본은 믿을 수 없다'는 심리적 압박감에서도 나타난다.

하지만 이와 같이 일본의 현대사를 한국과 관련된 특수한 역사, 즉 불행하고 유감스러웠던 식민지 지배의 역사를 통해 바라보는 방식은 한국의 일본 이해 전체를 편향적으로 만든 것도 사실이다. 과거사를 중심으로 바라보는 일본 이해는 두 가지 분석적 약점을 가져왔다. 하나는 전전戰前의 일본과 전후戰後의 일본을 구분하지 않고, 전후 일본을 전전의 연장선상에서 바라보는 시각을 고착시켰다는 점이다. 전후 일본에 대한 이해가 전전 일본에 대한 이해에 함몰되어버리는 오류를 가져온 것이다. 다른 한 가지는 일본을 선진 민주주의 국가로서 일반화된 모습으로 이해하려 하기보다는 한국과의 특수한 관계로만 파악함으로써 부분적인 일본 이해에 그치는 경향이다. 한국과의 특수한 관계가 있는 부분은 과대, 과장 해석하는 반면, 한국과 관련이 없는 일본에 대해서는 무관심하거나 무시하는 태도가 생겨난다. 즉, 일본을 보편적인 사회과학적 틀로 분석하기보다는 특수론特殊論적인 관점에서 보고자 하는 경향이 생겨났다. 그 결과 일본이 민주주의와 시장경제라는 보편적 시스템을 정비한 가운데 세계적 국가로 성장하였다는 점을 가볍게 보게 만든다. 분석의 입구에서 이미 일본은 이질적인 체제라는 가치판단을 내리고 들어가는 것이다.[1] 전자의 문제는, 통시적通時的인 일본 연구를 저해하는 벽이 되고 있고, 후자의 문제는 일본을 비교정치적比較政治的 관점에서 바라보는 눈을 흐리게 했다. 전후 일본에 대한 객관적인 분석을 가로막은 두 가지 결함은 결국 일본을 바라볼 때 지나치게 감성적이고 정서적으로 접근하도록 만들었다. 이것이 한국에서의 일본 정치 연구가 가지는 첫 번째 편향성이다.

고정관념화된 일본 인식

과거사 중심적인 일본 이해는 일본을 바라보는 시각을 정형화했다. 한국에 있어서 전전의 일본은 한국의 정체성을 부정한 용서할 수 없는 악惡이었다. 따라서 전전 일본이 한국과 한국인에게 저지른 만행과 폭거에 초점을 두고 이에 대한 반성과 사죄를 요구하는 것은 충분히 이해할 수 있다. 다만 과거사 중심적 일본 이해는 일본인 스스로도 전전의 일본과는 선을 긋고 전후에 새로운 일본을 만들고자 했다는 사실을 망각하게 만드는 착시효과를 가져왔다. 존 다우어John Dower의 전후 연구가 밝히듯이, 일본인들은 전쟁의 패배를 끌어안고 새로운 일본을 만들고자 했으며, 놀라울 만치 미국의 점령 정책에 호응하고 개혁 조치를

1 미국의 일본 연구에서도 일본을 이질적인 체제, 즉 특이한 체제(unique system)로 파악하고자 하는 경향은 강하게 존재해 왔다. 그러나 미국의 일본 정치 연구에서의 특수성에 관한 논의는 수정주의자(revisionist)를 중심으로 전개되면서 오히려 일본에 대한 지나친 칭찬과 과대평가에 기반을 두었다는 점에서 차이가 난다. 미국에서의 수정주의자에 대한 논의와 평가에 관해서는, 박철희, "미국의 전략적 이해와 일본 정치 연구,"『국제지역연구』(2004); 이론적 측면에서 일본을 재평가하려는 수정주의자 중에서는 찰머스 존슨이 선두주자라고 할 수 있다. Charlmers Johnson, *MITI and the Japanese Miracle* (Stanford: Stanford University Press, 1982).

순순히 받아들였다.[2] 그러나 한국에서는 과거사를 미화하고 식민지와 전쟁을 옹호하는 듯한 태도를 보이는 일부 일본인들의 언행에만 주목한 나머지, 많은 일본인들이 전전의 일본을 부정하고 있다는 사실에 적절한 주의를 기울이지 않는다.[3]

전후 일본에 대한 불충분한 이해는 두 가지 굴절된 현실 인식을 가져왔다. 하나는 일본을 한 덩어리一枚岩의 사회로 바라보는 경향이다. 일본 사회 내, 그리고 일본 정치 세력에 존재하는 다양하고 다원적인 의견과 이해관계에 주목하기보다는 일본을 국가중심주의적으로 뭉쳐있는 하나의 일사불란한 집단으로 파악하는 경향을 말한다. 말하자면 일본 일원론一元論이다. 일본은 똘똘 뭉쳐진 집단주의적 사회이고, 종적으로 구조화되어 있다고 본다.[4] 피라미드형 네트워크 사회인 일본의 정점에 선 정치 지도자들이 일본을 특정한 방향으로 끌고 가고자 하는 의도를 가지고 이를 주도적으로 만들어가고 있다고 믿는 것이다.[5] 일본의 우경화 논의는 그 대표적인 예이다. 또 하나 정착된 고정관념은 일본은 변하지 않는다는 일본 불변론不變論이다. 전전 체제와 전후 체제의 일관성 내지 계속성을 강조하면서, 기본적으로 일본은 변한 게 없다고 보는 것이다. 과거사에 대한 반성을 보아도 그렇고, 지속되는 망언을 보아도 일본은

2 John Dower, *Embracing Defeat-Japan in the Wake of the World War II* (New York: The New Press, 1999).

3 이 책의 1장에서 밝히듯이, 전후의 일본은 전전의 일본에 대한 철저한 부정과 선긋기에서부터 시작되었다.

4 일본의 이미지에 대한 다양한 논의로는, Ross Mouer and Yoshino Sugimoto, *Images of Japanese Society* (New York: KPI, 1986). 일본이 종적(縱的) 사회라는 주장과 이미지는 외국인들이 만들어냈다기보다는 일본이 만들어 외부에 소개한 역수출품이다. 일본 사회가 종적 사회라는 주장은, Nakane Chie, *Japanese Society* (Berkeley: University of California Press, 1970).

5 이에 대한 비판적인 지적으로는 박철희, "일본 정당들의 헌법 개정 시안 분석을 통해서 본 헌법 개정의 정치학," 『일본연구논총』 (2008).

인식에 있어 전전과 변한 게 없다고 생각한다. 이러한 시각은 전후 일본이 전전의 일본과 기본적으로 성격이 다르다고 보는 일본 자체나 미국 또는 유럽의 시각과 상당히 동떨어진 것이다. 그 결과 일본을 음모론적 틀로 바라보는 시각까지 생겨난다. 전전의 일본과 다를 게 없는 일본이 기회만 주어지면 한국을 침탈하려고 노리고 있다는 군사대국화론 내지 군국주의론이 그 대표적인 예이다. 이러한 관점에서 보면 한국과 일본이 가지는 동질성에 관한 측면은 과감하게 삭제되거나 잊히고 만다. 전후 일본이 민주주의 체제에서 시장 중심의 질서를 받아들이면서 성장했다는 사실을 외면하기 때문에 생기는 결과이다.

양자 대립적 관점에서 본 일본

한일 간의 특수한 역사에 주목하면서 일본을 변한 게 없는 일원적인 국가로 보는 시각은 자연히 한일 관계를 대립적이고 갈등론적인 시각에서 파악하게 만든다. 과거사의 족쇄를 벗지 못한 일본은 여전히 신뢰할 수 없는 국가이고, 그러한 일본과의 어설픈 타협이나 어정쩡한 화해는 한국의 국익에 반한다고 여기는 것이다.

갈등론적 시각에서 일본을 바라보면, 과거사에 대한 반성의식이 뚜렷한 일본인은 양심적이고, 이에 대해 애매모호한 일본인은 기회주의적이며, 일본이 잘했다고 외치는 사람들은 비양심적인 우익이다. 이러한 편견은 한국의 일본 정치 이해를 선험적으로 민족주의에 기반을 둔 시각으로 점철하도록 만들었다.

양자 대립적 갈등론은 두 가지 인식에 바탕을 두고 있다. 하나는 한국이 소국이고 일본이 대국이라는 비대칭적非對稱的 관계로 양국 관계를 이해하는 것이다. 한국의 소국주의小國主義적 인식은 한국이 일본으로 인해 피해를 보았다는 시각을 확대재생산하도록 한다. 피해의식의 근저에는 한국을 소국으로 파악하는 경향이 있다는 것이다.[6] 이것은 한국 자체에 대한 이해도 과거 중심형임을 고백하는 것이나 다름없다. 한국이 이제는 국제적으로 성장했음에도 불구하고, 일본에 비추어볼 때는 항상 한국을 작고 피해를 보는 나라로 인식하는 경향이 남아 있다. 한국을 고래 싸움에 새우 등 터진다는 식으로 대국 갈등의 소용돌이 속에 놓인 왜소한 나라로 파악하려는 경향이다. 한국이 고래와 같은 대국이 된 것은 아니지만, 더 이상 새우 같은 소국도 아니다. 돌고래와 같은 중급 국가로 성장한 사실을 애써 외면할 필요는 없다.[7] 다른 하나는 과거사에 침묵하거나 반성하는 일본을 원형으로 보고, 반성이나 회한의 정서가 없는 일본을 '일탈aberration'로 규정하는 경향이다. 55년 체제하에서의 일본은 온건 보수가 주류로 자리 잡으면서 한국을 자극하는 것을 삼갔다. 소극적이고 반성하는 일본, 국제 사회에서 정치 · 군사적인 입김을 내지 않는 일본이야말로 제대로 된 일본이라고 규정하고, 이에서 벗어나는 일본은 '일탈 행동을 하는 비정상적인 일본'으로 보았다. 따라서 냉전 체제가 막을 내리면서 일본인 사이에 자긍사관自矜史觀을 높이려는 목소리가 커지자, 한국에서는 이러한 일본이 90년대 이후 새롭게 등장하고 있는 또 하나의 일본의 흐름이라는 점을 간과하고, 압력을 가해 정상궤도를 벗어난 일본을 원래의 궤도로 되돌리려는 시도를 마다

6 木村幹, 『朝鮮 · 韓国ナショナリズムと小国意識』(東京: ミネルヴァ書房, 2000).
7 박철희, "한국, 고래 틈새의 새우 아니다," 『동아일보』, 동아광장 시론. 2008년 9월 12일.

하지 않았다.

역설적일지 모르지만, 한국에서 대중화된 일본 이해는 미국에서의 일본에 대한 수정주의修正主義적 시각과 아주 비슷한 논리 구조를 가지고 있다. 1980년대 초반 세계적 경제 대국으로 성장한 일본을 미국에 대한 도전인 동시에 미국이 본받아야 할 모델의 하나로 바라보면서, 미국의 시장 중심 논리에서 벗어난 이질 국가로서의 일본론을 전개한 것이 수정주의적 시각revisionist이었다.[8] 이 시각에 따르면, 일본형 시스템은 미국의 규제주의적 국가와는 전혀 다른 특질을 가지는 발전지향형 국가developmental state이며, 일본은 세계 경제 질서에서 이단아적 국가였다.[9] 하지만 일본은 중상주의적 국가 이익으로 무장한 관료가 지배하는 나라로서 쉽사리 변하지 않는 국가이며, 외부에서의 압력을 통해 일본의 구조를 개혁해 나가야 한다는 논리였다.[10] 즉, 일본은 미국과 다른different 국가이며, 변하지 않기 때문에non-change, 외부로부터의 압력foreign pressure을 통해 일본을 바꾸어가야 한다는 주장이었다. 한국에서의 일본에 대한 이해는 분석적 틀에 있어서, 일본이 다른 나라와는 구별되는 아주 특수한 국가이며, 전전의 일본 내지 예전과 변함이 없는 국가로 보고 있다. 결국 이를 바꾸기 위해서는 외압을 가해야 한다는 논리적 전개에 있어 미국 수정주의자들의 논리와 딱 맞아떨어진다. 이 책에

---

8 Robert Uriu, "The Impact of Policy Ideas: Revisionism and the Clinton Administration's Trade Policy," in Gerald Curtis (ed.), *New Perspectives on the U.S.-Japan Relations* (New York: Japan Center for International Exchange, 2000).

9 Charlmers Johnson (1982).

10 Richard Samuels and Myron Weiner (eds.), *The Political Culture of Foreign Area and International Studies* (Washington DC: Brassey's, 1992).

서는 위에서 언급한 미국의 수정주의적 논리나 한국에서 고정관념화된 일본론과는 구분되는 새로운 일본 정치의 해석을 제공하고자 한다.

[02]

미국과 일본에서의 일본 정치 연구 경향

한국에서 일본을 바라보는 대중적인 시각은 미국과 일본에서 축적된 많은 사례나 실증 연구와는 거리감이 있는 것이 사실이다. 미국과 일본에서의 일본 정치 연구는 주제 선정, 접근 방법, 그리고 해석에 있어서 한국의 그것과 사뭇 다르다. 이 책의 본론에 들어가기에 앞서, 일본 정치 연구가 가장 활성화되어 있는 미국과 일본에서의 연구 경향을 짚어봄으로써 한국에서 보는 일본 정치와 어떻게 같고 다른가를 살펴보고자 한다.

미국에서의 일본 정치 연구는 주로 전후 일본에 대한 실증적 연구가 다채롭게 진행되었다. 현대 일본 연구의 시발점은 전후 점령군 사령부에서 일본 실무를 보았던 사람들이 연구자로 변신하면서 일본의 실태를 분석한 업적이었다. 배어월드Baerwald,[11] 몰리Morley,[12] 패신Passin,[13] 워드Ward[14] 등이 대표적이다. 이들은 일본의 근대화 과정과 전쟁으로의 길, 그리고 점령 시대의 일본에 대해 주로 연구하였다. 다음 세대는 일본의 정치 및 정책 과정을 비교정치학적 관점에서 실증적으로 연구하여 일본적 특징을 밝혀내는 데 주력하였다. 커티스Curtis,[15] 펨펠Pempel,[16] 보겔Vogel,[17] 캠벨Campbell,[18] 후쿠이Fukui[19] 등은 이 세대에 속한다. 오일 쇼크를 경험한 1970년대 후반 이후, 왜 일본이 다른 선진 산업국가에 비해 성공적으로 국제 경제 체제에 적응했는가가 연구의 중심을 이루었다. 사회과학에서 발전된 비교정치경제학 이론틀을 일본에 적용시키는 예가 많았다. 모치즈키Mike Mochizuki는 당시 미국에서의 일본 정치 연구 경향을 소개하면서, 세 가지 이슈에 대한 관심이 높았다고 적고 있다.[20] 첫째, 발전지향형 국가는 어떻게 관료주의라는 함정을 피해 시장의 활력을 유지했는가, 둘째, 1970년대 위기에서 유럽 북구 국가와 같은 공식 코포라티즘의 장치가 없었던 일본은 어떻게 사회적 요구를 흡수할 수 있었는가, 그리고 셋째, 다른 선진 민주국가가 정당제의 대전

---

11 Hans Baerwald, *Purge of Japanese Leaders under the Occupation* (Berkeley: University of California Press, 1959); Hans Baerwald, *Party Politics in Japan* (Boston: Allen and Unwin, 1986).

12 James Morley, *Japan's Thrust into Siberia* (New York: Freeport, 1972 c1954); James Morley, *Dilemmas of Growth in Prewar Japan* (Princeton: Princeton University Press, 1971).

13 Herbert Passin, *Society and Education in Japan* (New York: Columbia University Press, 1965); Herbert Passin, *Japanese Education: A Biography of Materials* (New York: Teachers' College Press, 1970).

14 Robert Ward, *Allied Occupation of Japan 1945-1952* (Chicago: American Library Association, 1974); Robert Ward, *Political Development in Modern Japan* (Princeton: Princeton University Press, 1968).

15 Gerald Curtis, *Election Campaigning Japanese Style* (New York: Columbia University Press, 1971).

16 T. J. Pempel, *Patterns of Japanese Policymaking* (Boulder: Westview Press, 1978).

17 Ezra Vogel, *Japan's New Middle Class* (Berkeley: University of California Press, 1968).

18 John Campbell, *Contemporary Japanese Budget Politics* (New York: Columbia University, 1973).

19 Haruhiro Fukui, *Party in Power: the Japanese Liberal Democrats and Policy Making* (Berkeley: University of California Press, 1970).

20 モチヅキ, "比較の中の日本政治: アメリカにおける現代日本政治研究," 『近代日本研究』 7 (東京: 山川出版社, 1985).

환을 경험한 것에 비해 자민당은 급격한 사회 변동 속에서 어떻게 그 정권을 유지했는가 하는 점이었다. 카첸스타인Katzenstein은 유럽과의 비교 연구를 통해 일본 경제를 선도하는 국가 능력state capacity의 우수성을 연구했고,[21] 보겔Vogel은 개인을 넘어서서 집단적으로 새로운 지식을 추구하는 측면을 조명했다.[22] 국가 이론을 일본의 경제성장에 적용한 찰머스 존슨Charlmers Johnson의 통산성 연구와 이에 대한 비판적 분석은 1980년대 일본 연구의 주류를 이루었다.[23] 일본의 성공을 국가와 사회의 협력을 통한 발전 지향 체제로 규정한 존슨의 연구는 일본이 서구 국가와는 다른 체제를 가지고 있다는 수정주의론의 토대가 되어 저널리스트를 중심으로 일본 이질론日本異質論을 확산시키기도 했다.[24] 정치경제학자들이 일본의 고도성장의 비밀을 밝혀내는 데 관심이 있었다면, 1980년대 일본 정당 정치 연구자들의 주된 관심은 고도성장기 일본에서 지속되는 안정적인 자민당 일당 우위 체제의 비밀을 밝혀내는 데 있었다. 지지 기반의 포괄성과 자민당 지도부의 권력 의지를 통해 자민당 장기 지배를 설명한 커티스Curtis와 야당의 도전에 의해 위기에 봉착한 자민당이 분배형 공공 정책인 보상補償의 메커니즘을 통해 유권자의 지

21 Peter Katzenstein, *Between Power and Plenty* (Ithaca: Cornell University Press, 1978); Peter Katzenstein, *Small States in World Markets* (Ithaca: Cornell University Press, 1985).

22 Ezra Vogel, *Japan as Number One* (Cambridge: Harvard University Press, 1979).

23 Charlmers Johnson (1982); Daniel Okimoto, *Between MITI and the Market* (Stanford: Stanford University Press, 1989); Richard Samuels, *The Business of the Japanese State* (Ithaca: Cornell University Press, 1987); Kent Calder, *Strategic Capitalism* (Princeton: Princeton University Press, 1993); Robert Uriu, *Troubled Industries-Confronting Economic Change in Japan* (Ithaca: Cornell University Press, 1996); Steven Vogel, *Freer Market, More Rules* (Ithaca: Cornell University Press, 1998) 등.

24 수정주의론자는, Charlmers Johnson, Prestowitz, Laura Tyson, Karl von Wolferen 등으로 대표된다.

지를 확보했다는 칼더Calder의 논의 등이 대표적이다.[25] 1990년대에 접어들면서 미국에서 유행하기 시작한 합리적 선택 이론과 제도론은 일본 정치 연구에도 커다란 반향을 일으켰다. 합리적 선택 이론의 적용 가능성과 한계에 대한 논란이 많았다.[26] 램세이어Ramseyer와 로젠블루스Rosenbluth는 주인-대리인 모델principal-agent model을 적용하여 자민당 정치를 설명함으로써 센세이션을 일으켰다.[27] 가토Kato는 일본 대장성 관료들이 가진 집단적 합리성의 문제점을 예리하게 파헤쳤다.[28] 고노Kohno는 합리적 선택 이론으로 자민당 정권의 실각을 설명하고자 했다.[29] 합리적 선택 이론을 일본 정치에 적용한 것은 일본이 수정주의론자들이 지적하듯 특이한 국가가 아니라, 미국의 논리를 똑같이 적용할 수 있다는 인식에 기반을 둔 것이었다.[30] 제도론에 대한 관심은 펨펠과 같이 거시적 레짐에 대한 관심을 가지고 일본 정치 · 경제의 구조적 변화가 가져오는 레짐의 변화를 논하는 저작이 있는가 하면,[31] 커티스와 같이 일본형 비공식적 제도인 파벌, 국회대책위원회国対, 고쿠타이 등에 주목하면

---

25 Kent Calder, *Crisis and Compensation* (Princeton: Princeton University Press, 1988); Gerald Curtis, *The Japanese Way of Politics* (New York: Columbia University Press, 1988).

26 Steven Reed, *Making Common Sense of Japan* (Pittsburgh: University of Pittsburgh Press, 1993); Mark Ramseyer and Frances Rosenbluth, *Politics of Oligarchy: Institutional Choice of Imperial Japan* (Cambridge: Cambridge University Press, 1995). 일본 정치 연구에 합리적 선택 이론을 적용하는 데 대한 비판으로는 Charlmers Johnson and E.B. Keehn, "A Disaster in the Making: Rational Choice Theory and Asian Studies," *The National Interest* (Summer 1994), 14-22쪽.

27 Mark Ramseyer and Frances Rosenbluth, *Japan's Political Marketplace* (Cambridge: Harvard University Press, 1993).

28 Junko Kato, *Problem of Bureaucratic Rationality* (Princeton: Princeton University Press, 1994).

29 Masaru Kohno, *Japan's Postwar Party Politics* (Princeton: Princeton University Press, 1997).

30 Samuel Kernell, *Parallel Politics: Economic Policymaking in the United States and Japan* (Tokyo: Japan Center for International Exchange, 1991).

31 T. J. Pempel, *Regime Shift* (Ithaca: Cornell University Press, 1999).

서 일본 정치의 변화를 설명하는 저작도 있다.[32] 2000년대에 접어들면서 미국의 일본 정치 연구는 세 경향이 두드러지게 나타났다. 하나는 미국 정치학계에서 유행하던 합리적 선택 이론에 기반한 신제도론new institutionalism을 일본 정치 설명에 접목하여 정치 행위자들이 제도 변화에 적응하는 모습을 분석하려는 연구이다.[33] 또 하나는 일본의 정치·경제를 비교사회학적 관점에서 분석하고 그 성공과 실패를 논한 저작이다.[34] 다른 한 경향은 대외적 상황에 따른 일본 국내 정치의 변화를 살피면서 국제 정치와 일본 정치의 접목점에서 바뀌어가는 대외적 지향성을 분석하려는 시도이다.[35]

전반적으로 미국에서의 일본 정치 연구가 가지는 특징은 다음의 세 가지로 요약할 수 있다. 첫째, 일본에 대한 실증 연구가 주류를 이룬다. 현장 조사나 인터뷰 등을 통한 일차자료에 의존하여 일본의 사례를 객관적으로 분석하는 것이다. 일본의 특징적 현상을 어떠한 논리를 가지고 설명할 수 있는가에 분석의 초점이 놓여 있다. 그들의 주된 관심사는 일본의 경제성장과 정치적 안정이라는 성공의 비밀을 비교정치학적 관점에서 분석해내는 것이었다. 둘째, 사회과학의 일반 이론이 일본

---

32 Gerald Curtis, *The Logic of Japanese Politics* (New York: Columbia University Press, 1999).

33 Steven Reed, Kenneth Mori McElwain and Kay Shimizu (eds.), *Political Change in Japan* (Stanford: APARC, 2009). 이들은 Gary Cox, Michael Thies, Matthew Shugart, John Carey 등 선거 및 합리적 투표행동 이론 전문가들이나 Steven Reed, Raymond Christenen 등 일본 정치 전문가들로 대별된다.

34 William Grimes, *Unmaking the Japanese Miracle: Macroeconomic Politics 1985-2000* (Ithaca: Cornell University Press, 2001); Margarita Estevez-Abe, *Welfare and Capitalism in Postwar Japan* (Cambridge: Cambridge University Press, 2008).

35 Richard Samuels, *Securing Japan: Tokyo's Grand Strategy and the Future of East Asia* (Ithaca: Cornell University Press, 2007); Kenneth Pyle, *Japan Rising: The Resurgence of the Japanese Power and Purpose* (New York: Free Press, 2007).

이라는 사례에 있어 어떻게 적용 가능하고 어떠한 이론적 변형이 필요한가에 대한 관심이 크다. 일본이 동아시아의 특별한 나라가 아니라 경제성장을 이룬 선진 민주주의 국가라는 동질성에 주목한 연구였다. 일본을 비교 가능한 국가로 본 것이다. 셋째, 일본이 미국이나 그 외 서구 국가와 얼마나 같고 다른가에 대한 비교지향성은 지속되었다. 이들은 일본이 민주주의 국가라는 점을 인정하면서도 장기 집권에 성공한 자민당을 중심으로 일본 정치를 분석하는 가운데, 자민당의 유연성과 환경에 대한 적응성을 높이 평가하는 경향이 강하다.[36]

일본에서의 일본 정치 연구는 1987년에 창간된 정치학 저널인 『레바이어선レヴァイアサン, Leviathan』 세대 이전과 이후로 크게 대별해 볼 수 있다. 『레바이어선』은 이노구치 다카시猪口孝, 오타케 히데오大嶽秀夫, 무라마츠 미치오村松みちお, 가바시마 이쿠오蒲島郁夫 등 주로 미국에서 유학한 일본 정치학자들이 중심이 되어 실증주의 정치학의 정착을 목표로 만든 저널이다.[37] 이들이 일본 정치학계에 데뷔한 시기가 1975년경이라는 점에 착안하여 그 일원인 오타케는 1975년 이전의 정치학을 보수와 혁신의 대결 속에서 진보적 정치학이 유행한 시대로 보고, 1975년 이후를 개혁의 시대이자 실증주의 정치학 정착의 시대로 본다.[38] 1970년대

36 좋은 예로는, Nathaniel Thayer, *How the Conservatives Rule Japan* (Princeton: Princeton University Press, 1969); Ronald Dore, *Flexible Rigidities* (Princeton: Princeton University Press, 1986); Kent Calder (1988); Gerald Curtis (1988); T. J. Pempel, *Policy and Politics in Japan: Creative Conservatism* (Philadelphia: Temple University Press, 1982). 이것은 미국이 일본에 대한 지역 연구에 전략적으로 접근하고 있으며, 미 · 일동맹의 핵을 이루고 있는 정당이 자민당이었다는 사실과 무관하지 않다. 박철희, "미국의 전략적 이해와 일본 정치 연구," 『국제지역연구』 (2004).

37 또한 이들이 대부분 도쿄 대학교 법학부 출신이면서도 근대주의적 정치학 전통을 계승한 도쿄대 법학부의 외곽에서 변화를 시도하였던 점은 일본의 학계 풍토와 관련하여 흥미진진한 시사를 던져준다.

말 이전의 일본 정치학자들은 보 · 혁 대결 속에서 주로 정치사와 정치철학을 중심 테마로 연구하면서 정치 현실에 대한 적극적인 논평을 중심으로 정치학을 전개해 나갔다. 일본 정치사를 중심으로 일본의 파시즘에 대한 연구와 더불어 일본 정치철학을 연구한 마루야마 마사오丸山真男와 그의 전통을 이으려는 근대주의 정치학자들이 대표적이다.[39] 레바이어선 1세대는 종래의 일본 정치 연구를 논평적論評的, 인상주의적印象主義的이라고 평하고, 일본 정치 연구의 중심을 현대 정치 연구와 실증적 방법론 도입으로 전환하였다.[40] 또한 레바이어선 1세대는 그 이전의 일본 정치 연구자들이 국가 중심적 내지 엘리트적 시각에서 일본의 엘리트에 대한 연구에 집중한 데 반해, 의식적으로 일본을 다원론적으로 파악하는 데서 차별성을 가지고자 하였다.[41] 이는 일본이 다른 국가와 구별되는 독특한 정치 체제를 가진 나라라는 일본 특수론日本特殊論적인 입장으로부터 일본도 다른 국가들과 비교 가능한 국가라는 인식으로의

---

38 大嶽秀夫, "日本政治と政治学の転換点としての1975年,"『レヴァイアサン』40 (2007 春), 20-35쪽. 오타케는 전자를 투쟁적 논쟁의 정치학이라고 한다면, 후자를 객관주의적 분석의 정치학이라고 명명한다.

39 마루야마(丸山眞男)의 대표작은 『日本政治思想史研究』(東京: 東京大学出版会, 1952); 『日本のナショナリズム』(東京: 河出書房, 1953); 『現代政治の思想と行動』(東京: 未来社, 1957); 『近代日本思想史講座』(東京: 筑摩書房, 1959) 등이 있다. 이 시기 정치학에 대한 자세한 논의는, 大嶽秀夫, 『戦後政治と政治学』(東京: 東京大学出版会, 1994); 田口富久治, 『戦後日本政治学史』(東京 : 東京大学出版会)를 참조하라.

40 谷口将紀, "日本政治研究のおけるアプローチのアプローチ,"『レヴァイアサン』40 (2007 春), 196-204쪽. 레바이어선 발간 10주년을 회고하면서, 무라마츠(村松)는 '일본 정치 연구에 관한 잡지를 내고 싶다고 생각하게 된 것은 그때까지 일본을 연구하는 실증적 논문이 너무 적은 반면, 관심을 가진 사람의 숫자는 늘어나 수요가 있었기 때문이었다'라고 회고하고 있다. 猪口孝 · 大嶽秀夫 · 蒲島郁夫 · 村松みちお · 福井治弘, "日本の政治学とレヴァイアサンの十年,"『レヴァイアサン』臨時増刊号 (1998 夏), 154쪽.

41 이에 기초한 대표적인 연구로는, 大嶽秀夫, 『現代日本の政治権力, 経済権力』(東京: 三一書房, 1983); 村松みちお, 『戦後日本の官僚制』(東京: 東洋経済新聞社, 1981); 猪口孝, 『現代日本政治経済の構造』(東京: 東洋経済新聞社, 1983); 佐藤誠三郎 · 松崎哲久, 『自民党政権』(東京 : 中央公論社, 1986); Michio Muramatsu and Eliss Krauss, "The Conservative Policy Line and the Development of Patterned Pluralism," Kozo Yamamura and Yasuba (eds.), *The Political Economy of Japan*, Vol. 1 (Stanford: Stanford University Press, 1987).

전환에 기반한 것이었다.[42] 일본의 정치가 독특한 일본 정치 문화에 바탕을 두고 있어 근대주의적 특수성을 가지고 있다는 논의와는 대별되는 시각이었다[43] 일본 특수론적 분석 대신, 보편적인 비교정치학을 적용해 보려는 시도가 눈에 띄었다. 아울러, 오일 쇼크의 영향을 받은 일본의 정치 · 경제 및 급진적 노동 운동의 전환을 바탕으로 고도성장기의 일본 정치를 정치 · 경제적인 입장에서 분석하려는 시도가 본격화된 것도 레바이어선 1세대부터였다.

1990년대 일본 정치 연구를 주도한 레바이어선 2세대는 실증주의적 정치학의 전통을 계승하면서 정치학의 이론화와 새로운 방법론의 도입에 적극적이었다.[44] 이들은 당시의 미국 정치학 이론의 영향을 받아 일본의 정치 · 경제를 국가론 및 제도론적인 관점에서 분석하려는 경향이 강하였다. 특히, 일본을 미국보다는 유럽 국가들과 비교하는 저작이 두드러져 1세대의 미국 중심적 시각보다 넓어진 시야를 보여준다.[45] 또 하나 두드러진 경향은 방법론적 개혁의 시도이며, 이는 통계학적 방법론과 합리적 선택 이론의 적극적인 수용으로 나타났다. 선거 행동의 연구 분야에서 미야케三宅, 고바야시小林 등이 전개한 통계학적 · 계량적 분

---

42 무라마츠, 이토, 츠지나카는 다원주의자들이 일본이 서구의 국가들과 비교 가능하다는 인식을 배후에 깔고 있다고 지적하고 있다. 村松みちお · 伊藤光利 · 辻中豊, 『日本の政治』(東京: 有斐閣, 1992), 11쪽.

43 일본 문화론에 바탕을 둔 일본 특수성에 대한 강조의 원조는, 中根千枝, 『タテ社会の人間関係』(東京: 講談社, 1967). 정치 영역에서 문화론적 특수성을 지적한 저작으로는, 京極純一, 『日本の政治』(1983); 村上泰亮 · 公文俊平 · 佐藤誠三郎, 『文明としてのイエ社会』(東京: 中央公論社, 1979); 浜口恵俊, 『間人主義の社会日本』(東京: 東洋経済新聞社, 1982).

44 1988년부터 구성된 2세대 편집위원은 가토(加藤淳子), 가와토(川人貞史), 츠지나카(辻中豊), 마부치(真淵勝) 등 4명이었다.

45 무라마츠 · 이토 · 츠지나카는 일본과의 비교 대조군으로 세 국가군이 유력하게 등장했다고 적고 있다. 첫째, 미국 및 서구의 선진 산업 민주주의 국가군, 둘째, 2차 대전 패전국이자 포스트 파시즘 국가인 독일 및 이탈리아, 그리고 셋째로 한국, 대만, 태국 등 아시아 산업국가 및 지역 국가군이 그것이다. 村松みちお · 伊藤光利 · 辻中豊 (1992), 49-50쪽.

석 방법, 그리고 선거제도와 합리적 선택 이론의 복합 등이 눈에 띄게 성장하였다. 이른바 신제도론new institutionalism을 일본 정치에 비판적으로 적용하고자 하였다.

2000년대에 들어서면서 일본에서의 일본 정치 연구 경향은 연구 분야의 미시적 구분, 정치학 이론의 고양, 방법론의 다양화 등으로 특징지어진다. 우선 일본 정치를 통시적, 총체론적으로 분석하기보다는 미시적 연구 분야로 세분화하는 경향이 강화되고 있다. 일본 정치 연구 대상을 선거 과정 연구,[46] 의원 행동,[47] 선거제도,[48] 국회 및 위원회,[49] 의회 연구,[50] 일본형 내각제[51] 등 미시적인 분야로 세분화하고 있다. 동시에 일본 정치의 행위자들도 관저,[52] 관료 및 지자체, 지방 정치,[53] 시민사회[54] 및 중앙 지방 관계[55] 등으로 구분하여 연구하는 경향이 깊어지고 있다. 방법론적으로도 통계학적 분석 및 계량정치학이 지속되는

---

46 山田真裕,『自民党代議士の集票システム』(筑波大学博士学位論文, 1993); 大嶽秀夫,『政界再編の研究』(東京: 有斐閣, 1997); 朴喆熙,『代議士のつくられ方』(東京: 文春新書, 2000); 谷口将紀,『現代日本の選挙政治』(東京: 東京大学出版会, 2004); 森裕城, "選挙過程の実体把握を目的とする研究について,"『レヴァイアサン』40 (2007年 春), 160-165쪽.

47 建林正彦,『議員行動の政治経済学』(東京: 有斐閣, 2004).

48 鈴木基史, "選挙制度の合理的選択と実証分析,"『レヴァイアサン』40 (2007年 春), 139-144쪽; 鈴木基史, "並立制における投票行動研究の統合的分析アプローチ,"『選挙研究 · 日本選挙学会年報』15 (2000), 30-41쪽.

49 福元健太郎,『日本の国会政治』(東京: 東京大学出版会, 2000); 川人貞史,『日本の国会制度と政党政治』(東京: 東京大学出版会, 2005).

50 増山幹高,『議会制度と日本政治』(東京: 木鐸社, 2003); 増山幹高, "議会研究,"『レヴァイアサン』40 (2007年 春), 212-223쪽.

51 飯尾潤,『日本の統治構造』(東京: 中公新書, 2008); 竹中治堅,『首相支配』(東京: 中公新書, 2006).

52 信田智人,『官邸外交』(東京: 朝日新聞社, 2004).

53 伊藤修一郎,『自治体発の政策革新』(東京: 木鐸社, 2006); 伊藤修一郎,『自治体政策過程の動態』(東京: 慶應義塾大学出版会, 2002); 稲継裕昭,『人事給与と地方政治』(東京: 東洋経済新報社, 2000).

54 辻中豊,『現代日本の市民社会利益団体』(東京: 木鐸社, 2002); 鹿毛利枝子, "市民社会の集団組織分析,"『レヴァイアサン』40号 (2007年 春), 130-138쪽; 鹿毛利枝子, "日本における団体参加の歴史的推移,"『レヴァイアサン』41号 (2007年 秋), 45-73쪽.

55 北村亘, "中央地方関係の理論的分析の誘い,"『レヴァイアサン』40号 (2007年 春), 122-129쪽.

가운데,[56] 합리적 선택 이론과 게임 이론의 적용도 발달하고 있으며,[57] 현지 조사 연구field work 및 사례 분석도 체계적으로 발전하고 있다.[58] 한편, 1990년대 후반부터 정치사를 전공하는 학자들을 중심으로 구술사oral history 내지 인터뷰를 통한 정치사 연구가 새롭게 부각되기 시작하였다.[59] 과학적 방법론을 다루는 정치학자들은 주로 미시적인 연구 영역을 부문별로 설정하고 거시적인 정치 변화가 어떻게 미시적인 영역의 변화를 가져오는가에 대한 과학적 검증에 주력한다. 반면, 구술사를 중심으로 한 일본 정치 연구는 정치적 행위자가 집단적 네트워크 속에서 어떠한 아이디어를 실현하고자 하며, 그 결과로 나타나는 정치적 성공과 실패의 교훈은 무엇인가를 정치 행위자의 기억의 재생과 사실의 상호 교차적 확인을 통해 밝혀내고자 한다. 다니구치谷口將紀는 과학적 실증주의를 채택하는 학자들이 정치사 연구자를 경시하는 데 대해 경종을 울리며, 정치사와 정치사상사가 실증주의일 수 있다고 변호하고 있다.[60] 과학적 실증주의 방법론 및 정치사 연구 이외에도 현재진행형의 정치 과정을 역사 분석과 통계 수법, 그리고 인터뷰를 복합적으로 활용하면서 사례 분석과 실태 조사field work를 동시대적으로 진행하려는 시도도 지속되고 있다.[61]

---

56 增山幹高・山田真裕,『計量政治分析入門』(東京: 東京大学出版会, 2004); 今井耕介, "計量政治学における因果的推論,"『レヴァイアサン』40号 (2007年 春), 224-231쪽.

57 曽我謙悟, "ゲーム理論に関心のあるあなたに,"『レヴァイアサン』40号 (2007年 春), 166-172쪽.

58 内田融, "事例分析という方法,"『レヴァイアサン』40号 (2007年 春), 190-195쪽; 山田真裕," 政治参加研究における計量的アプローチとフイールドワーク,"『レヴァイアサン』40号 (2007年 春), 145-151쪽.

59 御厨貴,『オーラル・ヒストリー』(東京: 中央公論新書, 2002); 日本政治学会 編,『オーラル・ヒストリー』(東京: 岩波書店, 2005).

60 谷口将紀, "日本政治研究のおけるアプローチのアプローチ,"『レヴァイアサン』40号 (2007 春), 200쪽.

61 谷口将紀 (2004); 内山融,『小泉政権』(東京: 中公新書, 2007).

전반적으로 1980년대 이후 일본에서의 일본 정치 연구는 다음과 같은 경향을 보이고 있다. 첫째, 미국의 새로운 정치학 이론을 적극적으로 수용하면서 이론적 가설 검증과 실증 연구를 통해 이론적 성과를 축적해 나가고자 한다. 그중에서도 계량정치학과 합리적 선택 이론 분야가 특히 돋보인다. 둘째, 거시적, 구조적인 연구로부터 미시적이고 행동론적인 부문별 연구로 특화해 나가고 있다. 정치 행위자에 대한 연구도 세분화하는 한편, 구조적인 측면도 분석 단위를 나누어 관찰하고 있는 경향이 강화되고 있다. 셋째, 자료의 체계적인 축적에 대한 지향성이 아주 강하다. 구술사 분야에서는 물론, 통계적 접근이나 선거 연구 등 제반 일본 정치 연구 분야에 있어 일차 자료를 모으고 서로 연계하는 데 연구 역량이 집중되어 있다.

이와 같은 일본에서의 일본 정치 연구의 최근 경향은 강점과 아울러 약점을 함께 드러내고 있다. 미시적인 정치 분석에 치우친 나머지, 일본 정치의 변화를 사회 변동 및 국제 질서 변화와 연결시키는 거시적 · 구조적 분석은 점점 활력을 잃어가고 있다.[62] 정치 행위자 및 분석 단위 간 중범위 이론middle-range theory적인 연계에 대한 분석이 약화되고 있는 실정이다. 또한 현실 정치를 생동감 있게 분석하면서 비판적인 상상력을 통해 현실 정치에 지침을 주는 연구는 학계에서 점차 외면당하는 추세이다. 그 결과, 일본 정치 전체의 방향성에 대한 연구나 정치 현실에 대한 비판적인 분석은 약화되고 있다.

62 『레바이어선(レヴァイアサン)』 발기인의 한 명인 가바시마(蒲島)는 '나는 레바이어선 이후 일본 정치 연구가 아주 치밀해지기는 했지만. 좀 소립자(小粒子)화 되었다는 인상을 지울 수 없다'고 자기비판을 내놓고 있다. 猪口孝 · 大嶽秀夫 · 蒲島郁夫 · 村松みちお · 福井治弘, "日本の政治学とレヴァイアサンの十年," 『レヴァイアサン』 臨時増刊号 (1998 夏), 158쪽.

미국과 일본의 일본 정치 연구와 비교해 볼 때 한국에서의 일본 정치 연구는 대체적으로 다음과 같은 특징을 지니고 있다.[63] 첫째, 한일 관계의 역사적 특수성을 반영하여 일본에 대한 비판적인 연구가 많다. 일본의 민족주의와 국가주의적 경향, 일본의 대외 정책 및 한일 관계에 대한 분석이 세대와 무관하게 지속되고 있는 것은 이웃 나라 일본이 어디에서 와서 어디로 가고 있는가 하는 주된 관심사와 무관하지 않다. 일본 정치에 대한 객관적이고 실증적인 분석을 하면서도 비판적인 시각을 잃지 않는 이유는 지리적 근접성과 역사적 경험의 차이에서 나온다. 둘째, 일본의 미시적인 행위자나 단기적인 상황 변화보다는 역사적인 접근법에 기반을 둔 거시적 변동과 구조적인 변화에 관심이 집중되어 있다. 일본의 혁신 세력 및 보수 세력의 균형과 불균형, 민족주의 세력과 국제주의자 간의 조화, 일본의 방위력과 대외지향성, 일본 경제의 국제화 등 거시론적 변동과 구조적인 역학의 변화에 관한 관심은 다른 어느 나라에 비해서도 강하다. 셋째, 일본이 지향하는 정책적 지향성, 이념적 기반 연구에 대한 관심도 두드러진다. 외국이나 일반에 자주 소개되지는 않지만 일본에 대한 정책적 연구가 많이 진행되는 이유도 일본이 궁극적으로 지향하는 이념과 방향성은 어디에 있는가, 국제 및 국내 정치적 상황에서 특정한 이념은 실현 가능한가를 살펴보는 점에 있어서 한국의 연구는 다른 국가들에 결코 뒤지지 않는다.

---

63 이 책에서는 한국에서의 일본 정치 연구에 대한 각론적인 분석은 다루지 않고자 한다. 이에 대한 자세한 분석은 다음을 참고하기 바란다. 김영작, "2차 대전 이후 한국에서의 일본 정치 연구," 『일본연구논총』 11집 (1999), 33-72쪽; 한상일, "일본 정치 연구의 업적과 도전," 『일본학보』 30권 (1990), 5-17쪽; 진창수, 『한국에서의 일본 연구 현황』 (서울: 한울아카데미, 2007); Cheol Hee Park, "Who's and Whereabouts of Japanese Political Studies in Japan," *Japanese Journal of Political Science* (September 2010), 307-331쪽.

이 책은 미국과 일본에서의 일본 정치에 대한 연구 성과를 대폭 수용하면서도, 한국에서의 일본 정치에 대한 관심사를 적극적으로 반영하고 있다. 일본의 전후 체제가 자민당 지배에 의해 어떻게 변형되고 발전해 나왔는가를 설명하는 데 이 책의 주된 목적이 있다. 다만 거시적 분석macro-analysis에만 치우칠 경우, 미시적 정치 현상micro-phenomenon을 간과할 위험성이 커서, 거시적 구조 변동과 미시적 정치 현상을 정당이라는 조직을 통해 매개함으로써 자민당 정치 역학의 변화가 전후 체제의 변화로 이어지는 동태적인 역학dynamics을 밝혀보고자 한다.

[03]
일본 정치를 분석하는 시각

자민당 지배 체제에 대한 객관적인 연구를 위해서는 실증 연구가 필수불가결하다. 실증적 분석이란 감성적 이미지나 특정 이념의 바탕 위에서 사실을 취사선택하는 방식이 아니라, 분석적으로 역사적 사실을 재구성하는 것을 말한다. 감성적 접근이나 규범론적 접근에서 벗어나 현상의 분석과 사실의 규명에 바탕을 둔 일본 분석을 시도하는 것이다. 이를 위해서는 일본에 대한 고정관념stereotype, 선입관bias 및 통념화된 이미지conventional images에서 벗어나는 자기 성찰이 필수적이다. 아울러 특정의 이데올로기ideology나 신념belief에 따른 정치적 지향성으로부터 연구의 분석틀을 해방시키는 것도 중요하다. 또한 비판적 상상력을 동원하면서도 객관적 사실에 근거하지 않는 상상imagination만으로 가공된 사실fabricated facts에서 자유로워야 한다. 이 같은 방법론적 전제를 두고 이 책에서는 아래와 같은 분석틀에 근거하여 논의를 전개하고자 한다.

먼저 일본 정치를 변동론變動論적 시각에서 분석하고자 한다. 일본 사회는 여타 사회와 마찬가지로 정체된 구조를 유지하기보다는 역사적으로 변화한다. 경제적 조건의 변화, 사회적 구조의 변화 등 정치적 외부 환경의 변화는 물론 정계 내에서 여당과 야당의 관계 변화, 그리고 당내 그룹 간의 경쟁 관계의 변화에 따라 정치 현상은 변화하게 마련이다. 이 책은 전후의 일본이 전전의 일본과 어떻게 달라졌는가 하는 논의로부터 시작한다. 이것은 전후 일본 정치 체제의 변화를 구조적으로 이해하기 위한 첫걸음이다. 전후 체제의 변동을 둘러싼 논의는 일본 정치의 핵심을 이루며, 정치적 행위자에 의해 의도적으로 또는 의도하지 않은 결과를 만들어내며 변화해 왔다. 이 책에서는 전후 체제의 형성이 일본의 보수와 혁신의 정치 이념과 어떻게 연결되어 있으며, 이를 변화시키려는 정당 정치 세력의 움직임이 체제를 어떻게 바꾸어 갔는가를 논하는 데 중점을 두고 있다. 다시 말해서, 전후 체제의 역사적 변화historical change는 이 책이 규명하고자 하는 가장 중요한 테마의 하나이다. 전후 일본의 체제를 전전의 체제로부터 변형된 것으로 논하는 것은 두말할 나위가 없다.[64]

일본 정치 분석에 있어 중점을 두고자 하는 또 하나의 분석 방식은 다원론多元論적 접근이다. 민주국가로서의 일본에서 다원적인 정치적 행위자들은 합법적인 경쟁을 통해 정치 세계를 만들어낸다. 일본이 다원적이라는 것은 일본을 이끌어가는 주도 세력이 하나의 사상, 하나의 국가 목표, 하나의 정책, 하나의 집단으로 환원되는 단일체가 아니라, 서

64 이것은 반드시 전전 체제와 전후 체제의 역사적 단절을 의미하는 것은 아니다. 역사적 제도론에 근거한 방법론을 취하는 많은 연구는 전전의 일본과 전후의 일본의 연속성과 지속성에 주목하는 경우가 많다. 대표적인 예로는, Charlmers Johnson (1982); Sheldon Garon, *Molding Japanese Minds* (Princeton: Princeton University Press, 1997).

로 다른 이해와 사상, 정책 수단을 가지고 서로 경합하고 갈등하는 속에서 일본이 움직인다고 보는 것이다. 따라서 서로 다른 정치적 집단의 이념, 이해관계 및 전략을 분석하지 않고서는 일본 정치의 복합성을 알 수 없다. 이 책에서는 다원적 정치 세력 가운데서도 자민당과 야당 간의 상호작용에 착목하여 여야 간의 갈등과 협력이 빚어내는 정치적 현상들을 분석하고자 한다. 아울러 동일한 정당 내에서도 서로 다른 정치적 입장과 이해관계를 가진 그룹 및 집단이 존재함을 인정하고 이들 사이의 세력 다툼과 연합의 변화가 가져오는 정치적 결과의 변화에 대해서도 주목하고자 한다. 다시 말해서 이 책은 일본 정치를 분석함에 있어 정당 간 경쟁inter-party competition과 정당 내 경쟁intra-party competition에 분석의 주안점을 두면서 일본 정치가 어떻게 전개되었는지 논하고자 한다. 여야 정당이 협력하거나 갈등을 빚고, 다시 여당과 야당 내에 각각 다른 이념과 이해관계를 가진 집단이 존재한다는 사실을 전제로 현대 일본 정치를 분석한다. 즉 일본을 하나의 집단이나 일원화된 덩어리로 파악하는 추상적인 논의를 보다 구체적인 수준으로 이끌어내어, 실제로 다양한 행위자의 이해관계가 어떻게 얽히면서 정치가 전개되는가를 분석해 보고자 한다.

마지막으로 이 연구는 정치적 장을 만들어가는 데 있어서, 제도institutions와 더불어 이념이나 생각ideas, 그리고 행위자의 이해관계interests 및 전략strategy의 복합적 상호작용이 중요하다는 점을 밝히고자 한다.[65]

---

65 국제정치학자인 저비스(Robert Jervis)는 정치적 행위의 분석에 있어서 복합적 상호작용과 피드백을 통한 시스템 효과를 분석하는 것이 중요하다고 역설한다. Robert Jervis, *System Effects: Complexity in Political and Social Life* (Princeton: Princeton University Press, 1997).

정치적 결과를 만들어냄에 있어서 제도는 중요한 역할을 수행한다.[66] 이전에는 가능하지 않던 일이 새로운 제도의 도입에 의해 가능해지기도 하고, 역으로 예전에는 당연히 기대되던 행동이나 전략이 제도 변화에 의해 봉쇄되기도 한다. 즉 제도는 정치적 행동의 범위boundary를 정해 주고, 특정한 정치적 행위가 더욱 보상을 받을 수 있도록 하는 유인incentive structure을 정해 준다. 그러나 제도가 정치적 결과를 자동적으로 또는 필연적으로 만들어내는 것은 아니다. 정치적 행위자가 중요한 이유가 여기에 있다. 특정한 정치제도에서 정치적 행위자는 행동의 범위를 구속받게 되지만, 반드시 한 가지 선택을 강요받는 것은 아니다. 제도가 행위를 구속constrain하기는 하지만 결정determine하지는 않는 것이다. 행위자는 동일한 제도 내에서도 복수의 선택지를 가지게 되며, 그 안에서 자신의 이해와 신념에 맞는 전략적 우선순위strategic priority를 정해야 한다. 하지만 자신이 의도한 결과를 반드시 실현한다는 보장은 없다. 정치적 결과는 정치적 행위자 간의 복합적 상호작용에 의해 만들어지기 때문이다. 정치 세계에서 행위자가 합리적인 선택을 한다는 것은 당연한 명제이다. 그러나 합리적 선택의 기준은 반드시 개인적인 선호의 실현을 위한 이익 최대화로 귀결되지만은 않는다. 정치 세계에서는 개인이 조직 및 집단의 성원으로서 움직여야 하는 논리를 가지고 있다. 따라서 개인적 선호 이외에도 조직의 논리도 고려해야 한다. 다시 말해

66 정치 분석에 있어서 제도의 중요성에 대해서는, Sven Steinmo, Kathleen Thelen and Frank Longstreth (eds.), *Structuring Politics-Historical Institutionalism in Comparative Politics* (New York: Cambridge University Press, 1992); Ira Katznelson and Barry Weingast (eds.), *Preferences and Situations-Points of Intersection between Historical and Rational Choice Institutionalism* (New York: Russell Sage Foundation, 2005).

정치적 상황이 주어진 상태에서, 정치적 경쟁자와 상호작용하는 맥락에서 합리적 선택을 하는 것이지, 상황적 구속이 전혀 없는 백지 상태에서의 이익 최대화가 아니라는 점이다.[67] 정치적 행위자가 어떠한 전략을 취하는가에 따라 정치적 결과는 아주 다른 결과를 가져올 수 있다.[68] 정치 행위자가 어떠한 전략을 택하는가 하는 것은 이해득실interest을 따져보는 것도 중요하지만, 정치적 행위자가 가진 이념ideas이나 정치적 신념 등에도 좌우된다.[69] 제도가 이념을 만들어주는 것이 아니라, 특정한 제도적 환경 내에서 정치적 이념과 이해관계를 실현해 나가는 것이 정치 현실인 것이다. 요약해서 말하자면, 이 책은 정치적 행위를 설명함에 있어, 제도결정론적 입장을 취하기보다는 제도적 환경 및 정치와 사회와의 관계라는 맥락에서 일정한 이념과 신조를 가진 정치적 행위자들이 개인적 · 조직적 이해관계를 실현하기 위해 어떠한 전략을 구사하였고, 그들의 전략적인 행위가 정당 간 상호 관계 및 정당 내부의 역학에 어떠한 결과를 가져왔는가를 분석하고자 한다.

---

67 이 같은 합리성은 상황 구속적 합리성(situated rationality)이라고 정의할 수 있다. Bounded rationality라는 개념에 대해서는 Herbert Simon, *Models of Man* (New York: Wiley, 1967); Herbert Simon, *Administrative Behavior* (New York: Free Press, 1976); 이를 응용한 situated rationality라는 개념에 대해서는, Ira Katznelson, "Structural," Mark Lichbach and Alan Zuckerman (eds.), *Comparative Politics: Rationality, Structure, and Culture* (Cambridge: Cambridge University Press, 1997). 또한, Cheol Hee Park, *Electoral Campaigning in Urban Japan*, Ph.D. Dissertation at Columbia University (1998), chapter 2.

68 예를 들면 risk-averse strategy를 취하는가 risk-taking strategy를 취하는가에 따라 결과는 전혀 달라진다. 고이즈미가 2005년 8월 참의원에서 우정 민영화 법안이 부결되었을 때, 중의원을 해산하지 않는 안전한 전략을 택했다면, 그는 레임덕을 피할 수 없었을 것이다. 하지만 누구도 예상할 수 없었던 중의원 해산과 총선 승리는 그의 정치적 리더십을 더욱 강하게 만들었다.

69 정치적 행위에 있어서 아이디어의 중요성에 대해서는, Peter Hall, *Political Power of Economic Ideas* (Princeton: Princeton University Press, 1989); Kathryn Sikkink, *Ideas and Institutions* (Ithaca: Cornell University Press, 1991); Mark Blyth, *Great Transformations: Economic Ideas and Institutional Changes in the Twentieth Century* (Cambridge: Cambridge University Press, 2002).

[04] 이 책의 구성

이 책은 패전 이후 연합군 점령 당시 이루어진 전전 체제의 개혁으로부터 논의를 시작하지만, 이는 자민당 정권의 기초를 이루는 보수 본류를 이해하기 위한 작업의 일환이다. 전후 일본이 미국의 점령에서 벗어나면서 당시 수상이던 요시다는 일본의 국가 발전 전략으로 통칭 '요시다 노선'으로 불리는 세 가지 선택을 하였다. 첫째, 냉전이 전개되는 상황에서 일본은 미국의 편에 선다. 일본의 체제의 근간을 자유민주주의 체제와 시장경제 메커니즘으로 선택한 것이다. 이는 소련을 포함한 전면강화가 아닌 미국과의 단독강화에서 그 시발점이 이루어진다. 이는 또한 점령 체제에서의 조속한 탈피라는 목표와 직결된 선택이었다. 둘째, 일본은 전전 체제를 반성하면서 정치 · 군사적인 대국을 지향하기보다는 최단기간 내에 일본의 경제를 부흥시키고 국민의 생활을 향상시키려 했다. 이는 일본에 대한 군사적인 의구심이 국내외에 잔존한 가운데 이를 불식시키고 경제적인 국가 이익에 매진하겠다는 정치적 선택의 발현이었다. 셋째, 일본의 안전과 안위는 미국과의 군사 동맹을 통해 보장하며, 이를 위해 미군 기지의 주둔을 허락한다. 즉, 미 · 일동맹을 일본 안보 전략의 근간으로 삼은 것이다. 이는 일본의 강경 보수가 주장하는 자주 국방 노선이나 일본 내 좌파가 주장하는 비무장 중립화 노선에 대한 현실적 대안이었다. 전쟁 직후의 혼란기와 점령기를 지나면서 선택된 이러한 일본의 국가 노선은 전후 체제의 골격을 이루는 정치적 선택이었다.

요시다 노선은 전후 체제를 전반적으로 규정한 정치적 이념과 정책적 선택의 핵심이지만, 요시다 노선이 모든 정치적 세력에 의해 수용되었던 것은 아니다. 또한 요시다적인 국가 노선 선택에 대해 수정을 가하려는 노력은 자민당이 집권하고 있던 반세기에 걸친 기간에도 끊임없이 이루어져 왔다. 전후 일본 사회가 변화를 거듭하면서 이루어진 정당 간 경쟁 체제의 변화, 그리고 이와 연계된 자민당 내부 세력 간 정치적 갈등과 연합의 연속선상에서 전후 체제가 변화를 거듭해 왔다는 것이 이 책의 주장이다.

전후 급속하게 세력을 확장한 사회당과 공산당을 중심으로 한 혁신좌파 세력은 노동자의 권익 수호와 더불어 평화헌법 제9조로 상징되는 전쟁 포기, 비무장 평화 노선을 전후 일본의 새로운 가치로 수용하고 이를 지키려는 데 주력하였다. 즉, 전전의 일본과 전후 일본의 비연속성을 강조하면서 평화주의 일본을 정착시키려 한 것이다. 그러한 노력의 일환으로 이들은 비무장 중립 노선을 주장하였다. 이에 반해 자유당의 맥을 잇는 하토야마와 기시를 중심으로 한 자민당 내 우파 세력은 비무장 중립 노선의 비현실성을 지적하면서, 평화헌법의 자주적인 개정과 더불어 일본의 자주적인 국방력 강화를 주장하였다. 따라서 1950년대 중후반의 일본 정치는 혁신 좌파 세력과 보수 우파 세력 간의 이데올로기적 갈등이 첨예화된 사실상 양당 정치적 양상을 나타냈다. 정치 현실에서는 혁신 좌파 및 보수 우파의 어느 쪽도 아닌 미·일동맹의 견지와 경제 부흥 노선에 기반한 요시다 노선에 입각하여 정책이 추진되었다.

이러한 보·혁 간 정치적 대립이 전면적인 갈등으로 발전한 것이 1960년 미일안보조약 개정을 둘러싼 소용돌이였다. 안보 투쟁은 일본 정당 세력의 근본적인 변화를 가져오는 계기를 마련했다. 우선 좌파와의 전면적 대결에 앞선 기시 수상과 보수 우파는 후진으로 물러날 수밖에 없었고, 자민당 내 온건 보수 세력이 전면에 나서면서 헌법 개정과 군비 강화라는 이념적 갈등보다는 경제 대국과 생활 안정을 우선하는 요시다 노선의 제도화에 힘을 싣게 되었다. 한편, 사회당을 중심으로 한 혁신 세력 내에서도 비무장 중립 노선에 대한 현실적 비판이 이루어지면서 당내 갈등이 확대되어 사회당 내 우파가 탈당하여 민사당을 창당하였다. 혁신 세력의 분열과 더불어 조직화되지 않은 노동자 및 빈곤층을 겨냥한 종교 정당인 공명당이라는 중도 정당이 나타나면서 일본은 본격적인 다당제의 길에 접어든다.

경제 발전과 성장에 중점을 둔 자민당의 전략은 전반적인 일본의 생활 향상을 가져왔지만, 주택, 환경 오염 및 소득 격차라는 새로운 도시 문제와 중앙과 지방 간의 격차라는 사회 문제를 가져왔고, 이들을 정치적 우선 과제로 내세운 혁신·중도 정당의 도전이 거세졌다. 도쿄, 오사카, 교토 등 대도시 지방자치단체장에 사회당 및 공산당 출신이 선출된 것은 그 대표적인 예였다. 반면 자민당은 한 선거구에서 보통 3-5명이 선출되는 중선거구제에 대응하여 당내 파벌이 점차 정착되어갔다. 60년대 말에서 70년대 초에 걸쳐 다나카, 후쿠다, 오히라, 미키, 나카소네 등 5대 파벌이 형성되었다. 당내 파벌 간 경쟁과 연합은 자민당 내부의 대립을 격화시키는 한편, 경쟁의 결과로 총체적으로 다른 경쟁 정당보다 강한 경쟁력을 키워가는 동시에 야당의 요구를 수용할 수 있는 여지를 넓혀갔다. 이른바 주류파와 비주류파의 갈등이 역으로 자민당의 경쟁력을 높여간 것이었다. 실제로 70년대 다른 정당과의 경쟁에 직면한 자민당은 하나의 파벌에서 다른 파벌로의 권력 중심 이동을 통해 '유사 정권 교체' 효과를 극대화함으로써 정권을 연장했다. 공공사업을 통한 소득의 지방 이전, 사회복지 충실화를 통한 이익의 균분화 등을 주장한 다나카파가 정치 스캔들에 휘말리자 깨끗한 이미지의 미키를 내세웠고, 그 다음에는 재정 건전화를 주장하는 후쿠다를 내세웠다가, 다시 다나카와 연합한 오히라가 후쿠다를 꺾는 양상의 파벌 연합 경쟁이 이루어졌다. 그 가운데 야당 세력은 혁신 정당과 중도 정당 간의 연합 전선 구축을 몇 차례 시도하였지만 결국 모두 실패함으로써 자민당의 독주를 허용하였다. 헌법 개정과 군비 증강을 중심으로 이루어졌던 50년대의 보·혁 대결과는 달리 사회·경제 정책을 중심으로 이루어진 70년대의 자민당과 혁신 정당의 경쟁 체제는 현실적으로 자민당 노선에 사회민주주의적인 요소를 크게 가미하는 결과를 가져왔다.

나카소네의 등장 이후 추진된 신자유주의적 개혁은 규제 완화와 사유화라는 시장경제 논리의 충실화를 통해 보수 진영을 강화하는 동시에 사회당 및 혁신 세력의 지지 기반이던 노동조합을 약화시키려는 양면적인 시도였다. 또한 신냉전의 전개에 발맞추어 미 · 일동맹을 강화함으로써 사회당을 중심으로 한 평화 노선의 비현실성을 부각시켰다. 나카소네의 개혁적 보수 노선은 결과적으로 요시다 노선의 전면 수정이라기보다는 개혁을 통한 강화였다. 다만 나카소네 시대에 정치 · 군사적인 일본의 역할을 강화하려던 노력은 요시다 노선의 부분적 수정 시도로 보인다. 나카소네에 의한 보수 개혁 노선의 추진은 자민당 내부의 파벌을 이른바 총주류파 노선으로 결속시킴으로써 더욱 힘을 얻었다. 자민당의 총체적인 공세 앞에서 사회당을 중심으로 한 혁신 세력은 점차 도시 정당으로부터 농촌 정당으로, 또 전국 정당으로부터 지역 정당으로 약화되어 갔다. 다른 중도 정당들도 자민당과의 협력관계를 강화함으로써 정당들의 사실상 여당화 추세가 심화되었다. 그 결과 자민당의 일당 우위 체제는 확고해졌지만, 정당 내부의 경쟁 약화 및 정당 간 경쟁의 비대칭화는 정치 세력 전반의 안일함을 가져왔다. 그 결과로 나타난 것이 정계 전반을 강타한 리쿠르트 스캔들이라고 할 수 있다.

1988년 이후 일본 정계를 풍미한 '정치개혁'의 돌풍은 야당이 아닌 자민당에 의해 주도되었다. 선거제도 개혁이라는 최소공약수로 출발한 정치개혁 논의는 1991-1992년의 걸프전 경험을 거치면서 오자와에 의한 일본의 보통국가화 노선으로 확대되었고, 이를 둘러싼 정당 간 그리고 자민당 내 세력 간 알력은 1993년 개혁 세력 및 오자와 일파의 탈당을 가져오면서 1955년 체제에 종말을 고했다. 냉전의 종언과 시대를 같이 한 자민당 일당 지배 체제의 종언은 11개월에 걸친 비자민, 비공산 정당 간 연합에 의한 지배를 가져왔다. 그러나 연립 정당 간 이해관계 갈등 및 국가 노선을 둘러싼 연립 내부의 갈등은 사회당과 사키가케의 연립 이탈로 이어졌고, 자민당은 사회당이라는 적과의 동침을 통해 권력의 연장을 시도했다.

자민당과 사회당의 연립에 의한 자민당 정권의 연장은 결과적으로 사회당의 자기 정체성 부정에 의한 급속한 지지 하락과 당의 분열을 가져왔다. 또한 자민당도 사회당과의 연립에 호의적인 온건 보수파와 사회당의 연립에 반대하는 강경 보수파 간의 대립을 피할 수 없었다. 이 와중에 등장한 것이 일본 역사를 수정적으로 해석하고 안보 문제에 대한 자주적인 목소리를 강화하려는 신보수주의자들이었다. 이들은 사회당을 비롯한 좌파 세력에 대한 극단적인 혐오감과 이들이 주장하는 정치 이념에 대한 안티테제 형성을 통해 자신들의 정체성을 강화해 가면서 일본의 보통국가화 노선을 강력히 추진할 것과, 나아가 자주국가화 수용도 주장하였다. 그 근간에는 일본의 정치 · 군사적인 역할의 강화, 일본의 대외 의존적 안보 및 문화적 체질의 개선이라는 새로운 정치 이념을 담고 있어 전후 체제에 대한 근본적인 수정 요구를 담고 있다.

사회당과의 연립으로 정권 연장이 어려워지자 자민당은 중도 야당이던 공명당과의 연립을 통해 다시 정권 연장을 시도하였고, 이는 결국 일본 정계 내 중도 세력의 거세화 및 여당화를 가져왔다. 점차 약화되어 가는 혁신 세력, 중도 정당들의 해체 및 여당화 추세, 그리고 신보수주의 세력의 발흥 등은 1990년대가 일본 정계의 근본적인 변혁을 가져온 10년이라는 점을 밝혀준다.

2001년 총리가 된 고이즈미는 신자유주의적 구조개혁과 신국제주의적 대외 노선을 통해 일본 전후 체제의 총체적인 해체를 시도하였다. 이는 자민당 내부의 역학에서 보자면, 1970년대 이후 자민당을 사실상 지배해 온 게이세이카이経世会; 전 다나카 · 다케시타파의 정치 이념 및 수법에 대한 정면 도전이자 수정이었다. 또 국가재정을 기반으로 사회민주주의적 요소를 가미했던 일본 사회 체제를 탈국가형 시장경제 중심의 체제로 전환시키려던 시도였던 동시에, 미 · 일동맹의 글로벌화를 통해 일본의 대외적 영향력을 강화하려던 시도였다. 자민당을 깨부수겠다는 그의 수사와는 달리 고이즈미의 전후 체제 해체의 정치는 사실상 자민당 체제 연장을 위한 최후의 시도였다.

그러나 고이즈미의 시도는 자민당 내부의 분열을 더욱 부채질했다. 고이즈미를 이은 아베의 헌법 개정 시도, 교육기본법 개정, 방위성의 승격 등 이념의 정치는 일반 유권자들과는 동떨어진 나가타쵸永田町 안의 정치였다. 고이즈미를 계승하려던 아베의 시도는 2007년 참의원 선거에서 나타나듯 국민으로부터의 저항에 직면했다. 또한 고이즈미의 정치가 가져온 자민당 내 분열은 후임 자민당 총재들로 하여금 당세 회복을 위한 당내 화합을 강조하게 만들었고, 이는 전통적인 자민당으로의 복귀를 재촉하였다. 또한 미 · 일동맹 일변도의 고이즈미 노선은 아시아 외교의 부재를 가져와 후임 총리들로 하여금 아시아 외교에 대한 배려를 강화하도록 만들었다. 그 와중에 자민당은 체제 개혁을 위한 에너지를 상실하고 유권자들의 기대와 어긋나는 정권 유지를 위한 체제 정당으로서만 의미를 가졌다.

자민당이 간과한 것은 여론의 변화뿐만 아니라 조용하면서도 빠르게 대안 정당으로 성장하고 있던 민주당이었다. 2003년 총선 이후 민주당이 비례 득표에서 자민당을 능가하는 선거 결과를 냈음에도 불구하고 고이즈미의 마력에 젖어있던 자민당은 민주당의 성장을 현실 그대로 보지 못했다. 그 결과로 나타난 것이 2009년 8월 총선이었으며, 자민당의 54년에 걸친 지배는 일단 막을 내렸다.

이 책에서는 위에서 간단하게 정리한 자민당 정치와 전후 체제의 변용을 보다 상세하게 논하고자 한다. 제1장에서는 전후 연합국 점령 초기에 추진한 급진적 개혁 조치와, 이후 역코스로 불리는 미국 정책의 전환이 가져온 전후 개혁의 이중성이 일본 정계의 보·혁 갈등 구도를 틀잡아준 과정configuration을 분석한다. 보수 본류로 불리는 요시다 노선은 냉전 체제의 성립에 대응하여 수정된 대일 점령 정책을 적극적으로 활용한 정책 노선이었다. 그러나 점령 초기의 민주화와 탈군사화라는 개혁 조치를 적극 수용하는 혁신 세력과는 대립각을 세웠다. 아울러 보수 우파는 전전 질서로의 복귀를 희구하면서 요시다 노선에 반발하였다. 보수와 혁신 세력 간, 그리고 보수 세력 내부에서의 갈등은 1960년 미일안보조약 개정을 둘러싼 전면적 정치 세력 대결을 거치면서 안정되었다. 제2장에서는 1960년 안보 투쟁 이후 일본의 고도성장을 통한 사회 변혁에 주력하여 포괄정당화 전략을 추진한 자민당과 당내 좌·우파 간의 세력 대결과 이데올로기적 순수성 투쟁으로 경직된 사회당의 대결 구도가 점차 중도 정당의 등장을 유도하면서 보·혁 백중세를 만들어가는 과정을 밝히고 있다. 또한 자민당 내부에 5대 파벌이 정착되면서 파벌 간 대립과 합종연횡을 통해 나타난 유사 정권 교체가 자민당의 지배를 연장하는 과정을 보여준다. 제3장에서는 다나카파의 지배 구조 확립과 총주류파 체제 확립을 통해 자민당 내부가 안정되면서 나카소네가 추진한 신자유주의적 개혁이 야당 정치 세력을 무력화시키고 자민당 일당우위체제를 확립하는 과정을 설명한다. 그러나 자민당 일당 우위 체제의 등장과 당내 다나카 · 다케시타파의 우월적 지위가 정치적 경쟁의 약화를 가져오고, 정치 부패와 스캔들이 연이어지면서 일본이 정치개혁의 소용돌이에 빠져드는 과정을 분석하고 있다. 제4장에서는 일본인들이 잃어버린 10년으로 부르는 1990년대가 사실상 전후 체제의 대변환을 가져온 시기였음을 밝히고 있다. 사회당을 중심으로 한 혁신 세력의 급격한 몰락, 중도 정당의 상실과 여당화가 나타나면서 자민당 내부에서는 신보수주의 세력의 성장으로 당이 내부 갈등에 휘말리는 시기였다. 또한 전후 좌파와 선을 그은 새로운 야당 민주당이 성장하는 단초가 마련된 것도 1990년대 변환기였음을 밝히고 있다. 제5장에서는 자민당을 회생시키기 위해 고이즈미가 추구한 개혁과 그의 정치 수법이나 이념이 가져온 결과에 주목하고자 한다. 고이즈미는 자민당의 근본적인 개혁을 추구하였으며, 이는 자민당을 30여 년간 지배해 온 구 다나카파에 대한 정면 도전이었다. 또한 사회민주주의적 요소를 가미한 체제 및 요시다 노선으로 대표되는 온건 보수 노선에 대한 근본적인 수정 시도이기도 했다. 이러한 전후 체제 해체의 시도가 자민당 지배 체제에 남겨준 유산을 비판적으로 분석한 것이 제5장이다. 제6장에서는 고이즈미의 개혁 노선을 이념의 정치로 이끌다가 추락한 아베의 실패, 그리고 전통적인 자민당으로 당을 되돌리려다 수세적 정국 운영을 강요당한 자민당의 비극을 분석하고 있다. 아울러 야당의 통합을 통해 성장한 민주당의 이념적 지향 및 당 내부 사정, 그리고 민주당이 가진 경쟁력을 2009년 총선에서의 승리와 연결시켜 정권 교체에 이르는 과정을 분석하고 있다. 결론 부분에서는 자민당 정권의 출발에서 종언에 이르는 반세기 동안 일본 정치의 구조와 이념은 어떻게 변용되었는가를 정리하면서 향후 일본 정치의 미래를 진단하고자 한다.

| 1장 |

전후 개혁의 이중성과 보 · 혁 갈등의 원점

◆ ◆ ◆

일본은 패전 이후 연합군 사령부가 주도한 개혁에 의해 전전戰前 일본과는 성격을 달리하는 전후 체제戰後體制의 성립을 맞이하게 된다. 연합군 총사령관 맥아더Douglas MacArthur의 지휘 아래 이루어진 과감한 개혁은 전후 정치 체제의 근간을 만들어 놓았다.[1] 점령하에서의 개혁을 수용할 것인가 저항할 것인가, 수용한다면 어떤 면을 수용할 것인가를 중심으로 한 정치적 대립은 1955년 체제의 도래를 준비하는 전환기적 의미를 가지고 있다.

전후 일본을 점령한 미국과 연합군의 일본 체제 전환의 근간은 '민주화democratization'와 '탈군사화demilitarization'로 요약할 수 있다.[2] 미국과의 전쟁으로 치달았던 전전 체제를 새로운 체제로 탈바꿈시켜 자유 진영의 일부가 되게 함은 물론 미국이나 주변국에 대한 위협이 되지 않도록

1 연합군 사령부는 Supreme Commander of Allied Powers 혹은 SCAP으로 불렸다.

2 John Dower, *Embracing Defeat-Japan in the Wake of World War Two* (New York: The New Press, 1999).

하려는 것이었다. 즉 전전 천황 중심의 명치헌법 체제를 청산하고 서구식 민주주의를 받아들이게 하는 동시에, 탈군사화를 통해 일본을 약화시키는 '징벌적 평화punitive peace'를 실현하고자 하였다.

그러나 2차 세계대전 이후 새롭게 전개된 냉전으로 인해 미국은 대일 점령 정책을 전환하였다. '민주적이지만 약한 일본'을 지향하던 점령 당국의 정책은 점차 '강한 일본'의 부활을 부추기게 되었다. 연합군사령부 내 민정국과 참모본부의 대립을 반영한 점령 정책의 전환은 일본 정치 세력의 자리매김에도 커다란 영향을 주었다. '보수 본류保守本流'로 불리는 요시다 노선은 미국의 대일 정책 전환에 보조를 맞추는 가운데 정착된 일본의 정치적 선택이었다.

아래에서는 연합국 사령부가 주도한 전후 체제의 개혁 조치가 일본의 정치 세력의 재구성 및 정치적 선택에 어떠한 영향을 미쳤고, 전후 체제 개혁이 가지는 이중성이 보 · 혁 간 갈등을 어떻게 구조화했는가를 중점적으로 살펴보고자 한다.

[01]

전후 초기 개혁

– 민주화와 탈군사화

군국주의 질서의 해체

일본 민주화의 시발점은 명치헌법을 대신하는 새로운 헌법의 제정이라고 볼 수 있다. 천황의 권위를 절대적으로 인정하고 통수권자인 천황의 지시에 따라 움직이도록 되어 있던 명치헌법을 고쳐, 국민의 손에 의해 국가 지도자를 선출하도록 하는 민주 정치의 틀을 도입한 것은 혁명적 변화였다. 전후 이루어진 헌법 개정의 근본적인 변화는 '국정의 권위는 국민에게서 유래하고, 권력은 국민의 대표자가 이를 행사하며, 그 복리는 국민이 향유한다'고 선언한 헌법 서문에서 확인할 수 있다.[3] 주권재민 원칙을 확인한 것이다. 전전에는 천황과 군부, 그리고 이를 지지하는 정치인과 재벌에 의해 독단적으로 행사되던 국가 권력을 국민의 선택에 맡김으로써 국가 권력자의 자의에 의한 권력의 횡포와

3 헌법 서문. 헌법 서문은 주권재민, 평화애호, 국제주의를 담고 있다.

오용을 막고자 하였다. 이 같은 헌법적 조치에 의해 국민에 의해 선출된 국회의원으로 국회를 구성하고, 국회에서 선출된 수상이 국가 권력을 행사하는 민주국가로 변신하게 되었다. 이렇듯 전후 민주주의의 도입은 헌법적 조치의 단행을 통해 이루어진 것이었다.

미국이 일본 측과 함께 새로운 헌법을 기초하면서 고민한 것은 천황제 존속 여부였다. 연합국 사령부가 전쟁 책임의 근원에 일본의 천황제가 있다는 사실을 모르는 것은 아니었다.[4] 하지만 전전 보수당으로부터 완전히 탈피하지 못한 일본의 보수 세력은 전전 체제의 연속선상에서 명확한 전쟁 책임을 추궁할 수 없었다. 종전 이틀 후 탄생한 히가시구니東久邇 내각은 1945년 8월 28일 기자회견에서 '국체国体' 천황제 유지는 이유와 감정을 넘어선 우리의 강한 신앙이다'라고 천황제 유지를 천명했다.[5] 명확한 천황의 전쟁 책임을 논하지 않은 상태에서 제기된 것이 바로 히가시구니 수상의 '1억 총참회론總懺悔論'이었다.[6] 히가시구니 수상은 8월 29일의 기자회견에서 '여기까지 이르게 된 데에는 정부의 정책이 나빴던 것도 있지만, 국민의 도의가 떨어진 데에도 원인이 있다. 나는 군관민, 국민 전체가 철저하게 반성하고 참회하지 않으면 안 된다고 생각한다'고 말하여 천황의 전쟁 책임을 흐리고 국민 전체가 반성하자는 논점을 제기했다. 사실상 전쟁 책임의 화살을 천황이나 군부가 아닌, 국민 모두에게 향하게 함으로써 실질적인 전쟁 책임을 분산하

---

4 Herbert Bix, *Hirohito and the Making of Modern Japan* (New York: Harper Collins, 2000).

5 자유당을 결성한 하토야마 이치로도 창당대회에서 '일본의 사회적 구성은 족장적 성격을 가지며, 그 중심에는 천황이 있다'고 밝혔다. 富森叡児, 『戦後保守党史』(東京: 岩波書店, 2006), 9쪽.

6 위의 책, 10-11쪽.

려는 의도였다. 연합군 사령부도 천황제 폐지가 가져오는 정치적 · 사회적 · 문화적 혼란을 고려하여 천황제 자체는 존속시키기로 했다. 그 대신 실질적 정치 최고 실권자로부터 상징적인 존재로 전환하는 작업을 통해 천황의 존재는 인정하면서 정치적 권력을 국민에게로 되찾아왔다.

전후 일본 개혁의 다른 핵심적 부분은 탈군사화에 있었다. 미국을 중심으로 한 연합국 사령부는 일본이 가지고 있던 전력戰力을 완전히 해체하고 향후에도 일본이 군사적 위협이 되지 않도록 하기 위한 조치를 강구했다. 대표적인 조치가 헌법 9조의 삽입이었다. 헌법 9조는 전쟁 포기, 전력 불보유, 교전권 부인 등 세 가지 핵심 개념을 담고 있다.[7] 헌법 9조는 추축국과 더불어 미국에 대항한 일본에 대한 보복적 조치의 일부였다는 성격을 감추기 어렵다.[8] 일본은 군사력을 보유할 수 없고, 국가 정책 수단으로서의 전쟁을 포기한 국가임을 대내외적으로 공포하도록 한 것이다. 이는 일본이 다시는 미국은 물론 아시아의 주변 국가에 위협이 되지 않도록 하는 안전장치의 설정이었다. 이러한 점에서 비무장非武裝 중립中立국가로서의 일본을 구상한 일본사회당의 정책은 사회주의적 이상을 표현했다기보다는, 맥아더가 추구한 이상주의적 평화를 그대로 받아들여 개념적으로 형상화한 것이있다.

이 같은 헌법적 조치의 단행으로 인해 일본은 국내 치안을 유지하기 위한 경찰력을 가질 수는 있었지만 군대를 보유할 수는 없는 나라가 되

7 헌법 9조의 내용은 다음과 같다. 제1항. 일본 국민은 정의와 질서를 기초로 하는 국제 평화를 성실하게 희구하며, 국제 분쟁을 해결하기 위한 수단으로서 국권의 발동에 의한 전쟁과 무력에 의한 위협 또는 무력의 행사는 영구히 포기한다. 제2항. 전항의 목적을 이루기 위하여, 육해공군 그 외의 전력은 보유하지 않는다. 국가의 교전권은 인정하지 않는다.

8 탈군사화 조치를 처벌적 평화(punitive peace)라고 부르는 이유가 여기에 있다.

었다. 그러나 이러한 헌법적 조치의 도입은 내각법제국의 해석 등에서도 나타나듯이, 국가로서의 자기방어 및 정당방위의 권리마저 포기하는 것은 아니었다.[9] 이는 '전수방위exclusive defense'라는 원칙을 통해 공격권을 포기한 방위력의 새로운 자기규정을 가져왔다.[10]

민주주의의 도입과 탈군사적 체제 전환은 제도적 절차에 의해서만 완성되는 것이 아니라는 사실을 전후 체제의 입안자들은 잘 알고 있었다. 인적 · 조직적 혁신이 없이는 사상누각에 불과했다. 연합국 사령부는 전쟁을 일으키거나 이에 협력한 중요한 인물들을 공직에서 추방하였다. 가장 철저하게 이루어진 것은 전범의 처리였다. 전쟁 발발과 수행에 핵심적 역할을 담당한 이들은 극동 전범 재판Tokyo Tribunal에 이관되어 처벌을 받았다. 침략 전쟁을 주도한 죄로 28명이 A급 전범으로 분류되어 그중 25명에게 유죄가 선언되었다. 이들 중 7명이 실제로 교수형에 처해졌으며, 2명은 공판 중 병사, 나머지 5명은 옥사하였다.[11] A급은 물론 B급, C급 전범을 합쳐 5,487명이 전범으로 분류되어 그중 4,370명에 대해 유죄가 확정되었고, 이 중 930명이 사형, 335명이 종신형에 처해졌다. 나머지 3,098명은 유기징역 판정을 받았다.[12] 연합국 사령

9 일본은 개별적 자위권이나 정당방위라는 개념으로 이를 설명하고 있다. 개인이 상대방으로부터 부당한 공격을 받았을 경우 자기를 방어할 수 있는 자연적 권리를 가지고 있듯이, 일본도 국가로서 상대국으로부터 군사적인 위협을 당할 경우 자기를 보호할 수 있는 기본적 권리는 보유하고 있다는 것이다.

10 나중에 설명할 재군비화에 있어서도 일본의 방위력을 '군대'가 아닌 '자위대(self defense forces)'로 위치를 규정하는 것도 이 같은 이유에서였다.

11 A급 전범 28명 중 3명은 사망이나 정신이상으로 면소되었다. 도조 히데키(東条英機) 전 수상과 이타카키(板垣) 전 육군대장 등 교수형을 당한 7명과 마츠오카(松岡) 전 외상 등 병사한 2명, 토고(東郷) 전 외상과 히라누마(平沼) 전 수상을 포함하여 옥사한 5명 등 14명이 1978년 10월 17일에 야스쿠니 신사에 합사되어 야스쿠니 참배 문제의 원인을 제공했다. 高橋哲哉, 『靖国問題』(東京: ちくま新書, 2005), 64쪽.

12 수가모(巣鴨) 형무소에는 사형을 선고받은 7명의 A급 전범과 827명의 B, C급 전범이 복역하였다. 歷史教科書教材研究会, 『国際社会への復帰』(東京: 学校図書出版株式会社, 2001), 245쪽.

부는 전범 처리에 그치지 않고, 정치인, 군인, 관료 등 전 분야에 걸치는 전쟁 책임자에 대한 광범위한 공직 추방 작업에 나섰다. 점령군 사령부가 1946년 1월 4일 발표한 '바람직하지 않은 인물의 공직으로부터의 제거에 관한 각서'를 통해 이루어진 제1차 공직 추방의 해당자는 약 1,000명이었고, 다음해에 이루어진 제2차 추방은 20여만 명에 이르렀다.[13] 아래의 표는 공직에서 추방된 인물의 성격과 숫자를 보여준다.

공직 추방의 규모와 성격

분류	숫자 (명)	비율 (%)
군인	167,035	79.6
관료	1,809	0.9
정치가	34,892	16.5
초국가주의자	3,488	1.6
사업가	1,898	0.9
언론보도관계자	1,216	0.5
계	210,288	100.0

출처: Hans Baerwald (1970), 136쪽.

특히 군인과 더불어 34,892명에 이르는 정치인이 공직에서 추방된 것은 주목할 만한 부분이다. 공직 추방이 정계에 안겨준 충격은 대단한 것이었다. 공직 추방 당시 시데하라 내각 구성원 가운데 공직 추방을 면한 정치인은 시데하라幣原 수상, 요시다吉田 외상, 아시다芦田 후생상 3명뿐이었다.[14] 일본진보당은 274명의 중의원 의원 중 262명이 공직 추방

13 北岡伸一, 『自民党』 (東京: 読売新聞社, 1995), 33-34쪽. 공직 추방자는 일곱 범주로 나누어졌다. (A) 전쟁범죄인, (B) 직업 군인, (C) 국가주의 단체 관련자, (D) 대정익찬회, 익찬정치회의 주요 인물, (E) 식민지 점령지 관련 기업의 이사, (F) 식민지 점령지 고관, (G) 그 외 군국주의자, 극단적 국가주의자 등이었다.

14 위의 책, 34쪽.

조치를 당했고, 일본자유당은 43명 중 33명을, 협동당은 23명 중 21명을, 그리고 일본사회당도 17명 중 11명을 잃었다고 한다.[15] 1946년 4월 10일 선거에서 당선된 전 의원의 80.7%인 376명이 신인이었고, 1942년 익찬翼賛선거 때 추천의원은 당선자 중 23.9%에 지나지 않았다.[16] 요시다를 중심으로 한 관료파가 1955년 체제 출범까지 정계의 주도권을 잡을 수 있던 것도 공직 추방으로 인한 정치권의 공백이 있었기 때문에 가능했다.

인적 청산과 더불어 이루어진 것이 일본을 지배하던 국가 권력 기구인 관료 조직의 재편이었다. 전시 일본은 국가 물자 및 국민 총동원 체제를 갖추기 위해 권력을 집중적으로 운용하고자 하였으며, 이를 대표하는 관료 조직은 내무성이었다.[17] 연합군 사령부는 내무성이 일본 중앙집권적 통제의 중심에 있었음을 감지하고, 권력 집중의 폐해를 막고 전전 체제를 청산하기 위해 1947년 12월 내무성을 폐지하였다.[18] 그리고 중요한 권한을 수상 관저, 경찰청, 자치성, 노동성, 건설성, 후생성, 문부성 등에 이관하여 분권화했다.[19] 또한 전쟁 수행의 중추 기관이었던 육군성과 해군성을 없애고, 일본 국민에 대한 전쟁 교육을 담당했던 문부성을 분권화하였다.

인적 청산 및 관료 기구의 재정비와 관련하여 주목해야 할 부분은 상

15 三宅一郎 · 山口定 · 村松みちお · 進藤栄一, 『日本政治の座標』(東京: 有斐閣選書, 1985), 67쪽.

16 石川真澄, 『戦後政治構造史』(東京: 日本評論社, 1978), 7-11쪽.

17 현재로 말하자면, 내각부, 총무성, 자치성, 국토교통성, 노동후생성, 경찰청, 후생성, 중앙인사원 등 다양한 기능을 한데 모아놓은 방대한 관청이었다.

18 升味準之輔, 『戦後政治: 1945-55年』(東京: 東京大学出版会, 1983), 277쪽.

19 T. J. Pempel, "The Tar Baby Target: Reform of the Japanese Bureaucracy," in R. Ward and Y. Sakamoto (eds.), *Democratizing Japan* (Honolulu: University of Hawaii Press, 1987), 166쪽.

당수 관료 조직의 온존이었다. 연합국 총사령부 민정국에서 공직 추방을 담당했던 배어월드Baerwald에 의하면, 당초 공직 추방에 포함되는 관료의 범위는 천황의 재가를 얻어 임명하는 각성의 국장 또는 부장급까지였지만, 나중에 천황이 직접 임명하는 칙임관勅任官의 문관 이상으로 바뀌었다. 관료를 통한 간접 통치를 방침으로 정한 연합국 사령부가 대량의 전문가 손실을 우려한 까닭이었다.[20] 그 결과 보수 정당인의 대부분은 공직 추방의 대상이 된 데 반해, 공직 추방된 관료는 '책임 있는 지위에 있는 관리 중 최고의 지위에 있는 일부분'에 지나지 않았다.[21] 정치적 성격이 강한 관료 조직에 비해 비정치적 · 전문적 영역을 다루는 경제 관료들은 비교적 많이 온존하였다.[22] 경제 관료들은 내무성이라는 라이벌 관청이 해체되고 나서 전후 정책 결정의 중추부를 담당하였고,[23] 수상이 된 요시다가 추방에 의해 인재난에 빠진 보수 세력을 보충할 인재로 고급 관료들을 대량 입당시키면서 전후 경제 관료의 영향력은 커졌다.[24]

---

20 Hans Baerwald, *Purge of Japanese Leaders under the Occupation* (Berkeley: University of California Press, 1959); 冨森叡児 (2006), 20쪽에서 재인용. 연합군 사령부가 관료를 통한 간접 통치를 결정한 것은 두 가지 이유가 있었다. 하나는 본토 외부에서 철저히 저항하던 일본군이 천황의 한마디로 완벽히 무장해제 하는 것을 보았고, 시게미츠 외상이 천황을 중심으로 한 관료 기구를 활용해야 한다고 신언했기 때문이다. 또 하나는 정당을 중심으로 한 정치인들이 지나치게 보수적이었기 때문이었다. 자유당이 주장한 '천황기관설'이나 진보당이 주장한 '천황주권설' 등의 주장은 연합군 사령부가 받아들일 수 없는 보수적 입장이었다. 冨森叡児, 위의 책, 17-19쪽.

21 Baerward, 위의 책.

22 관료 조직이 온존한 배경에 대해 쯔지(辻)는 연합군의 점령 정책이 간접 통치의 형태를 취한 점, 일본 국민 사이에 관료는 중립적이라는 환상이 존재하고 있던 점, 그리고 현대 행정의 지식과 수행 능력에 관해 정당이 무력했던 점 등이 작용했다고 한다. 辻清明, "官僚機構の温存と強化," 岡義武 編, 『現代日本の政治過程』(東京: 岩波書店, 1958), 69-70쪽. 이에 반해, 펨펠은 일본 관료제가 큰 변화를 겪지 않은 이유에 대해 점령 당국이 관료 개혁을 일본 행정의 효율성 향상이라는 관점에서만 해석하였고, 각 기관 간 알력이 작용했다고 분석하고 있다. Pempel, 위의 책, 159쪽.

23 Charlmers Johnson, *MITI and the Japanese Miracle* (Stanford: Stanford University Press, 1982), 특히 제2장.

24 辻清明, 위의 책, 71쪽.

민주적 법 제도 체제의 확립, 인적 조직 재편과 더불어 이루어진 것이 보통선거권의 도입과 지방자치의 도입이었다.[25] 전전 지방 관청의 장은 모두 국가에 의해 임명된 관료들이었다. 이들은 국민의 의견을 수렴하기보다는 중앙 집중적이고 서열적인 조직 관리를 통해 국가의 정책을 하향적으로 시달하는 조직의 첨병이었다. 미국을 중심으로 한 연합군 사령부는 민주주의의 기본은 풀뿌리 민주주의grassroots democracy에 있음을 확신하고, 지방의회 의원 및 자치단체의 수장을 주민의 직접 투표에 의해 선출하는 대담한 개혁을 시행하였다. 이는 한편으로 주민의 의사가 지자체의 운영에 반영되는 시스템을 만드는 동시에, 다른 한편으로는 중앙정부의 의사가 지역자치단체에까지 획일적으로 전달되지 않도록 하는 방지장치의 설정이었다. 획일적이고 하향적인 국가 총동원 체제에 길들여진 정치 체제의 근본적인 개혁을 지방자치단체 차원에서도 시행한 것이다.

이 같은 정치 부문의 개혁은 일본인들의 저항에 직면하기보다는 환영을 받았다. 점령기 일본을 연구하는 존 다우어John Dower는 일본인들이 승자와 패자의 상호작용 속에서 평화와 민주주의를 수용하고, 패배를 잘 감싸안고 받아들였다고 분석하고 있다.[26]

---

25 1945년 10월 4일 맥아더는 '의회는 반동적이라서 이를 해산해도 현행 선거법에서는 얼굴은 바뀌겠지만 같은 타입의 인간들이 또 나올 것이다. 이를 피하려면 선거권을 확장해서 부인참정권과 노동자의 권리를 인정하는 것이 필요하다'고 말했다고 한다. 後藤基夫 · 内田健三 · 石川真澄, 『戦後保守政治の軌跡』(東京: 岩波書店, 1982), 2쪽.

26 John Dower (1999).

사회경제적 민주화 – 민주적 토대의 구축

전전 체제의 개혁에 나선 연합군 사령부는 정치적 상층부의 개혁에 그치지 않았다. 위로부터의 개혁에는 한계가 있음을 절감하고, 이에 상응하는 사회경제적 토대의 변혁에도 동등한 정도의 비중을 두었다.[27] 정치적 개혁과 더불어 정치적 구조를 뒷받침하는 사회경제적 토대의 변혁을 통해 사회 전체적인 구성의 변화를 도모한 것이다.[28]

연합군 사령부는 재벌이 관료, 지주와 함께 일본 군국주의를 받쳐주는 사회 세력의 원형이라고 생각하고 재벌의 자발적 해체를 종용하였다.[29] 전쟁 수행을 위한 무기의 생산과 군수물자의 동원에 중요한 역할을 했기 때문이었다. 전전 재벌은 한국의 재벌과 마찬가지로 가족에 의한 직계 경영과 주식의 상호 담보를 통한 관련 회사의 경영 독점이라는 특징이 있었다. 이와 같은 재벌의 경영 구조는 전전 군벌과의 유착 관계를 심화시키는 한편, 기업의 민주적 경영을 막는 요소로 작용하였다. 따라서 연합군 사령부는 미츠이三井, 미츠비시三菱, 스미토모住友, 야스다安田 등 일본의 4대 재벌의 경영 방식에 근본적인 변혁을 도입했다.

실제적인 재벌 개혁은 4대 재벌에 한정되지 않고, 18개 재벌 336개사社로 확장되었으며, 1948년 6월에는 83개 주식회사와 자회사 약

---

27 이 같은 전후 체제의 개혁은 실제로 마르크스주의의 창조적 적용이기도 했다. 토대와 상부 구조의 변화를 동반하지 않는 개혁은 어느 쪽에 의해서든 반전될 수 있다는 가능성을 충분히 염두에 둔 개혁이었기 때문이다. 실제로 사회경제적 토대의 변혁은 일본 사회의 기층부가 마르크스주의에 영향을 받지 않도록 하기 위한 부분에 초점이 놓여 있었다.

28 이는 역사적 제도주의자들의 표현을 빌자면 사회 구성(configuration)의 근본적 변화를 도모한 것이라고 할 수 있다. 따라서 전후 체제의 개혁은 일본 사회의 근본적 재구성(reconfiguration)이라고 명명하는 것이 타당하다고 본다. Configuration의 개념에 대해서는 Ira Katznelson, "Structure and Configuration," Mark Lichbach and Alan Zuckerman (eds.), *Comparative Politics: Rationality, Culture and Structure* (New York: Cambridge University Press, 1997).

29 升味準之輔 (1983), 292쪽.

4,000여 개에 이르렀다. 재벌 개혁의 주요한 내용은 주식을 통한 계열회사의 통제와 가족 경영의 금지였다. 지정된 주식회사 83개, 재벌 가족 56명이 소유한 유가증권은 주식회사 정리위원회에 넘겨졌다. 그 금액은 당시 총 주식 발행액의 42%에 이르렀다.[30] 또 재벌 가족은 회사 임원 취임이 금지 또는 제한되었다. 그리고 공직 추방의 영향이 경제계에도 미쳐 278개 회사 임원 3,200명이 현직에서 추방되었다. 이 같은 개혁을 통해 재벌 가족의 상호 출자에 의한 기업의 통제를 금지하는 동시에, 경영과 소유를 구분하여 전문 경영인에 의한 수익 목적의 경영이 이루어지도록 조정하였다. 또한 계열 기업 간 상호 주식 분담을 금지함으로써 기업군이 연결되어 한 기업의 경영 파탄이 다른 기업의 경영 파탄에 직결되는 구조를 개혁하였다.

기업의 소유자인 재벌의 혁파와 더불어 연합군 사령부는 전전 군부 통치하에서 금지되었던 노동 3권을 노동자들에게 안겨주었다. 연합군 사령부는 단결권, 단체교섭권, 단체행동권을 명문화한 노동조합법을 1945년 12월에 통과시켰고 1946년 3월부터 시행하였다. 노동조합 활동이 금지되었던 전전과 비교하면 가히 혁명적인 변화였다. 노동조합의 수는 단기간에 급속하게 늘어났다. 1945년 12월에 38만이었던 조합원이 1946년 6월에는 375만으로 늘어나 반년 만에 10배나 증가하였다. 노조 조직률도 4.4%에서 40.4%로 늘어났다.[31] 다음의 표는 전후 5년간 노동조합과 조합원 수의 변화를 보여준다.

---

30 위의 책, 192-193쪽.

31 위의 책, 316쪽.

노동조합 및 조합원의 수

연도	조합 수	조합원 수
1945년 12월	707	378,481
1946년 6월	11,579	3,748,952
1946년 12월	17,265	4,849,329
1947년 6월	23,323	5,692,179
1947년 12월	28,014	6,268,432
1948년	33,926	6,677,427
1949년	34,688	6,655,483
1950년	29,144	5,773,908

출처: 升味準之輔,『戦後政治: 1945–1955』(東京: 東京大学出版会, 1983), 부록 19쪽.

점령 초기, 총사령부는 좌파 노동조합의 조직을 권장하였다. 특히 미국의 산업별 노동조합과 유사한 조합을 격려함에 따라 21개 조합이 산업별로 결집하여 157만 명이 산별 노조에 가입하였다.[32] 노동조합의 허용은 한편으로 기업주의 전횡적인 운영을 방지하는 기업 내 조직의 활성화인 동시에, 노동자의 불만이 일시에 분출해서 사회혁명으로 발전하지 않도록 하는 안전장치의 마련이기도 했다. 전후 실업과 노동자 과잉 공급 사태를 맞이한 일본에 노동조합을 활성화함으로써 기업에 속해 있는 노동자들이 집단적 이익을 공유한 단체로 행동하게 허용하여 기업과 공생할 수 있는 노동자 집단의 성장을 도모하였다.[33]

연합군 사령부가 실시한 농지개혁도 일본의 공산화를 방지하기 위

32 이들 대부분의 노조는 공산당 계열이었다. 이들은 1947년 2월 1일 전면 파업을 준비하다 연합군 사령부의 중지 결정으로 실패하고 이내 그 비판에 직면해야 했다.

33 Ronald Dore, *British Factory Japanese Factory* (Berkeley: University of California Press, 1989).

한 급진적인 조치 중의 하나였다.[34] 점령 당국이 가장 우려한 것은 다수의 농민이 사회적으로 불안정하고 경제적으로 피폐한 상태에서 사회주의의 유혹에 넘어가는 것이었다. 대지주 밑에서 어렵게 생활하던 소작농에게 자신의 토지를 갖게 해 줌으로써 농촌을 근거지로 한 사회주의혁명의 불씨를 없애는 동시에 농업 생산량을 획기적으로 향상시키기 위한 수단이 바로 농지개혁이었다. 보수 세력의 강한 반발이 있었지만, 연합군 사령부의 주도로 1946년 8월 농지개혁 조치가 내각 회의에서 결정되었고 1948년까지 2년에 걸쳐 농지개혁이 실시되었다. 이는 주로 부재 지주의 소작지와 평균 1정보町步를 넘는 소작지를 대상으로, 정부가 매수해서 소작인에게 직접 파는 방식을 취했다. 1950년 8월 1일 현재 정부가 매수한 농지는 174만 정보, 재산세로 거두어들인 농지까지 합치면 193만 정보가 자작농 양성을 위해 마련되었다. 관련 지주 호수는 약 176만 호였고 농지를 매입한 농가 수는 475만 호에 달했다.[35] 그 결과, 개혁 이전 총 경지면적의 46.3%였던 소작농이 10.8%로 격감했다. 개혁 이전 56.5%였던 자작농은 87.6%로 크게 늘어나, 일본의 지주제를 사실상 붕괴시키고 농가를 소규모 자작농으로 변환시키는 전기를 마련하였다.[36]

---

34 일본의 농지개혁의 예는 나중에 한국 및 대만의 농지개혁에도 영향을 주었으며 동아시아 발전의 근간이 되었다는 평가가 많다. 중국 본토에서 농민을 조직화한 마오쩌둥이 공산화혁명을 이끈 것은 반면교사가 되었다.

35 升味準之輔 (1983), 309-310쪽. 당시 물가 상승을 감안하면 농지 매입은 사실상 무상 공급에 가까웠다. 필자와의 인터뷰에서 도쿄의 한 대지주는 농지개혁 당시 1평의 땅을 숟가락 1개의 가격으로 소작인에게 팔았다고 털어놓았다.

36 Theda Skocpol의 연구에 의하면, 대지주와 농민의 관계 여하에 따라 사회의 지배 및 생산 구조가 근본적으로 변화할 수 있음을 보여 주고 있다. Theda Skocpol, *States and Social Revolutions* (New York: Cambridge University Press, 1979).

기업가, 노동자, 농민 등 사회 기층 세력의 변화를 통해 사회의 구조적 전환을 도모한 연합군 사령부는 사회적 의식 및 교육개혁 노력도 게을리 하지 않았다. 교육개혁은 전전의 교육 시스템이 반동적이고 민족주의적인 관점을 국민에게 가르치고 있어서 의식개혁이 없는 한 밑으로부터의 민주주의 체제 유지가 어려워진다는 것을 전제로 하고 있었다. 그리하여, 우선 공립학교에서 실시하던 교련敎鍊을 폐지하고, 권위주의와 민족주의 사상을 고취하던 공민公民, ethics교육도 없앴다. 지리와 역사 과목에 대해서도 기존 교과서에서 문제가 되는 조항들을 삭제토록 하였다. 나아가, 교육 시스템의 근본적인 분권화를 추진하였다.[37] 전전에는 문부성이 자율적 학교 운영을 금지한 채 통일된 국정교과서, 일관된 커리큘럼, 그리고 단일화된 수업 방식을 강요했기 때문이다. 이를 과감히 해제하여 학교별 자율적 운영이 가능하도록 하였다. 또한 학교 체제를 재편하여 5년제 중학교 통합 교육 시스템을 없애고 미국식 초등학교 6년, 중등 3년, 고등 3년제를 택하게 하였다. 학생의 자율적인 선택의 여지를 넓히기 위한 조치였다. 그리고 중학교까지를 의무교육화하는 동시에 남녀공학을 장려하였다. 이 같은 조치를 가능하게 하기 위해 연합군 사령부는 전전 일본 교육의 기본 지침이었던 '교육칙서'를 폐지하고 새로운 '교육기본법'을 마련하였다. 전자가 국가와 국민 그리고 천황에 대한 충성을 강조한 데 반해, 후자는 개인의 권리와 의무, 주민자치 및 시민 의식의 고양 등 민주적 기본 가치의 함양에 주안점을 두었다. 이는 민주주의의 제도적 · 조직적 체제를 의식 교육을 통해 보

37 Kazuo Kawai, *Japan's American Interlude* (Chicago: University of Chicago Press, 1960), 188-190쪽.

완하려는 노력의 일환이었다. 연합군 사령부는 교육개혁 조치를 통해 학생을 도그마적인 권위주의에서 해방시키고 민주주의와 실용주의에 기반을 둔 시민으로 양성하는 데 중점을 두었다.

[02]

역코스[38]의 전개와 요시다 노선의 형성

연합군 사령부 내에는 두 개의 흐름이 있었다. 일본 점령 직후 민주화 개혁의 지휘권을 장악한 민정국GS과, 이들에 대해 비판적이면서 일본의 군사전략적 가치를 중시한 군인들을 중심의 참모본부G2였다. 전자는 연합군 사령부 내 휘트니Whitney 장군과 개디스Gaddis 차장을 중심으로 한 민정국 그룹으로서 일본의 철저한 민주화와 탈군사화를 적극적으로 추진한 이념주의자들이었다. 일본에서의 '군국주의 일소'를 목표로 한 전후 개혁은 주로 미국 본토에서 파견된 행정관, 법률가, 학자 등을 중심으로 한 민정국이 추진 주체였다.[39] 이에 반해 연합군 사령

38 연합군 사령부의 점령 정책이 초기의 '약한 일본 만들기'에서 냉전 이후 '강한 일본 만들기'로 바뀌면서 정책 역전이 일어났다는 의미로 '역코스'라고 부른다.

39 이들은 대학 재학 시절 미국의 뉴딜 정책의 영향을 많이 받아 '뉴딜러(New Dealer)'라고 불렸다. 요시다는 이들에 대해, '참모부 이외 부국의 비교적 젊은 직원들 사이에는 뉴딜러라고 불리는 혁신분자들이 특히 점령 초기 무렵에 많은 형국이었다. 이들은 내가 이전에 말한 이념파의 전형적인 무리로, 자신들이 가진 진보적인 혁신론을 실행하는 시험장으로 점령 중인 일본을 이용하려는 움직임이 있었다'며 아주 비판적으로 평가하고 있다. 北岡伸一 · 五百旗頭真, 『占領と講和』(東京: 星雲社, 1999), 51쪽.

부 내에서 정보수집과 치안 업무를 담당하던 일반참모본부 2부G2는 윌로우비Willowby 장군을 필두로 8군사령관 아이글버거Eigelberger 중장 등 직업 군인이 중심이었다.[40] 이들은 지나친 민주화 정책의 추진이 일본의 군사전략적 중요성을 약화시킨다는 입장이 강했다. 공직 추방에 대해서도 이들은 철저한 추방은 일본을 혼란에 빠뜨려 혁명을 일으킬 가능성이 있으므로 추방은 최고 지도자에 한정해야 한다고 주장했다.[41] 1945년 점령 직후부터 1947년에 이르는 기간까지 주로 민정국이 주도하는 개혁 조치가 급진적으로 추진되었다면, 1948년경부터 점령 종료에 이르는 기간까지는 참모본부를 중심으로 일본의 부흥에 초점을 두었다. 미국의 점령 정책이 가타야마片山와 아시다芦田의 양 연립 정권을 뒷받침했던 민주화 노선으로부터, 소련, 중국에 대한 봉쇄를 주안점으로 하는 반공 노선으로 방향을 전환하기 시작한 것이었다.[42] 아시다에 이어 수상이 된 요시다吉田는 대일 점령 정책의 변화에 따른 연합군 사령부 내의 민정국GS과 정보국G2의 대립을 간파하고, 맥아더와의 연계하에 G2와 연합하여 일본의 경제 부흥을 통한 '공산주의와의 대결' 자세를 취하면서 보수 본류 노선의 틀을 만들어 나갔다.[43]

40 若宮啓文, 『和解とナショナリズム』(東京: 朝日親書, 2006), 71쪽; 五百旗頭真 · 伊藤元重 · 薬師寺克行 編, 『宮沢喜一: 保守本流の軌跡』(東京: 朝日新聞社, 2006).

41 冨森叡児 (2006), 32-33쪽. 이들 G2가 중심이 되어 후에 공직 추방의 해제가 이루어진 것은 말할 나위도 없다. 기시(岸)가 전범 용의자로부터 벗어나게 되는 것도 G2의 역할이 컸다.

42 Michael Schaller, *Altered States: United States and Japan since the Occupation* (New York: Oxford University Press, 1997).

43 미야자와는 요시다가 맥아더 편이자, G2 편이라고 회고하고 있다. 五百旗頭真 · 伊藤元重 · 薬師寺克行 編 (2006).

대일 점령 정책의 변화

대일 점령 정책의 변화는 국제적인 냉전의 전개와 밀접하게 연관되어 있었다. 제2차 세계대전 당시 동맹국이었던 미국과 소련이 전후 세계 질서의 주도권을 둘러싼 경쟁을 하면서 유럽에서부터 시작된 냉전은 동아시아에도 직접적인 영향을 주었다. 1946년 3월 처칠Winston Churchill의 '철의 장막Iron Curtain' 연설을 필두로 유럽에서는 1947년 3월 지중해 방면의 공산주의 봉쇄를 위해 트루먼 독트린Truman Doctrine을 발표하였고, 6월에는 유럽 부흥을 위한 마셜 플랜Marshall Plan이 발표되었다. 유럽 문제에 우선하던 미국 행정부는 냉전의 전세계적인 전개와 더불어 유럽과 아시아를 연계하는 국제적인 전략 마련에 착수하였다. 1947년 5월 8일 애치슨Dean Acheson은 유럽과 아시아의 부흥을 위해 일본과 독일 양국을 지역 경제의 축으로 만들 것을 제창하였다.[44] 일본을 극동에서 이데올로기적으로 공산 국가를 봉쇄할 수 있는 유일한 국가로 본 것이다. 1947년 7월 코민테른Comintern이 결성되자 봉쇄 정책은 본궤도에 오르게 되었다. 이를 즈음하여 케난George Kennan을 중심으로 국무성 정책기획실은 국제 냉전의 관점에서 일본의 보수 세력이 지도력을 회복하는 것을 중시하게 되었다. 그는 1947년 10월 14일 마셜Marshall에게 보낸 보고서에서 공산화를 방지하는 수단으로서 정치경제적 안정을 위해 '경제 부흥'을 대일 점령 정책의 주요한 목표로 해야 한다고 강력하게 주장하였다.[45] 1948년 1월 6일에는 로얄Royale 육군 장관

---

44 五十嵐武士, 『対日講和と冷戦』(東京: 東京大学出版会, 1986), 64쪽.

45 위의 책, 90쪽.

이 연설을 통해 '일본을 전체주의의 방벽으로 육성해야 한다'고 주장하였고, 1948년 3월 25일에 조지 케난은 다시 국제적으로는 소련과의 대결, 국내적으로는 공산화 방지와 봉쇄 정책 실현을 위해 경제 부흥을 주요 목표로 한다는 관점에서 연합군 사령부 민정국이 추진하는 민주화 정책의 완화를 권고하였다.[46] 1948년 4월에는 베를린 봉쇄가 이루어지고, 동아시아에서도 1948년 8월 대한민국 단독 정부가 수립되는 한편, 1948년 후반에 이르러 중국에서의 국공내전國共內戰이 공산당에 유리하게 전개되는 사태에 직면하자, 미국은 일본 재건을 서둘러야 한다는 전략적 결정을 내렸다. 1948년 10월 9일 미국은 국가안전보장회의NSC에서 '일본을 경제적, 사회적으로 강화하고 점령이 종결될 때까지 안정시켜, 일본으로 하여금 미국에 우호적인 태도를 취하게 만든다'는 방침을 결정을 담은 NSC 13-2를 채택하고 대통령의 재가를 얻었다.[47] 연합군 사령부는 전후 일본의 약체화를 지향했던 목표를 '강한 일본의 재생'이라는 목표로 수정할 필요를 절감했다.[48] 이것은 구체적으로 일본의 경제 부흥 촉진 및 재군비에 대한 요구로 나타났다.

1948년 10월 점령 정책의 전환을 결정한 이후, 연합군 사령부는 일본의 경제적 부흥 및 재정 재건에 박차를 가하기 시작했다. 1948년 12월 9일에는 재벌 해체 중지를 발표했고, 12월 18일에는 경제 9원칙을 일본 정부에 전달했다. 경제 9원칙의 특징은 재정지출을 줄이고 꼭 필요

46 五十嵐武士, "対日占領政策の転換," 中村隆英 編, 『占領期日本の経済と政治』(東京: 東京大学出版会, 1979), 53쪽.

47 五十嵐武士 (1986), 118쪽; 冨森叡児 (2006), 49쪽.

48 Michael Schaller (1997).

한 재정 투자 조치만을 취하여 물가 안정과 균형 재정을 회복한다는 데 있었다. 전후 초기 개혁 당시 뉴딜 정책에서 영향을 받은 경제 운영의 기본 방침이 물가와 임금의 상승을 가져와 경제 안정에 해가 된다는 발상에서였다.

1949년 2월에 트루먼Truman 대통령은 디트로이트 은행의 총재였던 도지Dodge를 일본에 파견하여 새로운 경제 정책의 실시를 종용하였다. 도지가 요구한 시책은 획기적인 것이었다.[49] 도지 노선은 일반회계와 특별회계를 포함한 균형예산의 작성, 부흥 금융 금고의 신규 대출 정지, 보조금 삭감 및 폐지, 그리고 단일한 환율 설정 등 균형 예산의 회복에 가장 큰 중점을 두었다.[50] 그는 일본에 도착한 지 두 달도 채 안 되는 4월 25일부터 환율을 1달러 대 360엔의 고정 환율로 하는 조치를 발표하고 당일부터 실시에 들어갔다. 또한 균형예산을 실현하고 물가 상승을 수습하기 위해 긴축예산을 짜도록 권고하였다.[51]

이 시기를 즈음하여 연합군 사령부는 기업의 자유 경쟁 체제 확립을 고양하면서, 다른 한편으로는 노동조합의 권리를 제한하는 조치를 시행하였다. 연합군 사령부는 냉전이 심화됨에 따라 소련의 지배하에 있는 세계노동자연맹 대신에 1949년 12월 결성된 반공적 자유노조연맹과 연계할 수 있는 반공 노동 전선의 결집에 주력하기 시작하였다.[52]

49 '가격 보조금과 미국으로부터의 원조 물자를 끊는다.' '부흥 금융 금고로부터의 융자는 인플레를 조장하기만 하므로 억제한다.' '소득세를 줄여서도 안 되고 거래도 폐지해서는 안 된다' 는 등 국민의 내핍 생활을 강요하면서 재정의 균형화를 도모하는 내용이었다. 길승흠, 『현대일본정치론』 (서울: 서울대학교출판부, 1998); 富森叡児 (2006), 50-51쪽.

50 升味準之輔 (1983), 348쪽.

51 五十嵐武士 (1986), 138쪽.

52 실제적으로 노동조합에 상당한 권리와 행동권을 보장한 것에 대한 사실상의 수정 노선이었다.

그 결과 공산당 영향하에 있는 조합 수를 전 노동자 조직 인구 650만의 5% 이하로 감소시켰다. 또한 한국전쟁이 발발한 것을 계기로 언론 노조에서 시작하여 노동조합 내 적색분자들을 추방하는 '레드 퍼지red purge'를 본격화하였다. 연합군 사령부의 '레드 퍼지 보고서'에 의하면, 중요 산업의 레드 퍼지는 1950년 7월 말부터 10월 말까지 거의 완료했다. 조사를 한 노조원 259만 명 중 0.25%인 1만여 명이 공산주의자였다고 한다.[53] 그러나 해고자는 핵심적 공산주의자나 공산당에서 직접 명령을 받는 파괴분자에 한정되었다.

또한, 점령 종료 이후의 일본 통치 세력에 대한 준비나 미 · 일 양국의 우호 증진을 위한 문화 교류 계획도 실시하였다. 1950년부터 가리오아GARIOA 유학생을 선발하여 미국에 보내 행정 실무는 물론 미국 시스템과 문화에 대한 교육을 실시하였다. 이 프로그램에 의해 1950년에 281명, 1951년에 471명, 1952년에 293명의 일본인이 미국에 유학생으로 파견되었다.[54]

대일 점령 정책의 전환에 따라, 강한 일본 만들기에 나선 미국이 경제 정책 수정과 더불어 들고 나온 것은 재군비 요구였다. 일본의 패전 직후, 연합군 사령부는 일본의 철저한 탈군사화를 위해 헌법 9조를 앞세운 일본의 비무장 평화 노선을 철저하게 추진하였다. 그러나 냉전의 심화는 극동에서 대소련 봉쇄를 위한 일본의 전략적 중요성을 다시 인식하게 했고, 이러한 맥락에서 일본의 재군비 필요성이 제기되기 시작

---

53 1950년 7월에 결성된 총평(總坪)도 공산당과 길을 달리하는 노동조합 결성과 무관하지 않았다. 升味準之輔 (1983), 325쪽.

54 五十嵐武士 (1986), 141쪽.

했다. 맥아더 연합군 사령관은 1950년 1월 1일 연두 기자회견에서 '이 헌법평화헌법의 규정은 어떠한 이유이건 간에, 상대방이 먼저 시비를 건 공격에 대한 자기방어의 권리를 부정하는 것이라고 해석할 수 없다' 라고 발언함으로써 재군비의 필요성을 언급하였다.[55] 1950년 한국전쟁의 발발은 미국의 일본 재군비 요구를 필요성이 아닌 급박한 현실로 다가오도록 만들었다. 1950년 6월 25일 한국전쟁이 발발하자, 미국이 나서서 일본의 재군비를 요구하게 되었다. 우선 한국전쟁에 출병하여 기지에서 빠진 미군 병력으로 인해 야기되는 국내 치안의 공백을 메우기 위해 '경찰예비대'의 설치가 추진되었다. 1950년 7월 8일 맥아더가 작성한 한 통의 명령서에 의해 7만 5천 명의 경찰예비대가 창설되고 해상보안청 요원 8천 명이 증원되었다.[56] 1950년 10월 중국이 참전함에 따라 한국전쟁 상황이 악화되자, 1951년 1월 8일 미국 극동군 사령부는 일본 본토에 대한 전면 공격 가능성을 제시하면서 경찰예비대 4개 사단의 완전무장을 요구하는 데까지 발전하였다.[57] 1951년 1월 요시다와 덜레스는 회담을 갖고 경찰예비대와 별도로 5만 명의 보안대를 설치해서 이를 정식 군대로 발족하고 국가안전보장성을 설치하기로 밀약하였다.[58] 이와 동시에 연합군에 의한 일본 점령을 빨리 종식시키기 위한 논의가 서둘러 진행되었다.

---

55 歴史教科書教材研究会 (2001), 285쪽.

56 大嶽秀夫, 『再軍備とナショナリズム』 (東京: 中公新書, 1988), 15, 53쪽.

57 이른바 '부산 적기론'이 그 논거로 제시되었다. 부산까지 공산화되면 일본 본토에 대한 공산 세력의 침략 가능성은 높아진다는 논리였다.

58 大嶽秀夫 (1988), 70쪽. 보안청은 1952년 8월 설립되었다.

요시다 노선의 기본 구상

전후 일본의 보수 세력과 혁신 세력이 모든 정치적 쟁점에 대해 대립각을 세운 것은 아니었다. 이데올로기적 입장의 차이에도 불구하고, 전후 일본의 정치 세력은 전전 체제가 일본 국민들에게 많은 희생을 강요했다는 점을 인정하고 민주적 질서하에서 정치 질서가 운용되어야 한다는 점에 대해 이견이 크지 않았다. 또 성장과 분배 중 어느 것을 선택하느냐 하는 문제에 대해서 논란이 있었지만, 일본이 전전의 통제경제 및 국가 총동원 체제로 환원하는 것에 대해서는 생리적인 저항감이 있었다. 그 대신 시장을 중심으로 한 경제 체제의 운용이 일본의 새로운 질서여야 한다는 점에 대해서도 정치 세력의 의견은 크게 다르지 않았다.[59] 나아가 전후 일본에서 사회당은 물론 공산당도 합법적인 정치 활동을 인정받았지만, 이들 정당이 폭력적인 사회혁명을 지향한다는 것은 선언적이었을 뿐 실제 정책 노선은 입헌주의적이자 법치주의적 테두리를 벗어나지 않았다. 전후 체제 상당 기간 일본 정치 세력 내에 혁명적 좌파revolutionary left나 폭력적 우익violent right-wing이 존재하지 않았다는 점은 주목할 만한 부분이다.[60]

전후 정치 질서에 대한 기본적인 합의에도 불구하고, 보수 정치 세력

59 이러한 측면에서 보면 일본의 사회당이나 공산당이 원리적, 원론주의적 또는 근본주의적 사회주의 세력이었느냐에 대해서는 논란의 여지가 있다. 필자의 견해로는 이들 혁신 정치 세력의 다테마에(建前)에도 불구하고 사실상 일본사회당과 공산당은 경제 체제 면에서 유럽의 사회민주주의적 정당을 지향한 것이었다고 생각된다.

60 이것이 사회 세력 내에 폭력적인 사회 조직이나 우익 단체가 없었음을 의미하지는 않는다. 일본에는 사회의 제2섹터와 같이 내부에서의 폭력적 질서를 기반으로 하는 야쿠자가 존재했다는 것은 주지의 사실이다. 그러나 이들 야쿠자는 사회혁명이나 테러라는 방식을 통해 정치의 전면에 나서지 않았다. 일본의 야쿠자 조직이 사회주의 세력에 대한 대항 조직으로서 일정 역할을 수행했다는 지적은 있다. 하지만 이들 야쿠자가 보수 정치 세력의 대리인이었느냐 하는 점에 대해서는 논란의 여지가 있다.

과 혁신 정치 세력은 물론 보수 정치 세력 내부에서도 일본의 국가 진로 선택을 두고 격렬한 논쟁이 지속되었다.

요시다의 정치적 위상의 확립은 1946년 공직 추방에 의해 하토야마 이치로鳩山一郎, 고노 이치로河野一郎, 미키 부키치三木武吉 등 정당정치인들이 정계에서 활동할 수 없는 상태에서 이루어졌다.[61] 요시다는 공직 추방 후의 빈 정치적 공간에 주로 관료 출신을 대거 영입하여 이른바 '요시다 학교'를 구성하면서 정계의 주도권을 잡아갔다. 요시다 내각은 3차에 걸쳐 구성되었으나,[62] 요시다 노선의 본격적인 정착은 3차 내각기인 1949년 2월 16일부터 1952년 10월 30일 사이에 이루어졌다. 보수 본류保守本流 노선으로 불리는 요시다 노선의 본격적인 형성은 미국의 대일본 정책의 전환 및 연합군 총사령부 내 민정국 뉴딜러들의 패배와 때를 같이 해서 시작되었다.[63]

요시다가 가장 염두에 두고 있었던 것은 하루빨리 일본의 경제적 부흥을 이룩하고 점령 상태에서 벗어나 주권 국가로서의 일본을 회복하는 것이었다. 점령을 종식시키기 위해서는 두 가지 정치적 선택이 필수불가결했다. 하나는 전쟁 상태를 종결시키면서 전쟁 상대국이었던 국가와 강화조약을 체결하는 국제법적 조치의 실현이었으며, 또 하나는 일본이 자립적으로 안보와 경제적 생존을 보장하는 전략의 선택이었다.

---

61 하토야마가 자유당 총재 시절 공직 추방을 당하게 되자 요시다에게 자유당 총재직을 맡을 것을 부탁하였으며, 그때 요시다는 이를 수락하는 대신 하토야마에게 네 가지 조건을 제시하였다고 한다. 첫째, 정치자금에 대해서는 책임을 지지 않는다. 둘째, 인사는 요시다에게 일임한다. 셋째, 그만두고 싶을 때는 언제라도 그만 둔다. 넷째, 하토야마의 요구가 있을 때는 언제라도 그만둔다. 北岡伸一, 『政党政治の再生』(東京: 中央公論社, 1994), 174쪽.

62 전후 내각의 변화에 대해서는 책 말미에 있는 별첨 자료 참조.

63 三宅一郎 · 山口定 · 村松みちお · 進藤栄一 (1985), 74쪽; 보수 본류의 개념에 대해서는, 内田健三, 『戦後日本の保守政治』(東京: 岩波書店, 1969).

요시다 노선의 원점은 그가 맥아더를 만났을 때 털어놓은 한마디에 요약되어 있다. 1945년 9월 20일 외상으로 맥아더를 만난 요시다는 '나치나 파시즘이라는 것도 결국 나라가 못살아서 생겨나는 것으로 민주주의는 부유한 국가의 산물이다. 민주주의 실현을 위해서는 먼저 국민을 배불리고 일자리를 주어서 생활을 안정시키는 것이 긴요하다'고 말했다.[64] 그러한 생각의 연장선상에서 요시다의 관심은 민정국이 추진한 철저한 민주화보다는 참모본부가 추진한 강한 일본의 부흥과 맞닿아 있었다. 또한 고사카高坂가 잘 지적했듯이, 일본이 살아갈 길을 해외무역에 의한 경제 대국 건설에서 구했다. 다시 말해 '상인적商人的' 국제정치관이었다.[65] 요시다의 관심사는 일본이 경제적으로 부를 축적하고, 이를 기반으로 국제 무대에서의 발언권을 획득해 나가는 것이었다.

요시다는 미국의 재군비 요구를 거부하고 경제 성장에 국력을 집중할 것을 주장했다. 요시다는 사회당이 주장하는 것처럼 비무장 중립을 내세우거나 군비 자체를 반대한 것은 아니었다. 요시다는 일본이 '국력이 허락하는 한도 내에서' 재군비를 해야 한다는 점을 강조하였다. 요시다는 미군의 군비 증강 요구에 대한 교섭에 나선 다츠미辰巳 중장에게 '일본의 현 상태로는 군사상의 요구만으로 병력량을 결정해서는 안 된다. 지금은 나라의 경제력을 키워 민생의 안정을 도모하는 것이 선결과제다'라고 미국에 전하도록 했다.[66] 이처럼 재군비를 억제한 경제성장 집중 노선이 요시다 노선의 한 축을 구성하였다.

64 冨森叡児 (2006), 43쪽.
65 高坂正尭, 『宰相吉田茂』 (東京: 中央公論社, 1992).
66 吉田茂, 『回想十年　第二巻』 (東京: 新潮社, 1957).

미 · 소 대립이 점차 악화되는 가운데 요시다는 일본의 점령 상태를 빨리 끝내기 위해서는 단독강화單獨講和의 길밖에 없다고 믿었다. 점령 상태를 종식함에 있어, 사회주의적인 이상을 가진 일본사회당과 공산당을 비롯한 혁신 세력은 소련 및 중국 등 사회주의 국가를 포함한 전면강화全面講和를 주장하였다. 점령국의 일부로 간주되는 소련과 중국까지 포함한 국가군과 전면적으로 강화조약을 체결하는 것은 이론적으로 정당한 논리였다. 그러나 세계적인 차원에서 냉전이 심화되고, 한국전쟁에 중국과 소련이 깊숙이 관여하고 있는 상태에서 전면강화를 외치는 것은 비현실적인 주장에 불과했다. 요시다는 동서 냉전이 격화되는 상황에서 전면강화는 아무리 기다려도 실현되기 어려운 길이라고 전망하고, 미국과 소련과의 대결이 격화되는 정황을 이용한 단독강화야말로 패전 일본을 소생하고 부활시키는 현명한 현실적 선택이라고 판단하였다.[67]

단독강화의 길을 선택한 요시다에게 남겨진 정치적 숙제는 강화조약 발효 이후의 일본 방위 문제였다. 점령 상태의 해방이 가져올 수 있는 힘의 공백 상태를 메우기 위해 미국과 일본은 두 가지 안전장치를 고안해냈다.

하나는 미일안보조약이었다. 요시다는 1950년 4월 이케다池田 대장상을 미국에 파견하여 강화조약을 서두르면서 강화 이후에도 미군의 주둔을 허용한다는 전략적 선택을 했다. 미야자와宮沢喜一의 회고에 의하면 요시다는 미국에 다음과 같은 말을 전하게 했다. '일본 정부는 가

---

67 内田健三,『戦後宰相論』(東京: 文芸春秋, 1994), 25쪽.

능한 한 빠른 시일 내에 강화조약을 맺는 것을 희망한다. 강화조약을 맺은 이후에도 일본 및 아시아의 안전보장을 위해서는 미군을 일본에 주둔시킬 필요가 있지만 미국이 그런 이야기를 하기는 어려우니까 일본 측에서 요청한 것으로 해도 무방하다'는 내용이었다.[68] 요시다는 일본이 점령 상태에서 벗어난 후의 안전보장을 미국과의 집단 안전보장 체제로 보았다.[69] 요시다에게 있어 평화조약과 미일안보조약은 불가분의 하나였다. 미국과 소련이 길항하는 가운데 패전한 일본이 아무리 노력해도 군비 면에서 이들을 따라갈 수는 없다는 현실적인 판단을 내리고, 미 · 일 안보 체제야말로 일본의 안전을 보장하는 방법이라는 전략적 사고를 한 것이다. 미 · 일 안전보장 체제에 의존하면 일본이 부담해야 할 군비는 최소한으로 줄일 수 있다는 판단이 깔려 있었다. 미야자와宮沢가 밝히고 있듯이, '세계 전략적 관점에서 볼 때, 일본을 공백으로 할 수 없는 미국의 입장과 일본 정부의 경제 재건 필요성이라는 관점에서 가장 유리하다고 믿는 방법으로 미일안보조약이 선택된 것이었다.'[70] 이러한 미 · 일 간의 전략적 판단의 공유가 1951년 9월 8일 샌프란시스코 강화조약 체결과 동시에 미일안보조약의 체결로 이어졌다.[71] 미국이 냉전 상황에서 일본에 핵우산을 제공하는 동시에, 일본의 안전이 위협받을 경우 미국이 일본의 안전을 보장해 준다는 것이었다. 그 결과 일본은 점령 상태가 끝났음에도 불구하고 미군의 계속적인 일본

---

68 宮沢喜一,『東京−ワシントンの密談』(東京: 中央公論社, 1999); 五百旗頭真 · 伊藤元重 · 薬師寺克行 編 (2006).

69 吉田茂 (1957).

70 宮沢喜一,『社会党との対話』(東京: 講談社, 1965).

71 샌프란시스코 조약은 1952년 4월 28일 발효되었다.

주둔을 허용하였다. 일본이 미군에게 기지를 제공하는 구체적인 정책 조치에 대한 보상으로 미국은 일본에게 안전보장이라는 보상책을 제공한다.[72] 아래의 표는 일본에 주둔하는 미군 기지의 추이를 보여준다.

주일 미군 기지의 추이

연도	병력 (명)	면적 (평방미터)
1952	260,000	1,352,636
1954	210,000	1,299,927
1956	117,000	1,121,225
1958	65,000	660,528
1960	46,000	335,204
1962	45,000	305,152
1966	34,700	304,632

출처: 佐道明宏, 『戦後政治と自衛隊』(吉川弘文館, 2006), 30–31쪽

일본은 안전보장이라는 군사적 조치를 미국에게 일단 위임함으로써 군사비 지출에 대한 부담을 최소한으로 억제하고, 재정을 경제성장 및 사회복지에 우선적으로 할당할 수 있는 여유를 가지게 되었다. 또 미국은 일본을 점령 통치한다는 정치적 부담을 해소하면서 동아시아 지역에서 미군의 핵심 기지를 확보함으로써 이 지역에서 공산주의 진영과 대결하는 전초 기지를 마련하는 전략적 목적을 가지고 있었다. 요시다가 선택한 미일안보조약의 체결과 주일미군 기지 제공 조건의 교환은 일본의 안전이 위협받을 경우 미국으로부터 직접적이고 구체적인 지원을 받을 수 있도록 한 제도적 장치였다. 즉, 주일미군의 존재가 일본이

72 사토(佐道)는 미일안보조약의 핵심을 기지와 병력의 교환이라고 규정하고 있다. 일본은 방위에 필요한 군사력을 갖지 않는 대신 미국이 지켜준다. 일본은 대신 미국에 기지를 제공할 의무가 있다는 것이다. 佐道明宏, 『戦後政治と自衛隊』(吉川弘文館, 2006), 29쪽.

원하지 않는 전쟁에 휘말려 들어가는 위험을 높여줄 것이라는 혁신 세력의 주장과는 달리 보수 정치 세력은 미일안보조약과 주일미군의 존재를 일본의 안보에 대한 안전장치로 인식하였다.

점령 탈피 후의 또 다른 안전장치는 일본의 재군비였다. 미국은 주권 국가로 다시 태어난 일본이 외부 침략으로부터 자신을 방위할 수 있는 능력을 보유해서 미국의 전략적 부담을 경감시키는 것은 물론, 태평양 지역 자유 국가의 방위에 협력할 것을 지속적으로 종용하였다. 점령 정책의 전환과 더불어 시작된 미국의 재군비 요구는 점차 강해져서 1952년 2월에 이르면 10개 사단 32만 5천 명으로 증강할 것을 요구하는 데까지 이르게 된다. 1952년 8월 2일 미국 국가안전보장회의에서 채택된 NSC125-2에 따르면, 일본이 미국의 극동 정책에 있어 사활적인 중요성을 가지고 있다고 확인하고 지상군 10개 사단에 이르는 통상 전력을 구축하는 재군비를 장려하였다.[73] 극동 정세의 악화에 따라 1953년에 접어들어서도 클라크Mark Clark 미국 극동군 사령관은 보안대를 15개 사단 348,000명과 73,000명의 예비 병력으로 증강하는 계획을 제출하였다. 그 연장선상에서 1953년 8월 1일 종합전력계획위원회 최종 보고서는 일본에 1956년 10월 1일까지 15개 사단 348,000명의 지상 병력 보유를 권고하기도 하였다.[74] 미국의 지속적인 요구에 대해, 요시다는 몇 가지 이유를 들어 반대하였다. 미 · 소 양국에 필적하는 무력을 가지는 것은 경제적으로 감당할 수 없고, 주변 국가의 반대가 심하다. 또 패전

73 李鍾元,『東アジア冷戦と韓米日関係』(東京: 東京大学出版会, 1996), 30쪽.

74 위의 책, 30쪽.

의 상처가 깊게 남아 있어 야당이 반대하고 있고, 야당을 지지하는 국민의 반군 감정이 강한 경향을 고려하면 재군비를 받아들일 심리적 기반이 충실하지 않다. 그리고 군국주의의 부활 위험성이 있다는 이유를 들었다.[75] 그럼에도 불구하고, 미국은 일본의 경제 부흥에 필수적이라고 판단되는 MSA상호안전보장법 원조를 지렛대로 일본에 계속하여 군비 증강을 요구하였다.[76] 1953년 10월 미국을 다시 방문한 이케다는 로버트슨Robertson 국무차관보와의 회담에서 헌법상 제약, 경제 부담 등을 이유로 지상 병력을 18만 명 이상 증강하는 것은 무리라는 사안私案을 제시하고, 이에 대한 대체적인 합의를 보았다.[77] 결국, 요시다 내각은 18만 명으로 군사력을 증강하는 대신 MSA 원조를 받기로 하였고, 아이젠하워와 덜레스도 재군비 압력을 완화하고 경제 부흥 노선을 중시하는 데 주안점을 두기로 함으로써 재군비 요구를 일단락지었다. 경제 중시, 경무장을 중심으로 한 요시다 노선의 기반이 마련된 것이었다.[78] 요시다는 1953년 9월 17일 3당 당수와 회담을 가지고 자위대自衛隊를 창설하기로 합의하였고, 그 결과 1954년 7월 방위청과 육해공 자위대가 발족하였다.[79] 일본은 평화헌법이라는 헌정 질서에서 미국의 요구를 못 이기는 척 최소한으로만 들어주면서 자신의 방위력을 정비하는 한정적 재군비 전략을 택한 것이다. 요시다 노선이 추구한 현실주의 노선은 냉

75 大嶽秀夫 (1988), 17쪽; 内田健三 (1994), 26쪽.

76 MSA원조와 그 영향에 대해서는, 中北浩爾, 『一九五五年体制の成立』 (東京: 東京大学出版会, 2002).

77 李鍾元 (1996), 31쪽; 佐道明宏 (2006), 33쪽.

78 그 결과, 다른 한국, 대만 등 아시아 국가들이 보유하는 통상 전력의 비중이 상대적으로 높아졌다. 이종원은 이를 동아시아에서의 기능적 분업 체제의 완성이라고 분석하고 있다. 위의 책, 33쪽.

79 佐道明宏 (2006), 44쪽.

전 상황에서 수정된 역코스 이후의 체제를 적극적으로 수용하는 것이었다.

한마디로 말해서, 보수 본류保守本流라고 불리는 요시다吉田茂 노선은 다음의 세 가지 정치적 선택을 핵심으로 하고 있었다.[80] 첫째, 냉전이 전개되는 국제 정세에서 미국과의 관계를 긴밀히 함으로써 자유 진영의 일원으로써 자리매김하는 것이었다. 이는 곧 소련이나 중국을 중심으로 한 사회주의권에 대한 대항 의식의 발현이었으며, 양극화된 국제 관계 속에서 미국과의 동맹을 통해 국제 질서에 대응하려는 전략적 선택이었다. 두 번째, 일본의 최우선 과제를 경제 부흥과 성장에 두는 선택이었다. 전후 경제적 피폐로부터 벗어나 물질적 성장의 기반을 마련하고 이를 토대로 하여 국제 사회에서의 일본의 입지를 구축해야 한다는 통상국가적 전략을 선택한 것이었다. 한마디로 말해 경제성장 우선주의였다. 셋째, 경제성장 지상주의의 이면에는 일본의 경무장 노선이 깔려있었다. 일본의 안보를 미국에 위임하고 성장을 통한 잠재력을 키울 때까지 자주적인 방위력 강화에 대한 정치적 유혹을 멀리한다는 것이 요시다의 선택이었다. 또한 그 연장선상에서 자주적인 방위력 강화를 위한 개헌 문제에 대해서도 신중한 입장을 취했다.

80 Michio Muramatsu and Ellis Krauss, "The Conservative Policy Line and the Development of Patterned Pluralism," in Kozo Yamamura and Yasuba (eds.), *The Political Economy of Japan*, Vol.1 (Stanford: Stanford University Press, 1987).

[03]

요시다 노선에 대한 보·혁의 협공

전후 초기의 개혁은 전전 체제를 해체하기 위해 일본의 민주화와 탈군사화에 중점을 두었고, 전후의 정치 세력 중에서 이를 가장 진지하게 수용한 것은 사회당을 중심으로 한 혁신 세력이었다. 반면, 냉전이 전개된 이후 경제적으로 부흥하고 군사적으로 강화된 일본을 바란 것은 미국이었고, 역코스의 논리를 가장 잘 수용한 것이 요시다를 중심으로 한 자유당 세력이었다. 전후 체제의 보수와 혁신 간 정치적 대립의 근원은 전후 체제 개혁의 이중성에 있었다. 보수 본류라고 불리는 요시다 노선의 확립은 미국의 점령 정책 수정이라는 요인과 정통 정치인의 공직 추방이라는 정치적 조건에서 숙성된 것이었다.

하지만 일본의 정치 세력들이 요시다의 전략적 선택을 비판 없이 수용한 것은 결코 아니었다. 요시다의 보수적 선택에 대해 가장 반발한 것은 사회당日本社会党을 중심으로 한 혁신 세력이었다. 혁신 세력은 요시다가 선택한 현실주의에 대해 이상주의적 평화주의를 기반으로 강력하게 반발하였다. 하토야마 등 공직 추방자들이 정계에 복귀하자 요시다 노선에 대한 비판적 목소리가 보수 세력 내부에서도 강화되었다. 이와 같이, 전후 정치 체제에 대한 정치적 논란은 사회당과 보수 세력을 중심으로 한 보·혁 대립을 한 축으로 하고, 다른 한편으로는 보수 세력 내에서의 갈등이라는 또 다른 축을 중심으로 전개되었다.

혁신 진영의 저항

전후 혁신 또는 혁신 세력이라고 불리는 진영은 샌프란시스코 강화 체제와 보수 세력에 의한 역코스의 여러 정책에 저항하면서 형성되었다.[81] 시미즈清水는 전후 혁신의 성격을 규정하면서 네 가지 지표를 제시한 바 있다.[82] 미·소 냉전 상황에 대비되는 '평화平和,' 미·일 안보 체제에 대치되는 '중립中立,' 역코스 또는 정치 반동에 대치되는 민주주의民主主義 옹호 내지 '평화헌법 옹호,' 독점 자본에 대항하는 '생활生活 옹호'가 그것이었다. 이 같은 방침은 사회당이 1949년 12월 4일 표명한 '강화 문제 및 일본의 안보에 대한 당의 일반적 태도'에 그대로 나타나 있다. '일반적 태도'의 요점은, 첫째, 일본 헌법이 비무장과 국제 분쟁에 있어서의 중립을 천명하고 있음을 확인하는 것, 둘째, 미·소 냉전 체제하에서 사회당은 어느 일방과의 단독강화가 아닌 전면강화를 요망하는 것, 셋째, 특정 국가군과의 기지 제공 등 군사적·정치적 협정에 반대하는 것, 넷째, 중립 확보를 위해 자국 병력을 제공하지 않는 것이었

---

81 三宅一郎·山口定·村松みちお·進藤栄一 (1985), 89쪽.

82 清水慎三,『日本の社会民主主義』(東京: 岩波書店, 1961), 66쪽.

다.[83] 즉, 비무장 중립, 전면강화, 군사기지 반대, 재군비 반대 등 평화 4원칙을 내세운 것이다. 이러한 원칙은 1949년 3월 설립된 진보적 지식인의 모임이었던 '평화문제간담회平和問題懇談会'가 주장한 전면강화, 중립 불가침, 군사기지 반대 노선과 맥을 같이 하는 것이었다.[84] 이 같은 제반 이념은 전전戰前 체제에 대해 지식인들이 유효한 저항을 할 수 없었다는 반성을 바탕으로 새로운 출발이 필요하다는 '회한공동체悔恨共同體'의 생각을 드러낸 것이었다.[85]

1951년 연초에 맥아더 사령관이 연내 강화, 일본 재무장, 자유 진영과의 집단 안전보장을 외치던 즈음, 사회당 당대회에서 노농파勞農派 마르크스주의자였던 스즈키鈴木茂三郎가 당 위원장에 당선되었다. 스즈키의 주도하에 사회당은 전면강화, 중립 견지, 기지 반대, 재군비 반대를 골자로 하는 '평화 4원칙平和4原則'을 외교 · 안보 노선의 중요 지침으로 정하였다. 혁신 세력은 미국과의 동맹이 존재하는 한 일본은 자신이 원하지 않는 전쟁에 끌려들어갈 가능성entrapment이 높다고 믿었다.[86] 따라서 혁신 세력의 눈으로 보면, 미 · 일동맹은 일본의 안보를 위협하는 평화의 방해물이었다. 또한, 일본자위대의 존재는 평화헌법 9조의 정신과 조문에 벗어나는 탈헌법적 · 비헌법적 · 반헌법적 조치였다. 전쟁을 포기하고 군대를 보유하지 않기로 선언한 헌법의 정신에 위배되는 조

---

83 原彬久, 『戦後史の中の日本社会党』(東京: 中央公論新社, 2000), 67쪽.

84 『世界』, 1950년 3월호.

85 회한공동체라는 개념은 마루야마 마사오(丸山真男)가 사용한 개념이다. 회한공동체의 개념과 의미에 대해서는, 坂本多加雄, 『知識人』(東京: 読売新聞社, 1996), 248쪽.

86 사회당 세력은 동맹 이론의 '빨려들어가기(entrapment)' 측면에 우려를 많이 표명하였다. 동맹 이론에 대하여는, Glenn Snyder, *Alliance Politics* (Ithaca: Cornell University Press, 1997).

치였기 때문이다. 사회당을 중심으로 한 혁신 세력이 채택한 일본 안보의 대안은 비무장 중립 노선이었다. 평화헌법을 지키고 그 정신을 문자 그대로 실현하는 것이 일본 혁신 정치 세력의 이상이었다. 이러한 사회당의 노선은 요시다 노선에 대한 정면 도전이었다. 한 마디로 혁신 세력의 주장의 핵심은 연합군 사령부가 전후 실시한 군사주의 척결의 성과를 받아들이면서 평화헌법의 질서를 충실하게 지켜나가는 것이었다. 이러한 의미에서 일본의 혁신 세력은 일본이 역코스를 걷기 이전의 전후 초기 연합국 사령부 개혁을 그대로 답습하고자 하였다. 일본의 혁신 세력은 일본을 바꾸려는 개혁 세력이라기보다는 전후 체제를 수호하려는 지킴이였다.

하지만 사회당 내에도 우파의 생각은 당내 주류파였던 스즈키파와 생각이 달랐다. 사회당 내 우파였던 니시무라 에이치西村栄一는 재군비 반대를 비판하면서 '일본이 독립을 주장함에 있어서는 자위력이 필요하고 공산주의가 일본을 침략하려고 할 때 당은 이에 대해 구체적인 자위책을 내놓지 않으면 안 된다'고 주장하였다.[87] 그는 경우에 따라서는 단독강화도 할 수 있고 일정한 방위력도 필요하다고 주장하였다.[88] 사회당 내 우파는 평화의 최대 위협이 국제 공산주의라고 보고 민주 자유 진영이 상호 연대하여 방위 체제를 강화할 것, 자위력을 가질 것, 자위력도 없고 유엔의 집단 안보도 없는 지금 특정국의 군대 주둔은 어쩔 수 없다는 것, 그리고 중립에 반대한다는 것을 주장하였다. 어찌 보면

---

87 『아사히신문』, 1951년 1월 22일.

88 原彬久 (2000), 74쪽.

요시다 노선보다도 강한 국방강화론이었다.[89] 이에 반해 사회당 좌파는 평화의 원칙이 철저한 민주화에 있고, 공산주의에 반대하는 것이 반소는 아니라는 것, 특정국의 군대 주류에 반대하는 것이며, 자위권의 수단은 일본이 완전 독립한 후 일본인의 자유의지로 정하면 된다고 하면서 평화 4원칙을 전면에 내세웠다. 한 마디로 단독강화조약 반대, 안보조약 반대를 내세우며 요시다 노선의 전면 부정에 나섰던 것이다.

사회당 좌파와 우파는 강화조약과 안보 문제를 둘러싸고 대립을 계속하였으나, 사회당 좌파가 1950년 7월 11일 결성된 총평總評, 소효과 연계하여 당내에서 주도권을 장악하였다.[90] 사회당 좌파는 총평이 평화 4원칙을 주된 운동 노선으로 삼은 것을 계기로 당내에서의 주도권 투쟁에서 우위를 차지하면서 요시다에 대한 투쟁을 강화해 나갔다. 결국 사회당 좌파와 우파는 1951년 10월 10일 소집된 국회에서 요시다가 강화조약과 안보조약에 대한 심의에 들어갔을 때 서로 다른 태도를 취하였다. 사회당 우파는 강화조약에는 찬성, 미일안보조약에는 반대 입장을 취하였고, 사회당 좌파는 두 조약 모두에 반대하였다. 사회당 좌파와 우파는 결국 10월 24일 분열되었다. 강화 · 안보 문제가 혁신 세력도 갈라놓았다는 점은 특기할 만한 점이다.

강화 · 안보 문제로 분열되었던 좌파 사회당과 우파 사회당이 따로 당대회를 연 것은 1952년 1월이었다. 이때에도 통일 운동의 담론은 제시되었으나 구체적인 행동으로는 이어지지 않았다. 1953년 4월 총선

---

89 위의 책, 82쪽.

90 총평(總評, 소효)은 일본 노동조합 총평의회(日本勞動組合總評議会)의 줄임말이다.

거에서 좌파 사회당이 56석에서 72석으로, 우파 사회당이 60석에서 66석으로 늘어났다. 요시다에 의한 역코스의 추진이나 정계에 복귀한 보수 우파의 개헌과 재군비 주장이 사회당의 약진을 도와준 격이 되었다. 1954년 4월 좌파 사회당 위원장인 스즈키鈴木와 우파 사회당 위원장인 가와카미河上가 공동성명을 발표하면서 양당의 통일은 구체화되었다. 이들은 요시다 내각 타도와 통합된 사회당 정권의 창출에 대한 의지를 표명하였다.

보수 세력 내부의 요시다 노선 비판

요시다 노선에 대해 반기를 든 것은 비단 혁신 세력만이 아니었다. 공직 추방에서 해제되어 정계에 복귀한 정치인들은 요시다 및 요시다 노선에 대한 본격적인 비판을 전개했다. 샌프란시스코 조약 체결을 몇 달 앞둔 시점인 1951년 6월 20일 점령 당국은 미키三木武吉, 이시바시石橋湛山 등을 포함한 2,958명의 공직 추방 해제를 발표하였다. 이어 8월 6일에는 하토야마鳩山一郎와 고노 이치로河野一郎가 추방에서 해제되었다. 공직 추방에서 해제된 정치가들은 크게 세 그룹으로 나누어졌다. 하토야마가 이끌던 자유당계 미키三木武吉, 고노河野, 이시바시石橋湛山, 그리고 전 보수당 그룹인 시게미츠重光와 마츠무라松村謙三, 그리고 일본재건연맹계인 기시岸信介 등이었다.[91] 이들은 공직 추방 이전 소속된 정당이 달랐음에도 불구하고 반反요시다라는 공통점이 있었다. 공직에서 추방되었던 정치인들이 다시 정계에 복귀하여 자유당에 합류한 1951년, 자유당 내

91 内田健三 (1994), 28쪽.

의 세력 분포는 크게 요시다계, 중간파, 그리고 하토야마파로 나누어졌다. 요시다파가 주로 전직 관료 출신이라면, 하토야마계는 정통 정치인 출신이라는 점이 크게 대별되었다.[92] 요시다계는 히로카와広川를 비롯하여, 마스다増田, 사토佐藤英作, 이케다池田勇人 등이 중심이었고, 하토야마파는 오노大野伴睦를 필두로 고노河野一郎, 미키三木武吉 등 거물 정치인들이 직계를 형성하였다.

하토야마를 중심으로 하는 정당정치인 출신들은 요시다를 중심으로 한 관료 출신들의 전략적 선택이 지나치게 미국 중심적이며 일본의 자율성을 훼손하는 선택이라고 보았다. 하토야마鳩山一郎, 고노 이치로河野一郎, 기시岸信介 등을 중심으로 한 정당 출신 정치인들은 요시다 노선의 내용에 대해 세 가지 수정을 가하고자 하였다. 하나는 미국 일변도의 외교 정책에서 벗어나 일본의 외교를 전방위화하는 것이었다. 소련 및 중국과 국교를 정상화함으로써 미국 일변도의 외교 노선에 대비되는 자주적 선택지를 갖고자 하였다. 물론 이들이 미 · 일동맹 자체를 부정하거나 반대하는 것은 아니었지만, 일본의 외교적 방향성을 전방위적인 형태로 확산하는 것이 필요하다고 믿었다.[93] 요시다 노선에 대한 두 번째 수정은 점령 정책 시정의 일환으로써 헌법 개정을 시도하는 것이었다. 요시다를 중심으로 한 온건 보수 세력이 평화헌법의 존재 자체에 의문을 던지지 않은 데 반해, 당료파를 중심으로 한 직업 정치인들은

---

92 커티스는 당시 일본 자민당의 인맥은 관료파와 당권파(당인)으로 크게 나누어져 있었다고 분석하고 있다. Gerald Curtis, *Election Campaigning Japanese Style* (New York: Columbia University Press, 1971).

93 소련 및 중국과의 국교 정상화를 주장하는 이들 보수 우파의 주장은 전면강화론을 통해 일본 외교의 지평을 넓히자고 주장한 사회당 좌파의 문제의식과 묘하게 맞닿아 있다. 따라서 자민당 내 보수 우파의 주장은 사회당 및 혁신 세력의 주장을 부분적으로 수용하는 결과를 낳았다.

평화헌법이 일본인의 자주적인 선택이 아니었음을 강조하면서 자주헌법의 제정을 주장하였다.[94] 세 번째, 요시다류의 경무장 노선이 아닌 일본의 본격적인 재군비를 주장한 점도 요시다 노선에 대한 정면 도전이었다. 일본에 주류 중인 미군의 철수를 주장하면서 궁극적으로 자주적인 군사력 정비를 외치고 나선 것이었다.

요시다는 하토야마가 정계에 복귀하면 자유당 대표를 그만둔다는 약속을 지키지 않았을 뿐 아니라, 하토야마계를 계속 견제하는 것은 물론 내각 구성 등에서도 늘 냉대하였다. 반反요시다 세력은 요시다의 경제중심주의, 대미 협조 노선에 대해 대항하면서 헌법 개정과 재군비를 지속적으로 제기하였다. 하토야마는 1951년 9월 12일 정계 복귀의 첫마디로 일 · 소 국교 정상화와 재군비를 주장하면서 요시다에 정면으로 대항하였다.[95] 이들은 반요시다 노선을 견지하는 비주류파로 투쟁하다가, 1953년 이른바 '바가야로 해산ばかやろ解散'을 단행하자 탈당하여 2월 18일 '분당파 자유당'을 결성하였다.[96] 이들은 자유당의 본류가 자신들에 있음을 중시하며 자유당이라는 이름을 버리지 않았다. 하토야마 자유당이 내세운 정책은 전형적으로 반요시다 노선이었다. '헌법을 나라의 정세에 맞도록 개정한다'는 헌법 개정 노선, '전쟁 발생 방지를 위해

94 전후 체제의 정당성에 대한 의문으로 비쳐지기도 한 이들의 주장은 당시 전전으로의 복귀를 주장하는 우파의 외침으로 여겨졌다.

95 冨森叡児 (2006), 69쪽.

96 요시다 수상은 1953년 2월 8일 중의원 예산위원회에서 사회당 우파 의원인 니시무라(西村栄一)의 질문 중에 '바가야로(ばかやろ)'라고 말해버렸다. 이에 항의하여 사회당이 제출한 수상징벌동의가 요시다에 비판적이던 자유당 내 농상 히로가와(広川)파가 결석하여 성립이 되자 그를 농상직에서 파면하고 제명해 버렸다. 이를 빌미로 미키, 고노, 이시바시 등 22명이 탈당하여 '분당파 자유당'을 결성하였고, 이내 야당이 제출한 내각불신임안이 통과되자 요시다는 해산으로 응수하였다. 이를 바가야로 해산이라고 부른다. 이후 히로가와파도 15명이 탈당하여 2월 18일 하토야마 자유당을 구성하게 된다.

자위군을 조직하여 치안의 유지와 국토의 방위에 만전을 기한다'는 재군비 주장 등은 요시다 노선에 대한 반기이자 반대였다.

보수 내의 리버럴한 세력이었던 미키 다케오三木武夫, 마츠무라 겐조松村謙三 등은 공직 추방 해제로 정계에 복귀한 후 1952년 1월 21일 개신당改新党을 창당했다. 협동주의의 이념을 포함하는 진보적 성격을 가졌지만 민주적인 자위군 창설을 주장하였고, 미일안보조약을 상호방위조약으로 바꾸자든가, 점령하의 제반 제도를 전반적으로 재검토하자고 제안하는 한편, 오키나와의 조기 반환을 요구하는 등 요시다의 대미 협조 노선, 경제중점주의에 대한 항의의 성격을 강하게 드러냈다.

하지만 당시 보수파는 점령 종료와 더불어 당적 소속과 무관하게 점령 초기의 개혁 조치가 지나치게 급진적이었다는 사실에 공감을 표하고, 함께 법 개정 조치에 착수하였다. 1952년 7월에는 파괴활동방지법, 보안청법이 통과되었고, 1953년 8월에는 전면파업규제법안, 은급恩給법안, 독점금지법 개정안 등이 통과되었다. 또한 1954년 5-6월경에는 교육 관련 법안과 경찰법 개정안 등 보수적인 성격의 법안이 보수 정당 간의 협력을 통해 성립되었다.[97]

하토야마는 1954년 6월 23일 자유당과 개신당을 결집하여 신당운동을 벌였다. 보수 합동이 명분이었다. 하토야마와 기시岸를 비롯하여 미키三木, 마츠무라松村, 이시바시石橋 등이 참가하면서 1954년 11월 24일 일본민주당日本民主党이 결성되었다. 중의원 121명, 참의원 18명의 제2당이었다. 일본민주당의 강령도 반反요시다적이었다. 우선 헌법을 포함

97 三宅一郎 · 山口定 · 村松みちお · 進藤栄一 (1985), 76쪽.

한 점령 이후 제반 제도의 개정과 자위군의 창설을 주장하는 등 민족주의적 색채를 강하게 드러냈다. 또 자주적인 국민 외교의 전개를 내세우면서 중국과 소련을 위시한 아시아 각국과의 국교 정상화를 주장했다. 민주당 결성 이후 조선 의혹造船疑惑 사건 등으로 요시다 정권이 약화되자,[98] 민주당을 중심으로 한 야당이 1954년 11월 30일 내각불신임안을 제출하였다. 요시다는 해산을 하지 못하고 결국 정권을 내놓았다.

1954년 12월 10일에는 하토야마 1차 내각이 구성되었다. 당인파의 대표격인 미키 부키치三木武吉가 총무회장을, 반요시다파인 기시岸가 간사장 자리에 앉았다. 하토야마 내각 구성 이후 실시된 1955년 2월 총선거에서 민주당은 자주헌법 제정을 포함한 독립의 완성과 영토 회복을 주장했다. 하토야마는 총선 당시 연설에서 '점령 정책 시정의 시발점이 헌법 개정이다. 특히 제9조의 개정이 필요하다,' '경제력에 걸맞는 자위력을 정비하고 주둔군을 점차 철수시켜야 한다,' '중국과 소련과의 교통, 무역을 피하는 요시다 외교에 반대한다'는 등 강한 민족주의적 주장을 폈다. 이에 대해 사회당은 호헌, 비무장, 중립 노선을 주장하며 헌법 개정 저지선 마련에 총력을 기울였다.[99]

1955년 2월 총선거에서 사회당은 좌우를 합하여 156석으로 늘어났다. 우파 사회당은 1석이 늘어난 67석, 좌파 사회당은 17석이 늘어난

98 한국전쟁 후 조선업계가 불황에 빠지자 1953년 1월 선주협회와 조선공업회가 5000만 엔을 걷어서 보수 3당과 관료 30여 명에게 나누어 주었으나 이것이 적발되어 정치인과 관료들이 수뢰 혐의로 체포되었다. 이를 조선 의혹 사건이라고 한다. 1953년 4월경 최고검찰청이 간사장인 사토의 체포 허락 청구를 중의원에 요청하자 자유당은 이를 저지했고, 이에 대항해 사회당은 4월 24일 내각불신임안을 제출하였다. 반요시다파의 결집체인 일본민주당이 창당하면서 요시다는 권력을 내놓아야 했다.

99 1955년 2월 선거에서 사회당을 비롯한 혁신 세력은 총 162석을 획득하여 재적 의원 3분의 1인 156석 이상을 차지함으로써 헌법 개정 발의의 길을 막았다.

89석을 차지했다. 반면 제1당인 민주당은 185석을 차지하였으나 과반수에 미치지 못하였고, 자유당은 112석을 차지하여 제2당이 되었다. 따라서 하토야마 내각으로 보자면, 선거에서 제1당이 되긴 하였지만 과반수에 못 미치는 상태였던 관계로 자유당의 협력이 없이는 안정된 정국운영이 어려운 형편이 되어 보수의 대동단결이 절실했다.[100] 일본의 재계도 점령 종료 이후 정치적 발언력을 회복하면서 1955년 1월에는 정치자금 루트를 일원화시켜 보수 합동의 필요성을 가속화했다.[101] 사회당도 보수 합동 움직임에 대한 대항으로서 사회당의 통일에 박차를 가하게 되었다. 당시 사회당 좌파 내에서는 스즈키鈴木 위원장에 대한 와다和田 서기장의 상승세가 도전으로 느껴졌고, 사회당 우파 내에서도 가와카미河上 위원장에 맞서 니시오 스에히로西尾末広가 세력을 확대해 가고 있었다. 스즈키와 가와카미의 주도에 의한 좌우파 사회당의 통일은 당내 도전자들에 대한 우위의 확보라는 정략적 의미도 안고 있었다. 1955년 10월 13일 좌파 사회당과 우파 사회당은 4년간의 분열 상태에 종지부를 찍고 스즈키 위원장이 이끄는 '일본사회당日本社会党'으로 재출발하였다. 그로부터 1개월 후인 1955년 11월 15일 보수 세력인 자유당과 민주당이 합당하여 '자유민주당自由民主党'을 결성하였다. 1955년 체제의 출발이었다. 1955년 체제의 출발 자체가 보 · 혁 갈등의 시작이었고 이념적 갈등의 연장선상에서 이루어진 양극화된 대립의 시작이었다. 사르토리Sartori의 표현을 빌자면 양극화된 경쟁 체제polarized competition였다.[102]

---

100 岸信介, "保守合党," 読売新聞社政治部 編, 『自民党の30年』 (東京: 読売新聞社, 1985), 12쪽.

101 三宅一郎 · 山口定 · 村松みちお · 進藤栄一 (1985), 86쪽.

102 Sartori, *Parties and Party System* (Cambridge: Cambridge University Press, 1976).

[04]

보수와 혁신 진영의 전면 대결

1955년 체제의 성립 이후 1960년 안보 투쟁이 있던 시기까지의 5년 여간은 요시다 노선을 둘러싼 보 · 혁 간 갈등과 보수 세력 내 갈등이 전면적으로 대두된 시기였다. 1955년 체제에서 자민당 일당 지배가 오래 지속되었기 때문에 자민당 지배 체제는 초기부터 안정적이고 실패 없는 장기 집권의 시작이었다는 인상이 있다. 하지만 55년 체제의 초기에 자민당은 전전으로의 복귀를 주장하는 듯한 인상을 주는 보수 우파保守右派의 정치 주도 노선으로 인해 사회당을 중심으로 한 혁신 야당 세력의 강한 반대와 도전에 부딪쳤다. 1950년대 일본의 정서는 반전, 반군사주의anti-militarism적 요소를 강하게 띠고 있어서 사회당의 주장이 설득력을 가진 시대였다.[103] 아울러 자민당 내부에도 소일본주의小日本主義를 지향하는 보수 리버럴保守リベラル의 존재를 비롯하여 요시다吉田 노선

103 坂本多加雄 (1996).

을 계승하려는 온건 보수穩健保守 세력이 보수 우파의 움직임에 견제를 가했다. 1955년 체제 초반의 일본 정치는 사회당적인 이상적 평화주의와 하토야마鳩山, 기시岸로 대표되는 보수 우파의 반反요시다적 정치중심주의, 그리고 요시다류의 대미 의존, 경제중심주의가 혼재하는 시기였다.

보수 우파의 반요시다적 정책 주도

하토야마가 자민당 총재가 되어 1, 2차 내각을 조직하면서 당권파를 중심으로 경제중심주의적 요시다 노선에 반하는 정치 주도의 우파 노선을 추진하였다.

하토야마는 우선 헌법 개정을 서두르려는 의지를 숨기지 않았다. 1955년 2월 총선거에서 하토야마가 이끄는 자유당이 헌법 개정과 재군비를 공약으로 내걸자, 혁신계의 위기감이 고조되면서 호헌, 비무장, 중립을 외치는 사회당 중심의 혁신 세력이 헌법 개정에 대한 강력한 반대를 통해 지지를 호소하였다. 결국 좌우 사회당과 노농당, 공산당 등이 162석을 차지하여 전체의석의 3분의 1인 156석을 넘김으로써 헌법 개정은 어려워졌다. 그럼에도 불구하고 하토야마는 총선 후 특별국회에 헌법조사회법안을 제출하였다. 1956년 7월에 치러진 참의원 선거에서 자민당이 61명을 당선시켜 비개선 의석과 합치면 124석을 확보하였지만, 사회당과 공산당, 혁신계 무소속을 합치면 90석을 넘어서서 재적의원 248명의 3분의 1 이상의 의석을 차지하게 되자 헌법 개정의 길은

요원해졌다.[104]

하토야마는 이러한 선거 결과에도 굴하지 않고 1956년 통상국회에 소선거구제 도입을 골자로 하는 선거제도 개정법안을 제출하여 우선 중의원에서의 3분의 2 이상 의석 확보의 길을 열고자 했다. 그러나 이러한 움직임에 대해 자민당 내의 리버럴이었던 마츠무라 겐조松村謙三가 '헌법 개정과 같은 중대사를 조급하게 단행하려고 하는 것은 잘못이다'라고 지적하는 등 당내의 반발도 거세졌다.[105] 헌법을 개정하지 않는 한 재군비의 길도 여의치 않았고, 미일안보조약의 개정에 대해서는 미국 측의 반응이 차가웠다. 따라서 하토야마가 이끄는 자민당 보수 우파가 추진하던 헌법 개정과 재군비는 정치적 반대에 부딪혀 좌절되었다.

헌법 개정, 재군비, 미일안보조약 개정 등 주요 현안이 좌절되자 하토야마는 유일하게 남아있던 정치적 과제인 일 · 소 국교 정상화에 전력을 기울였다. 1955년 1월 25일 일본 주재 소련 대표부 임시대표가 하토야마의 자택을 방문하는 등 소련 측도 적극적 의지를 내보였다. 그러나 북방 영토 반환과 관련하여 협상이 난항을 거듭하였다. 그 무렵 하토야마가 자민당 총재로 선출되자 당내에서는 강한 반주류파가 형

104 1956년 7월 8일 실시된 참의원 선거 결과는 아래의 표와 같다.

	전국구	지방구	당선자	비개선	합계
자민당	18석	43석	61석	63석	124석
녹풍회	5	0	5	24	29
공명	2	1	3	0	3
사회당	21	28	49	32	81
공산당	1	1	2	0	2
무소속	4	1	5	4	9
합계	51	74	125	123	248

출처: 石川真澄, 『戦後政治史』 (1995), 242-243쪽.

105 冨森叡児 (2006), 94쪽.

성되었다. 이케다池田를 중심으로 한 요시다 계열의 의원들은 실권을 쥔 고노河野가 하토야마로 하여금 기시에게 정권을 넘겨주도록 할 가능성에 대해 강한 의구심을 가지면서, 하토야마 정권의 업적이 될 수 있는 일 · 소 교섭에 대해 이의를 제기하였다. 다른 한편 마츠무라松村 등 구 개신당 계열 의원들은 하토야마의 후계자로 시게미츠重光를 옹립하고자 하였다. 이처럼 일 · 소 국교 정상화 문제가 당내에서도 정치적 쟁점이 되자 하토야마는 본인이 직접 모스크바를 방문할 뜻을 내비쳤다. 이에 대해 이케다 등은 '시국간담회時局懇談会'를 조직하여 소련의 페이스에 휘둘릴 수 있는 하토야마의 소련 방문에 반발하였다. 자민당 내에서 대미 협조주의를 우선한 요시다계와 하토야마가 이끄는 우파 민족주의 진영의 정치적 대결 구도가 표면화된 것이었다.

하토야마는 1956년 11월 1일 소련 방문을 단행하여 자신의 공약이던 일 · 소 국교 정상화를 이루었다.[106] 그러나 이러한 외교적 움직임이 미 · 일동맹을 뒤흔들거나 이에 대한 부정에서 출발한 것은 아니었다. 미 · 일동맹의 틀 안에서 일본의 자율성을 강조하려는 노력의 일환이었을 뿐이다. 당내의 반대를 무릅쓰고 소련 방문을 추진한 하토야마는 귀국 후 다음날인 11월 2일에 정식으로 은퇴를 표명하였다.

하토야마 퇴진 후 1956년 12월 14일 치러진 자민당 총재 선거에는 기시岸信介, 이시이石井光次郎, 이시바시石橋湛山의 3명이 출마하였다. 1차 투표에서 기시가 223표, 이시바시가 151표로 2위, 이시이가 137표로 3위였다. 이시이의 참모였던 이케다池田, 이시바시의 직계였던 이시다石田,

106 소련과 국교를 정상화한 일본은 1956년 12월 18일 국제연합에 정식으로 가입하였다.

그리고 미키三木武夫 3명이 결선투표에서 2-3위 연합에 합의함으로써 이시바시 258표 대 기시 251표로 이시바시가 역전승을 거두었다. 이 선거는 자민당 내 우파의 대표격인 기시와 리버럴의 대표격인 이시바시의 대결이었고, 자민당 내 강경파와 온건파의 대결이 첨예하게 가시화된 점에서 주목되었다. 자민당 결성 이후 총재 선거를 치르면서 자민당 내 집단은 8개 군단으로 불리는 파벌로 정리되었다. 구 자유당계의 이케다池田, 사토佐藤, 오노大野, 이시이石井의 네 파벌과 구 민주당계의 기시岸, 고노河野, 이시바시石橋, 마츠무라-미키松村-三木의 네 파벌이 그것이었다.[107] 사토는 자유당계였지만, 기시와 친형제 간인 관계로 기시를 지지하였고, 민주당계 내에서는 고노가 기시를 지지한 반면, 마츠무라는 이시바시를 지지하였다. 이렇게 요시다계와 하토야마 직계 간의 투쟁은 분화되면서 자민당 내 우파와 리버럴 간의 재대결로 재편되었다.

이시바시 탄잔石橋湛山은 자민당 내 대표적인 보수 리버럴이었다. 이시바시를 필두로 한 당내 리버럴 세력들은 일본이 '대일본주의'의 회복이 아닌 '소일본주의'를 지향해야 하며, 아시아에 대한 반성과 사죄를 통해 일본은 새로 태어나야 한다고 주장했다.[108] 이들 이시바시 탄잔류의 주장은 당내 소수파에 불과하였지만, 당내 우파적 움직임에 대한 의미 있는 견제였다.[109] 이시바시는 총리가 되자 국민 생활의 향상과 국제연합과 협력하는 자주 외교 노선을 주장하는 등 리버럴한 색채를 숨기지

107 内田健三, 『派閥』 (東京: 講談社, 1983).

108 박영준, "전전 일본 자유주의자의 국가 구상과 동아시아: 이시바시 탄잔의 소일본주의를 중심으로," 『한국정치학회보』, 39:2 (2005), 27-45쪽.

109 若宮啓文, 『戦後保守のアジア観』 (東京: 朝日新聞社, 1995).

않았다. 하지만 정권이 출범한 지 채 2개월도 안 되는 1957년 2월, 이시바시는 병마로 쓰러져 정권을 내놓을 수밖에 없었다. 자민당 내 리버럴 세력을 확대시킬 수 있는 기회가 사라짐으로써 이후 보수 리버럴은 계속 당내 소수파로서의 지위를 벗어나지 못했다.

이시바시가 사임하자 총재 선거에서 2위였던 기시岸信介가 자민당 총재 잔여 임기를 채우는 정권을 물려받았다. 기시는 하토야마가 추진하던 반요시다 노선의 보수 우파 노선을 다시 전면에 부각시켰다. 기시는 관료 출신이었으나, 사상적인 면에서 하토야마 및 고노 등 당료파와 정치적인 맥을 같이 했다. 기시는 1958년 5월 총선거를 치를 때까지 저자세를 취했다. 그러나 58년 총선에서 287석을 얻으면서 국민의 지지를 확인하자 강경 노선을 취하기 시작했다. 고노의 후광을 등에 업고 기시岸파를 형성한 기시는, 고노河野파, 오노大野파, 사토佐藤파 등과 함께 정국을 주도하였다.

당시 혁신 세력은 반기지 운동, 원폭 수폭 금지 운동, 헌법 옹호 운동 등 자민당에 대한 반대 운동을 전개했다. 이런 가운데 기시는 사회당의 지지 모태인 일본교직원노동조합日教組과의 정면 대결 자세를 내세우면서 1958년 8월 도덕교육을 의무화하고, 나아가 9월에는 교직원 근무평정의 전국적인 실시를 단행했다. 이에 대해 사회당이 강하게 반발한 것은 말할 나위가 없다. 또한 1958년 10월 기시 내각은 국가공안위원회를 중심으로 경찰법의 개정을 추진했다.[110] 개인의 생명과 재산 보호를 중심으로 했던 경찰관의 직무 권한을 공공의 안전과 질서의 유지, 범죄

---

110 공식 명칭은 경찰관직무집행법 개정안이었다.

의 예방 등으로 바꾸는 것이 개정안의 핵심이었다. 기시 내각의 이러한 움직임은 전전으로의 복귀라는 강한 인상을 주었다.[111] 기시에 대해 원내 투쟁만으로는 한계를 느낀 사회당은 10월 13일 총평 등 노동조합과 각종 문화단체 66개를 규합하여 '경찰법 개악 반대 국민회의'를 구성하였다. 1955년 이래 처음으로 현실화된 대중 투쟁 노선이었다. 자민당이 단독으로 회기 연장을 통해 경찰법 통과를 강행하려 하자 사회당이 무효를 선언하고, 총평 등 노동자를 중심으로 전국 각지에서 400만 이상이 시위를 하는 사태로 발전하였다. 자민당 내 반주류파도 반反기시 노선을 강화하게 되자 기시는 결국 경찰법 개정안을 심의 불충분이라는 이유를 들어 포기하였다.

혁신 세력의 안보조약 개정 반대

보수 우파인 기시에게 미·일 불평등조약의 개정은 중요한 정치적 과제였다. 조약 개정 요구에 앞서 기시는 1957년 5월 일본 수상으로서는 처음으로 동남아 6개국 순방에 나섰다. 미국과 협상을 시작하기 전에 일본이 아시아의 맹주임을 과시하고 아시아 공산주의의 봉쇄에 일본이 책임을 다하고 있음을 과시하려는 의도였다. 기시는 1960년 1월, 미국을 방문하여 미국의 존슨Johnson 대통령과 미일안보조약의 연장과 더불어 일본에 불평등한 부분을 개정하기 위한 사전 작업에 착수하였다. 기시는 점령 종결 직후 체결된 구 안보조약하에서는 미국이 일방적

111 기시는 당시 '정부로 보자면 경찰을 장악하지 못하는 것은 슬픈 일이다. 전전의 정부는 경찰을 잘 장악하고 있어서 강한 정치가 가능했다. 지금은 공안위원회를 통하는 등 (경찰력 장악이) 악해져서 아주 힘들다'고 말하는 등 전전에의 향수를 털어놓았다고 한다. 冨森叡児 (2006), 134쪽.

인 행동 권리를 가지고 있기 때문에 이를 어떻게 해서라도 대등한 안보조약으로 개정하여 합리적인 근거를 통해 미국과 협력하고 일본의 안전을 지키는 새 조약을 만들어야 한다고 생각하였다.[112] 미일안보조약 개정 시한이 1962년으로 다가옴에 따라, 기시는 1960년부터 미 · 일동맹 개정 준비 작업에 본격적으로 돌입하였다.[113] 미국을 방문한 기시는 아이젠하워Eisenhauer 대통령과 회담을 하고 미일안보조약 개정 요구에 나섰다. 일본 측은 미일안보조약의 불평등성을 줄이기 위해 미국이 일본 방위 의무를 명시함과 동시에 일본이 지는 책임이 헌법의 범위 안에 있음을 명기하고, 미군의 배치 및 일본 방위 이외의 전투를 위해 일본 기지를 사용할 경우, 일본 정부와 사전 협의한다는 조항의 삽입을 요구하였다. 1년 3개월에 걸친 교섭을 거쳐 미일신안보조약은 1959년 12월에 타결되었고, 1960년 1월 19일 워싱턴에서 조인되었다. 기시 내각은 1960년 1월 통상국회에 조약의 비준안을 제출하였다.

사회당을 필두로 한 혁신 세력은 1959년 경찰법 개악 반대 운동에 참가했던 134개 단체와 공산당을 합쳐 '안보조약 개정 저지 국민회의'를 결성했다. 사회당과 공산당이 공동 보조를 취하는 혁신 세력의 대규모 통일전선 결성이었다. 이 단체는 1959년 4월 5일 제1차 통일 행동을 계기로 1959년에는 10회, 1960년 5월 20일 강행 채택이 있을 때까지 1960년에는 5회에 걸친 통일 행동을 취했다. 기시 내각은 1960년 6월 19일로 예정된 아이젠하워 대통령의 방일에 맞추기 위해 1개월 전인 5

112 岸信介, "安保改定," 読売新聞社政治部 編, 『自民党の30年』(東京: 読売新聞社, 1985), 68쪽.

113 미일안보조약은 무한정, 부조건의 조약이 아니라 조약 체결 당시 10년이라는 기간을 설정한 조약이었다.

월 20일 밤, 사회당 등 야당의 강력한 반대에도 불구하고 경찰권을 동원하여 조약안을 강행 통과시켰다. 하지만 자민당 내에서도 반발이 확산되었다. 보수 리버럴인 미키 다케오三木武夫, 마츠무라 겐조松村謙三, 이시바시 탄잔石橋湛山과 우츠노미야宇都宮는 물론, 기시와 거리를 두기 시작한 고노 이치로河野一郎가 강행 채택 때 항의하는 의미로 퇴장하였다. 그 후 마츠무라-미키, 이시바시, 고노파는 기시의 퇴진을 요구했다. 6월 4일에는 안보조약 개정 저지를 위해 총파업이 이루어져 전국 54개 단위에서 400만 명에 달하는 대규모 시위가 벌어졌다. 그러던 중 6월 15일 밤에 전국학생연합全学連, 젠가쿠렌 시위대가 국회에 들이닥쳐 경찰과 대치하는 중 간바 미치코樺美智子라는 여학생이 압사하는 비극적인 사태가 벌어졌다. 다음날인 16일, 기시는 아이젠하워 대통령의 방일 연기를 결정하고, 6월 23일 미일안보조약 비준서가 교환된 직후에 정식으로 사임을 표명하였다.

기시의 퇴진은 하토야마, 기시 내각에 걸쳐 추진해 온 반反요시다적 정치 주도 노선의 종언을 의미했다. 특히 기시의 경우, 사회당을 중심으로 한 혁신 세력의 강한 반대에 부딪혔음은 물론, 자민당 내부에서도 보수 리버럴 및 반주류파의 도전에 직면하여 수상직을 사임해야 했다.

요시다 없는 요시다주의

1955년 체제의 초반기는 자민당이 이끄는 보수 세력과 사회당을 중심으로 한 혁신 세력의 국가 노선을 둘러싼 전면적 항쟁의 시기였다. 자민당으로 대표되는 보수 세력은 안보 체제를 옹호하면서 헌법 개정을 주장한 반면, 사회당을 중심으로 하는 혁신 진영은 안보 체제에 반대하고 헌법을 옹호하였던 것이 특징이었다. 자민당 보수 우파가 주도하는 자주 노선에 대해 사회당 등 혁신 세력이 평화주의를 내세워 반대하는 구조가 형성된 것이다. 1955년 체제는 출범 초기부터 1.5 정당제적 요소를 강하게 가졌다.[114] 사회당 등 혁신 세력이 국회 의석의 3분의 1 이상을 확보하여 자민당이 주도하는 헌법 개정 등 보수적 사안에 거부권을 행사하는 방식을 통해 보수 세력의 움직임을 견제하는 구도를 형성하였다.

요시다를 중심으로 대미 협조주의, 경무장 노선, 그리고 경제성장 우선주의라는 보수 본류 노선에 대해 보 · 혁 양방에서 공격이 이루어졌다. 사회당을 중심으로 한 혁신 세력은 호헌, 비무장, 중립 노선을 주장하며 보수 세력에 대한 안티테제를 제공하고자 하였고, 하토야마와 기시로 대변되는 보수 우파는 헌법 개정과 재군비, 자주 외교를 내세우며 요시다 노선에 저항하였다. 그러나 정권을 잡은 보수 우파도 혁신 세력의 반대는 물론 자민당 내 리버럴한 세력의 저항에 의해 헌법개정 및 본격적인 재군비를 실현하지는 못했다.[115] 하토야마는 일 · 소 국교를 정상화하는 업적을 이루었고, 기시는 미일안보조약의 불평등성을 시정하는 업적을 거두었지만, 이러한 정책의 추진은 결코 요시다 노선을 근본적으로 부정하는 것은 아니었다. 즉 일 · 소 국교 정상화는 미 · 일 관

114 1.5 정당제란 전체 국회 의석 가운데 약 3분의 1을 사회당 등 혁신 세력이 장악하고 있었다는 의미에서 자민당의 0.5정도에 해당한다는 의미에서 쓰였다. 55년 체제 출발기의 1.5 정당제적 성격에 대해서는 岡義武 (1958), 103-108쪽.

115 야마구치(山口定)는 보수 세력 내부에도 세 가지 조류가 있었다고 분석하고 있다. 하나는 요시다-이케다-사토로 이어지는 보수 본류의 '경제주의적 자유주의'이고, 또 하나는 하토야마-기시-후쿠다로 이어지는 구 민주당계의 '정치주의적 보수주의' 또는 준 보수 본류, 그리고 나머지 하나는, 미키-마츠무라 등 구 개신당계에 의한 보수 방류의 '정치주의적 자유주의'이다. 三宅一郎 · 山口定 · 村松みちお · 進藤栄一 (1985), 99쪽.

계를 주축으로 하는 일본 외교의 장을 넓힌 점에서 요시다의 미 · 일 협조주의를 보완하는 성격을 가졌을 뿐, 일본이 미국을 버리고 소련을 택한 것은 아니었다. 아울러, 기시의 미일안보조약 개정도 미 · 일 관계를 개선하려던 것이지, 이를 손상하는 데 목적이 있지 않았다. 따라서 기시에 의한 안보조약의 개정은 미 · 일 관계 강화를 통해 일본의 안전보장에 대한 확실한 담보를 얻은 것으로 평가되어야 마땅하다. 일본이 경제성장 노선에 주력할 수 있었던 것은 안보의 부담을 미국과 공유하면서 안보에 대한 부담감을 덜어냈기 때문이었다. 결과적으로 사회당 등 혁신 세력과 자민당 내 리버럴의 반대에 부딪혀 좌초한 보수 우파의 반요시다 노선은, 요시다 노선에 대한 근본적인 부정이었다기보다는 오히려 이를 보완하는 '요시다 없는 요시다주의'였다.[116]

116 添谷芳秀,『日本のミドルパワー外交』(東京: 筑摩書房, 2005).

| 2장 |

보 · 혁 백중 시대의 도래와 자민당 내 파벌 항쟁

自民党

[01]
고도성장기 사회 변화에 대한 보·혁의 대응 차이

자민당 중진이던 이시다 히로히데石田博英는 1963년 『중앙공론中央公論』에 기고한 글에서 일본의 고도성장과 도시화에 의해 사회구조가 질적으로 변화하여 일차산업 종사자는 줄어들고 산업 노동자 및 노조원 수가 늘어나서 사회주의 정당에 감화되기 쉬워졌다고 두려워했다. 그는 장차 자민당의 득표율은 줄어들고 사회당의 득표율은 늘어나서, 1968년이 되면 사회당이 자민당을 능가할 수도 있다고 경고하였다. 그가 글을 쓸 당시 자민당은 사회당을 비롯한 혁신 야당의 추격을 감지하고 있었다. 1952년 좌·우파 사회당을 합쳐 750만 표를 획득했던 혁신 세력은 1961년에 사회당과 민사당 표를 합쳐 1130만 표를 획득하며 표를 늘려갔다.[1] 한편 이시가와石川의 분석에 의하면, 1955년 후반부터 60년대

---

1 이시다는 사회 변화에 대응하는 보수의 비전을 내놓지 않으면 1968년에는 자민당 득표율이 46.6%로 떨어지는 데 반해 사회당은 47%를 획득하여 자민당이 정권을 내놓을 수도 있다고 경고하기도 했다. 石田博英, "保守党のビジョン,"『中央公論』(1963年 1月号).

후반에 걸쳐 농촌에서 도시로 인구가 이동하는 이농離農 현상이 급속하게 진행되면서 보수층 유권자가 농촌지역 집표集票 조직으로부터 이탈함으로써 자민당 절대 득표율이 현저하게 저하되고 있었다.[2]

따라서 1960년대 일본이 고도성장기에 접어들면서 자민당은 시간이 흐를수록 지지율이 저하하고 사회당의 지지가 상승할 것으로 예상하였다. 그러나 현실은 정반대로 나타났다. 자민당은 절대적인 득표율의 저하에도 불구하고 상대적인 지지율에 있어서는 다른 정당을 크게 앞질렀다. 특히 비농업 부문의 여러 계층에 의한 자민당 지지 증대가 현저했다.[3] 반면, 사회당은 고도 경제성장에 대하여 적극적으로 대응하기보다는 이데올로기적인 경직성을 보이면서 지지율이 오히려 떨어지는 결과를 보여 주었다. 1960년대 초중반에 걸쳐 등장한 중도 정당들이 사회당의 지지층 일부를 잠식하는가 하면, 혁신 세력은 중앙 정계보다는 지방자치단체 수준에서 지지가 확산되는 현상이 나타났다. 1960년대 후반부터 1970년대 말에 이르기까지 보수 진영과 혁신 진영 전체의 정치적 비중은 백중세였지만, 다당 체제가 정착되면서 고착된 야당의 분열은 자민당 지배 체제가 지속할 수 있는 길을 열어주었다.

---

2 石川真澄, 『戦後政治史』(東京: 岩波書店, 1995), 208-209쪽. 이시가와의 주장의 전제는 자민당의 지지 기반이 대부분 농촌이고, 농촌표는 보수당의 강한 집표 조직에 의해 장악되어 있다는 것이었다.

3 야마구치(山口定)는 자민당 득표율이 왜 조금밖에 떨어지지 않았는가를 설명하는 것이 중요하다고 하면서 자민당의 포괄정당화 경향에 주목하였다. 그에 의하면, 1955년 자민당의 지지층은 농림어업이 43%, 상공업이 25%로 전체 지지층의 68%가 자영업자 중심이었던 데 반해, 1975년에는 이들을 합한 비율이 44%로 떨어진 반면, 봉급생활자의 지지가 13%에서 27%로, 노동자의 지지율이 15%에서 25%로 늘어나, 후자의 지지가 50%를 넘어서는 정당으로 변모했다고 분석한다. 三宅一郎 · 山口定 · 村松みちお · 進藤栄一, 『日本政治の座標』(東京: 有斐閣選書, 1985), 110-111쪽.

자민당의 현실주의 노선

1960년 안보 투쟁은 자민당 정치의 새로운 국면을 여는 견인차 역할을 하였다. 자민당은 안보조약을 개정하면서 사회당을 중심으로 한 혁신 세력의 예상보다 강한 반발에 직면하였다. 이로 인해 자민당이 고압적인 자세를 수정하지 않으면 정권 유지 자체에 지장을 받을 수 있다는 위기감이 생겨났다. 국론의 분열을 극복하고 자민당 정치를 안정시키기 위한 지혜가 요구되는 시점에 등장한 인물이 이케다였다. 기시가 사임한 후의 자민당 총재 선거에서는 이케다池田, 오노大野伴睦, 이시이石井光次郎, 후지야마藤山愛一朗 등 네 명이 경합하였다. 기시는 본인이 재선될 당시 자신이 그만두면 오노에게 권좌를 선양하겠다는 밀약을 맺었지만, 기시는 예상을 뒤엎고 이케다를 지지했다. 오노가 항의의 의미에서 후보를 사퇴한 후 치러진 총재 선거에서 이케다는 302표를 얻어 194표를 얻은 이시이를 꺾고 자민당 총재에 당선되었다.[4]

이케다는 기시가 개정 · 통과시킨 미일안보조약이라는 토대 위에서 일본을 보다 경제적으로 윤택한 국가로 만드는 데 총력을 기울였다. 이케다는 국민들에게는 '소득 배증 계획income doubling plan'을 제시하면서, 야당에게는 인내와 관용을 외쳤다.[5] 안보 문제를 둘러싼 갈등을 겪은 후 이케다의 메시지는 신선하게 다가왔다. 갈등을 조장하는 이념과 정치 주도의 정치로부터 국민들의 삶의 질을 향상시키겠다는 '저자세 정

4 奥島貞雄,『自民党幹事長室の30年』(東京: 中央公論新社, 2002), 36-38쪽.

5 이케다의 핵심 측근이었던 미야자와는 이케다가 관용과 인내, 소득 배증, 그리고 저자세 등을 내놓으면서 정치의 계절을 경제의 계절로 바꾸려 했다고 한다. 그에 의하면, 인내라는 말은 오히라(大平)가 고안하였고, 관용은 자신이 생각해낸 것이라고 한다. 宮沢喜一, "所得倍増論," 読売新聞社政治部 編,『自民党の30年』(東京: 読売新聞社, 1985), 95쪽.

치'의 선언을 통해 국민적 인기를 회복하려는 전략이었다. 미 · 일안보를 중시하는 바탕 위에서 경제성장을 우선하는 보수 본류 요시다 노선으로의 전면 복귀 선언이었다.

1960년 9월 5일 발표된 신정책의 서두에서, 이케다는 '경제성장은 과거의 예로 보아 1961년부터 평균 9%는 상승할 것이다. 1인당 국민소득을 1960년 약 12만 엔에서 3년 후에는 15만 엔으로 늘리겠다. 적절한 시책이 시행된다면 10년 후에는 국민소득이 현재의 약 2배 이상이 될 것이다'라고 강조하면서,[6] 안보 투쟁에 지친 국민들의 관심을 다시 경제성장주의로 집중시켰다.[7] 한편, 이케다는 사회당을 중심으로 한 혁신 세력이 강력하게 반대할 가능성이 있는 정치 현안에 대해서는 신중한 자세를 견지하였다. 1960년 10월 12일 아사누마浅沼 사회당 위원장이 한 우익 소년의 칼에 찔려 죽는 불행한 사태가 일어나자, 이에 대한 불만이 자민당에 향해질 것을 우려한 이케다는 신속하게 대응하였다. 국가공안위원장을 즉시 파면하는 동시에 이케다 본인이 임시국회에서 스스로 추도 연설을 하고, 장례식에서는 아사누마를 애도하고 폭력을 규탄하는 조사를 직접 읽었다.[8] 이는 사회당과의 이념 대결이 다시 정치 전면에 부상하지 않도록 하는 세심한 배려였다.

빈곤으로부터의 해방을 희구하던 국민의 열망에 답한 이케다의 노선에 대해, 유권자들은 취임 4개월 후인 1960년 11월에 치러진 선거에서

---

6 冨森叡児, 『戦後保守党史』(東京: 岩波書店, 2006), 172쪽.

7 미야자와는 일본이 경제성장, 공업화를 통해 완전고용, 고임금이 된다는 분위기를 국민의 의식에 심은 것이 이케다의 공적이라고 평가하였다. 宮沢喜一 (1985), 101쪽.

8 内田健三, 『戦後宰相論』(東京: 文芸春秋, 1994), 49쪽.

301석이라는 절대 안정 다수를 안겨주었다. 1962년 7월의 참의원 선거에서도 자민당은 70명의 당선자를 냄으로써 개선 의석과 합치면 143의석을 확보하여 사회당의 66석에 비해 압도적인 승리를 거두었다.[9]

이케다는 경제성장 노선은 강력히 추진한 반면, 자민당 내 우파의 염원인 헌법 개정 요구는 지속적으로 회피하였다. 기시 정권이 설립한 헌법조사회가 7년간의 심의를 거쳐 1964년 7월 최종 보고서를 제출하였지만, 이케다는 어떠한 정치적 움직임도 취하지 않았다. 기시가 자신의 회고록에서 '이케다는 개헌을 철저하게 사보타주했다. 동생인 사토까지도 사보타주해서 나의 염원은 실현하지 못했다'라고까지 기술할 정도였다.[10] 역으로, 기시 정권 당시 중단하였던 일본과 중국의 무역 관계를 정상으로 복원시킴으로써 자신의 입장이 기시의 우파 노선과는 선을 긋고 있음을 분명히 하였다.

이케다의 소득 배증 계획은 일본 경제를 정상 궤도에 올려놓으면서 세계 수준의 공업국으로 올려놓는 데 성공하였다. 1964년 1월 일본은 IMF에 가입하였고, 4월 18일에는 아시아에서 최초로 OECD 가맹국이 되었다. 1964년 10월 1일에는 도카이도東海道 신칸센新幹線이 완성되었고,

---

9 1962년 7월 1일 참의원 선거 결과는 아래의 표와 같다.

	전국구	지방구	당선자	비개선	합계
자민당	21석	49석	70석	73석	143석
동지회	3	1	4	7	11
공명	7	2	9	6	15
사회당	15	22	37	29	66
민사당	3	1	4	7	11
공산당	2	1	3	1	4
무소속	0	0	0	0	0
합계	51	76	127	123	150

출처: 石川真澄, 『戰後政治史』(1995), 246쪽.

10 위의 책, 51쪽.

같은 해 10월 10일에는 도쿄올림픽이 개최되었다. 1966년에는 일본의 국내총생산GDP 수준이 영국, 독일, 프랑스와 어깨를 견주었으며, 1968년에는 이들 나라를 제치고 미국에 이은 세계 제2의 경제 대국으로 발돋움하였다.

1964년 7월의 자민당대회에서 3선을 노리던 이케다는 사토佐藤와 후쿠다福田의 연합에 의한 도전을 받았다. 제1차 투표에서 과반수를 겨우 4표 넘어선 242표를 얻어 3선을 이루기는 하였지만, 그 후 1개월도 채 지나지 않아 암에 걸렸음을 알게된 이케다는 10월 25일 정식으로 사임을 표명하였다. 그리고 가와시마川島 부총재와 미키三木 간사장의 조정에 의해 11월 9일 사토 에이사쿠佐藤栄作가 차기 총재로 지명되었다.

보수 우파와 보수 리버럴, 그리고 보수 본류 간의 갈등과 불화를 겪은 이후 총리가 된 사토는 파벌의 역학을 교묘하게 이용하면서 자민당 내부를 안정시켜 나갔다. 자민당 출범 초기에는 통합 이전의 인간관계를 바탕으로 자유당계와 민주당계가 각각 네 파벌로 나누어진 8대 사단을 이루고 있었다. 민주당의 맥을 이은 기시岸파, 고노河野파, 미키三木파, 이시바시石橋파와 자유당의 맥을 이은 이케다池田파, 사토佐藤파, 오노大野파, 이시이石井파가 그것이었다.[11] 자민당 파벌의 발생을 촉발시킨 것은 두 가지 제도적 장치였다. 하나는 자민당 결성 때 밀실 정치의 비판을 막기 위해 채용된 총재공선제였다.[12] 자민당 총재가 되려는 정치인들이 당내에 자신의 추종자들을 만들고 이를 정착, 확대하는 과정에서

11 内田健三, 『派閥』(東京: 講談社, 1983), 29쪽.

12 위의 책, 27, 108쪽.

파벌이 만들어지기 시작했다. 다른 하나는 중선거구제中選擧區制 · 단기제單記制의 영향이었다. 중선거구제는 여당이 한 선거구에서 복수의 후보자를 당선시키지 않으면 국회 과반수를 확보할 수 없는 제도였다. 전국 127개 선거구에서 한 명의 후보자만 당선될 경우 511명 정원인 중의원의 과반수인 256명의 절반밖에 미치지 않기 때문에 한 선거구에서 복수의 후보자가 당선되어야만 여당의 지위를 확보할 수 있었다. 따라서 이 선거제도하에서 같은 정당 후보자들 간의 경쟁은 불가피했다. 대중운동에 기반한 조직 정당이 없었던 일본에서, 복수의 동일 정당 후보와 경쟁해야 하는 자민당 후보들은 개인후원회後援会, 고엔카이를 조직화하는 결과를 가져왔다.[13] 공천과 선거 자금 등 다양한 측면에서 파벌 영수의 지원은 정치적 생존을 위한 귀중한 자원이었다. 자민당을 파벌 연합 정권이라고 부르는 이유는 중앙당 차원에서의 파벌 간 합종연횡 때문이기도 했지만, 선거구 차원에서 사실상 서로 다른 파벌 간 경쟁과 연합에 의해 자민당이 운영되고 있었기 때문이다. 파벌의 존재는 당내 다양한 의견이 존재할 수 있는 제도적 보장 장치로서도 중요한 역할을 했다.[14]

기시 정권 때 8개 군단으로 불리던 파벌 중 이시이石井, 오노大野, 이시바시石橋, 후지야마藤山 등 각 파벌이 분열, 소멸, 또는 흡수되면서 이케다로부터 사토 정권에 걸친 수년 동안 기시岸, 이케다池田, 사토佐藤, 고노

13 Gerald Curtis, *Election Campaigning Japanese Style* (New York: Columbia University Press, 1971).

14 만약 한 사람의 후보만을 내는 소선거구제의 경우라면 서로 다른 목소리를 내는 후보자가 같은 선거구에서 경쟁하거나 당내에서 분열적 행동을 하는 것은 당을 뛰쳐나갈 각오가 없는 이상 용이한 일이 아니었을 것이다. 따라서 일본의 중선거구제는 당내 다양한 의견의 대표성과 당내 민주주의의 존재를 가능하게 해 주는 제도적 장치였다.

河野, 미키三木의 다섯 개 파벌로 정리되었다.[15] 사토 총리는 당내에 존재하는 파벌 간 균형과 견제에 의한 자민당 인사 체제를 정착시키면서 장기 지배 체제를 유지해 나갔다. 여기에는 오노大野伴睦, 고노河野一郎, 이케다池田勇人 등 유력한 경쟁 파벌 영수들이 세상을 뜬 것도 작용하였고, 여러 파벌이 세대교체기에 접어든 것도 사토에게 유리하게 작용하였다. 사토가 수상으로 재임할 당시 자민당 내 파벌은 세대교체기였다. 기시岸파는 후쿠다福田파와 가와시마川島파로 나누어졌고, 이케다池田파는 마에오前尾파로 계승되면서 오히라大平가 차기 주자로 두각을 나타냈다. 고노河野파는 나카소네中曽根파와 소노다園田파로 분할되었다.[16] 미키三木파만이 그대로 남아 있었다. 사토 자신이 속한 사토佐藤파에는 다나카田中角栄, 호리保利茂, 하시모토橋本登美三郎, 아이치愛知, 마츠노松野頼三, 기무라木村 등 다양한 인물이 정치적 역량을 발휘하고 있었다.

◘ 자민당 내 파벌의 흐름

파벌 창시자	60년대 후계자	70년대 5대 파벌 영수
요시다 시게루(吉田茂)	사토 에이사쿠(佐藤英作)	다나카 가쿠에이(田中角栄)
	이케다(池田) – 마에오(前尾)	오히라 마사요시(大平正芳)
기시 노부스케(岸信介)	후쿠다 다케오(福田赳夫)	후쿠다 다케오(福田赳夫)
고노 이치로(河野一郎)	나카소네 야스히로(中曽根康弘)	나카소네 야스히로(中曽根康弘)
	소노다(園田)	후쿠다(福田)파에 합병
무라카미(村上)–미키(三木)	미키 다케오(三木武夫)	미키 다케오(三木武夫)
오노 반보쿠(大野伴睦)	미즈타(水田)파, 후나다(船田)파	소멸
이시이(石井)	시나(椎名)파	소멸

주: 『아사히신문』 역대 선거 결과 자료를 바탕으로 필자가 작성.

15 内田健三 (1994), 48쪽.

16 内田健三 (1983).

하지만 사토의 장기 집권은 '인사의 사토人事の佐藤'라고 불릴 만큼 치밀한 인사 시스템의 구축에 더 큰 이유가 있었다. 사토는 재임 중 당선 횟수에 의거한 연공서열주의를 구축하였다. 연공서열주의란 당선 횟수가 많은 의원들에게 먼저 내각이나 당직을 배분하는 시스템이었다. 사토 내각 당시 당선 4회 이하로 각료에 기용된 인물은 없었다.[17] 각 파벌은 연공서열주의에 따라 파벌 내 결속을 높이면서 파벌 간 견제와 균형을 유지하고자 하였다. 또한 사토는 집권 기간 동안 다나카 가쿠에이田中角栄, 후쿠다 다케오福田赳夫, 호리 시게루保利茂라는 3명의 실력자를 서로 경쟁시키는 동시에 상호 견제시킴으로써 자신의 권력을 강화해 나갔다. 예를 들면, 1965년 5월 내각 구성 당시 사토는 다나카를 간사장에 임명하고, 후쿠다를 대장상에 임명하는 한편, 측근인 하시모토 도미사부로를 관방장관에 앉혔다. 1968년의 내각에서는 호리를 관방장관에 임명하고, 다나카를 간사장에 두는 한편, 후쿠다를 대장상에 임명했다. 다시 1971년 7월의 내각 개조 때는 다나카를 통산상에 임명하는 대신, 호리를 간사장으로, 후쿠다를 외상으로 임명했다. 이들 중 호리는 비교적 후쿠다와 긴밀한 관계를 유지하였고, 이에 대항하는 의미에서 다나카는 오히라와 관계를 돈독히 하였다.

사토佐藤는 기시岸와 친형제인 관계로 보수 우파의 이미지가 강했지만, 사토는 기시와 달리 헌법 개정에 대해 신중했다. 1964년 11월 자민당 총재 취임 연설에서 그는 '신헌법의 정신은 지금 국민의 피가 되고

17 佐藤誠三郎 · 松崎哲久, 『自民党政権』(東京: 中央公論社, 1986); 北岡伸一, 『自民党』(東京: 読売新聞社, 1995), 135쪽.

살이 되어 있다. 나는 이 시기에 나를 포함한 국민이 헌법을 다시 읽어 보았으면 하고 생각한다'라고 말했다. 헌법의 기본 정신을 바꿀 의향이 없다는 의사표시였다. 1965년 참의원 선거 때는 '평화헌법을 지키겠다'고 확실히 선언했다.[18] 당내 우파와 분명히 다른 색깔을 낸 것이었다. 사토는 국민 속에 정착한 민주주의 의식과 평화 감각을 자극하는 보수 우파 노선과 의식적으로 거리를 두고자 하였다. 이 같은 바탕 위에서 사토는 기본적으로 이케다가 추진했던 경제성장 노선의 기본을 흔들지 않고 추진함으로써 요시다 노선을 본격적으로 꽃피웠다.

사토가 이케다 정권과 차이를 보여준 영역은 외교 분야였다. 1964년의 총재 선거 출마 선언에서 그는 '경제력과 함께 일본의 국제적 지위는 높아졌지만 자주성 있는 외교는 전개하지 않았다'고 말했다.[19] 일본의 국제적 지위 향상을 배경으로 외교 노선의 방향성에 관해 자민당 내부는 두 갈래로 나누어져 있었다. 하나는 아시아문제연구회アジア問題研究会로, 미국을 중심으로 한 서방 진영과의 결속을 강화하자고 주장하는 그룹으로서 사토를 지지하는 그룹이 중심이었다. 다른 하나는 아시아 · 아프리카문제연구회アジア・アフリカ問題研究会로서 중국, 베트남, 한반도 문제를 통해 미국에 경도된 외교 자세를 시정하려는 그룹이었다. 후자에는 마츠무라 겐조松村謙三, 우츠노미야宇都宮徳馬, 가와사키川崎秀二, 미키三木武夫, 후지야마藤山愛一朗 등 주로 자민당 내 리버럴한 세력들이 소속해 있었다.[20] 후자의 그룹은 중국의 부상에 발맞추어 중국과의 적극적인

18 冨森叡児 (2006), 210쪽.

19 北岡伸一 (1995), 125쪽.

20 内田健三, 『現代日本の保守政治』 (東京: 岩波書店, 1989), 18쪽.

관계 개선을 주문하였다. 그러나 사토가 총재 선거 당시 언급한 '자주성 있는 외교'란 대중국 관계를 서두르기보다는 미국과의 관계를 개선하겠다는 의지의 표명이었다.

사토에게 있어 자주성 있는 외교의 실천적 과제는 오키나와 반환이었다. 즉, 일 · 중관계를 동결하고 오키나와 반환에 정력을 쏟은 것이다. 사토는 1965년 1월 미국을 방문하여 존슨Johnson 대통령에게 오키나와 반환을 요구하는 한편, 같은 해 8월 수상으로서는 처음으로 오키나와를 방문하여 '오키나와가 본토에서 떨어져 있기를 20년 (…) 나는 오키나와의 조국 복귀가 실현되지 않는 한, 일본의 전후가 끝난 것이 아니라는 걸 잘 알고 있다'고 선언했다.[21] 같은 해 11월 사토는 존슨 대통령과 다시 만나 2-3년 내에 오키나와를 반환할 것을 합의하고 오가사와라 제도小笠原諸島의 반환도 합의했다. 미국은 기지는 그대로 유지하면서 일본이 아시아의 안전과 평화를 위해 더 많은 역할을 수행해 주기를 바랐다. 하지만 사회당을 비롯한 혁신 세력은 '핵 없는 본토로의 반환核抜き本土並み'을 주장했다. 미키 다케오三木武夫 등 자민당 내 리버럴 세력도 핵이 없는 오키나와의 반환을 요구하면서 총재 출마를 선언하는 등 도전적 의사를 표시하였다. 이러한 정치 상황을 배경으로, 사토는 1968년 1월 27일 시정 방침 연설을 통해 '핵을 가지지 않고, 만들지 않고, 들여오지도 않는다持たず, 作らず, 持ち込まず'는 비핵 3원칙을 정책으로 내세워 보수 우파와의 거리를 두는 동시에 혁신 세력이 안심할 수 있도록 하였다. 하지만 사회당은 안보조약 개정이 다가오는 1970년에 다시 1960년에 이은

21 위의 책, 16쪽.

안보 투쟁을 하겠다고 주장하는 등 국론 분열의 여지가 있었다. 따라서 사토 내각은 1970년 이전에 오키나와를 반환하여 안보 문제를 둘러싼 국론의 분열을 막고자 하였다. 1969년 4월 미국과의 교섭에서 '반환 후의 오키나와에는 미일안보조약을 전면적으로 적용하여 오키나와만을 위한 특별 조항은 없다'는 점을 확인하게 되었고, 사토는 1969년 8월 6일 기자회견에서 '핵을 뺀 본토 반환을 72년까지 실현할 수 있다'고 선언했다.[22] 1969년 11월 미 · 일 정상회담에서는 이를 공식화하였다. 공동성명에서는 오키나와 주둔 미군 기지는 일본의 본토 방위뿐만 아니라 극동의 안전보장을 위한 것이고, 일본은 유사시 미군의 활동에 적극적으로 협력한다는 이른바 '극동조항極東條項'이 확인되었다. 또한 공동성명 4항에서 '한국의 안전은 일본 자신의 안전에 긴요하며, 대만 지역에서의 평화와 안전의 유지도 일본의 안전에 아주 중요하다'는 이른바 '한국, 대만조항'이 삽입되었다. 또한 8항에서는 '핵무기에 대한 일본인의 특수한 감정을 고려하면서도, 미일안보조약의 사전 협의 제도에 관한 미국 정부의 입장을 해치지 않는다'고 합의함로써 사실상 사전 협의에 의한 핵의 반입을 용인하였다.

사토의 오키나와 반환은 하토야마, 기시와 같은 보수 우파의 복고지향적인 전후 체제 해체 노선을 부정하면서도, 현실주의적 협상을 통해 전후 체제가 남긴 주권 및 영토의 회복이라는 과제를 충실히 수행하고자 했다는 점에서 보수주의 원칙에 충실한 정책이었다. 자민당 보수 세력은 '전쟁에서 잃었던 영토를 외교 교섭으로 다시 찾았다'고 선전하였다. 또

22 冨森叡児 (2006), 225쪽.

한 사토 정권은 1968, 69년에 걸친 격렬한 대학 분쟁이 1969년 1월 도쿄대학교 야스다 강당安田講堂의 폭력 사태로까지 번져 가자, 여 · 야 당 간 합의를 끌어내면서 1969년 8월 '대학운영에 관한 임시조치법'을 성립시켜 국내를 안정시켰다.

사토는 1969년 12월 7일에 총선거를 단행함으로써 국민들에게 오키나와 반환의 정당성을 물었다. 선거 결과, 자민당은 288석에 보수계 무소속을 합쳐 300석을 차지하는 절대 안정 다수를 확보하였다. 반면 사회당은 90석 획득에 그치는 미증유의 대패를 맛보아야 했다. 이를 계기로 사토는 1970년 6월 만료되는 미일안보조약의 개정을 무리없이 추진했다. 오키나와 반환을 통해 사회당 등 혁신 세력에 의한 안보의 새로운 쟁점화를 사전에 봉쇄하고 미 · 일 안보 체제의 견고함을 다시 확인한 보수 정치 세력의 정치적 승리였다.

1970년 11월에 치러진 총재 선거에서는 미키三木만이 대항마로 나서 사토 353표, 미키 111표로 사토佐藤가 네 번째로 총재에 당선되면서 요시다의 뒤를 잇는 장기 정권의 기초를 닦았다.[23] 사토는 재임 기간 7년 8개월이라는 장수 총리가 되었다.

그러나 70년대 초반에 엄습한 대내외적인 위기가 사토 정권을 직격했다. 1969년 11월 미 · 일 정상회담 시 문제가 된 일본 섬유제품의 대

23 70년 총재 선거가 있을 때까지 사토의 후계자는 틀림없이 후쿠다가 될 것으로 예상되었다. 이에 대해 간사장이었던 다나카 가쿠에이는 69년 총선 결과를 바탕으로 사토의 4선을 지지하는 움직임을 강화하는 선봉에 섰다. 후쿠다를 따라잡기 위한 다나카의 포석이 사토의 4선 지지였다. 당시 중간파를 설득한 것은 기시파에서 갈라져 나오면서 후쿠다와 대결하고 있던 가와시마(川島) 부총재였다. 가와시마는 다나카를 지지하면서 중간파를 설득하여 이케다를 이은 마에오파의 불출마를 이끌어 냈다. 하지만 총재 선거 이후 사토 총리가 마에오에 대해 적절한 처우를 해 주지 않았다. 그 결과 마에오파 내부의 주전론자들은 마에오를 질책하면서 마에오 대신 오히라 마사요시(大平正芳)를 리더로 옹립하였다. 北岡伸一(1995), 132쪽.

미 수출규제 문제가 사토의 발목을 잡았다.[24] 닉슨은 일본이 미국 남부 지역에 타격을 줄 수 있는 섬유수출을 자율규제해 줄 것으로 기대했으나, 미야자와宮沢 통산상의 노력에도 불구하고 만족할 만한 결과를 만들지 못했다. 이로 인해 미·일 간 불신의 골이 깊어 갔다. 1971년 10월 사토 수상은 다나카田中를 통산상으로 임명해서 미일섬유협정의 양해각서를 만들어 냈다. 미국에 대한 섬유수출을 자율규제하는 대신, 국내 섬유업계에 대한 1300억 엔에 상당하는 구제 조치를 취하는 것을 내용으로 하고 있었다.[25] 대내적으로는 70년 11월에 시작된 국회를 '공해 국회'라고 부를 만큼 공해 문제에 대한 야당의 압박이 거세졌다. 고도 성장의 그늘 아래 놓여 있던 공해 문제가 전면에 부각하기 시작한 것이다. 4대 공해 소송으로 알려진 1967년 6월 니가타 미나마타병新潟水ほ病, 1967년 9월 요카이치 천식四日市喘息, 1968년 3월 도야마 이타이이타이병富山イタイイタイ病, 1969년 6월 미나마타병 등이 새로운 사회 문제로 대두하였다. 1970년 여름에는 광화학 스모그 공해가 속출하여 도쿄 배기가스 중독 사건이 발생하기도 하는 등 공해 문제가 심각해지자 사토는 이들 문제를 다루는 환경청環境庁을 새로 신설하기도 했다.

미국과 중국의 화해라는 '닉슨 쇼크Nixon shock'도 사토 정권에 정면타를 날렸다. 1971년 7월 5일 닉슨이 중국과의 관계 정상화를 밝힐 때까지 일본은 미국이 당연히 사전 협의할 것을 믿고 이렇다 할 조치를 취하지 않았다. 그러나 사토는 중국과의 관계 정상화라는 숙제를 차기 총

---

24 I. M. Destler, Haruhiro Fukui and Hideo Sato, *Textile Wrangle: Conflict in Japanese-American Relations 1969-1971* (Ithaca: Cornell University Press, 1979).

25 内田健三 (1989), 31쪽.

리에게 넘기고 자신은 강력한 주도권을 행사하지 않았다.

사회당의 분열과 이념적 경직화

1960년 안보 투쟁을 거친 후 보수 우파가 후진으로 물러나고 요시다 노선으로 전면 복귀하여 당을 안정시킨 자민당과는 달리, 사회당은 안보 투쟁 준비 과정에서 강화, 안보 문제에 대한 대응을 놓고 분열되었다. 1959년 6월 2일의 참의원 선거 결과 사회당은 목표였던 100석에 훨씬 못 미치는 84석을 얻는 데 그쳤다. 이에 대해 사회당 내 우파였던 니시오西尾파가 '선거에서의 정체停滞는 당의 계급정당론에 한계가 있기 때문이다'라고 좌파의 용공 통일전선을 비판하였다.[26] 사회당 우파와 좌파 간의 쟁점은 세 가지로 요약될 수 있다. 니시오파는 '안보조약 개정 저지 국민회의'의 전면 투쟁 노선에 이의를 제기하면서 당을 계급 정당이 아닌 국민 정당으로 재규정할 것을 요구하였다. 또한 니시오파는 사회당 좌파가 선택한 공산당과의 동반 투쟁에 대해 비판적이었다. 아울러 의회민주주의를 지킬 것을 주장하는 우파는 원외 대중투쟁을 중시하는 좌파와 의견을 달리하였다. 하지만 당 주류파인 스즈키鈴木파는 당의 성격을 계급 정당으로 규정하는 자세를 바꾸지 않았다. 아울러 공산당과의 연계를 통한 대중투쟁 노선의 관철에 주저하지 않았다. 1959년 7월 19일 니시오는 담화를 통해 미일안보조약 개정 저지를 위해서는 이에 대신하는 안전보장 체제를 제시해야 한다는 현실론을 제시하면서 안보조약 개정 저지의 주도권을 총평이 아닌 당이 장악해야

---

26 原彬久, 『戦後史の中の日本社会党』(東京: 中央公論新社, 2000), 139쪽.

한다고 외쳤다.[27] 미일안보조약 해지 후의 안보 공백을 어떻게 메울 것인가를 둘러싸고, '안보 폐기'를 주장하는 사회당 내 좌파와 '안보 개정'을 외치는 우파가 첨예하게 대립하였다. 좌파가 니시오의 주장에 반발하여 그를 제명하려는 움직임을 보이자 니시오는 1959년 10월 18일 '사회당재건동지회'를 만들며 신당 결성을 주도하였다. 안보조약에 대한 서로 다른 대응 방식이 사회당 내 좌파와 우파의 분열을 가속화시킨 것이다. 니시오파 국회의원 32명은 1959년 10월 25일 정식으로 탈당하였고, 이들에 이어 사회당을 떠난 가와카미河上파 12명과 힘을 합쳐 이듬해인 1960년 1월 24일 '민주사회당民主社会党'을 결성하였다.

민사당의 창당은 일본 정당 정치에 두 가지 결과를 가져왔다. 하나는 자민당 내 보수 본류인 요시다 노선과의 차이점이 크지 않은 중도 정당이 등장함에 따라, 과격한 대중투쟁보다는 국회에서의 논전을 통해 요시다 노선의 실질적 강화를 도모할 수 있는 정치적 환경이 자민당 외부에서 형성되었다. 민사당의 등장은 그런 의미에서 결코 자민당의 집권이나 정체성 유지에 불리한 요소는 아니었다. 특히, 최대 야당이던 사회당이 분열되었다는 점에서 자민당에게 아주 유리한 정치적 환경이 조성되었다. 다른 한편, 사회당은 당내 우파의 집단 탈당으로 인해 좌파 주도 체제가 더욱 강화되어 실용주의적 노선보다는 이념적 · 원리주의적 좌파 정당이 되는 결과를 낳았다.

니시오西尾를 중심으로 한 사회당 내 우파의 탈당 이후 당의 주도권을 장악한 것은 사회주의협회社会主義協会, 샤카이슈기 교카이를 중심으로 한 좌

27 『아사히신문』, 1959년 7월 20일.

파 집단이었다. 사회주의협회는 야마가와 히토시山川均를 주축으로 한 전전 노농파勞農派, 로노하의 전통을 이어 1951년 6월 결성된 당내 그룹이었다. 이들은 『사회주의社会主義』라는 저널을 발행하면서 좌파를 끌어 모았다. 노농파 사회주의자들은 같은 사회주의를 지향하면서도 강좌파講座派, 고자하에 서 있던 공산당과는 다른 이념적 기반을 가지고 있었다. 이들의 정세 인식은 공산당과 세 가지 점에서 구별되었다.[28] 첫째, 공산당은 천황제가 절대군주제의 연장선상에 있기 때문에 사회주의로 가기 위해서는 천황제를 타파하고 이어서 사회주의혁명으로 나아가야 한다는 '2단계 혁명론'을 주장한 데 반해, 노농파들은 일본의 명치유신이 부르주아의 완전한 승리를 보여준 것으로서 1단계 사회혁명이 가능하다고 보았다. 둘째, 노농파들은 노동자, 농민 및 저소득 중산층을 포함한 모든 반자본주의 세력을 결집한 '통일전선' 내지 공동전선의 구축이 필요하다고 보았다. 일본 노동자의 혁명을 위한 기운이 성숙하지 않았기 때문에 대중의 의식을 고양하고 이들의 이익을 보호하는 통일된 정당이 필요하다고 본 것이다. 반면, 공산당에게 있어 공동전선이란 사회당과 공산당이 공산당의 주도로 공동 투쟁하는 것을 의미했다. 셋째, 노농파는 사회주의로의 구체적인 혁명적 전환을 강조하며, 자본주의 내부의 필연적 모순에 의해 '평화적인 혁명'이 가능하다고 보았다. 이는 공산당이 전위당을 중심으로 한 폭력혁명을 긍정한 것과 대비된다.

좌파인 노농파의 세력이 확산되자, 사회당 내에 잔류한 우파는 구조개혁 논쟁을 불러일으켰다. 구조개혁構造改革이란 노동자가 선출된 대표

28 Gerald Curtis, *The Japanese Way of Politics* (New York: Columbia University Press, 1988), 134쪽.

를 통해 정부에 대한 영향력을 증대시킴으로써 자본주의의 개량을 넘어선 사회주의로의 실질적 전환이 가능하다는 주장이었다. 사회당 내에서의 구조개혁에 대한 지적인 관심은 에다 사부로江田三郎에 의해 정치적인 투쟁으로 발전되었다. 에다江田는 1962년 1월과 11월 당대회에서 이른바 '에다 비전'을 제시하였다. 미국에 버금가는 생활수준, 소련과 같은 정부 중심의 복지 지원, 영국과 같이 발전한 의회 정치, 그리고 일본의 평화헌법을 결합한 체제를 지향한다는 것이었다.[29]

사회당 내 좌파인 사사키佐々木파는 에다江田에 대한 대대적인 공격을 시작하여 1964년 당대회에서 당중앙위원회의 다수를 차지하면서 1962년 서기장에 선출된 에다를 밀어내고 나리타成田를 추대하였다. 아울러 사회주의이론위원회는 구조개혁 노선이 당의 노선이 될 수 없고 이는 단지 양보를 위한 변명에 불과하다고 선언하였다. 1964년 당대회에서는 대신 사회주의이론위원회가 작성한 '사회주의로의 길社会主義への道(이하 '길')'이라는 강령적 문서를 채택하였다. '길'은 '일본 자본주의 발전 단계에 처한 역사적 조건에 대응하여 민주적이고 평화적인 방법으로 사회주의 사회를 건설한다'고 적고 있다.[30] '길'은 사회당에 의한 정권 획득은 곧 사회주의혁명을 달성하는 정치 체제로의 전환을 의미하는 것으로 규정하였다. 그리고 사회주의혁명 달성을 위해서는 선거투쟁만으로는 부족하고, 정권 획득 후에 예상되는 보수의 실력 행사를 저지할 수 있는 힘을 기를 필요가 있다고 보았다. 1966년에 이루어진 '길'의 보

29 위의 책, 137쪽.

30 森裕城, 『日本社会党の研究』(東京: 木鐸社, 2001), 58쪽.

강 · 수정에서 '일본에 있어서의 사회주의 건설을 위한 계급 지배는 무력혁명이 일어난 소련과 중국과는 다르지만 그것은 프롤레타리아 독재의 본질에 관한 차이가 아니라 기능과 형태의 차이다'라고 주장하여 프롤레타리아 독재를 사실상 용인하고 있다.[31]

'길'이 선택한 사회주의의 길은 세 가지 점에서 주목할 만한 것이었다. 첫째, 이 문서는 사회주의혁명의 필연적인 도래를 전제로 한 것이어서, 득표 극대화를 위한 현실적인 정책 대안 제시를 도외시하였다. 이상주의적 지향성을 드러낸 것이었다. 둘째, 사회당이 현상을 개선하려고 하는 노력은 부르조아 사회의 연명에 지나지 않는다고 보고 이를 적대시하면서 노동자 계급의 단결을 주장하였다. 셋째, 사회주의로 가는 과정에서 노동자 계급은 팽창하는 반면 다른 계급이나 정당은 소멸한다는 발상을 가지고 있어, 노동자 계급 이외의 지지를 받아 포괄정당화 하려는 노력은 애초부터 부정하였다.

1965년 열린 당대회에서는 좌파의 우두머리인 사사키 고조佐々木更三가 위원장으로 선출되었다. 이는 당내 중간파였던 가츠마타勝間田와 나리타成田의 지지에 의해 가능했다. 이들은 당내 대의원의 다수가 좌파에 의해 장악되어 있음을 감지하고 좌파와 연대를 꾀하였다. 개량주의적 성향에 기반하여 구조개혁을 주장하던 에다 노선은 점점 소수파로 밀려나고, 사회당 내에서의 주도권은 좌파에게 건네졌다. 그 결과, 사회

31 이 표현은 '길' 초안을 마련한 이론위원회 위원장이었던 가츠마타 세이지(勝間田)의 이론이었다. Curtis (1988), 143-144쪽. 야마가와 이후 사회주의협회는 1967년 6월 협회 당대회에서 오타(太田)파와 사키사카(向坂)파로 분열되었다. 당내 가장 좌파인 사키사카(向坂一郎)가 중심이 되어 채택한 '사회주의협회 테제'는 사회당, 노동조합, 사회주의 청년동맹 등의 계급적 강화를 임무로 하는 마르크스 · 레닌주의자의 이론 집단이라고 자기 정체성을 규정하고 있다. 이들은 혁명적 사회주의 정권 수립과 프롤레타리아 독재를 지향하는 집단이었다. 高畠通敏, 『社会党』(東京: 岩波書店, 1989), 79쪽.

당은 선거를 통한 지지의 확산 노력에 대해 극단적으로 회의적인 입장이 되었다. 대부분의 사회당 정치인에게 이데올로기적 강령은 당대회에 출석하는 전투적인 대의원들을 향한 구호였지, 선거에서 대중들에게 지지를 호소하기 위한 것이 아니었다.[32] 아울러, 국민 정당을 지향하는 에다의 구조개혁 노선은 사회당의 지지 조직인 총평의 강력한 반대에 부딪혔다. 노동조건의 개선보다는 정치적 투쟁을 우선하는 총평에게 구조개혁은 개량주의적 패배주의로 받아들여졌다.

사사키파가 사회당을 주도하기는 하였지만, 1960년대 전반에 걸쳐 에다가 주장한 구조개혁 노선이 완전히 힘을 잃은 것은 아니었다. 특히 1969년 12월 27일 총선에서 자민당이 300의석을 차지한 반면, 사회당이 90석밖에 얻지 못하는 사회당의 역사적 패배는 당내 재건 논쟁을 다시 일으켰다. 1969년의 사회당 지지 급감에는 사회주의를 둘러싼 국내외 정세의 변화에도 원인이 있었다. 1966년부터 시작된 중국의 문화대혁명은 사회주의의 이미지를 나쁘게 만들었고, 1967년부터 본격화된 일본 국내 신좌익 운동의 폭력화, 특히 1969년 1월 18-19일의 도쿄대 야스다 강당의 점거 사태는 혁신 세력에 대한 부정적 시각을 확산시켰다.[33] 에다는 1962년에 서기장을 사임한 이후 기회가 있을 때마다 당내 선거에 나서면서 당 개혁을 주장했다.[34] 1970년 3월 에다는 '신에다비전'이라고 불리는 논문에서 소련식 사회주의에 대한 반대를 분명히 하면서 다양한 가치관을 수용하며 사회적 자치와 참가를 원칙으로 하

32 Gerald Curtis (1988), 146쪽.

33 石川真澄 (1995), 213쪽.

는 복수정당제를 인정하고 프롤레타리아 독재와는 결별해야 한다고 외쳤다.[35] 1970년 4월 당대회에서는 에다의 주장을 부분적으로 수용하여 운동 방침에서 '사회주의에의 길은 다양하고, 따라서 프롤레타리아 독재에 고집하지 않고 복수 정당의 존재를 인정하며 언론 · 출판의 자유를 보장한다'고 기술하였다. '길'이 당내에서 절대적으로 신봉되지만은 않는다는 것을 보여준 것이었다.

그러나, 사회당 내 좌파의 양보는 어디까지나 1969년 총선의 충격 때문에 가능한 것이었다. 좌파는 에다江田가 위원장에 재선될 것을 두려워하여 에다의 주장을 수용하는 제스처를 취하였을 뿐이다. 에다의 주장을 부분적으로 수용하여 에다의 도전을 방지하고자 한 것이었다. 그러나 1970년 11월에 열린 제34차 당대회에서 치러진 위원장 선거에서 에다가 148표로 207표를 얻은 나리타成田에게 완패하고 나서는 '길'에 표현된 이데올로기를 근본적으로 수정하려는 움직임은 사그러들었다.[36] '기관중심주의'를 채택한 나리타는 사회주의협회를 통해 마르크스 · 레닌주의를 더욱 순화하는 방향으로 당의 노선을 정비하였다.[37]

---

34 당내 선거에서 에다의 선거 실적은 아래와 같다.

일시	직위		
1966년 1월	위원장	佐々木更三 (295표)	江田三郎 (276표)
1966년 12월	위원장	佐々木更三 (313표)	江田三郎 (274표)
1967년 8월	부위원장	江田三郎 (무투표)	
1968년 10월	서기장	江田三郎 (319표)	八百板正 (199표)
1977년 11월	위원장	成田知己 (207표)	江田三郎 (148표)

35 月刊社会党編集部,『日本社会党の30年』(東京: 社会新報, 1975), 612쪽; 森裕城 (2001), 66쪽에서 재인용.

36 森裕城, 위의 책, 67쪽.

37 기관중심주의란 사회당 내 파벌 투쟁으로부터 당 운영을 지키기 위한 방편이었다. 당내에서 파벌을 만들지 않고, 파벌의 회합을 인정하지 않고, 파벌의 주장을 받아들이지 않는 대신, 당의 공식적 기관을 통해 이데올로기를 정립한다는 방침이 기관중심주의였다. 이를 적극적으로 활용하여 대두한 것이 좌파가 주도하는 사회주의협회였다.

계급 정당과 프롤레타리아 독재의 인정, 의회 장악보다는 대중투쟁 노선에 대한 경도, 노조 이외의 세력에 대한 득표에 대한 무관심은 결국 사회당에 대한 일반 유권자의 관심을 저하시켜 갔다.

[02]

중도 정당의 등장과 보·혁 백중세의 도래

1950년대에 시작된 이농 현상 및 도시 이주 현상은 대도시의 인구를 급격하게 늘렸다. 1960년에는 3차산업 종사자의 비율이 1차산업 종사자를 넘어섰고, 1965년이 되면서 2차산업의 인구도 1차산업 종사자 수를 상회하게 되었다. 1970년대 초에 이르러 1차산업 종사자의 비율이 급격하게 줄어들면서, 2, 3차산업 종사자들이 일본 사회의 80%를 넘어서고 있음을 확인할 수 있다.

◎ 산업별 노동 인구 구성의 변화 (단위: %)

연도	1차산업	2차산업	3차산업	기타
1947	53.4	22.3	22.9	1.3
1950	48.3	21.9	29.8	
1955	41.0	23.5	35.5	
1960	32.6	29.2	38.2	
1965	26.9	30.5	41.8	0.9
1971	15.7	35.0	47.7	1.4
1975	12.5	34.5	51.0	2.1

출처: 升味準之輔, 『戦後政治: 1945-1955年』, 부록 17쪽.

이와 같은 이농 현상의 급속한 진전은 도시부를 중심으로 기존의 정당 네트워크에 접목되지 않은 다수의 유권자를 포함하게 되면서 다당제 출현의 기반을 마련하였다. 급속한 산업화와 도시화는 기존의 농촌 정착민을 중심으로 한 정주민공동체로부터의 이탈을 가져오는 동시에, 도시부에 정착한 개별화되고 익명화된 유권자의 출현을 가속화시켰다. 도시부에도 존재하던 쵸나이카이町内会[38]는 장기 거주민을 중심으로 한 조직이어서 신주민들의 유입을 어떻게 포용하는가 하는 것이 중요한 이슈가 되었다.[39] 또한 대기업을 중심으로 조직된 노동조합과는 달리, 중소기업이나 영세 업체에 근무하는 비조직화된 노동자들과 제3차산업 종사자들의 비율 증대는 기존의 혁신적 정치 집단의 조직에서 한발 벗어난 유권자의 증대를 가져왔다. 무엇보다도 아침 일찍 출근하여 저녁 늦게 퇴근하는 화이트칼라 샐러리맨의 증가는 기존의 네트워크 중심형 집표 조직으로는 대응하기 어려운 신중간대중의 탄생을 가져왔다.[40] 이들이 전통적 가치관이 아닌 이해관계를 중심으로 독자적인 정책 판단을 하게 되면서, 네트워크 중심의 기존 정당 조직에 대해서는 약한 지지나 약한 충성도를 나타냈다. 이들이 점차 일본 정치의 변동을 유도하는 세력으로 작용하게 되었다.

중도 정당의 등장과 성장

1960년 이루어진 민사당 창당은 사회당 내부에서의 이념 갈등이 주

38 쵸나이카이는 한국의 반상회와 유사한 조직이다.
39 Thedore Bestor, *Neighborhood Tokyo* (Stanford: Stanford University Press, 1989).
40 村上泰亮,『新中間大衆の時代』(東京: 中央公論社, 1984).

된 원인이었으나, 혁신 세력을 뒷받침하던 노동조합 내부의 변화를 반영한 것이기도 했다. 사회당 우파는 당내에 불만이 축적되자, 사회당에 안주하기보다는 당을 박차고 나와 새로운 정당을 만들어서 기존 정당에 대항하는 구도를 만들었다. 민사당 초창기 멤버들의 경우 사회당 현역 의원이었던 관계로 다음 선거에서 사회당이 다른 후보자들을 옹립하더라도 이에 대항할 수 있는 가능성이 상대적으로 높았다.

한편, 일본의 경제성장에 따라 민간 기업의 성장이 이어지고, 노동생산성이 높고 공공 부문에 비해 상대적으로 경직성이 낮은 민간 대기업 노조들은 점차 공공 부문 노조들과는 다른 이해관계를 가지게 되었다. 즉 총평総評으로 대변되는 공공 부문 노조 소속원들은 기본적으로 자신들의 임금과 수입이 국가의 예산에 의해 결정되는 데 반해, 동맹同盟으로 대표되는 민간노조 소속원들의 경우 경영자와의 교섭을 통해 이루어지는 관계로 노사협조를 통한 노동환경 개선의 여지가 훨씬 높았다. 따라서 민사당을 창당할 수 있었던 것은 사회당의 지지 기반인 총평과는 구분되는 동맹이라는 민간 기업 노조들이 성장하고 있었기 때문이다. 민사당의 주요 지지 기반은 중소기업 연합체인 민사당중소기업정치연합民中連과 전일본노동총동맹同盟이었다. 섬유노조ぜんせん, 금속노조全金, 조선노조, 자동차노조, 전력노조, 화학노조全化, 우정노조全郵政 등 민간 대기업 노조가 중심이었다. 이들은 대체로 노사협조 노선을 택하는 경우가 많았다.

민사당의 창당과 더불어 이데올로기적 스펙트럼에서 중도 정당으로 위치하는 또 하나의 정당이 일본 정치에 등장하였다. 창가학회創価学会를 기반으로 하는 공명당의 대두였다. 창가학회는 1955년 처음으로 지방선거에 진출하여 본격적인 정치 활동을 시작했다. 이후 고도성장과 함께 교세를 확장한 창가학회는 1956년에는 참의원 선거에 진출하였고, 1961년에는 공명정치연맹公明政治連盟을 결성하였다. 이어 1964년 1월 1일에는 이를 정당으로 발전시켜 공명당公明党을 출범시켰다.[41] 공명당은 1967년 1월 중의원 선거에서 25석을 확보하였고, 1969년 12월 중의원 선거에서는 47석을 차지하는 등 상승세를 탔다.

호리堀가 지적하듯이, 현세구복적인 종교 집단인 창가학회는 정치지향성이 강한 운동 단체여서 정치 진출은 필연적인 결과였다.[42] 기성 정치권의 부패에 대한 공격에 초점을 둔 정치 활동은 사실상 안보 투쟁에서 사회 세력 간의 충돌을 보면서 자기들만의 정치적 공간을 창출할 수 있다는 자신감에 바탕을 둔 것이었다. 교육과 복지 문제 위주로 성장한 창가학회의 입장에서 보면, 국민 생활과 직결되지 않은 안보 문제에 대해 이념적으로 대립하기보다는 생활 중심의 현안에 몰두해야 한다는 생각에서였다. 또한 사회 조직 면에서 보아도 공공 부문 노조를 중심으로 한 사회당, 민간 부문 노동조합을 중심으로 한 민사당, 농민과 기업을 중심으로 한 자민당, 이데올로기 집단을 기반으로 한 공산당 중 어디에도 흡수되지 않는 사회 집단이 존재하고 있고 이들의 이해가 정치적으로 대변되지 않는다는 사실은 종교 조직에 속한 조직 관계자들이 잘 파악할 수 있었다. 즉, 중소기업의 노동자, 비숙련 미조직 노동자 및 사회 저소득층 생활자의 이해를 대변할 정당이 나타나야 한다는 의식

---

41 공명당은 1967년에 처음 중의원 선거에 등장하였다. 공명당의 출범 및 발전에 대해서는, 堀幸雄, 『公明党論』(東京: 青木書店, 1973).

42 위의 책, 8쪽.

이 공명당의 창당을 가속화하는 계기가 되었다. 다카바타케高畠는 공명당 지지 세력의 성격을 고도성장기 농촌 사회의 해체에 의해 도시로 이동해 왔지만, 대학이나 대기업 노조, 즉 혁신 국민 운동의 기반이 된 근대형 조직에 흡수되지 않고 중소기업이나 임시공 등의 형태로 도시의 저변에 체류하던 사람들이라고 규정하고 있다.[43] '대중과 함께大衆と共に'라는 공명당의 모토는 이 같은 공명당과 그 지지 세력의 성격을 잘 표현하고 있다.

중선거구제와 다당제의 정착

1960년대 새로운 중도 정당들의 등장은 급격한 산업화와 도시화에 따른 적응의 결과인 동시에, 중선거구제 정착에 따른 제도적 유인을 최대한 활용한 결과였다. 중선거구제中選擧區制란 한 선거구에서 복수의 당선자를 내는 방식으로, 일본의 경우 2명에서 6명의 후보자를 당선시키는 방식이었다. 대체로 한 선거구에서 3-5명의 국회의원을 선출하는 제도였다. 중선거구 제도에서는 기존의 정당 내에서 불만을 가진 세력들이 분열하여 새로운 정당을 창당하더라도 다음 선거에서 현역 의원들의 재선 가능성이 원천적으로 봉쇄되지 않았다. 또한 한 선거구에서 복수의 후보자가 당선되는 이 제도는 새로운 정당의 진입 장벽을 비교적 낮게 설정해 줌으로써 신당 창당이 비교적 용이하였다. 중도 정치세력은 자민당과 사회당이 1950년대 이데올로기적 간극을 좁히지 못

43 高畠通敏, "大衆運動の多様化と変質," 日本政治学会 編, 『55年体制の形成と崩壊』(東京: 岩波書店, 1979), 342쪽.

하고 극단적인 대립을 지속하고 있는 것을 보면서, 중선거구 제도에서의 낮은 진입장벽을 이용하여 전국적인 지지 기반만 갖춘다면 신당의 정치적 활동 공간 확보가 가능하다는 사실을 알게 되었다.[44]

중선거구제는 소수 정당이 국회에 진입할 수 있는 여지를 늘려줌으로써 국민의 다양한 의견이 국회에 반영될 가능성을 높여 주었다. 즉 산술적으로 계산하더라도 5명이 당선되는 중선거구의 경우, 이론적으로 21% 이상의 득표만 하면 당선이 가능한 제도였기 때문에 51% 이상 득표하지 않으면 안 되는 소선거구 제도와 비교하면 진입장벽이 아주 낮았다. 실제로는 강력한 후보가 30% 이상의 득표를 하는 경우가 많고, 또한 당선이 안된 후보가 가진 10% 정도의 사표를 생각하면, 약 11-15% 정도의 득표만 해도 당선이 가능한 제도가 중선거구제였다.[45] 1950년대 후반에 이르러서 일본의 정치인들은 이 제도를 유효하게 활용할 수 있는 지혜를 몸에 익히게 되었다. 즉 민사당과 공명당 창당이 가능했던 것은 자신들의 지지 조직에 더하여 약간의 지지만 동원할 수 있다면 당선이 가능하다는 자신감이 있었기 때문이며, 이들의 전략은 결과적으로 성공이었다. 만약 새로운 정당이 40-50%의 지지를 확보해야 했다면, 새로운 전국 정당의 창당은 이루어지기 힘들었을 것이다. 결과적으로 새로운 정당의 진입은 자민당에 대항하는 야당의 분열을

44 중선거구제가 반드시 다당제를 가져오는 것은 아니다. 중선거구제에서도 50년대 후반처럼 사실상의 양당제 운영이 불가능한 것은 아니다. 하지만 중선거구제는 소정당의 설립 및 유지가 가능하도록 하는 제도적 인센티브를 부여함으로써 다당제의 길을 여는 촉진제 역할을 한다. 즉, 이 제도는 원하면 할 수 있는 가능성을 열어준 것이다.

45 이러한 점에서 중선거구 제도는 비례대표적 성격을 강하게 내포한 제도라고 할 수 있다. 朴喆熙, 『代議士のつくられ方』(東京: 文春親書, 2000), 67-69쪽.

촉진하는 제도적 장치로 작용하였다.[46]

1960년대 초에 이르러 일본 정계는 중선거구 제도가 제공하는 제도적 유인에 적응해 가면서, 당의 분열이나 창당을 통해 새롭게 정계에 진입하는 정치 질서의 재편이 이루어졌다.

보 · 혁 백중세의 국회

안보 투쟁을 거친 후, 일본 정계는 자민당과 사회당, 공산당에 더하여 두 개의 중도 정당, 즉 민사당과 공명당이 합세하면서 5대 정당을 중심으로 한 다당 체제로 재편되었다.

민사당과 공명당의 출현은 중도 정당이면서도 혁신 진영에 가까운 색채를 드러냄으로써 전체적으로 보 · 혁 백중保革伯仲 상태를 만들어내는 계기를 마련하였다. 1967년 총선에서 자민당의 상대 득표율이 48.8%를 기록하여 처음으로 50%를 하회하였고, 당시 전 야당과 혁신계 및 무소속을 합친 득표율이 45.9%가 되어 보 · 혁 백중 상태가 만들어졌다.[47] 1972년부터 1979년에 이르기까지 혁신 진영의 전체 득표율이 보수 진영 득표율을 상회하면서 보수와 혁신 간의 세력 대결이 확산되었다.

---

46 그러나 이것은 중선거구 제도에서 정당들이 반드시 분열할 수밖에 없는 제도적 유인을 가졌다는 것을 의미하지는 않는다. 제도 자체가 가진 필연적인 유인(incentive)이 아니라, 정치적 행위자의 의도에 따라서 이를 분열의 방향으로 유도하는 것이 제도적으로 가능했다는 것을 의미한다. 역으로 정치적 행위자의 의도에 따라서는 야당의 연합을 유도하여 복수의 후보자를 상호 담보하는 형태로 자민당을 협공할 수 있는 여지도 아울러 가지고 있는 제도적 장치였다. 1955년 체제하에서 일본의 야당들 사이에 후자에 대한 논의가 무성하였으나 이를 한번도 실천에 옮기지 못했다.

47 石川真澄 (1995), 114쪽.

총선에서의 보 · 혁 의석수 및 상대적 득표 비율

	자민당	사회당	공명당	민사당	공산당	기타	무소속	보수 득표율	혁신 득표율
1967	277	140	25	30	5	0	9	48.80	45.42
1969	288	90	47	31	14	0	16	47.63	46.89
1972	271	118	29	19	38	2	14	46.85	47.83
1976	249	123	55	29	17	17	21	41.78	48.26
1979	248	107	57	35	39	6	19	44.59	47.37
1980	284	107	33	32	29	15	11	47.88	45.46
1983	250	112	58	38	26	11	16	45.76	46.89

출처: 石川真澄, 『戦後政治史』(東京: 岩波新書, 1995), 226-235쪽.

하지만, 보 · 혁 백중세가 정치적 불안정으로 직접 연결되지는 않았다. 오히려 일본 정당 정치의 발전을 위한 순기능적 측면도 지니고 있었다. 우선 자민당과 사회당, 공산당에 한정되었던 이익 대표 체계가 중도 정당을 포함하게 되어, 모든 이데올로기적 · 계층적 이해가 정계에 반영되는 포괄적인 대표 체계가 등장했다. 물론 이들 정당은 주로 조직된 사회계층의 이익을 대변하였던 관계로 점차 증가하는 도시부 근로소득자의 이해를 대변하는 데는 한계가 있었다. 그러나 농민, 노조가입자, 기업, 3차산업 노동자 등 다양한 사회 세력이 정당을 통해 자신들의 이해와 불만을 표출함으로써 사회 안정에 기여하는 결과를 가져왔다. 야당의 요구는 유권자의 불만을 읽을 수 있는 바로미터로 작용하였다. 자민당은 권력을 유지하기 위해, 야당이 제기한 문제들을 자신의 정치적 아젠다로 소화해 냄으로써 자민당 지지를 확대해 나갈 수 있었다.[48] 또한

48 자민당의 전 외상이었던 기무라(木村俊夫)는 자민당 '아메바론'을 제시하면서 자민당이 포괄정당으로 발전할 수 있었던 근거를 설명하고 있다. 朝日新聞政治部, 『竹下派支配』(東京: 朝日新聞社, 1992), 189쪽.

중도 정당의 출현은 정당 간 이념적 거리를 좁힘으로써 극단적 대중투쟁을 피할 수 있는 여지가 커져 의회민주주의적 절차가 존중되는 대의제 민주주의가 발전하는 계기가 되었다. 보수인 자민당, 혁신을 대표하는 사회당과 공산당 이외에 중도적인 색채를 띠는 민사당과 공명당이 등장함으로써 보 · 혁 간의 극단적 대립을 완충하는 동시에 이데올로기적 공간을 확장하는 효과를 가져온 것이다. 그 결과 사회당과 공산당이 취하는 반대 일변도의 대중투쟁 노선이 아닌 의회 내의 논의와 대결을 유도함으로써, 대화와 타협에 의한 의회민주주의의 새로운 장을 열게 되었다. 공명당과 민사당 등 중간 세력이 대결 일변도의 사회당을 양보시키는 양상은 여당인 자민당에게 불리한 것만은 아니었다. 다른 한편으로, 자민당은 사회당, 공산당이라는 혁신 야당에 이어 민사당, 공명당이라는 중도 정당을 새로운 야당 세력으로 맞이하게 됨에 따라, 다수 야당에 둘러싸인 유일 여당으로서의 위기감도 가지게 되었다. 위의 표가 보여 주듯이, 만일 야당과 혁신 세력들이 하나가 되어 자민당 일당 지배에 대항했다면 1972년부터 1979년 총선에 이르는 기간에 자민당은 정권을 내놓았어야 했을 것이다. 하지만 실제로는 이들 야당 간 연합이 용이하지 않았기 때문에, 이를 역이용하여 야당 분열을 통한 집권 여당 지위 유지도 가능했다.[49] 그러나 야당이 힘을 합쳐 자민당이 제출한 법안과 예산에 대항할 경우 정국 운영에 불안감을 가져오는 관계로, 밀실에서 여 · 야당이 협상과 타협을 계속하는 이른바 '국회대책정치國

49 일본 좌파 세력의 경우 사회당은 공산당에 대항하며 분리 · 독립한 정당이었고, 민사당은 사회당으로부터 탈당한 인사들이 중심이 되어, 좌파 3당 간의 관계는 처음부터 원만한 것이 아니었다. 더구나 공명당은 창가학회라는 종교 집단을 기반으로 하고 있어 이념적 근접성에도 불구하고 좌차 3당이 조직적 통합을 이루는 것은 아주 어려운 일이었다.

対政治'가 보 · 혁 백중 시대에 생겨났다.[50] 장외투쟁의 정치를 극복하기는 하였지만, 국회 내 정치 세력 간 밀실 합의를 통해 서로 이해 관심사를 교환하는 '이익 교환의 정치'가 정착되었다.

50 朝日新聞政治部 (1992), 190쪽.

[03]
자민당 내 파벌 항쟁과 유사 정권 교체

혁신지자체의 도전

1960년대 후반부터 1970년대 초반에 걸쳐 복지, 환경, 참여 등 보·혁의 이데올로기와는 이질적인 정치적 가치관들이 쟁점으로 등장하였다.[51] 일본의 고도성장과 더불어 도쿄東京, 오사카大阪, 나고야名古屋를 중심으로 한 대도시권에 인구가 급속히 집중되면서 각종 사회 문제가 새롭게 대두되었다. 고도성장에도 불구하고 취약한 계층으로 남아 있는 도시 노동자나 저소득층의 사회보장 및 복지 문제, 대도시 집중 거주로 인한 공해와 환경 문제, 그리고 전통적 이해관계와, 다른 신중간대중의 사회적 결정에 대한 참여 요구가 폭발적으로 증가하였다.

새로운 사회적 쟁점들은 주로 지방자치단체들이 해결해야 하는 이슈가 많았던 까닭에, 지방자치단체들을 중심으로 혁신자치단체장들이 속

51 佐藤誠三郎 · 松崎哲久 (1986), 22쪽.

속 당선되면서 자민당 정치에 위기감을 안겨주었다. 중앙 정계에서는 사회당이 내부 분열과 이데올로기적인 경직성으로 인해 자민당에 대한 대안 정치 세력으로서의 가치를 점점 떨어뜨렸지만, 도시부와 지방자치단체를 중심으로 한 혁신 세력의 도전은 커져만 갔다. 1963년 요코하마橫浜에서 사회당의 아스카타飛鳥田가 시장으로 당선되고, 1967년에는 도쿄 도지사로 사회당의 미노베美濃部亮吉가 당선되어 혁신지자체 시대가 막을 열었다. 1971년 도쿄 도지사 선거에서는 사회당이 지지하는 미노베에 자민당이 대항마로 내세웠던 하타노秦野章가 패배하고, 오사카大阪 만국박람회가 대성공을 거두었음에도 불구하고 자민당 현직이었던 사토左藤詮가 사회당과 공산당이 협력하여 추천한 구로다黒田了一에게 패배하는 파란이 일어났다. 혁신지자체의 본격적인 등장이었다. 이어 1973년 나고야名古屋 시장, 고베神戸 시장, 가와사키川崎 시장이 연속해서 혁신계로 채워졌고, 1975년에는 가나가와神奈川현 지사도 혁신계가 당선되면서 혁신지자체의 전성기를 이루었다. 1975년 당시 혁신 지사가 당선된 지자체에 속하는 인구가 일본 전체 인구의 39%에 이르렀고, 혁신 시장 가맹 도시가 136개에 이르렀다.[52]

도시부에서의 환경과 복지 문제에 집중하던 공명당이나 공산당의 지방의회 의석 증대는 사회당의 침체와 대비되는 결과를 보여 주고 있다. 공명당과 공산당은 중앙 정계에서보다도 지방의회에서 생활에 직결되는 문제들을 중심으로 활발한 의정 활동을 펼침으로써 서민들의 요구를 지방 정계에 반영하는 견인차 역할을 하였다. 사회당과 공산당을 비

52 三宅一郎・山口定・村松みちお・進藤栄一 (1985), 135쪽.

롯한 일본 혁신 세력의 '생활 정치'에 대한 도시 유권자들의 지지 확산은 자민당의 위기감을 현실로 만들었다. 1970년대 초반 자민당 지배체제에 대한 도전은 이렇게 지방으로부터 시작되었다.

다나카 정권의 등장과 토건 국가 일본의 구축

사토의 장기 집권 이후, 혁신 세력의 신장과 지방으로부터의 도전에 때맞춰 등장한 총리가 서민적인 다나카 가쿠에이田中角栄였다. 다나카는 사토 총리 밑에서 차기를 노리던 후쿠다福田와의 격렬한 파벌 경쟁 끝에 총리직을 손에 넣었다. 사토는 일시적으로 후쿠다에게 권력을 이양할 것을 생각했으나, 4선에 성공한 후 사정은 달라졌다. 다나카는 부총재이던 가와시마川島와 오히라大平파의 미야자와宮沢喜一와 손을 잡고, 기시 노부스케岸信介, 호리 시게루堀しげる의 원호를 받던 후쿠다와 치열한 세 싸움을 펼쳤다.[53] 다나카는 엘리트 정치에 대해 '자신의 피에 흐르는 서민성'을 내세우는 한편, 사토-후쿠다에 이어지는 관료파 정치에 대해 '정당인 우위'를 구호로 삼아 후쿠다파를 공략해 갔다. 다른 한편으로 다나카는 자신이 세대교체의 적임자임을 내세웠다. 사토파 내에서도 당선 4회 이하의 젊은 의원들은 다나카에게 힘을 실었다.[54] 당시 67세였던 후쿠다에 비해 54세로 젊었던 다나카가 세대교체를 이끌 적임자임

53 다나카는 풍부한 자금을 바탕으로 사토파의 하시모토 도미사부로(橋本登美三郎), 아이치 기이치(愛知揆一) 등을 자기편으로 만드는 한편, 참의원에서 군림하면서 사토 총리편이었던 시게무네(重宗) 참의원의장의 4선에 맞서 의장이 된 고노 겐조(河野謙三)와 연계하여 참의원에서의 다수파 공작을 펼쳤다.

54 사토파 내에서 당선 4회 이하의 의원들이 다나카를 지지한 것은 사토가 확립한 연공서열주의와 밀접한 관계를 가지고 있었다. 사토 내각부터 정착된 연공서열주의를 따르면 당선 4회 이하의 의원들은 당과 내각의 중책을 맡을 때까지 많은 시간을 기다려야 했다. 이들은 67세의 고령이자 사토의 후계자였던 후쿠다보다는 사토파 내에서도 젊은 다나카가 자신들을 중요하게 여길 가능성이 높다고 판단했다고 보인다.

을 내세웠고, 간사장을 지내면서 젊은 의원들과 교류가 많았던 것이 주효하여, 나카소네中曽根, 후나다船田中, 미즈타水田, 이시이石井 등 중간파들도 다나카 지지로 돌아섰다. 서민성, 당 인맥, 세대교체를 내세운 다나카는 1972년 7월 5일 자민당 임시 당대회에서 당 총재로 선출되었다.[55]

다나카는 니가타新潟현 출신으로 고등학교를 나와 건설회사를 통해 성공한 입지전적인 인물로, '가쿠상角さん'으로 불리는 서민적 총리로 등장할 때부터 국민들의 관심을 모았다. 다나카는 1972년 6월 출간된 그의 책 『일본열도 개조계획日本列島改造計劃』 속에 제시된 새로운 정책 비전을 통해 자신을 다른 후보들과 차별화하는 동시에 혁신 세력의 추격에 대한 자민당의 대응책을 내놓았다.[56] 다나카가 제시한 비전은 고도성장 둔화에 따른 문제점을 해소하고 내수 확대를 통해 성장을 지속하고자 하는 것으로 첫째, 도시 문제 및 공해 문제에 대응해서 산업구조를 지식산업으로 이행하기 위해 공장을 대도시로부터 새로 구축할 지방 내륙형 공업도시로 이전한다. 둘째, 소재형 거대 산업도시를 조성하여 중화학공업의 성장을 도모한다. 셋째, 대도시, 내륙 공업도시, 거대 산업기지 등을 연결하는 고속도로, 신칸센, 석유 파이프라인 등을 건설한다는 것을 핵심 내용으로 담고 있었다.[57] 이는 대도시에 집중된 경제성장의 혜택을 지방으로 분산함으로써 내수 확대를 꾀하겠다는 성장 전략인 동시에, 도시와 지방 간의 생활 격차 해소를 통해 고도성장의 혜택

55 1차 투표에서 다나카 156표, 후쿠다 150표, 오히라 101표, 미키 69표였으나, 결선투표에서 오히라와 미키 지지가 대부분 다나카로 돌아서서 다나카 282표, 후쿠다 190표, 무효 4표로 다나카가 승리했다.

56 1972년 6월 20일 간행된 『일본열도 개조계획』은 88만 8천 부나 팔렸다고 한다.

57 加茂利男, 『日本型政治システム』 (東京: 有斐閣, 1993), 90-91쪽.

에서 벗어나 있던 저소득층 및 생활 불안정층을 끌어안는 정치적 전략이기도 했다. 전자가 경제적 이익의 횡적 분산을 꾀한 것이라면, 후자의 정책은 경제적 이익의 종적 재분배를 통해 국토 및 인구의 균형 발전을 꾀한 것으로 볼 수 있다. 이 두 가지 정책 비전의 골자는 거시적으로 보면 시장경제주의를 기본으로 하면서도, 평등과 재배분을 강조하는 사회민주주의적 요소를 도입하는 것이었다. 하지만 다나카의 일본열도 개조계획은 결코 이케다, 사토가 추진한 경제성장 노선에 대한 안티테제는 아니었다. 오히려, 요시다 이래 추구해 온 경제 대국 노선의 성공적 추진이 없이 재분배란 불가능한 것이었다. 이런 점에서 다나카의 정치 노선은 보수 본류의 노선을 발전적으로 계승하면서 사회민주주의적 요소를 가미한 것이었다.

1970년대 초 일본에게 닥친 또 하나의 커다란 도전은 전임 총리인 사토가 미루어 놓았던 미·중 간 데탕트에 대한 대응이었다. 다나카는 중국과의 관계 정상화를 신속히 추진하였다. 다나카는 닉슨 쇼크의 극복을 위해 중국 문제 처리를 외무성에 맡기기보다는 자민당 내 중·일 국교 촉진파와 야당인 공명당의 힘을 빌어가면서 빠르게 관계 정상화를 추진했다. 자민당 내에서도 후쿠다福田는 시간을 가지면서 신중히 추진하자는 입장이었고, 특히 후쿠다파 내에서도 젊은 청년장교들이었던 나카가와中川一郎, 이시하라石原慎太郎, 가메이亀井静香 등 대만중시파 의원들은 대만과의 의리를 저버린 중국과의 관계 정상화에 강력히 반대하였다.[58] 중·일 관계 정상화도 미·중이 먼저 관계 정상화를 꾀한 데 대한 추인追認으로 이루어진 것이어서 미·일 관계를 중시하는 보수 본류 노

선으로부터의 일탈은 아니었다.[59]

다나카는 오히라, 나카소네, 미키 등 네 주류파에 의한 정권을 만들고, 미키三木에게는 부총재의 자리를 주었으나 미키가 중시하는 중 · 일 관계 개선 등에 대해 그의 자문을 구하지 않는 등 미키를 푸대접하였다. 또한 후쿠다파는 비주류 파벌이어서 찬밥 신세였다. 아이치愛知 대장상 아래서 작성한 초대형 예산의 결과, 1973년 1월부터 7월까지 도매 물가 상승률이 10.1%, 소비자 물가는 5월부터 7월까지 10% 이상 오르는 사태에 이르렀다. 1973년 10월 발발한 제4차 중동전쟁과 제1차 오일 쇼크는 물가광란을 더욱 부채질했다. 대장상이던 아이치가 병으로 사망한 후, 초대형 예산으로 인한 인플레의 지속 등이 커다란 정치적 문제가 되자, 후쿠다를 대장상으로 임명하여 거당 내각을 짰다. 하지만 후쿠다가 요구한 초대형 예산 규모의 압축, 열도개조 예산의 연기, 금융긴축, 2조 엔 감세 조치 등에 대해서는 미온적이었고, 특히 2조 엔 감세에 대해서는 반대했다. 후쿠다福田와 미키三木는 다나카 내각에 들어가 있으면서도 사실상 다나카에 대해 불만을 가진 형국이 전개되었다.

경제 문제에 대한 대응 실패로 고전하던 다나카 총리를 직격한 것은 록히드Lockheed 스캔들이었다. 록히드 스캔들은 다치바나立花隆라는 저널리스트가 『문예춘추』 1974년 11월호에 기고한 "다나카 가쿠에이 연구

---

58 이들은 나중에도 세란카이(青嵐会)를 조직하여 대만 중시 노선을 지속하였다. 세란카이에 대해서는, 石原慎太郎 · 中川一郎, 『青嵐会』(東京: 浪漫, 1973). 다나카는 대만과의 의리를 주장하는 당내 의견에 대해 '개인 간에는 의리가 우선하지만 국가 간에는 힘이 중요하다'라는 현실주의적 논리를 편 것으로 알려져 있다.

59 이것이 미 · 일동맹에 대한 반발로 중 · 일 관계 개선을 주장했던 보수 우파나 미 · 일동맹에 대한 대안으로서 중 · 일 관계 개선을 주장한 혁신 세력과의 차이점이었다.

田中角栄研究"에 의해 문제시되었다.[60] 일본의 미디어는 정치적 항쟁에 말려들지 않기 위해 이 문제를 가볍게 다루었으나, 뉴욕타임즈 등 외국 신문이 계속 기사를 싣고 일본외국인특파원클럽에서 다나카가 불법 정치자금 문제에 대해 해명하면서 불거졌다. 결국 다나카는 1974년 11월 26일 미국 대통령으로서 처음 일본을 방문한 포드Ford와의 회담을 마친 후, 정식으로 사임을 표명하였다.[61]

파벌 합종연횡과 유사 정권 교체

자민당은 후임 총리 선임을 부총재이던 시나椎名에게 조정하도록 했다. 당시 자민당은 다나카가 총리를 그만두지 않으면 신당을 구성하겠다는 논의가 무성했다. 후쿠다파의 탈당 가능성, 후쿠다, 미키, 나카소네의 연대에 의한 신당 추진 가능성이 회자되었다. 당내 파벌 간 항쟁에 의한 당 분열이 자민당을 깰 수 있다는 위기감에서, 시나는 소수 파벌인 미키三木를 총리에 추대하였다. 후쿠다를 지명하면, 다나카파와 오히라파의 반대 연합이 걱정이었고, 오히라를 지명하면 후쿠다파가 다나카 아류 정권이라고 비판하며 신당을 추진할 가능성이 있었기 때문이었다.[62] 파벌 간 정쟁에 의한 당 분열을 회피할 수 있음은 물론, 미키가 소수 파벌의 영수였던 관계로 통제가능한 정치인으로 보였다. 더구나 그는 '깨끗한 미키clean Miki'라는 별명을 가지고 있을 만큼 정치적으

---

60 立花隆, "田中角栄研究,"『文芸春秋』(1974年 11月号).

61 1976년 2월 4일 미 상원 외교위원회 다국적기업 소위원회 청문회에서 록히드사가 일본 고관에게 뇌물을 증여한 사실을 인정하면서, 다나카는 1976년 7월 27일 수뢰혐의로 체포되었다. 加茂利男 (1993), 91쪽.

62 冨森叡児 (2006), 284쪽.

로 때묻지 않은 이미지를 가진데다 보수 리버럴의 대표격이었다. 미키 정권하에서 간사장에 취임한 나카소네는, 미키 내각을 '혁신보수革新保守 정권'이라고 규정하였다.

1975년 1월 자민당 당대회에서 미키는 '자민당은 노동자들에게도 지지받는 진정한 국민 정당으로 다시 태어나 평화롭고 활력 있는 시민사회 건설에 앞장서야 한다'고 주장하는 등 리버럴한 색채를 숨기지 않았다. 미키는 금권 정치로부터의 탈각을 위해 정당 근대화를 적극적으로 추진하였다.[63] 다나카에 의해 조성된 부패 이미지를 일소하기 위한 노력이었다. 미키는 개인과 기업으로부터의 기부를 제한하고 정당 및 정치자금단체의 수지를 공개하도록 하는 정치자금법 개정을 추진하여 1975년 7월, 국회를 통과시켰다. 또한 공직 선거법을 개정하여 선거를 공영화하고 중의원 정수 491명에 20명을 추가시키는 정수 시정을 추진했다. 아울러, 자민당 총재 선거를 제악의 근원으로 보고, 총재 선거방식을 전 당원에 의한 예비선거와 상위 2명에 대한 국회의원 선거를 통하도록 하는 공선 규정 개정을 마련하였다. 미키의 보수 리버럴적 성격을 가장 잘 반영한 것은 '독점금지법' 개정 추진이었다. 경제 불황기에 독점금지법 개정을 추진하자 재계의 반발이 컸다. 미키가 중의원에서 사회당의 협력을 구해 가면서까지 이 법안을 통과시키자, 다나카파를 비롯한 자민당 내 보수 본류에 시나椎名를 포함한 자민당 세력의 '미키 끌어내리기三木下ろし'가 본격화되었다. 미키 정권을 떠받치고 있던 후쿠다, 나카소네파에 대한 다나카파의 재도전이자, 미키의 리버럴한 노

63 小野耕二,『日本政治の転換点』(東京: 青木書店, 1998), 127쪽.

선 추구에 대한 자민당 내 보수파의 반발이었다.

그러나 미키는 양원 총회에서 자민당 총재직에서 해임되더라도 수상직은 별개의 문제이며, 당이 분열하는 한이 있더라도 국민에게 신임을 묻겠다고 나섰다.[64] 결국 자민당 내 각 세력은 당의 분열을 회피하기 위해 미키가 중의원 해산을 단행하지 않는 조건으로 미키 끌어내리기를 단념했다. 그럼에도 불구하고 당 일각의 자민당 탈당은 막지 못했다. 록히드 사건 처리에 불만을 가진 고노 요헤이河野洋平 등 6명의 자민당 의원은 1976년 6월 자민당을 탈당하여 '신자유클럽新自由クラブ'을 결성하였다. 이들은 도시 중산층의 지지를 겨냥하면서 금권 정치와의 결별을 확실히 하고자 하였다. 1976년 12월 중의원 임기 만료와 더불어 치러진 총선거에서 자민당은 사실상 분열 선거를 치렀다. 자민당은 249석을 획득하여 과반수에 7석이나 모자라는 결과를 냈다.[65] 반면, 자민당을 탈당한 신자유클럽은 17명이나 당선되는 기록을 남겼다.[66]

총선이 끝난 후 미키는 사임하고 후쿠다福田가 총재에 취임하였다.[67] 미키는 자민당 총재를 사임하면서, 1976년 12월 17일 '나의 소신私の所

---

64 Gerald Curtis, *The Logic of Japanese Politics* (New York: Columbia University Press, 1999).

65 나중에 자민당은 보수계 무소속 의원을 영입하여 260석까지 늘렸다.

66 신자유클럽은 1979년에는 4명으로 급감했다가, 1980년에는 12명, 1983년에는 8명, 그리고 1986년에는 6명으로 저조한 실적을 보였다. 1983년 선거에서 자민당이 과반수에 미치지 못하자 고노가 이끄는 신자유클럽은 자민당과의 연립에 합의하였으며, 1986년 선거가 끝난 후 국회에서 자민당과 통일 원내교섭단체를 만들면서 자민당에 흡수되었다. 신자유클럽은 자민당을 떠난 도시 중산층의 표가 다른 정당으로 옮겨가는 것을 막아주었던 보수의 '방파제'였다는 평가가 있다.

67 당시 후쿠다와 후쿠다의 정적 오히라 사이에 밀약이 있었다고 한다. 당시 입회인이었던 소노다(園田直)에 의하면, 밀약의 내용은 다음의 세 가지 내용을 담고 있었다. 첫째, 미키 후임 총재 및 수상 후보로 오히라는 후쿠다를 민다. 둘째, 총리와 총재는 하나이지만, 후쿠다는 당무를 오히라에게 맡긴다. 셋째, 1977년 당대회에서 당칙을 개정하여, 총재의 임기를 3년에서 2년으로 바꾼다. 즉, 2년 후에는 후쿠다가 오히라에게 정권을 이양한다는 암묵적 합의가 있었다는 것이다. 富森 (2006), 314쪽. 정치부 기자였던 우치야마(内山)도 다나카(田中)와 호리(保利茂)의 중개로 동일한 밀약이 있었다고 회고하고 있다. 内田健三 (1994), 73쪽.

信'이라는 문서를 발표하여, 록히드 사건을 철저히 규명하고 금권 정치와 파벌 항쟁을 일소할 것, 진보적 국민 정당으로서의 원점에 서서 장로 정치의 체질을 개선할 것, 전 당원이 참여하는 총재 공선公選 제도를 택할 것 등을 후임 총재에게 부탁하였다.[68] 자민당은 이와 관련하여 '당개혁실시본부'를 설치하고 개혁안 마련에 착수함으로써 미키의 주장에 화답하였다.[69]

후쿠다는 수상이 되자마자 당시까지 난제로 남아 있던 새로운 국제공항 건설 문제를 해결하고자 하였다. 1962년 11월 하네다 국제공항 건설 이후, 폭증하는 항공 수요는 새로운 국제공항 건설을 요구하여 이미 1966년 7월에 나리타成田에 새 국제공항을 건설하려는 계획을 각의 결정했지만, 사회당을 중심으로 나리타 공항 건설 반대 운동이 일어나 난항에 빠졌다.[70] 후쿠다는 1977년 1월 17일 나리타 공항 문제 각료협의회에 직접 출석하여 연내 개통을 목표로 추진할 것을 분명히 하였다. 이에 대한 반대 운동이 격해져 건설 중인 관제탑이 반대 운동파에 점거당하는 사태를 거치면서도 공항 건설을 강력하게 추진하여 5월 20일, 나리타 공항을 개항시켰다. 1966년 이후 10여 년이나 묶여있던 정치적 난제를 정면 돌파한 것이었다.

경제 관료 출신인 후쿠다는 '경제의 후쿠다'라는 별명답게 재정 건전화를 제일 중요한 목표로 삼았다. 하지만 오일 쇼크의 여파로 국내 경

68 北岡伸一 (1995), 175쪽.

69 奥島貞雄 (2002), 91쪽.

70 당시 사회당과 시민 운동 단체는 나리타 지역에 한 사람이 한 평의 토지를 구입해서 공항 건설을 막자는 '한 평 지주 운동(一坪地主運動)'을 펼치며 반대에 나섰다.

기회복이 늦어지고 세수가 하락하자, 1977년 예산안을 전년에 이어 차입금 재정에 의존하게 되었다. 즉 예산 총액의 3분의 1에 해당하는 8조 5천억 엔을 국채 발행에 의존하는 조치를 취하였고, 야당과의 타협을 통해 7158억 엔의 감세 조치를 단행하였다.[71] 그럼에도 불구하고 경기가 살아나지 않자, 1977년 8월 3일에는 공공사업 예산 10조 엔 중 73%를 상반기에 지출하도록 하는 조치를 단행하였다. 또한 같은 해 9월 4일에는 2조 엔에 상당하는 종합 경기 대책을 내놓았다. 국민 생활 기반을 충실히 하기 위한 사업비로 약 1조 엔, 주택금융금고에 대해 8700억 엔의 대출 허가, 지방에서의 하천, 하수도, 지하철 건설 등에 1500억 엔의 사업비 지출 등을 포함하는 것이었다.[72] 이는 사실상 균형재정주의자였던 후쿠다가 적극적인 경기부양책으로 전환한 것을 보여 주는 조치였다. 1977년 12월 29일에 확정된 1978년도 예산 정부 원안에서도 공공사업비 5조 1838억 엔을 계상함으로써 적극적인 경기부양책을 계속 채택하였다. 1978년, 국채 발행액이 10조 5850억 엔에 이르러 국채 의존율은 37.8%에 달했다.[73] 균형재정론자인 후쿠다는 결국 재정 적자를 감수하면서도 경기부양에 주력하는 양상을 보였다.

기시의 후계자인 후쿠다는 또한 동남아를 중심으로 한 아시아 외교의 재구축에 적극적으로 나섰다. 후쿠다는 1977년 8월 6일부터 일본 총리로서는 처음으로 말레이시아, 인도네시아, 싱가포르, 태국, 필리핀, 그리고 미얀마의 동남아시아 6개국 순방에 나섰다. 8월 7일에 개최된

71 清宮龍,『福田政権 · 七一四日』(東京: 行政問題研究所, 1984), 83쪽.

72 위의 책, 136쪽.

73 위의 책, 149쪽.

ASEAN 정상들과의 회담에서는 ASEAN 5대 공업 프로젝트에 대한 일본의 10억 불 자금 원조를 약속하는 등 적극적인 협력 자세를 보였다. 8월 18일에 마닐라에서는 '후쿠다 독트린'으로 알려진 '일본의 동남아 정책에 대한 기본 방침'을 발표하였다. 일본의 동남아시아에 대한 적극적인 간여와 지원을 약속한 이 독트린은 다음과 같은 내용을 담고 있다. 첫째, 일본은 평화에 철저하며 군사 대국이 되지 않겠다는 것을 결의하고, 그러한 입장에서 동남아시아 나아가 세계 평화와 번영에 공헌한다. 둘째, 동남아시아 여러 나라와 정치 · 경제뿐만 아니라 사회, 문화 등 광범위한 분야에서 참된 친구로서 마음과 마음이 만나는 상호 · 신뢰 관계를 조성해 나간다. 셋째, 일본은 대등한 협력자의 입장에서 ASEAN과 그 가맹국의 연대 노력에 대해 뜻을 같이 하는 다른 역내 국가들과 함께 적극적으로 협력하고, 또한 인도차이나 국가들과의 사이에는 상호 이해에 기반한 관계 조성을 통해 동남아시아 전역에 걸친 평화와 번영의 구축에 기여한다.[74] 후쿠다는 동남아에서의 성공적인 외교 결과를 바탕으로 국제적인 외교에 적극 나섰다. 1978년 5월 3일에는 카터와 미 · 일 정상회담을 개최하고, 7월 16일에는 독일의 본Bonn에서 열린 선진국 정상회담에 참가하여 세계 속의 일본을 알리고자 했다. 또한 9월 5일부터 14일까지 중동 국가들을 순방하면서 에너지 확보를 위한 외교에도 힘을 기울였다.

후쿠다의 전방위 외교 추진은 동아시아에서도 결실을 맺었다. 다나카가 중국을 방문하여 관계 정상화를 약속한 후 숙제로 남아 있던 일중

74 위의 책, 118쪽.

평화조약의 체결에 적극 나선 것이었다. 후쿠다는 당시 외상이던 소노다園田에게 일중평화조약 체결을 위한 전제 조건을 확실히 한 후, 적극 교섭에 나서도록 하였다.[75] 첫째, 후쿠다 내각의 외교는 전방위 외교가 기본이다. 둘째, 제3국 조항은 소련에 대한 것이 아니다. 셋째, 내정 불간섭 원칙에 철저한다. 넷째, 센카쿠 열도는 일본 고유의 영토이며 현실적으로 일본이 지배하고 있다는 입장을 관철한다. 이를 바탕으로 교섭에 나선 소노다園田 외상은 1978년 8월 12일, 일중평화조약 체결에 성공함으로써 일본 외교의 커다란 숙제를 풀어냈다.[76] 또한 후쿠다는 1974년 1월 한 · 일 간에 체결된 '한일대륙붕협정'이 야당 4당에 의한 반대로 비준되지 않자, 이를 자민당 단독으로 강행 채택한 후 시간 경과에 따라 자연 성립하도록 함으로써 한 · 일 간의 현안을 해결하였다.

후쿠다는 자신이 '나리타 13년, 일 · 중 6년, 대륙붕 5년'으로 부르던 정치적 난제들을 해결하면서 자민당 총재 재선에 의욕을 보였다. 하지만 이는 2년간 수상을 하고 오히라에게 정권을 이양한다는 밀약설에 정면 배치되는 것이었다.[77] 다나카파가 이를 견제하고 나선 것은 예상된 일이었다. 미키 수상이 추진하던 당 근대화 정책의 일부였던 자민당

75 위의 책, 198쪽.

76 후쿠다는 수상직을 그만둔 후 1980년 10월『중앙공론』에 기고한 글에서 다음과 같이 회고하고 있다. '일중평화조약 체결에 반대하는 사람들은 대체로 내 주변에 있었다. 내가 처리 안하면 이 문제는 영원히 처리 못한다. 따라서, 이 문제를 내가 처리하지 않으면 안 된다는 역사적 · 숙명적인 입장에 있다고 생각했다.' 위의 책, 205쪽에서 재인용.

77 후쿠다의 측근이었던 소노다(園田)에 의하면, 후쿠다로부터 오히라에게 정권을 이양한다는 밀약은 없었다고 한다. 그에 의하면, 후쿠다, 오히라, 소노다, 스즈키 사이에 다음과 같은 합의는 존재했다고 한다. 첫째, 미키 이후 신임 총재 및 수상 지명 후보에는 오히라가 후쿠다를 추천한다. 둘째, 총리 · 총재는 불가분의 일체이지만, 후쿠다는 당무를 오히라에 맡기는 것으로 한다. 셋째, 1977년 10월 정기 당대회에서 당칙을 고쳐 총재 임기를 3년에서 2년으로 고친다. 여기에는 정권 이양에 대한 합의는 존재하지 않았다는 것이 소노다의 주장이었다. 위의 책, 250-251쪽.

총재 공선公選 규정은 후쿠다 시대에 확정되었다. 1977년 4월 25일 열린 자민당 임시 당대회에서 총재 선거에 대해, '전 당원에 의한 총재 후보 결정선거예비선거를 실시하여 도도부현에 당원 1,000명당 1점을 주고, 각 현 상위득표자에게 배분한다. 이를 전국 집계하여 상위 2명에 대해 국회의원이 총재 결정선거본선거를 실시한다'는 규정을 통과시켰다.[78] 그리고 총재에 나서려면 후보자는 20명 이상의 당 소속의원 추천을 받도록 했다.[79] 이어 1978년 1월 20일 자민당 정기 당대회에서는 당원은 총재 선거 전해와 당해 연도의 당비를 납입한 자, 당우는 투표일 3개월 전까지 입회한 것을 총재 선거에 참가하는 자격으로 한다는 원칙을 통과시켰다. 자민당 총재 선거가 예정된 1978년 들어 자민당 당원이 급속히 늘어났다. 종래 4만 명 정도에 그치던 자민당 당원이 1978년 8월 31일 현재 132만 8,693명, 그리고 10월 20일 현재 당우가 16만 7,646명, 자민당 지지 단체인 국민정치협회 회원이 2,923명으로 총 149만 9,262명에 이르렀다.[80] 자민당 총재 선거를 염두에 둔 사전 선거 운동의 결과였다.

후쿠다가 국회해산에 의한 정권 연장을 도모하자, 다나카파와 오히라파는 연합전선을 펴면서 국회해산 반대 운동을 전개할 정도였다. 후쿠다에 이어 오히라가 총재 선거에 출마를 선언하자 다나카파는 비밀리에 오히라파 지원에 나섰다. 다나카는 지방에 자파 의원과 비서진을 파견하는 등 이른바 '롤러 작전'을 전개하여 후쿠다가 아닌 오히라를

78 위의 책, 255쪽.
79 그 이전까지는 10명의 추천만 있으면 됐다.
80 清宮龍 (1984), 256쪽.

측면에서 지원하였다.[81] 1978년 11월 26일에 치러진 자민당 총재 예비 선거에서는 후쿠다의 압승을 예상한 보도와는 달리 오히라大平가 748점, 후쿠다福田 63점, 나카소네中曽根 93점, 고모토河本 46점이라는 결과가 나왔다.[82] 후쿠다는 본선에서 사퇴하였고 오히라가 당 총재로 당선되었다.[83] 이 총재 선거를 통해 다나카는 자신이 총리가 될 때 오히라에 진 빚을 갚는 것은 물론, 오히라파에게 신뢰를 쌓음으로써 자민당 내 온건 보수파 간의 연합이 사실상 정착되는 계기를 마련하였다. 한편, 보수 우파적 성향을 띠는 후쿠다파가 고립되는 양상이 나타났다.[84]

오히라는 수상이 되자 점점 악화되는 재정 적자를 해소하기 위해 소비세 도입을 제안하였다. 오히라 수상은 재정 적자의 해소를 위해 1979년 1월 시정 방침 연설에서 일반소비세 도입 검토를 언급하였고, 8월 30일 임시국회 소신 표명 연설에서는 '세출 삭감에 적극 노력하겠지만, 아무래도 필요하다면 부족한 재원을 메우기 위해 국민의 이해를 얻어 새로운 부담을 요구하지 않으면 안 된다'며 소비세 도입에 적극적인 자세를 보였다.[85] 그러던 와중에 일본철도건설공단 직원의 '가짜 출장' 문제가 언론에 부각되면서 오히라는 궁지에 빠졌다. 2만 8천여 건에 이르는 가짜

---

81 後藤田正晴, 『政と官』(東京: 講談社, 1994).

82 奥島貞雄 (2002), 93쪽.

83 당시 후쿠다가 털어놓은 '하늘의 소리에도 이상한 소리가 있다'라는 말은 유명한 일화이다. 이것은 자신의 낙승을 기대했음에도 불구하고 다나카파의 후원에 의해 오히라가 승리한 것에 대한 놀라움과 비애의 표현이었다.

84 나카소네파도 보수 우파적 입장을 취하고 있었지만, 후쿠다와 나카소네가 중선거구제하에서 군마의 동일한 선거구에서 당선된 관계로 후쿠다파와 나카소네파는 사이가 아주 좋지 않았다. 나카소네는 '적의 적은 동지'라는 의미에서 다나카파와 친분을 쌓아갔다.

85 川内一誠, 『大平政権 · 五五四日』(東京: 行政問題研究所, 1982), 180쪽.

출장의 기록이 나타나 공공 부문의 나태가 지적되었다.[86] 1979년 9월 4일 사회당, 공명당, 민사당이 연합하여 오히라 내각불신임안을 제출하자, 9월 7일 오히라는 중의원 해산으로 맞섰다. 그러나 공공부문의 나태와 소비세 도입 구상이 중첩되자 야당의 비판이 거세졌고, 결국 10월 7일 총선은 중의원 과반수인 256석에 못 미치는 248석을 얻는 패배로 끝났다.[87] 이에 미키三木, 후쿠다福田, 나카소네中曽根 등 비주류파가 선거 패배에 대한 책임을 지고 오히라가 퇴진할 것을 요구하였다. 하지만 오히라는 보수계 무소속 10명을 자민당에 입당시키면서 과반수를 채우고 인책 퇴진은 필요 없다는 점을 확실히 했다. 10월 14일 개최된 오히라-후쿠다 회담에서 후쿠다가 '패배 책임을 확실히 하라'고 요구한 데 대해, 오히라는 '그만두라는 것은 내게 죽으라는 것이다. 선거공약을 실현하는 것이 국민에 대한 책임이다'라고 하며 이를 거부하였다.[88] 선거가 끝난 후 한 달이 다 되어가는 10월 30일에 소집된 국회에서 오히라 내각은 새 내각 구성을 위해 총사퇴하였다. 하지만 11월 1일, 비주류 3파가 모여 수상 지명 통일후보로 후쿠다福田를 결정하여 오히라에 대항하였다. 이에 대해 11월 2일 오히라는 자민당 양원 의원총회에서 자민당 수상 지명 후보로 추대됨으로써 같은 자민당 소속인 후쿠다와 오히라 2명이 수상 후보로 나오는 이례적인 사태까지 벌어졌다.[89] 11월 6일

---

86 위의 책, 161쪽.

87 이 선거에서 자민당은 248석, 사회당은 107석, 공명당은 57석, 공산당은 39석, 민사당은 35석, 신자유클럽은 4석을 각각 획득하였다. 자민당은 지난 총선에서 얻은 249석보다 1석만 더 잃었을 뿐이지만, 과반수인 256석에 달하지 못한 패배였다.

88 川内一誠 (1982), 161쪽.

89 위의 책, 187쪽.

실시된 중의원 1차 투표에서는 오히라 135표 대 후쿠다 125표로 겨우 10표 차였고, 결선투표에서도 138표 대 121표를 기록하여 불과 17표 차로 오히라가 수상에 지명되었다. 수상 지명이 끝난 이후에도 후쿠다파와 오히라파는 당 3역 인사를 두고 갈등이 계속되어, 당 3역을 먼저 임명하고 내각을 구상하던 관례를 깨고 11월 8일 조각을 선행하게 되었다. 양 파벌의 대립은 11월 16일 오히라가 자신의 파벌이 아닌 나카소네파의 사쿠라우치桜内를 간사장에 임명하고, 후쿠다파의 아베 신타로安倍晋太郎를 정조회장에, 그리고 총무회장에 오히라파의 스즈키 젠코鈴木를 임명하면서 일단락되었다. 10월 8일 총선 이후 11월 16일에 자민당 3역이 결정될 때까지의 '40일 항쟁'은 수상 지명에서의 대립으로까지 번진, 사실상의 자민당 분열 사태였다. 그러나 각 파벌은 탈당해서 다른 야당과 연합하기보다는 자민당 내부에 남아 대립하여 자민당 지배 체제의 근간을 흔들지는 않았다.

1980년에 접어들어 자민당 국민운동본부장이었던 하마다浜田幸一가 라스베가스에서 도박을 벌인 사건이 보도되자, 야당은 자민당의 금권부패 체질을 추궁하면서 1980년 5월 16일 내각불신임안을 제출하였다. 이에 대해 다시 나가소네파를 제외한 후쿠다파 등 자민당 내 비주류파가 대량 결석함으로써 찬성 243표, 반대 187표로 내각불신임안이 통과되었다. 내각불신임에 대해 오히라는 다시 국회해산으로 맞섰다. 중의원, 참의원 동시선거였다. 전면적인 선거 체제 돌입은 자민당 조직체들의 단결을 강화함으로써 득표 향상에 기여하였다. 중의원에서는 물론, 참의원 선거구 및 전국구에서 경쟁하는 다른 정당들은 하나의 목소리를 내는 것이 불가능했기 때문이다. 1980년 6월 12일, 오히라는 선거

유세 도중 과로에 의한 협심증으로 사망했다. 오히라의 선거 도중 사망으로 인해 자민당에 동정표가 몰렸고, 결국 자민당은 선거에서 압승했다. 6월 22일 중의원 선거에서 자민당 284석, 사회당 107석, 공명당 33석, 민사당 32석, 공산당 29석, 신자유클럽 12석, 사민련 3석, 기타 11석을 각각 차지하였다. 중의원과 참의원 동시선거는 야당 간의 공동 투쟁을 어렵게 만들었다.

오히라의 사망에 의해 후쿠다와 오히라 간에 펼쳐진 파벌 항쟁은 막을 내렸다. 다나카파는 시종일관 오히라를 지지함으로써 후쿠다파를 견제하였다. 이는 자민당 내 역학 관계에서 보자면 기시岸의 전통을 잇는 보수 우파인 후쿠다福田파에 대해, 사토佐藤파와 이케다池田파의 전통을 이어간 다나카田中파와 오히라大平파가 연합함으로써 온건 보수 또는 보수 본류의 맥을 이어간 것이었다. 자민당 내 리버럴한 색채를 지닌 미키三木파는 소수 파벌의 지위에 만족해야 했다. 한편, 다른 리버럴 세력인 고노 요헤이河野洋平가 자민당을 탈당함으로써 자민당 내 보수 리버럴의 입지는 약화되었다.

[04]

중도 야당 연합의 시도와 혁신계의 분열

1970년대는 지방자치단체에서 야당의 인기가 상승한 반면, 자민당은 당내 파벌 항쟁에 의해 분열상태에 빠져 있었다. 따라서 사회당이 다른 야당과 합세하여 현실적인 대안을 제시할 경우, 자민당에 효과적으로 대항할 수 있는 절호의 기회였다. 그러나 사회주의협회를 중심으로 하는 사회당 내부의 경직화와 중도 정당 연합 시도의 실패는 야당의 집권 가능성을 점점 멀어지게 했다.

사회주의협회의 주도권 확립과 그에 대한 저항

1966년 사회당 전당대회에서 채택된 '일본 사회주의로의 길'은 당내에서 강령적 문서로 인정되어 당 대의원의 3분의 2 이상이 찬성하지 않으면 수정을 가할 수 없는 금과옥조의 문서가 되었다. 당내에서 이 노선을 강화시켜나간 것은 노농파勞農派 마르크스주의 그룹인 '사회주의협회社会主義協会'였다. 사회주의협회는 본래 실천중시파인 오타 가

오루太田薫가 이끄는 그룹과 이론지향성이 강한 사키사카向坂逸郎가 이끄는 두 그룹이 있었으나, 1970년대 초반 이후 후자의 영향력이 강해졌다. 1973년경 80-90명이었던 사회주의협회 출신 대의원 수가 1974년 전당대회에서는 130-140명, 1975년 전당대회에서는 180-200명 선으로 늘어나 급격히 세력을 확장해 나갔다. 사회당 당원이 4만 명 정도인 시기에 사회주의협회 회원이 1만 수천여 명으로 추정되어 그 영향력은 아주 컸다.[90]

사회주의협회가 추구한 노선은 사회당을 마르크스 · 레닌주의로 순화純化하려는 것으로써, 일본 사회에서 사회주의를 건설하는 것을 목표로 삼고 있었다. 또, 복수정당제를 원칙적으로 부정하고 있는 등 교조적인 사회주의 노선을 내걸고 있었다. 당내에서 주도권을 확립한 사회주의협회는 당중앙은 물론 선거구에서의 국회의원 후보 지명에까지 영향력을 행사하기도 했다. 1975년에는 치바千葉에서, 1978년에는 후쿠시마福島현에서 후보 지명을 둘러싸고 사회주의협회와 반사회주의협회가 대립하여 분열하는 양상을 보여 주기까지 했다.

사회주의협회에 대해 강한 반대의 목소리를 낸 것은 에다江田였다. 에다는 사회주의의 모든 오류의 근원이 사회주의협회가 고수하는 '일본에서의 사회주의로의 길'에 있다고 진단했다.[91] 에다는 '길道'이 근거로 하고 있는 시대 인식은 국제 정세에 있어 스탈린 시대 소련의 견해이고, 국내 정세의 판단도 케케묵은 마르크스주의의 공식에 따른 것이라

90 森裕城 (2001), 68쪽.

91 江田三郎, 『新しい政治を目指して一私の信条と心情』 (東京: 日本評論社, 1977), 43쪽.

현실에 맞지 않는다고 주장하였다. 그 대신 에다는 1973년경부터 '사 · 공 · 민社公民 노선'을 주장하였다. 한편, 사회당 내 최대 파벌이던 사사키佐々木파도 중 · 소 문제에 대한 대립 이후 협회와 거리를 두기 시작했다. 사사키는 중국과의 국교 정상화에 적극적이었던 반면, 사회주의협회는 사회주의 종주국인 소련과의 관계 유지를 우선하여 중국과의 수교에 반대하는 입장이었다.[92] 에다와 사사키는 당내에서 지향하는 바가 다른 좌파와 우파의 대표였지만, '협회 퇴치'라는 목적을 달성하기 위해 반협회 포위망을 함께 구축해 나갔다.

사회주의협회와 반사회주의협회 간 갈등이 가장 증폭된 시기는 1977년 에다가 사회당 탈당을 결심한 제40회 당대회 때였다. 에다는 자신의 소신인 사회당의 현실주의화를 위해 사 · 공 · 민社公民 노선의 실현을 계속 주장하였고, 이를 현실화하기 위해 1976년 2월, '새로운 일본을 생각하는 모임新しい日本を考える会'을 조직하였다.[93] 이 모임의 발기인은 사회당 부위원장이던 에다와 공명당 서기장이었던 야노矢野絢也, 그리고 민사당 부위원장이었던 사사키 료사쿠佐々木良作였다. 이는 중도 세력의 결집을 내세운 정책 집단으로서, 사회당을 중도 야당으로 자기규정하려는 노력의 일환인 동시에, 중도 정당 간의 연합을 통해 자민당에 대항해 보려는 시도였다. 제40차 당대회에서 에다는 '지금은 연합의 시대다. 사회당 단독으로는 정권을 잡을 수 없다. 중도 세력을 흡수해야 한다'고 역설하였지만,[94] 대의원 509명 중 220-230여 명으로 대세

92 原彬久 (2000).

93 森裕城 (2001), 72쪽.

94 升味準之輔, 『日本政治史4』 (東京: 東京大学出版会, 1988), 446쪽.

를 이룬 사회주의협회 출신 대의원들의 질타에 배겨나지 못했다. 1977년 3월 에다는 단독으로 사회당을 정식 탈당해서 사민련社民連을 결성하였다. 결국 사회민주주의적 이상을 가지고 사회당을 국민 정당으로 현실화하려던 에다의 노력은 사회당의 좌파를 더욱 자극하여 당내 경쟁에서 패배한 그의 탈당으로 결말을 맺었다. 이는 아이러니컬하게도 사회당을 더욱 좌경화시키는 결과를 낳았다. 에다江田의 탈당에 자극을 받은 사회당은 반사회주의협회파가 다수였던 중앙집행위원회 중심의 '당개혁위원회'를 구성하여 대책을 논의하였다.[95] 1977년 9월 제41차 당대회에서는 이들의 제안을 중심으로 '길'의 수정, 파벌의 해소, 국회의원 전원에게 대의원 자격을 부여하는 것을 골자로 하는 당 개혁안이 통과되었다.

사회당의 이데올로기적 경직성에 대한 우려는 사회당 당원들이 아닌 지지 세력으로부터 확산되기 시작했다. 사회당의 주요 지지 세력은 2차산업 노동자, 사무직 화이트칼라, 상점원으로 대표되는 3차산업 노동자였다. 그러나 1960년대 이후에서 1970년대 후반에 걸쳐 이들 핵심 지지층이 점차 사회당으로부터 이탈하고 있다는 사실을 아래의 표에서 확인할 수 있다.

◎ 사회당 핵심 지지층의 지지율 변화

	1963년	1978년
제2차산업 노동자	55%	33%
화이트칼라	48%	31%

95 사회주의협회는 지방에서는 대의원의 다수를 차지하여 압도적인 우위를 차지하고 있었지만, 중앙당에서는 소수파였다. 따라서 사회주의협회가 힘을 강하게 발휘하는 것은 전당대회였다.

	1963년	1978년
상점원 (제3차산업 노동자)	41%	27%

出처: 勝間田清一, "社会主義への道と現代,"『社会新報』(1977. 7); 三宅一郎 · 山口定 · 村松みちお · 進藤栄一, 『日本政治の座標』(東京: 有斐閣選書, 1985), 120쪽에서 재인용.

사회당에 대한 지지율 저하는 사회당의 지나친 노동조합 의존 체질과도 직접 관련이 있었다. 특히, 노동조합 내에서도 총평계의 공공 부문 노동조합官公労에 지나치게 의존하고 있었다. 총평에 가입한 노조 당원이 총 당원의 60% 정도 존재하였고, 그중 공무원과 공기업체 노동조합인 관공서 노조官公労가 8할 정도를 점하고 있을 정도로 공공 부문 노동조합 편중 현상이 아주 심했다. 그중에서도 자치단체 노조自治労, 국철 노조国労, 우편 노조全逓, 그리고 전기통신 노조全電通의 네 개 단위 산업 노조가 노조 당원의 6할, 전 당원의 3할을 차지하고 있었다.[96] 공공 부문 노조들은 전국적인 조직을 가지고 있었으나, 대도시보다는 중소도시나 농촌 지역에서 더 활발한 활동을 보인 관계로 이에 의존하는 사회당도 점점 도시 주변부나 중소도시에 의존하는 정당으로 변화해 갔다.

사 · 공 · 민社公民 노선의 시도와 실패

1977년 12월 당대회에서 새로 선출된 아스카타飛鳥田一雄 시대에 사회당의 노선 문제와 관련된 두 가지 중요한 결정이 내려졌다. 혁신파 지방자치단체장의 대표격이었던 아스카타는 요코하마 시장을 3번이나 역임한 인물이며 시민파의 대표로 주목을 받았다. 그러나 아스카타는

96 三宅一郎 · 山口定 · 村松みちお · 進藤栄一 (1985), 121쪽.

개인적으로 전 야당全野党 공동 투쟁 노선을 주장하고,[97] 사회주의협회에 대한 친근감을 가진 인물이었다.[98] 사회당 위원장으로서 그가 내린 결정은 당내 좌파의 주도에 의해 이루어진 것이었고, 그에게 있어 이미 정권 탈취는 목표가 아니었다.[99]

1970년대 후반, 사회당 위원장인 아스카타가 공산당을 포함한 전 야당 공동 투쟁 노선을 선호하였음에도 불구하고, 사회당이 '사 · 공 · 민 노선'으로 기울게 된 데에는 사회당 내부의 역학 관계가 중요하게 작용하였다. '전 야당 노선'에서 '사 · 공 · 민 노선'으로의 전환이란 간단히 말해서 공산당을 버리고 민사당을 선택한다는 의미였다.[100] 먼저, 1975년경부터 춘투春闘에 실패를 거듭해 온 사회당 지지 조직 총평總評이 민간 노조와의 협력을 불가피한 선택이라고 여겼다. 민사당을 지지하던 동맹同盟, 도메이과의 협력을 통한 공동 투쟁 필요성을 감지한 총평은 노동 운동 자체의 우경화를 저지하는 것보다는 동맹을 끌어들여 자신들이 주도하는 노동 운동을 창출하는 데 더욱 관심을 가졌다. 하지만 민사당을 지지하는 동맹同盟과의 협력을 위해서는 사회당 일당 지지를 내세웠던 노선의 변화를 필요로 했다. 그리하여 1979년 5월, 도미츠카富塚三夫 총평 사무국장은 '사회당과의 새로운 협력 관계 제언'을 발표하여 사

97 전 야당 공동 투쟁 노선이란 사회당 초기부터의 논란의 하나로서 보수 세력인 자민당에 대항하기 위해 전 야당의 결집된 연합 정권의 투쟁을 하자는 것으로 궁극적으로 공산당을 배제하지 않는다는 방침을 일컫는다.

98 飛鳥田一雄, 『飛鳥田一雄回想錄』(東京: 朝日新聞社, 1987).

99 그는 자신의 자서전적 회상록에서 '나는 처음부터 정권의 꿈이란 걸 가지지 않았다'고 독백하고 있다. 위의 책, 233쪽. 森裕城, 『日本社会党の研究』(東京: 木鐸社, 2001), 83쪽에서 재인용.

100 森裕城, 위의 책, 90쪽.

회당 일당 지지 노선에 변화를 가하였다.[101] 사회당의 지지 모태인 총평이 사회당에게 사 · 공 · 민 노선을 추구하도록 압력을 가하는 새로운 양상이 전개된 것이었다.

1979년 말 자민당이 오히라파와 후쿠다파 간의 '40일 항쟁' 등으로 내분 상태에 빠지자, 야당은 이 기회를 활용하여 자민당을 정권에서 밀어내려는 유혹을 느꼈다. 1979년 총선거에서 저조한 실적을 기록한 사회당은 1980년 참의원 선거를 겨냥해 공명당과의 협력 자세를 취하였다. 1979년 7월 8일 아스카타 위원장은 야당 공동 투쟁의 우선순위는 '수가 많은 당으로부터'라고 선언함으로써 사회당과 공명당을 축으로 한 연합 정권 추구 방침을 내놓았다. 10월 15일에는 사회당과 총평의 공동위원회에서 '약체화되는 사회당과 총평 블록 재건을 위해, 공명당과 공동 투쟁할 수 있는 기반을 만들어 사회당-공명당-총평 블록을 지향한다'는 구상을 내놓았다.[102] 공명당은 10월 26일 '공명당과 민사당은 신뢰에 기반하여 충실한 관계가 이루어진 반면, 사회당과는 특이할 만한 진전이 없다'고 평하기도 하였지만, 총평은 사회당과 공명당 간의 협력을 종용하였다. 1979년 11월 16일 총평의장과 공명당 다케이리竹入義勝 위원장 간의 회담을 통해 정권의 파트너로서 공산당을 배제한다는 합의를 도출하였다.[103] 사회당의 지지 부대인 총평이 전 야당 공동 투쟁 노선을 포기하고 중도 야당인 공명당과의 협력 노선으로 궤도를 수정하였음을 대내외적으로 천명한 것이었다. 특히 사회당을 공산당으로

101 『総評新聞』, 1979년 5월 21일. 森, 위의 책 91쪽에서 재인용.
102 『아사히신문』, 1979년 10월 17일.
103 『아사히신문』, 1979년 11월 17일.

부터 떼어놓는 수순을 밟아 혁신계 야당 간의 단합보다는 중도 야당과의 협력 기조를 중시하는 태도를 보여줌으로써 혁신 세력 공동 투쟁의 약화에 결정적인 전기를 가져왔다.

사회당과 공명당의 관계 진전에 초조해진 민사당은 1979년 10월 총선 전에 자민당과의 연합을 시야에 넣은 정권 구상을 발표하기도 했지만, 총선 이후 입장을 전환하여 '사 · 공 · 민 노선'을 추구하였다. 사회당과의 경쟁 의식이 강했던 민사당은 사회당에 접근하기보다는 공명당과의 협력 노선에 힘을 기울여, 1979년 11월 13일에 열린 민사당-공명당 당수회담에서 '중도정권구상협의회' 발족에 합의하였고, 같은 해 12월 6일에는 정치 원칙과 정책의 기본 목표에 대해 합의를 이루었다.[104] 사회당과 공명당도 1980년 1월 10일에 '일본사회당과 공명당의 연립 정권에 관한 합의'를 이루어냄으로써, 공명당을 매개로 한 중도 연립 정권 구상인 '사 · 공 · 민 노선'이 표면화되었다. 사회당 내 우파가 추진한 사회당과 공명당 간의 합의는 공명당을 혁신 측에 붙들어 두려는 전술의 하나이기도 했다.[105] 공명당은 1975년 당대회에서 이미 사회당과 보조를 맞추던 '안보조약의 즉시 폐기'라는 기존의 방침을 '외교 교섭에 의한 합의를 거쳐 폐기'로 전환한 바 있다.[106] 이어 1978년 당대회에서는 최소한도의 영역 보전 능력은 필요하다는 관점에서 자위대를 인정함으로써 사회당의 비무장론과 결별을 선언하였다.[107] 바꾸

---

104 『아사히신문』, 1979년 11월 14일.

105 森裕城 (2001), 94쪽.

106 大嶽秀夫, 『日本の防衛と国内政治』 (東京: 三一書房, 1983), 334쪽.

107 위의 책, 336-337쪽.

어 말하자면, 이미 혁신 진영은 내부 이념의 변화로 인해 공명당이 혁신 세력과 협력하기 어려울 만큼 변해가고 있다는 사실을 실감하고 있었다.

중도 정권 구상에서 배제된 공산당은 사회당이 혁신의 깃발을 내리고 자민당과의 사실상 대연합에 한발 다가섰다고 혹평하였다.[108] 공산당의 비판은 역설적으로 사회당과 공명당, 민사당의 협력 노선을 정당화하는 접착제가 되었다.[109] 그러나 1980년 사회당이 제출한 오히라 내각불신임안에 자민당 내 후쿠다파 의원 73명이 결석함으로써 불신임안이 가결되고 6월 22일 중 · 참의원 동시선거가 치루어지면서 사태는 급변하였다. 선거 유세 중 오히라 수상이 사망하는 등 자민당에게 유리한 방향으로 사태가 전개되어 공동 투쟁에 나섰던 야당은 선거에서 저조한 결과를 거두었다. 자민당은 287석을 차지한 반면, 사회당은 107석을 확보하였다. 선거에서의 자민당 압승은 사 · 공 · 민 연합에 의한 연합 정권 구상을 수포로 만들었다.

그러나 중도 연합 정권 구상이 난항을 겪은 보다 궁극적인 이유는 세 가지였다.[110] 첫째, 공산당 배제 노선에 중점을 둔 민사당이나 공명당과 중도 정당이 자민당과 제휴할 가능성에 경계감을 가지고 있던 사회당 간의 대립이 해소되지 않았다. 둘째, 안보 · 방위 정책을 둘러싼 심각한 의견 대립을 해소하지 못하였다. 공명당은 현실주의로의 전환을 꾀하

108 『아사히신문』, 1980년 1월 22일.

109 당시 일본에 연립 정권에 관한 이론이 적극적으로 소개되기도 했다. 篠原一, 『連合時代の政治理論』(東京: 現代の理論社, 1977).

110 三宅一郎 · 山口定 · 村松みちお · 進藤栄一 (1985), 149쪽.

고 있었고, 민사당과 사회당은 사회당 분열의 단초였던 안보 정책의 간격을 메우지 못했다. 특히 미 · 일동맹 인정, 자위대 인정, 원자력발전 인정, 한국 인정 등의 사안에 대해 사회당은 기존의 교조적인 생각을 바꾸려하지 않았다. 셋째, 사회당은 제1야당으로서 야당 통합의 주도권을 쥐는 데 더 관심이 있었다. 그러나 1980년 총선에서 자민당이 압승하게 되자, 세 정당이 연합을 하더라도 정권을 장악할 가능성이 없어지면서 연립 정권 구상은 물거품이 되었다.

사 · 공 · 민 노선의 추진은 결과적으로 사회당과 공산당 간의 거리를 벌려 놓음으로써 혁신 야당 간의 협력 관계를 붕괴시킨 반면, 사회당을 중도 야당인 공명당과 민사당 쪽으로 더욱 가깝게 만들어 자민당 체제에 대한 저항 정당으로서의 사회당 입지를 약화시켰다. 이렇게 사 · 공 · 민 노선의 추진은 실패로 막을 내렸고, 사회당과 공산당 간의 관계는 점점 악화되어, 보수 세력에 대한 사회당과 공산당의 공동 투쟁은 일본 정치의 장에서 사실상 막을 내렸다.

| 3장 |

자민당 일당 우위 체제와 다케시타파 지배의 명암

◆ ◆ ◆

보 · 혁 백중의 시대는 오히라大平의 사망에 이은 자민당의 압승으로 막을 내렸다. 자민당 내 파벌 간 심각한 경쟁도 오히라의 사망으로 전기를 맞았다. 그러나 이것이 파벌 경쟁의 종언을 의미하는 것은 아니었다. 오히려 다나카田中파는 파벌의 세력을 급속하게 확장하여 당내 다른 파벌이 도전할 수 없을 정도의 힘을 확보하였다. 당내 최대 파벌이 된 다나카파는 거대해진 당내 영향력을 독점적으로 행사하기보다는 총주류파 체제로 불리는 계파 간 이익 배분의 구조를 확립하였다. 다나카파와 이를 계승한 다케시타竹下파는 오히라大平, 스즈키鈴木 내각에서 시작하여 나카소네中曽根 내각은 물론 다케시타 정권 이후의 우노宇野, 가이후海部, 미야자와宮沢 내각까지 정권 탄생과 운영에 결정적인 역할을 하였다. 자민당 절정기이자, 다케시타파의 지배기이기도 했다.

다나카 · 다케시타파의 지원을 받아 탄생한 나카소네 정권은 1970년대 일본의 고도 경제성장이 가져온 이익을 향유하고, 다른 한편으로는 재정 적자라는 부정적 유산을 극복하려 했다. 경제성장으로 증대된 국제적 지위를 충분히 활용하여 일본을 국제국가로 발돋움시키려는 시도를 하는 동시에, 복지 정책의 확산으로 늘어난 재정 적자를 보전하기 위해 신자유주의적 개혁을 추진하였다. 나카소네의 신국제주의와 행정개혁 노선은 국민들의 지지를 받으며 자민당을 굳건한 일당 우위 체제로 올려놓았다. 반면, 이데올로기적 경직성을 벗어나지 못한 사회당은 점차 자민당에 대한 견제 정당으로서만 그 의미를 가지게 되었다. 사·공·민 노선이 실패로 끝난 이후, 민사당과 공명당은 점차 사회당과 공산당으로부터의 거리를 멀리하면서 국회대책정치 등을 통해 점점 자민당과의 거리를 좁혀갔다.

당내 경쟁의 약화와 정당 간 대립의 약화는 결국 타성에 젖은 내부자 정치를 가져와 정치 부패를 만연하게 하였다. 리쿠르트 스캔들은 일본을 정치개혁의 소용돌이로 몰아넣었다. 정치개혁을 주장하는 세력과 반대하는 세력 간의 각축은 여당과 야당보다는 자민당 내부의 대립을 격화시켰다. 1955년 체제의 종언은 야당의 거센 반발이 아닌, 자민당 내 최대 파벌인 다케시타파의 분열로부터 시작되었다.

[01]

다나카파의 우세와 자민당 내 역학의 변화

다나카파의 자민당 지배 논리

1970년대 전반에 걸친 파벌 투쟁의 와중에 후쿠다福田와 더불어 결정적인 영향력을 행사한 다나카田中가 1980년 이후 자파의 세력 증식을 통한 당내 주도권의 확립에 박차를 가했다. 닥쳐오는 다나카 본인의 재판에 유리한 국면을 조성하기 위해서도 파벌의 세를 확장할 필요가 있었다. 다나카의 자민당 지배 논리는 의회 정치의 원리를 꿰뚫는 것이었다.[1] 내각책임제하에서는 여당이 국회의 과반수 이상을 차지해야 하고 2분의 1, 그 여당 의원의 과반수를 자파가 확보하면 주류파가 되는 것이다 4분의 1. 하지만 한 파벌이 이를 독차지하기는 어려우므로 주류파 내에서 다수파가 되면 8분의 1, 자민당을 장악하고 의회를 지배할 수 있다는 논리

1 이시가와(石川)는 이를 '2분의 1의 n승의 법칙'이라고 부른다. 朝日新聞政治部, 『竹下派支配』 (東京: 朝日新聞社, 1992), 177-178쪽, 이시가와의 발언.

였다. 즉, 중 · 참의원 전체 의원 수인 763명의 8분의 1정도에 해당하는 약 100여 명의 의원을 자파 의원으로 확보할 경우 누가 총재나 총리가 되어도 다나카파의 영향권에 놓이게 된다는 논리였다. 이를 간파한 다나카는 정치적 동지인 오히라파와 연계하면서 중소 파벌들을 흡수하고 신인들을 등장시켜 자파 의원 수를 늘려갔다. 다나카파는 특히 참의원에서 우세를 유지하였다. 다나카는 1980년 10월 '목요클럽木曜クラブ'으로 이름을 바꾸어 한때 77명까지 떨어졌던 파벌 세력을 100여 명으로 늘림으로써 반反다나카파 전선 형성을 막고자 시도했다. 반면, 다나카-오히라파 연합에 맞선 후쿠다파의 수는 점차 줄어들어갔다. 노령 의원이 많았던 후쿠다파의 약화는 다나카파의 확대에 일조하였다.

◎ 각 파벌 소속 의원의 숫자 변화

	72년 총재 선거	72년 총선거	76년 총선거	79년 총선거	80년 총선거
총 재	다나카(田中)	다나카(田中)	미키(三木)	오히라(大平)	(오히라)
간사장	하시모토(橋本)	하시모토(橋本)	우치다(内田)	사이토(斎藤)	사쿠라우치(桜内)
후쿠다파	65 (28)	55 (29)	53 (23)	49 (25)	45 (29)
다나카파	42 (37)	49 (39)	43 (41)	48 (33)	53 (31)
오히라파	43 (19)	45 (20)	39 (20)	52 (20)	54 (21)
미키파	39 (11)	36 (11)	32 (10)	30 (11)	31 (10)
나카소네파	33 (0)	38 (0)	39 (6)	41 (8)	43 (6)

출처: 北岡伸一, 『自民党』 (1995), 194쪽. 괄호 안은 참의원 숫자.

다나카파의 세력 확장, 그리고 다나카파와 후쿠다파와의 항쟁 가운데 자민당 내에 남아 있던 중간 파벌이었던 후나다船田, 미즈타水田, 시나椎名, 나다오灘尾 등 장로 의원들이 이끄는 파벌은 이들이 사망하자 대파벌에 흡수되면서 점차 사라져갔다. 소수 파벌이 사라지고 무파벌 의원이 감소한 데에는 자민당 근대화近代化의 일환으로 1977년부터 도입한 총재 예비선거 방식의 영향이 컸다.[2] 미키三木의 주도로 도입한 총재 예비선거의 공선公選 규정에 의하면, 예비선거의 입후보 자격은 20명의 추천을 받은 사람으로 정해져 있었다. 따라서 20명 이하의 파벌은 큰 파벌에 흡수되거나 소멸되어 갔고, 큰 파벌의 권유에 따라 무파벌 의원의 숫자도 줄어들었다. 실제로 1978년 제1회 예비선거 당시, 이시이石井파와 후나다船田파가 소멸되었고, 1982년 예비선거를 즈음하여 미즈타水田파와 나카가와中川파가 소멸하였다.

자민당 내의 파벌 투쟁은 한편으로 자민당의 내부 분열과 경쟁에 의해 당의 단합을 저해하고 일관된 정책의 수행을 막는 면도 있었지만, 한 파벌의 영수에 의한 집권이 위험에 처할 경우 다른 파벌의 영수가 이를 대체하는 방식을 통해 이른바 '진자振子의 논리'가 성립할 수 있었다. 이는 결과적으로 자민당 내부에서의 유사 정권 교체를 통해 자민당의 권력 유지에 도움을 주었다. 다른 한편, 각 파벌들이 서로 경쟁적으로 자파 당원을 확보하기 위한 유력 후보 발굴과 공천에 힘을 기울임으로 해서, 자민당의 총체적인 경쟁력을 강화한 측면도 있었다. 각 파벌은 경쟁적으로 확대를 지향하여, 정치 시장에서 자민당이라는 브랜드를 의도치않게 확산시키는 결과를 가져왔다.

만약 자민당과 야당 간의 이데올로기적인 거리가 작고 야당과의 연합을 통해 집권당을 창출할 수 있었다면, 1970년대에 자민당 일부 파벌이 야당과 연합할 가능성은 충분히 있었다. 하지만 자민당과 사회당 등 야당의 이념적 거리는 여전히 멀었고, 야당 전체가 단합할 가능성은

---

2 佐藤誠三郎 · 松崎哲久, 『自民党政権』(東京: 中央公論社, 1986), 73-74쪽.

거의 없었다. 다나카 스캔들에 불만을 품고 자민당을 박차고 나온 고노 요헤이河野洋平가 이끄는 '신자유클럽'이 1984년 다시 자민당에 복귀하게 된 것은 야당과의 연합이 불가능하기 때문에 빚어진 일이었다.[3]

다나카파와의 연합에 의한 나카소네의 등장

1970년대 자민당 파벌 간의 항쟁은 다나카田中, 미키三木, 후쿠다福田, 오히라大平 등 모든 정권에 사실상 정국 운영의 제한을 가하였다. 주류파와 비주류파로 나뉜 파벌 투쟁은 정권의 안정성은 물론, 정책의 일관성에까지 영향을 주는 때가 많았다. 그러던 중, 오히라 수상이 파벌 간 경쟁의 여파로 사망하자 이에 대한 반성으로 자민당 내 지배 체제에 새로운 변혁을 가하고자 하였다. 오히라가 사망한 후 다나카는 1972년 총재 선거에서 자신을 도운 나카소네中曽根를 마음에 두고 있었지만, 다나카파의 다나카 로쿠스케田中六助, 니카이도 스스무二階堂進 등은 선거 압승의 공로자임을 내세워, 오히라파의 스즈키 젠코鈴木善幸를 총재로 옹립하였다. 다나카파의 정치적 동지였던 오히라가 사망함에 따라 당내 반反다나카파가 증대될 것을 우려하여 오히라파를 이은 스즈키와의 연합을 시도한 것이다.

오히라의 사후 등장한 스즈키鈴木는 파벌 항쟁에 대한 반성을 토대로 '화합의 정치和の政治'를 외쳤다. 수상에 지명되었을 때까지도 파벌의 영수가 아니었던 스즈키는 자민당의 안정을 위해 파벌 균형 인사 체제 구축에 박차를 가하였다. 스즈키는 수상이 되자 나카소네파의 사쿠라우

3 Gerald Curtis, *The Logic of Japanese Politics* (New York: Columbia University Press, 1999).

치桜内義雄를 간사장에, 후쿠다파의 아베 신타로安倍晋太郎를 정조회장에 유임시키는 한편, 다나카파의 니카이도二階堂進를 총무회장에 기용함으로써 파벌 균형적인 태세를 갖추었다. 한편, 내각 각료 임명에 있어서도, 스즈키파 5, 다나카파 4, 후쿠다파 5, 나카소네파 2, 고모토파 2, 나카가와파 1, 무소속 2 등 파벌 균형적인 인사를 단행하였다. 주류파와 비주류파 간의 대립을 막으려는 의도적인 인사였다.

1982년 10월 12일 스즈키 수상이 총재 선거 재출마 포기 선언을 하고, 나카소네中曽根, 고모토河本, 아베安倍晋太郎, 나카가와中川一郎의 4명이 총재선거에 나섰다. 1978년 개정된 자민당 총재 선거의 규칙에 따라, 총재에 입후보하려는 사람은 당 소속 국회의원 20명 이상의 추천을 받아야 하고, 만약 후보가 4명 이상이면 일반 당원을 포함한 예비선거를 치러야 했다. 1982년의 총재 선거는 이러한 룰이 처음으로 적용되는 경우였다. 스즈키, 후쿠다, 니카이도 등은 선거를 치르지 않는 후보 조정을 시도하면서 총리-총재 분리론을 내놓았지만, 나카소네가 거부하여 무산되었다. 1982년 11월 24일 개표된 예비선거 결과, 나카소네가 55만 9천 표, 고모토가 26만 5천 표, 아베 8만 표, 나카가와 6만 6천 표로 유효투표수의 과반수 이상을 확보한 나카소네가 자민당 총재로 선출되었다.[4] 다나카, 스즈키, 나카소네파의 연합에 의한 결과였다.

총리에 임명된 나카소네는 당직 인사에 있어서 파벌균형적 인사의 전통을 유지하였다. 총무회장에는 후쿠다파의 호소다細田吉蔵를, 간사장에는 니카이도를, 정조회장에는 스즈키파인 다나카 로쿠스케를 각각

4 北岡伸一, 『自民党』(東京: 読売新聞社, 1995), 205쪽.

임명하였다.[5] 그러나 그 다음날 이루어진 각료 임명에서는, 다나카파의 실력자이자 경찰 관료 출신으로 관청가에서 '가미소리剃刀, 면도칼'로 불리던 고토다 마사하루後藤田正晴를 관방장관으로, 대장대신에는 다케시타 노보루竹下登를 임명하여 다나카파에서 6명, 다나카파에 가까운 무소속 2명 등을 합계 8명이 사실상 다나카파인 파격 인사를 단행했다. 일본 언론들은 이러한 내각 구성을 '다나카소네 내각田中曽根内閣'이라고 비꼬았다. 하지만 반주류파였던 후쿠다파의 실력자인 아베 신타로를 외상에, 그리고 가토 무츠키加藤六月를 국토개발청 장관에 임명함으로써 당내 불만을 억제하였다.

나카소네가 다나카파를 중시한 데는 그럴 만한 이유가 있었다. 오히라라는 최대의 정치적 동지를 상실한 다나카田中는 80년대 초반에 들어 급격히 세 불리기를 시도했다. 영수인 다나카가 기소 상태인 관계로 총재 후보를 낼 수 없었던 다나카파는, 소속 의원의 숫자를 늘림으로써 당내 영향력 확대에 박차를 가하고자 하였다. 1980년 말 중의원이 56명이던 다나카파는 1981년에는 62명이 되었다. 스즈키 내각 말기 다나카파는 중의원 65명, 참의원 43명 등 108명에 달하는 거대 파벌이 되었다. 따라서 다나카파 표의 향배는 자민당 내 승리연합winning coalition을 만들어내는 데 결정적인 것이었다. 자파 후보 옹립을 단념한 다나카파가 나카소네를 지원함으로써 나카소네의 승리는 결정적이 되었다.[6]

---

5 그러나 그 이면을 들여다보면, 나카소네는 다나카파에서 니카이도를 발탁하고, 스즈키파에서는 미야자와가 아닌 다나카를 임명함으로써 파벌의 의사와는 반하는 인사를 하였다.

6 다나카파의 실력자였던 가네마루(金丸)는 다나카와 후쿠다가 격돌했던 1970년대 초반 나카소네가 후쿠다를 응원하지 않고 다나카를 지원한 것이 나카소네 내각이 된 가장 큰 포인트였다고 회고하고 있다. 金丸, "世代交代,"『自民党の30年』(東京: 読売新聞社, 1985), 245쪽.

총주류파 체제에 의한 당내 안정

실제로 나카소네는 다나카파와의 직접적인 연계를 구축하는 한편, 다나카파와 가까웠던 스즈키파를 주류 연합에 끌어들임으로써 당내 주도권을 장악하고자 하였다. 또한 후쿠다파로부터도 실력자를 내각에 영입함으로써 총주류파적인 태세를 정비하였다. 다나카 내각 때부터 오히라 내각 때까지 주류파와 반주류파가 나누어져 경쟁하고 인사 면에서 반주류파에게 불이익을 주었던 당내 결정 시스템을 개선하고, 자민당 내 파벌이 총체적으로 내각 및 당직에 임명되는 총주류파 체제總主流派體制 확립을 본격화한 것이었다.[7] 모든 파벌을 총주류파 내로 끌어들임으로써 나카소네는 당내 융합과 안정을 도모하였다.

비주류 파벌을 홀대하지 않고 요직을 배분하는 총주류파벌 체제의 확립이 파벌 내에서의 연공서열주의seniority system와 결합되면서 당내의 갈등 구조는 크게 완화되었다. 연공서열주의란 사실상 사토 내각 시절부터 기틀을 잡기 시작한 당내 관행으로서 당내 파벌에 속하는 의원 중 당선 횟수가 일정한 수준에 달한 의원을 순서대로 각료에 임명하는 시스템이었다. 대부분 당선 5-6회 정도의 의원들이 각료로 임명되는 것이 관례로 정착되었다.[8] 명문화된 규정에 의한 것은 아니었지만 파벌 간의 양해 사항이자 관행으로 정착한 연공서열주의는 파벌 내에서 각료직을 둘러싸고 이루어지는 갈등을 최소화하는 장치로 작용하였다.

---

7 이는 사실상 이익 배분의 파벌 연합 정치였다. 内田健三, 『現代日本の保守政治』 (東京: 岩波書店, 1989), 88쪽.

8 佐藤誠三郎 · 松崎哲久 (1986), 44쪽. 연공서열주의는 장로 의원들에게 역차별을 준 측면도 간과할 수 없다. 사토와 마츠자키의 연구에 의하면, 대신, 당 3역, 총재, 부총재 등을 두 번 이상 역임한 사람에게는 당선 연차에 따른 연공서열이 거의 없었다고 한다. 그러나 첫 당선부터 첫 입각까지는 다소의 차이는 있지만 거의 평등하게 의원들을 대우한 것으로 분석되었다. 위의 책, 50-51쪽.

당내에서 정착된 연공서열주의 관행에 따르면 당선 횟수에 따라 기대할 수 있는 당직이나 국회 요직 및 각료직이 거의 정해져 있었다. 따라서 의원들은 특정 요직을 차지하려면 먼저 당선을 거듭해야 하므로, 재선에 최대한 신경을 써야 하는 결과를 가져왔다. 당으로 보면 소속 의원들의 불만을 잠재우면서, 동시에 당 소속 의원들의 재선 가능성을 높일 수 있는 편리한 제도적 장치였다. 당선 횟수에 따라 국회의원들이 기대할 수 있는 자리는 대략 아래와 같은 것이었다.

당선 횟수	포스트
당선 9회 이상	총재, 중진 의원
당선 7회 이상	당 3역,
당선 5~6회	대신, 국회 상임위원장
당선 4회	부간사장, 간사장 직속 국장,
당선 3회	자민당 정무조사회 부회 회장
당선 2회	국회 상임위원회 이사, 정무차관, 자민당 정무조사회 부회 부회장
당선 1회	자민당 부회 회원

자료: 佐藤誠三郎 · 松崎哲久, 『自民党政権』 (東京: 中央公論社, 1986), 39~42쪽.

총주류파 체제의 확립과 연공서열주의의 정착에 의해 당을 안정시킨 나카소네는 자신이 구상한 정책 추진에 매진할 수 있는 정치적 환경을 구축하게 되었다.

또한, 나카소네는 오히라가 자민당 소수 정권 당시 만들어낸 국회 운영 원칙 세 가지를 존중하였다.[9] 세 원칙이란, 첫째, 정권 여당, 즉 국회 내 최대 다수당으로서 자신의 입장을 관철한다. 둘째, 가급적 중도 정

9 内田健三 (1989), 89쪽.

당을 끌어들인다. 셋째, 야당 제1당인 사회당과의 대화 노선을 지킨다는 것이었다. 다시 말해서, 야당과의 협조를 통해 국회의 원만한 운영을 꾀하자는 노선이었다. 나카소네가 집권한 당시 자민당은 압도적 다수를 가지고 있었음에도 불구하고 야당과의 협력 노선을 무너뜨리지 않았다.

[02]

나카소네의 신보수주의적 공세와 혁신의 퇴조

관료 우회적 정책 결정 시스템의 구축

나카소네가 총재 선거에 나오면서 제시한 구호는 '증세 없는 행정개혁'이었다. 1970년대부터 지속된 국가의 재정지출로 인해 국가의 재정이 악화되고, 국가의 손실 부담이 점점 늘어나서, 이를 보전하기 위해서는 국민들에게 세금을 올리도록 부탁할 것인가, 이에 앞서 공공 부문 개혁을 통해 세출을 억제할 것인가 하는 선택에 놓여 있었다. 나카소네는 오히라가 시도한 전자의 선택이 정치적으로 반발이 크다는 것을 알고, 후자의 선택을 했다. 나카소네는 회고록에서 '종래의 케인즈 이론을 바탕으로 구상된 관리경제와 과잉 복지로 인한 스태그플레이션, 그리고 느슨해진 근로 규율 극복을 목표로 하여, 경제적 자유주의를 주축으로 삼아 시장 기능의 신장, 민영화, 규제 완화, 보조금 삭감 등의 조치를 통해 민간 부문 활성화와 작은 정부를 지향하였다'고 밝히고 있다.[10] 국민들에게 세금을 올려달라고 부탁하기보다는 먼저 행정개혁을 통해 국가의 부담을 줄이기 위한 재정지출 억제 및 공공 부문 축소 노선을 꾀한 것이다.

그러나 관료의 지배가 확고한 일본에서 공공 부문에 메스를 들이댄다는 것이 결코 용이한 일이 아니라는 사실을 내무성 관료 출신인 나카소네는 잘 알고 있었다. 일본은 이른바 '철의 삼각형iron triangle'이라고 불리는 관료, 정치인, 기업인의 연합 또는 결탁에 의해 이끌어진다고 알려져 왔다.[11] 일본의 정책 결정 과정이 관료 지배로 점철되어 있다는 논리는 수정주의자들만의 주장이 아니었다.[12] 나아가 자민당 정권이 장기에 걸쳐 안정화되면서, 관료에 더하여 자민당 내 족의원族議員으로 불리는 특정 정책 분야 전문가들이 정책 결정에 지대한 영향을 미치게 되었다.[13] 오랫동안 의원으로서 각 성청의 주요 업무에 간여해 오면서 관료를 능가하는 전문적 지식과 네크워크를 겸비한 중견 정치인들이 생겨났으며, 이들은 정책 결정의 중요한 관문이 되었다.[14] 무라마츠와 크라우스는 자민당 지배 체제가 지속되면서 족의원들을 중심으로 각 분야별로 분절된 '패턴화된 다원주의patterned pluralism'가 생겨났음을 밝히고 있다.[15] 전통적으로 관료의 우위가 점쳐지던 정책 과정에 정치인들

---

10 中曽根康弘, 『政治と人生』 (東京: 講談社, 1992), 395쪽.

11 T. J. Pempel and Keichi Tsunekawa, "Corporatism Without Labor? The Japanese Anomaly," Philippe C. Schmitter and G. Lembruch (eds.), *Trends Toward Corporatist Intermediation* (Beverly Hills: Sage, 1979).

12 일본의 관료 지배에 대한 대표적인 논의는, Charlmers Johnson, *MITI and the Japanese Miracle* (Stanford: Stanford University Press, 1982).

13 猪口孝 · 岩井奉信, 『族議員の研究』 (東京: 日本経済新聞社, 1987).

14 佐藤誠三郎 · 松崎哲久 (1986).

15 Ellis Krauss and Michio Muramatsu, "The Conservative Policy Line and the Development of Patterned Pluralism," in Kozo Yamamura and Yasuba (ed.), *The Political Economy of Japan*, Vol. 1 (Stanford: Stanford University Press, 1987).

의 영향력이 융합되는 복합적 구조가 형성된 것이다. 이 같은 관료 및 족의원들의 영향력 증대는 분절화된 다원주의라는 용어가 상징하듯, 정책 결정에 있어서 관청, 족의원, 이해 집단을 포괄하는 하위 정부sub-government의 독자성을 인정하는 정책 구조를 낳았다. 족의원과 관청의 결합에 의해 경직된 이익을 추구하는 정책 결정 구조가 정착한 것이다. 이는 역으로 말하자면, 수상이 상명 하달식으로 정책을 추진하기 힘든 구조가 정착되어가고 있음을 의미하는 것이었다. 분절화된 다원주의의 정책 구조에서 행정개혁이라는 아젠다를 정치적 전면에 내세우기 위해서는 국민적 합의의 도출과 더불어 족의원을 포함한 관련 이해 집단의 동의가 필수적인 것이었다.

나카소네는 관료 중심의 분권화된 정책 결정 체제에서 자신들의 권한과 예산을 삭감하는 행정개혁에 관료들이 쉽사리 협력하지 않을 수도 있다는 점을 간파하였다. 따라서 관료 기구를 우회하면서 수상이 주도하는 정책 아젠다 설정을 위해 그는 혁신적 아이디어를 고안해냈다.

나카소네는 중앙 성청 조직과는 별도의 위원회를 만들어, 관료 조직을 우회하면서 국민적인 합의를 도출함으로써 행정개혁에 대한 정치적 정당성을 확보하는 전략을 짰다. 이른바 '심의회 정치審議会政治'였다.[16] 하지만, 예전의 자민당 정권하에서 구성된 심의회와는 다른 방식을 도입하였다.[17] 즉, 행정조직법상 구성해야 하는 정규의 심의회와는 별도

16 나카소네 내각 때 설치된 심의회나 사적 자문 기구는 아주 많았다. 예를 들면, '고도 정보 사회에 관한 간담회,' '경제 정책에 관한 간담회,' '임시 교육 심의회,' '평화 문제 간담회,' '각료의 야스쿠니 신사 참배에 관한 간담회' 등이 그 예이다. 石川真澄, 『戦後政治史』 (東京: 岩波新書, 1995), 159쪽.

17 内田健三 (1989), 130쪽.

로 사적인 자문기관을 다수 설치하여 자문위원에는 자신의 브레인들을 포진시켰다.[18] 또한 사적 자문기관에 의한 결론 및 답신을 정규 심의회에 투영시켜 심의회 자체를 나카소네 색으로 바꿔가는 간여干與, 견제牽制, 유도誘導의 방식을 취하였다.

아울러, 나카소네는 관료의 발상과는 다른 신선하고도 과감한 개혁 아이디어 제시를 위해 민간인의 아이디어를 대폭 수용하였다. 나카소네는 오히라 수상이 만들었던 개인 정책 자문단을 거의 그대로 이어받아 정치 및 정책 자문에 활용하였다.[19] 이른바 '브레인 정치'를 전면적으로 도입한 것이다. 이를 통해 관료와는 다른 발상을 하는 싱크탱크를 독자적으로 확보함으로써 관료들과 아이디어 경쟁을 할 수 있는 태세를 정비하였다. 세지마 류조瀬島竜三, 사토 세이자부로佐藤誠三郎, 고야마 겐이치香山健一, 와타나베 아키오渡辺昭夫, 고사카 마사타카高坂まさたか, 가토 간加藤寛, 우메하라 다케시梅原たけし 등은 대표적인 브레인이었다. 나카소네는 공식적인 회의 이외에도 이들을 자주 불러 상담하면서 정책 추진을 위한 아이디어를 구상하곤 했다.[20]

관료의 반대를 극복하는 또 하나의 방법은 관료를 제압할 수 있는 전문 지식과 네트워크를 가진 족의원들을 민영화의 협력자로 끌어들이

---

18 이러한 심의회에는 사토 세이자부로(佐藤誠三郎), 구몬 슌페이(公文俊平), 무라카미 야스스케(村上泰介), 고사카 마사타카(高坂正たか), 와타나베 아키오(渡辺昭夫), 가토 간(加藤寛) 등 자신의 브레인들이 들어가 있었다.

19 大嶽秀夫, 『自由主義的改革の時代』 (東京: 中央公論社, 1994).

20 나카소네 본인은 낮에 개최되는 린쵸의 공식 회의와는 별도로 매주 한 번 저녁에 핵심 측근들이 참가하는 작전 회의 성격의 모임을 통해 행정개혁 추진 전략을 상의했다고 밝히고 있다. '우라(裏) 린쵸'로 불린 이 모임은 내부 원안 작성을 위해 매주 금요일 밤 8시부터 아카사카의 요정 '기쿠테이(菊亭)'에서 만나 작전을 상의했으며, 통산 15회 정도 회합을 가졌다고 한다. 멤버는 나카소네 본인, 호리우치(堀内), 나카무라(中村) 정무차관, 가지(加治) 차관, 하시모토(橋本竜太郎), 세지마(瀬島竜三), 아카자와(赤沢), 가토 간(加藤寛), 우메모토(梅本) 등이었다고 한다. 中曽根康弘 (1992), 304쪽.

는 것이었다. 예를 들면, 국철 개혁을 위해서는 미츠즈카 히로시三塚博라는 철도족의원의 협력이 필수적이었다. 관료들은 자신들의 권한을 줄일 수 있는 민영화에 반대할 가능성이 높았지만, 족의원들을 통해 자민당의 의사를 전달하고 조직 내의 개혁파를 중용하여 내실 있는 개혁이 반드시 반反관료적 결과를 낳지는 않는다는 확신을 주는 것이 필요했던 것이다. 나카소네의 정치 스타일을 대통령적 수상이라고 평하는 것은, 관료를 적대시하지 않고서도 자신의 정치적 아젠다를 실현할 수 있는 정책 결정 구조를 만들어냈기 때문이었다.

이와 같이 나카소네는 다나카파라는 최대 파벌과의 연합과 총주류파 체제의 확립을 통해 당내 질서의 안정을 꾀하는 한편, 정책 결정 구조를 정비함으로써 자신의 정치적 아젠다를 밀어나갈 수 있는 제도적 기반을 구축하였다.

다나카의 영향력 배제

다나카파의 지원을 받아 총리가 된 나카소네에게 다나카의 영향력에서 벗어날 기회는 우연하게 찾아왔다. 1983년 10월 12일에 이루어진 록히드 사건 1심 판결에서 다나카는 징역 4년, 추징금 5억 엔을 선고받았다. 야당은 다나카에 대해 의원 사직 권고안을 제출했다. 이를 둘러싼 혼란은 결국 1983년 11월 28일 중의원 해산에까지 이르렀다. 12월 18일에 치러진 선거에서는 1980년 중 · 참 동시선거에서 획득한 284석보다 34석이나 줄어든 250석을 얻는 데 그쳤다.[21] 나카소네는 자민당

21 이 선거에서 사회당은 112석, 공명당은 58석, 민사당은 38석, 공산당은 26석, 사민련은 3석, 그리고 무소속은 20석을 얻었다.

을 이탈했던 신자유클럽과 연립하는 한편, 보수계 무소속 9명을 입당시킴으로써 국회 운영에 지장이 없는 267석을 확보하여 위기를 극복했다.[22] 선거 패배에 대해 당내의 반발이 강했지만, 12월 24일 이른바 '다나카씨의 정치적 영향력을 일체 배제한다'는 총재 성명을 발표하여 비주류파의 비판을 가라앉혔다.

다나카파의 영수인 다나카는 록히드 사건으로 실형을 선고받음에 따라 더 이상 수상 자리를 노릴 수 없었다. 다나카파는 당내 최대 파벌이면서도 파벌 영수 때문에 총재 선거에 자파 대표를 내보낼 수가 없었다.[23] 따라서 다나카파에 속하는 소장 정치인들의 불만이 축적되어 있었다. 다나카파의 급속한 비대화는 중간 파벌의 흡수라는 형태로 진전되었으며, 에자키江崎真澄, 다무라田村元, 고사카小阪徳三郎 등 본래 다나카파가 아니었던 중견 정치인들이 다나카파의 중견 의원으로 영입되면서 소장층의 불만을 더해 갔다.

1984년 10월 말 자민당 총재 선거에 스즈키파, 후쿠다파와 다나카파 내의 니카이도二階堂 지지 세력이 야당인 민사당 및 공명당과 연합해서 니카이도를 총재로 옹립하려는 움직임이 일어났다. 하지만 다나카田中는 다나카파가 분열될 것을 우려하는 한편, 야당과의 연계를 통해 자민당 총재를 옹립하는 것은 말이 안 된다며 나카소네가 연임했으면 좋겠

22 신자유클럽이 자민당을 뛰쳐나가 사실상 자민당에서 이탈하는 보수계 표를 흡수함으로써 사회당이 약진하는 것을 막았고, 나중에 자민당에 다시 복귀한 점을 들어, 사토와 마츠자키는 신자유클럽이 보수 정권의 유지에 크게 공헌했다고 분석하고 있다. 佐藤誠三郎 · 松崎哲久 (1986), 26쪽.

23 다나카파의 중진이었던 고토다(後藤田)는 다나카 자신이 자기의 파벌에서 총재 후보자가 나오는 것을 바라지 않았다고 증언하고 있다. 만약 자신의 파벌에서 총재가 나오면 파벌의 힘의 중심이 다나카에서 총재 쪽으로 가버리는 것을 우려했기 때문이라는 것이다. 後藤田正晴, 『情と理』(東京: 講談社, 1998), 54쪽.

다는 의향을 비쳤다.[24] 니카이도가 총재가 되면 다케시타의 차례가 없어질 수 있다는 위기감을 가진 다케시타竹下登와 가네마루金丸信는 다나카파 내 소장파를 결집하여 다나카의 의향을 존중한다는 명분으로 나카소네를 지원하였다. 자민당 총재 선거가 끝난 후, 다케시타와 가네마루는 1984년 12월 말과 1985년 1월 말에 소수의 비밀 회합을 갖고 '창정회創政会, 소세이카이'라는 연구회를 만들기로 했다.[25] 이들은 1985년 2월 7일 40명을 멤버로 '창정회'의 깃발을 올렸다. 사실상의 다케시타파의 결성이었다.[26] 다케시타파의 결성을 저지하려던 다나카는 결국 2월 27일 뇌경색으로 쓰러졌다.[27] 다나카에 이어 최대 파벌의 영수가 된 다케시타와 가네마루의 강력한 지지를 손에 넣은 나카소네는 당내 기반을 안정시킬 수 있었다.[28]

신국제주의 외교의 추진

나카소네는 1985년 1월 국회에서의 시정 방침 연설에서, '수상의 중책을 맡은 이래 전후 정치의 총결산을 표방하고, 대외적으로는 세계의 평화와 번영에 적극적으로 공헌하는 국제국가 일본의 실현을, 국내

24 위의 책, 107쪽.

25 1984년 12월 25일 츠키지의 요정 '가츠라(桂)'에서 가지야마(梶山), 오자와(小沢) 등 14명이 모여 비밀 회합을 갖고, 1985년 1월 23일 다시 25명이 모여 '창정회(創政会, 소세이카이)'라는 연구회를 만들기로 했다. 田原総一朗, 『日本の政治: 田中角栄, 角栄以後』(東京: 講談社, 2002), 400쪽.

26 가네마루 신이 소세이카이 발족 당시 집결시킨 것은 주로 중의원 당선 6선 이하, 참의원 3선 이하의 각료 미경험자가 중심이었다. 北岡伸一 (1995), 222쪽.

27 이와 같은 연 때문에 다나카의 딸인 다나카 마키코는 정계에 진출하고 난 후 줄곧 다케시타파에 속하지 않고 무소속으로 지냈다. 다나카는 1993년 12월 16일 사망하였다.

28 기타오카는 자민당 지배 체제의 시대 구분을 하면서, 1957년부터 1972년까지는 기시파와 사토파의 연합의 시대, 1972년부터 1982년까지는 다나카파와 오히라파의 연합의 시대, 그리고 1982년부터 1988년까지는 다나카 · 다케시타파와 나카소네파의 연합 시대로 나누고 있다. 北岡伸一 (1995), 213-214쪽.

적으로는 21세기를 향한 문화와 복지국가 만들기를 지향하면서 전력을 다해 왔다'고 선언하였다.[29] 나카소네 내각의 대외적인 지향점을 한마디로 말하자면, '국제국가 일본国際国家日本' 만들기였다. 나카소네는 소련의 아프가니스탄 침공으로 대표되는 신냉전 상황의 도래를 염두에 두고, 아시아 국가들과의 관계를 강화하면서 미 · 일동맹을 더욱 공고히 하는 데 주력하였다. 동시에 국제 무대에서 일본의 발언력을 높이는 데 각별한 관심을 보였다. 국제국가 일본 만들기가 전전의 복고적 질서ancien regime로 회귀하는 것을 의미하는 것은 아니었다. 나카소네는 일본 외교에 관한 다섯 가지 원칙을 염두에 두고 있었다.[30] 첫째, 국력 이상의 대외 활동을 하면 안 된다. 둘째, 외교는 갬블링도박이어서는 안 된다. 셋째, 정보 입수와 정책 발신에 충실을 기해야 한다. 넷째, 세계사의 정통적 조류를 벗어나선 안 된다. 다섯째, 내정을 외교에 이용해서는 안 된다는 것이었다. 이를 역으로 말하면, 일본은 자신의 국력에 걸맞는 대외 활동을 하는 동시에, 적극적인 발신을 통해 세계사의 조류에 맞는 능동적인 외교를 펼쳐야 한다는 의미였다.

나카소네는 수상이 되자마자 외교 부문에서 수상의 지도력을 유감없이 발휘했다. 나카소네는 취임 직후 한국을 전격 방문하였다. 일본 수상으로서 첫 방한이었다. 한 · 일 관계는 1974년 김대중 납치 사건 이후 1982년 교과서 문제가 불거지면서 점점 더 악화되었다. 나카소네는

---

29 内田健三 (1989), 6쪽. 이와 같은 정치 이념의 좌표는 린쵸가 1981년 7월 제출한 1차 답신에서 행정개혁의 이념으로 제시한 두 가지를 그대로 받아들인 형태였다. 린쵸는 답신에서, 국제 사회에 대한 공헌의 증대와 활력 있는 복지 사회의 실현을 행정개혁의 양대 이념으로 제시하고 있다. 渡辺治, 『政治改革と憲法改正』(東京: 青木書店, 1994), 318쪽.

30 中曽根康弘 (1992), 327쪽.

총재 선거 이전부터 세지마 류조瀨島竜三를 한국에 밀사로 파견하여 새로 출범한 전두환 정부와 한 · 일 관계 개선에 대한 막후 교섭을 벌였다. 이를 바탕으로 1983년 1월 11일 한국을 전격 방문하였다. 정상회담과 국회 연설의 일부에서 한국어를 구사하여 사람들을 놀라게 하기도 하였다. 나카소네는 소련의 아프가니스탄 침공 이후 전개되던 신냉전 기류를 감안하여, 한 · 일 관계 공고화를 통한 한 · 미 · 일 삼각관계 재구축을 일본 외교의 핵심으로 여겼다. 나카소네는 스즈키 내각까지 꺼려했던 한국의 경제 협력 요구를 받아들여 40억 불의 차관을 제공하는 결정을 내리기도 했다. 그는 한반도의 평화와 안정 유지는 일본을 포함한 동아시아의 평화와 안정 유지에 긴요하다는 인식을 공유함으로써 일본이 자국 안보뿐만 아니라 지역 안보에 중요한 역할을 한다는 점을 대내외에 과시하였다.

나카소네는 1983년 1월 14일에 미국이 요구해 오던 담배 및 초콜릿 관세 인하 조치를 단행하고, 일본이 꺼려오던 대미 군사기술 공여라는 각의 결정을 내렸다. 일본은 오랫동안 무기수출 3원칙에 의거하여 타국에 군사 기술을 넘겨주는 것을 금지해 왔다. 그러나 나카소네는 무기수출 금지는 우방인 미국에 대해서는 적용하지 않는다는 방침을 정함으로써 원칙론적인 해결을 도모하였다. 곧이어 1월 17일에 개최된 레이건과의 정상회담에서는 '운명공동체'라는 표현까지 사용하면서 흔들림없는 미 · 일동맹 관계를 재확인하였다. 1월 18일 워싱턴 포스트Washington Post와의 회견에서 나카소네는 '러 · 일전쟁으로부터 37년 후, 일본은 세계에서 고립되어 비극을 맞이했다. 제2차 세계대전 후 37년간 일본은 경제적으로 성장하였지만, 다시 세계로부터 고립할 위험에 빠져있다 (…) 나는 일본 국민이 국제 사회의 협조적인 일원이 될 수 있도록 리더쉽을 발휘할 생각이다'라고 밝히면서,[31] '일본은 이른바 불침항모로서 외국 군용기의 침입을 허락하지 않는다'라는 이른바 '불침항모론'을 제기하고 '대소련 3해협 봉쇄론' 등의 수사를 구사하면서 미·일동맹의 견고함을 과시하였다. 나카소네는 이 같은 발언을 통해 방위 문제에 대해 일본이 소극적이라는 인상을 불식하고, 미국의 불신감을 해소하는 데 성공하였다.[32] 소련의 위협이 증가하고 있는 신냉전 상황 속에서, 일본이 국제 안보에 대한 적극적인 역할을 하겠다는 정치적 의지의 표시였다. 나카소네는 이 정상회담을 계기로 레이건과 '론-야스Ron-Yasu'로 불리는 개인적인 우정을 쌓으면서 미·일 관계를 강화시켜 나갔다. 이 같은 노선의 추구는 사회당이 오랫동안 반대를 거듭해 왔던 미·일동맹 반대나 군사화 노선 반대에 정면으로 배치되는 것이었다.

그러나 나카소네는 사회당의 반대에 아랑곳없이 자신의 생각을 관철해 나갔다. 1983년 6월 열린 윌리엄스버그Williamsburg 정상회담에서 소련이 SS-20 중거리 미사일을 유럽에 배치하는 문제가 논란이 되었다. 소련이 유럽의 반대에 의해 미사일을 아시아에 배치하려는 움직임을 보이자, 나카소네는 소련의 SS-20 미사일 극동 배치에 대한 강한 반대를 표명하면서 일본의 정상으로서는 처음으로 국제 무대에서 정치·군사 문제에 대해 적극적으로 발언했다. 또한 1983년 9월 1일 대한항공기가 사할린 상공에서 소련 전투기에 의해 격추되는 사건이 발생하자,

---

31 読売新聞政治部, 『総理大臣中曽根康弘』 (東京: 現代出版, 1986), 128쪽.
32 中曽根康弘 (1992), 314쪽.

이에 대한 정보를 바로 미국 측에 전달하는 등 적극적인 움직임을 통해 소련에 대한 대항 전선 구축에 힘을 기울였다. 이와 같이 나카소네는 역대 일본 총리들과는 달리 경제 문제에 한정하지 않고 국제 무대에서 정치 · 군사 문제에 대한 전략적 판단에 동참하는 적극성을 보임으로써 일본의 국제적 역할을 향상시키는 데 각별한 관심을 보였다.

아울러, 나카소네는 전후 정치인들이 금기시하던 이슈를 과감하게 돌파하는 입장을 취하였다. 1984년 1월 5일 수상으로서 처음 야스쿠니 신사靖国神社를 참배한 나카소네는 국내외에서 논란이 일자, 후지나미藤波 관방장관 아래에 사적 자문기관인 '각료의 야스쿠니 신사 참배에 관한 간담회'를 설치하고 논의를 위탁하였다. 이 간담회가 1985년 8월 9일 헌법의 정교분리 원칙에 반하지 않는 형태로 야스쿠니 신사를 참배하는 것은 무방하다는 결론을 내리자, 1985년 8월 15일에 수상으로서 처음으로 야스쿠니를 공식 참배하였다.[33] 그러나 나카소네는 그 다음해부터 다시 참배를 중지하였다. 그 이유에 대해 나카소네는 한 인터뷰에서 '중국과의 관계가 악화되는 것만큼은 저지하지 않으면 안 된다. 자신은 자민당의 뜻을 받아 참배했지만, 국가 이익까지 해를 주며 참배한다면 영령들이 기뻐하지 않을 것이다'라고 답했다.[34] 1986년 9월 중의원 본회의에서 도이土井 사회당 위원장이 제기한 질문에 대한 답변에서도 '국제 관계에 있어서는 우리나라만의 생각이 통용될 것이라고 생각하면 잘못된 것이고, 일방통행은 위험하다. 특히 아시아 각국의 국민 감정

33 石川真澄 (1995), 163쪽.

34 横山宏章, 『日中の障壁』(東京: サイマル出版会, 1994).

을 생각해서 국제적으로 통용되는 상식 또는 통념에 의해 정책을 펴가는 것이 옳다. 그것이 궁극적으로 국익을 지키는 방법이라고 생각한다'고 밝혔다.[35] 이 같은 나카소네 총리의 자세를 내각의 일원인 후지오藤尾 문부상이 '상대방 비위를 맞추는 것을 외교라고 생각하는 것은 착각'이라고 비판하자, 그를 즉시 파면하였다.[36] 국제적 현실주의자로서의 일면을 보여 주는 대목이다.

국제 안보 및 방위 문제에 있어서 적극적인 역할을 수행하고자 하는 연장선에서 나카소네는 미키 수상이 1976년 11월 5일 각의 결정을 통해 설정했던 방위비 1% 미만이라는 방침을 수정하고자 노력하였다. 그는 수상 직속으로 '평화 문제 간담회'라는 사적인 자문기관을 설립하였다. 이들이 1984년 12월 18일, 방위비 1%의 틀을 철폐하도록 권고하는 최종 보고서를 제출하자, 1985년과 1986년 사이에 논의를 거쳐 1986년 말 정해진 1987년도 예산안에서 방위비는 GNP 대비 1.004%로 설정되었다. 방위 문제에 대한 나카소네의 적극성을 다시 한 번 보여준 것이었다.[37]

야스쿠니 신사 참배와 방위비 1% 틀처럼 국내외에서 시비가 엇갈리고 찬반 양론이 비등한 이슈에 대해, 수상이 간담회를 설치하여 그들의 의견을 받아들이는 형태로 터부에 도전한 것은 나카소네의 전형적인

---

35 若宮啓文, 『戦後保守のアジア観』 (東京: 朝日新聞社, 1995), 186쪽. 나카소네는 회고록에서 다음과 같이 밝히고 있다. "일본의 제국주의적 팽창과 침략에 의해 피해를 입은 국가들의 원한과 증오는 전쟁이 끝나고 백 년, 3세대 간은 없어지지 않을 것이라는 것을 알아야 한다. 우리(일본)는 앞으로 50년간 자제와 겸허의 길을 걷지 않으면 안 된다." 그가 전후 세대의 우파와 다른 일면이 있음을 보여 주는 대목이다. 中曽根康弘 (1992), 327쪽.

36 후지오 문부상은 1986년 9월 초에 발매된 월간지 『문예춘추』 10월호에서 나카소네를 비판했다. 나카소네는 발매 직후인 9월 8일, 후지오를 파면하였다.

37 石川真澄 (1995), 163쪽.

정치 스타일이었다.

신자유주의적 개혁 – 증세 없는 행정개혁과 민영화 –

나카소네가 표방한 전후 정치 총결산의 한 축이 국제국가 일본 만들기였다면, 다른 한 축은 활력 있는 복지국가 만들기였다. 선진국형 재정 적자를 불러온 국가 주도의 재정 확대 노선을 반성하며 신자유주의적 개혁을 추구하자는 것이었다. 국가가 주도하는 경제로부터 탈피하여 민간 부문을 활성화하기 위해, 국가에서 하던 일을 민영화하고 규제를 철폐함으로써 시장경제를 활성화하자는 것이 기본 취지였다.[38]

보수 본류와 나카소네가 취한 신보수주의를 비교연구한 히로세広瀬는 두 보수 노선의 차이점을 아래의 표와 같이 설명하고 있다.

◎ 신보수주의와 보수 본류의 차이점

	보수 본류	신보수주의
경제 운영	• 경제의 건전한 발전을 위한 정부의 규제, 행정 지도 및 지원 • 우열 간 차이를 회피하는 호송선단 방식	• 시장에 맡기고 정부 규제 철폐 • 기업 간 경쟁과 세부담 경감, 공정 경쟁 – 독과점 적용 및 정보 공개
세제	• 소득세 누진세 최고 소득자 50% • 법인 과세 중시	• 누진과세 최고 세율은 20% • 소득세 중시
중앙과 지방	• 중앙의 지방에 대한 지도와 지원 – 재정 취약한 지자체에 대한 중앙정부 지원 • 공공사업은 국가가 계획해서 국가 주도로 실시	• 중앙정부 역할은 외교, 방위에 한정 – 지방정부 서비스는 지자체 자체 부담과 책임 • 공공사업은 지자체가 주체

출처: 広瀬道貞, 『補助金と政権党』 (東京: 朝日文庫, 1981), 281쪽.

나카소네는 린쵸臨調의 제언을 받아들이는 형태로 국영기업들의 민

38 오타케는 나카소네의 개혁이 당시 레이건과 영국의 대처가 추진한 신자유주의와 비슷함을 들어 이 시기를 자유주의 개혁의 시대라고 불렀다. 大嶽秀夫 (1994).

영화와 규제개혁을 강력히 추진하였다. 나카소네는 1970년 후반부터 일본에도 불어오던 선진국형 복지국가병에 대한 진단을 받아들였다. 『문예춘추』는 이미 1975년에 '일본의 자살日本の自殺'이라는 논문을 통해 국영철도와 혁신지자체를 표적으로 삼으면서, 지자체의 무책임한 사회복지 무료화 정책에 의한 적자의 누적 증대와 국가 의존증, 그리고 국영기업 노조들에 의한 예산 남용에 대해 심각한 문제 제기를 하였다.[39] 서구형 선진국병의 위험성을 제기한 이 논문 이후, 무라카미村上, 사토佐藤誠三郎, 구몬公文俊平 등 나중에 오히라, 나카소네 내각의 브레인이 된 학자들이 1976년 구성한 '정책구상포럼'은 저성장 시대에 일본 독자의 복지 사회 건설을 위한 신자유주의적 개혁을 제안하는 한편, 다각적 안전보장 체제를 구축해야 한다고 주장함으로써 신자유주의적 개혁의 이론적 근거를 제시하였다.[40] 제1, 2차 오일 쇼크 이후 세계 불황 시대에 공공사업비가 현저하게 증대하여, 1980년도 행정 투자 총액은 일본 국내총생산의 11.9%에 달하였다.[41] 또한, 1973년도 이후 예산에서 증가하기 시작한 보조금 총액은 일반회계예산의 약 3분의 1을 차지하게 되었다. 안정성장을 위한 공채발행액은 다나카 정권 당시 4조 엔으로부터 계속 늘어나서 미키 내각 때인 1975, 76년에는 8조 5000억 엔, 후쿠다 내각 당시인 1977, 78년에는 7조 7000억 엔, 그리고 오히라 내각 때인 1979, 80년에는 7조 4000억 엔에 이르러, 공채 발행 총액은 7조 6000억

39 グループ1984年, "日本の自殺,"『文藝春秋』(1975年 2月号).

40 加茂利男,『日本型政治システム』(東京: 有斐閣, 1993), 106쪽.

41 三宅一郎 · 山口定 · 村松みちお · 進藤栄一,『日本政治の座標』(東京: 有斐閣選書, 1985), 158쪽. 특히 공공토목 비용의 증가로 세간에는 '예전에는 농협, 요즘은 토건'이라는 말까지 회자되었다고 한다.

엔에 육박하였다.[42] 재정 적자를 해소하기 위한 일환으로, 오히라는 소비세 구상을 내놓았지만, 유권자들에게 평가를 받지 못한 상태였다. 따라서 재정 재건의 중점은 자연스럽게 세출 억제로 옮아갔고, 이는 스즈키-나카소네 정권에 의한 행정개혁 및 재정개혁 노선으로 나타났다.

1970년대 후반부터 일본은 재정을 압박하는 '3K' 문제로 골치를 앓고 있었다. 3K란 국철国鉄, 고쿠테츠, 건강보험健保, 겐뽀, 쌀米, 고메의 영문 첫자를 딴 명칭이었다.[43] 나카소네는 스즈키 내각에서 행정개혁 담당 대신을 맡았을 때, 임시행정조사회臨調, 린쵸를 구성하여 그 위원장에 청빈한 삶으로 유명한 도코 도시오土光敏夫 회장을 영입하였다.[44] 경단련經團連, 게이단렌 회장이었으면서도 작은 집에서 살고 있던 도코 회장의 삶을 통해 공공 부문의 개혁이 필요하다는 사실을 국민들에게 호소하기 위한 것이었다. 린쵸는 재계는 물론, 학자, 지식인을 포함함으로써 여론의 향배를 바꾸는 역할도 수행하였다. 도코는 린쵸가 발족하기 직전인 1981년 3월 11일에 당시 스즈키 수상과 나카소네 행정개혁상에게 '도코 메모'를 전달하였다. 그 내용은, 첫째, 린쵸의 답신을 완전하게 실행한다. 둘째, 작은 정부를 지향하고 증세 없는 재정 재건을 도모한다. 셋째, 중앙뿐 아니라 지방자치단체의 행정개혁도 추진한다. 넷째, 특수법인 정리 및 합리화, 관업官業의 민업民業으로의 이행 등을 통해 민간의 활력을 이용한다는 것이었다.[45] 증세 없는 재정 재건을 추진한다는 방침에 따라,

---

42 内田健三 (1989), 91쪽.

43 Gerald Curtis, *The Japanese Way of Politics* (New York: Columbia University Press, 1988).

44 제2차 임시행정조사회가 발족한 것은 1981년 3월 16일이었다.

45 内田健三 (1989), 105쪽.

당시 행정개혁상이었던 나카소네는 1981년 7월 우선 건강보험제도 개혁에 착수하여 노인의료무료제를 폐지하였다. 1982년 2월에는 허인가 사업을 정리하고 합리화하였다. 수상이 된 나카소네는 1983년 3월 14일 린쵸臨調가 최종 답신을 제출하자, 이를 받아들이는 형태를 취하면서 '증세 없는 행정개혁'을 전면적으로 추진하였다.

나카소네가 행정개혁의 일환으로 먼저 손을 댄 것은 전전공사電電公社 개혁이었다.[46] 적자를 내고 있던 국철과는 달리 흑자를 내고 있던 공기업인 전전공사의 개혁은 상대적으로 용이했다. 1982년 10월 전전공사 신도進藤 총재와 전기통신노조全電通위원장인 야마기시山岸의 회담에서 노조위원장인 야마기시가 '국회에 맡기겠다'고 민영화 용인 발언을 함으로써 공사의 민영화는 급물살을 탔다.[47] 전전공사를 주식회사로 하려던 안이 자민당의 반대에 부딪히자, 전전공사 간부는 15년간에 걸쳐 9만 명에 대한 대폭 인사 감축 계획 시안을 제시하였고 전전공사의 민영화가 추진되었다.

행정개혁의 최대의 초점이자 골칫거리는 국철国鐵 민영화였다. 1964년 300억 엔이었던 국철의 적자가 1981년에는 누적 적자 1조 엔을 넘어섰고, 채무도 16조 4200억 엔에 달해 있었다.[48] 대부분의 장기 채무가 차입금 변제나 이자 지불에 사용되고 있었다는 점은, 국철의 문제가 얼마나 심각한지 알려주는 지표였다. 즉, 국철 개혁의 최대 이유는 경영 위

---

46 전전공사 및 전매공사의 민영화에 대해서는 다음을 참조할 것. 大嶽秀夫 (1994); 飯尾潤, 『民営化の政治過程』(東京: 東京大学出版会, 1993).

47 飯尾潤 (1993), 120쪽.

48 草野厚, 『国鉄改革』(東京: 中公新書, 1989), 18-23쪽.

기였다. 더욱 문제를 곤란하게 만든 것은 국영철도의 노조인 국철노조国労가 야당인 사회당의 최대 지지 기반이었다는 점이었다. 하지만 1980년 당시 41만 3,000명의 직원이 근무하였음에도 수지 개선이 없는 경영 악화로 인해 개혁이 불가피했다. 민영화 계획 작성을 담당한 가토加藤寛는 35만 명 체제로의 개혁 방침을 세우고 실천 방침에 부심하였고,[49] 국철 경영기획실에 근무하던 카사이葛西가 해결책을 제시하면서 민영화 계획은 본격화되었다. 그는 경영 책임의 명확화, 직장 질서와 복무 규율의 엄격화, 합리화 추진과 생산성 향상에 기반을 둔 분할안을 린쵸에 제시하였다.[50] 이에 따라, 국철재건감리위원회監理委員会가 1983년 6월 10일 설치되었고, 그해 12월에 히토스기仁杉 신총재가 취임하였다. 하지만 히토스기 총재는 현상유지파의 입장에 손을 들어주면서, 분할 및 민영화 계획과 다른 전국 1사제의 민영화안을 자체로 마련하여 1985년 1월 10일 발표하였다. 또한, 다나카田中角栄 전 수상에게 접근하여 회사의 분할을 막고자 노력하였다. 이에 대해, 린쵸 위원들은 린쵸 방침에 반대하는 국철 간부는 책임을 물어야 한다며 히토스기 총재의 경질을 요구하였다. 국철재건소위원회 위원장인 미츠즈카三塚는 국철 비분할 민영화 방안이 발표된 이후, 그가 경질될 때까지 위원회를 개최하지 않았다. 분할 민영화안에 대한 반대안이 나올 것이 분명했기 때문이다.[51] 다나카가 뇌경색으로 쓰러지면서 가토 무츠키加藤六月 등 현상유지파의 계획에 차질이 생기자, 나카소네는 1985년 5월 24일 히토스기를 해임하

49 위의 책, 78쪽.
50 위의 책, 78쪽.
51 위의 책, 238쪽.

고 그 후임으로 스기우라杉浦 전 차관을 기용하여 민영화에 박차를 가했다. 1985년 7월 26일, 재건감리위원회는 최종 답신을 제출하여, 경영 형태를 민영화하여 여객 부문은 전국을 6개사로 분할하되 화물 부문은 전국 1사로 할 것, 1987년 실질적 잉여 인력을 4만 1,000명으로 하여 3년 내에 재취업을 알선할 것, 처리할 채무 총액은 37조 3000억 엔 중 토지 매각으로 보상할 수 없는 16조 7000억 엔은 국민 부담으로 한다는 개혁안을 내놓았다.[52] 이를 바탕으로 1986년 11월 28일 국철 개혁 법안이 성립되어, 1987년 4월 국철이 분할 민영화되었다.

국철 민영화 과정은 여야 간 대립보다는 자민당 내 대립이 개혁의 본질이었음을 드러냈다. 개혁파와 현상유지파가 각축을 벌이는 가운데, 다나카파와 미츠즈카파를 중심으로 한 족의원들이 결정적인 영향력을 미쳤다.[53] 국회 내 실질 심의도 자민당의 결정에 크게 의존하는 상황이 나타났다.[54] 사회당과 국철 노조는 자민당 내 현상유지파와 같은 입장을 취하면서 자민당 내의 움직임에 의존하였다. 나카소네는 심의회를 적극적으로 활용하면서 자민당 내 족의원들의 협력을 얻어냄으로써 민영화에 성공하였다.

이들 국영기업의 민영화는 국가재정에 부담을 주고 있으면서 행정적 효율성이 떨어지는 부문을 개혁한다는 행 · 재정적 의미 이외에도 커다

52 위의 책, 211쪽.

53 국철감리위원회의 위원인 가메이(亀井)가 당의 부탁을 의뢰하기 위해 가네마루(金丸) 간사장을 찾아가자, 가네마루는 가토(加藤六月), 미츠즈카(三塚), 오코노기(小此木) 3명을 지명하면서 '그네들이 양해했다는 것은 당의 생각이라고 생각해도 좋다'고 발언했다고 한다. 그만큼 이 문제는 교통부회, 운수족에게 맡겨져 있었다. 위의 책, 238쪽.

54 曽根泰教, "やらせの政治:審議会方式を検証する,"『中央公論』(1986年 1月号), 311쪽.

란 정치적 의미를 가지고 있었다. 국철과 전전공사는 일본 내 최대 공공 부문 노동조합을 구성하고 있는 조직이었고, 예로부터 사회당의 강력한 지지 기반이었다. 국철노동조합国労, 고쿠로은 전국적인 조직과 더불어 강력한 단합과 투쟁성으로 유명한 공공 부문 노조였고, 전전공사의 노동조합인 전기통신노조全電通도 전국적인 조직을 가진 유력한 사회당 기반 조직이었다. 여기에 지방자치단체 노동조합인 자치노조自治労, 지치로와 일본교직원노동조합日教組, 니쿄소를 합쳐 사회당을 밀어주는 4대 노동조합이라고 일컬어질 만큼 강력한 정치 조직이기도 했다.

이들 국영기업노조는 자신들의 생활 기반이 국가 예산에 의해 결정되기 때문에 예산을 결정하는 국회에 대한 압력과 로비가 아주 중요했다. 이들은 사회당이라는 최대 야당을 통해 국회를 압박하는 방법으로 예산을 확보해 왔다. 하지만 국철을 민영화하는 동시에 동JR과 서JR로 분할함에 따라, 조직이 이분되고 예산주의가 아닌 결산주의로 전환하였다. 그러자 예산 확보를 위한 투쟁보다는 업무의 효율성과 생산성 제고가 주된 관심사로 바뀌게 되었다. 아울러 전전공사가 민영화된 NTT의 경우, 전국적인 조직은 유지할 수 있었지만 예산에 대한 절대적 의존성이 줄어들고, 수익의 일부분을 자신들의 이익으로 배당받을 수 있는 길이 열림에 따라 전투적인 투쟁 조직으로서의 성격에 변화가 오게 되었다.[55] 이는 정치적으로 사회당을 지지해 오던 두 개의 커다란 노동조합이 사회당에 대한 의존도를 줄일 수 있는 계기로 작용하였다. 즉 이들 민영화된 노동조합이 사회당에 대한 지지를 표면적으로 유지하

55 山岸章, 『連立仕掛人』 (東京: 講談社, 1995).

기는 하였지만, 사회당을 통한 이익 확보 방식이 사실상 필요하지 않게 되었음을 의미한다. 따라서 국영기업의 민영화는 사회당의 최대 지지 조직들로 하여금 사회당으로부터 유연하게 이탈하도록 유도하는 정치적 공세이기도 했다.

나카소네는 자신의 임기 중 전후 체제를 총결산하겠다고 공언하였다. 그가 전후 체제의 일 막을 내리고 다른 단계로의 이행을 시도한 것은 틀림이 없다. 무엇보다도, 나카소네는 자민당으로 대표되는 보수와 사회당으로 대표되는 혁신 간의 대결 구조를 총체적으로 전환하려고 하였다. 즉 민영화를 통해 사회당이 대표하고 있는 국가재정 의존적 구조를 타파하는 동시에, 미 · 일동맹 강화를 통해 사회당 정책의 비현실성을 드러냄으로써 보수의 우위를 결정적인 것으로 만들고자 하였다. 다시 말해 전후 체제의 총결산이란, 자민당과 사회당과의 경쟁 구도로 남아 있던 전후 체제의 모습을, 확고부동한 자민당의 우위 체제로 전환하고자 시도한 것이었다.[56] 이 같은 의미에서 전후 체제의 총결산은 결과적으로 성공했다.

나카소네 총리의 임기는 1986년 가을로 끝나게 되어 있었지만, 나카소네는 중 · 참의원 동시선거를 통해 승부수를 걸었다. 1986년 6월 2일 임시국회를 소집하고 바로 양원을 해산했다.[57] 결과는 자민당의 대승리였다. 투표율은 71.4%를 기록했고, 자민당은 중의원에서 48.4%의 득표

56 우치다는 전후 정치 총결산의 의미는 요시다를 시조로 하는 전후 정치 30년을 스스로의 손으로 총괄하고 일본 정치의 새 단계를 만드는 것, 즉 나카소네 자신을 창시자로 하는 새로운 보수 지배의 구축을 목표로 한 것이라고 분석하고 있다. 內田健三 (1989), 86쪽.

57 나카소네는 해산 며칠 전에 국회해산을 하지 않겠다고 하다가 임시국회를 소집해서는 그대로 국회를 해산하였다. 언론은 이 해산을 '죽은 척 한 해산(死んだぶり解散)'이라고 불렀다.

율을 자랑하면서 304석을 획득했다. 참의원에서도 74석을 차지했다.

86년 총선거 결과

	당선자 수	의석 점유율	무소속 영입	합계
자민당	300	58.6%	+4	304
신자유클럽	6	1.2		6
사회당	85	16.6	+1	86
공명당	56	10.9	+1	57
민사당	26	5.1		26
공산당	26	5.1	+1	27
사민련	4	0.8		4
무소속	9		−7	2
합계	512	100.0		512

출처: 石川真澄, 『戦後政治史』 (東京: 岩波書店, 1995), 236쪽.

자민당이 중 · 참 양원에서 압승을 거두자, 2년으로 정해진 총재 임기 연장의 목소리가 높아졌다. 1986년 9월 11일 양원 총회에서 나카소네의 1년 임기 연장이 결정되었다.[58] 나카소네는 내각 개조를 통해 차기 총재 후보군인 다케시타竹下를 간사장에, 아베安倍를 총무회장에, 이토伊藤를 정조회장에, 그리고 미야자와宮沢를 대장상에 임명하여 모든 파벌을 포함한 자민당 정치의 안정을 도모하였다. 임기가 연장된 나카소네는 국가재정 악화를 막기 위해 '매상세買上税' 도입을 추진하였다. 1986년 10월 18일, 정부 세제조사위원회가 감세를 하는 대신 신형 간접세를 도입하는 게 좋겠다고 답신한 후였다. 나카소네 내각은 1987년 1월 통상국회에 '매상세' 법안을 제출하였으나, 3월 8일에 실시된 이와테岩手현 참의원 보궐선거에서 패하자, 국민적 인기가 없음을 절감하고

58 이로서 나카소네는 나중에 고이즈미가 등장할 때까지 사토, 요시다에 이어 장기 집권한 자민당 총재가 되었다.

4월에 국회의장의 조정을 거쳐 법안을 폐기하였다.

야당 세력의 무기력화

1986년의 총선거에서 자민당이 크게 약진하여 사회당에 대한 절대적 우위를 확보하자, 사회당의 퇴조는 결정적인 것이 되었다. 교조적 이념에 매달리던 사회당은 1970년대 말 사 · 공 · 민 노선을 시도하면서 반체제적 강령인 '길道'에 표명된 정치 노선을 수정해야 했다. 사회주의협회와 반사회주의협회 간의 투쟁이라는 당내 갈등의 연장선상에서, 1979년 3월 사회당 전당대회는 아스카타飛鳥田 위원장의 의향을 반영하는 형태로, 사회주의이론위원회를 당 중앙집행위원회 직속의 '사회주의이론센터'로 변경하는 안을 통과시켰다.[59] '길'의 수정 작업을 맡게 된 사회주의이론센터는 사회당 내 파벌 갈등과는 일정한 거리를 가진 학자들을 중심으로 작업이 진행되었다. 당 대의원이 주축이었던 사회주의협회와도 조직적으로 분리되고, 당내의 세력 갈등과도 직접 연관이 없었던 학자들의 논의는 '길'의 수정 작업을 위한 걸림돌을 제거하였다.

사회주의이론센터는 1980년 10월에 '80년대 내외 정세 전망과 사회당의 노선'이라는 문서를 작성하여 중앙위원회에 제출하였다. 이 보고서에서는, 첫째, '길'이 자본주의의 퇴행을 강조한 데 반해, 일본 자본주의의 잠재력과 정치적 민주주의를 평가하고 근로자 계급의 참가와 개입에 의한 개혁의 실현가능성을 인정하였다. 둘째, '길'이 사회주의하

59 森裕城, 『日本社会党の研究』 (東京: 木鐸社, 2001), 96쪽.

에서 일종의 계급 지배를 인정한 반면, 사회주의 정권에서의 복수 정당의 존재를 적극적으로 주장하였다. 셋째, 다양한 여러 계층, 여러 정당에 의한 연합 정권에 대한 전망을 제시하였고, 넷째, 국제 정세를 봄에 있어서도 자본주의 대 사회주의의 양극 대립론에 대신하여 다극 구조의 관점을 도입하였다.[60] 이 문서는 1982년 2월 제46차 당대회에서 만장일치로 가결되었다. 나아가 사회주의이론센터가 만든 '새로운 사회의 창조-우리가 목표로 하는 사회주의의 구상'이라는 보고서가 1982년 12월 제47차 당대회에서 가결되었다. 보고서의 특징은 첫째, 사회주의 체제를 실현함에 있어 다양한 분야의 사회개혁을 중첩시키는 것이 사회주의에 이어진다는 점진적 변경을 강조하고 있다. 둘째, 저항, 참가, 개입에 의한 투쟁의 중요성을 강조함으로써, 대중투쟁에 의한 저항 일변도 노선을 수정하였다. 셋째, 시민 운동의 확대를 중시하면서 다수파 형성을 위한 근로자 계급과 타계층과의 연대를 강조함으로써, 노동자 계급 일변도의 조직화를 탈피하고자 하였다.

사회주의이론센터에 의한 '길'의 수정 작업은 사실상 사회주의협회를 중심으로 70년대 말까지 추진되던 사회당 노선에 대한 근본적인 수정 내지 '길'에 대한 부정이었다. 1986년 1월 22일 사회당은 '일본사회당 신선언'을 채택하여, '길道'을 역사적 문서라고 선언함으로써 사실상 정권 획득을 통한 사회주의혁명이라는 사고방식에서 완전히 벗어났다. 이를 통해, 사회당은 노동자 계급의 대중투쟁에 의한 사회주의혁명을 포기하고, 점진적 개혁과 참여에 의한 투쟁, 그리고 근로자와 시민

---

60 日本社会党50年史編纂委員会 編, 『日本社会党史』 (東京: 社会民主党全国連合, 1996), 871-872쪽.

의 연합 추구라는 수정주의적 노선으로 전환하였음을 대내외적으로 인정하게 되었다. 그러나 다른 한편으로, 복수 정당 인정이나 다른 계층과의 연합에 대한 강조는 사회당이 단독으로는 정권을 수립할 수 없다는 자신감의 결여를 표현한 것이기도 했다. 사회당이 민사당이나 공명당과 힘을 합치지 않으면 자민당에 대항할 의지도 힘도 잃고 말았음을 보여 주는 것이었다. 다른 야당과의 연합에 실패한 사회당은 결국 정권 의지를 포기하고 평화헌법을 수호하기 위한 호헌護憲 정당, 견제 정당으로서의 자기 정체성 관리에 만족해야 했다.[61] 당시 한 신문의 여론조사에 의하면, 사회당이 장래 자민당을 대신하는 집권당이 되길 기대하는가라는 질문에 대해, 크게 기대한다가 5%, 상당히 기대한다가 9%, 그다지 기대하지 않는다가 48%, 전혀 기대하지 않는다가 29%였다. 대신, 자민당의 폭주를 견제하는 정당으로서의 역할을 해 주길 기대하는 응답 비율은 41%였다. 결국 일본 유권자들은 사회당에게 정권 담당 세력이 아니라, 자민당에 대한 견제자 역할만 기대하게 된 것이었다. 반자민反自民은 사회당 고유 지지자와 사회당에게 자민당 정치의 견제를 기대하는 일반 유권자들 사이의 최대공약수였다. 그러나 이것은 정권 획득을 포기한 정당에게 주어진 수사에 불과했다.[62] 사회당이 일본에서 여당이 될 확률은 거의 전무한 상태에서, 자민당의 실패나 부패에 대해서만 견제 기능을 하고, 개헌 저지선을 확보하는 정도에서 만족하는 정당이 된 것이다.

61 견제 정당화에 대한 논의는 森 (2001), 135-141쪽.

62 『마이니치신문』, 1986년 9월 13일.

당시 일본 정계에서 위축된 정당은 사회당만이 아니었다. 자민당의 약진으로 인해 사회당은 물론, 민사당과 공명당을 포함한 야당들과의 비공식적인 거래가 보다 활성화되었다. 이른바 '국회대책정치国対政治, 고쿠타이 세이지'의 일상화였다. 본래 국회대책정치는 1960년 안보 투쟁을 거치면서 서로의 노선이 달라 타협이 불가능한 자민당과 사회당과의 관계를 비공식적인 대화 채널의 확보를 통해 극복해 보고자 도입한 것이 시발이었다.[63] 특히, 60년대 후반 이후 야당의 다당화가 진전되면서 야당과의 의견조율이 복잡해지자, 비공식적인 절충이 이루어졌다. 사토와 마츠자키의 연구에 의하면, 사토 내각 시절부터 국회대책위원장에 점차 각료 경험자가 임명되면서 국회대책의 중요성이 부각되기 시작했다.[64] 자민당이 국회에서 법안과 예산의 원만한 통과를 위해 공식적인 위원회 토론이 시작되기 전에, 야당과 사전 협의 등 비공식적인 접촉을 시작함으로써 융화적인 국회 운영을 도모하였던 것이다. 국회대책정치가 장기간에 걸쳐 정착되면서, 비공식적인 대화의 장은 이익 교환을 통한 상호 공존의 장으로 변질되었다. 여야 간의 탐색전과 정보 교환을 넘어서서, 일반인들의 시선에 띄지 않는 시간과 장소를 선택하여 공식적인 자리에서는 이야기할 수 없는 이해관계의 솔직한 교환, 국회에서의 법안 처리 순서, 예산안의 배정 등에 대해 격의 없는 의견을 주고받는 '결탁과 야합의 정치collusive action'의 장이 된 것이다. 여당인 자민당

63 佐藤誠三郎 · 松崎哲久 (1986), 130쪽.

64 위의 책, 131-132쪽. 사토 내각 이전에는 국회의 공식적 운영기구인 의회운영위원장에 각료 출신들이 임명되었으나, 점차 이 조직이 형식화되면서 사토 내각 때부터 국회대책위원장이 더 중요한 직책으로 바뀌어갔다고 한다. 국회대책위원장은 정책 전문가들인 관료 출신보다는 당료파들이 장악하였고 특히 다나카파의 비율이 높았다.

에게는 국회대책정치를 통해 야당의 협력을 사전에 확보하는 이점이 있었다. 반면, 야당은 자신들이 물러설 수 없는 레드라인을 밝히고, 그 안에서 자민당의 내락을 얻어 이익을 챙겨가는 교환의 구조가 정착하였다.[65]

국회대책정치를 통한 음성적 · 비공식적 거래의 정착은 자민당 우위 체제의 또 다른 측면이었다. 야당은 국회에서 공식적으로 항의하고 반대를 해도 여당의 우위에 의해 자신들의 의사와는 상관없이 법안이나 예산이 통과될 것을 간파하고, 국회에서의 공식적 토론보다는 여당인 자민당과의 사전 의견 조율 및 타협을 통해 일정의 지분을 확보하고자 하는 전략으로 전환하였다. 고정된 이해관계자의 이해를 대변하면서 서로 이해를 주고받는 내부자 거래內部者去來의 정치가 된 것이다. 이것은 결국 일본 정치를 경쟁과 활력이 없는 타성의 정치로 만들었다. 야당이 제대로 된 야당 노릇을 하지 못하고, 여당의 절대적 우위를 인정한 상태에서 한정적인 영향력만을 확보하고자 한 데서 비롯된 것이었다. 공산당을 제외한 야당들은 비공식적 거래와 타협을 통해 여당인 자민당과의 거리를 점점 좁혀갔다.

나카소네 시대와 보수 우위의 정치

나카소네는 신보수주의의 실천을 통해 수상의 정치적 위상을 강화하고자 하였다. 신보수주의란 신국제주의와 신자유주의의 정책적 결합을

---

65 국회대책위원이 되어 정책 분야에서의 활발한 의견 교환 및 토론을 기대했던 한 자민당 의원이 간사장으로부터 국회대책위원을 잘하려면 노래나 20여 곡 잘 외워두라는 충고를 했다는 에피소드는 국회대책정치의 본질을 잘 보여 주고 있다. Gerald Curtis (1999).

통해 일본의 대내적인 체제를 개혁하고, 대외적으로 일본의 국제적 위상을 높이려 한 시도였다.[66] 평화주의 노선을 중심으로 국내 문제 해결에 머물러 있던 일본이 경제성장을 바탕으로 국제 무대에서 그 위상을 높이기 위한 노력이 신국제주의였다. 나카소네의 국제국가 일본 만들기는 요시다 노선에 대한 한정적인 수정이었다. 요시다 및 그의 추종자들이 안보 및 방위 문제는 미국에 맡긴 채 경제 대국 건설에 집중했던 반면, 나카소네는 경제 대국 일본의 목표가 달성되었다는 전제하에, 일본이 국제 무대에서 외교적 발언력을 높여야 한다고 생각한 것이다. 정치 · 군사적인 목소리를 높이려는 나카소네의 시도는 경제중심주의적인 요시다 노선과는 궤도를 달리하였다. 그러나 나카소네의 신국제주의 노선은 하토야마나 기시류의 복고적 · 전통주의적 보수주의와도 달랐다. 전전 체제로의 복귀나 군사 대국 일본의 복원이 아닌, 민주주의 진영에서 미국의 확고한 지지자supporter로 자리매김하려는 시도였다.[67] 신자유주의 노선 추구는 재정적 조치의 동원을 통해 약자에 대한 보상과 분배를 위주로 했던 사회민주주의적 정책에 변화를 주어 재정지출의 축소, 행정개혁, 민영화 등을 통해 공적 부문의 비대함을 줄이고 민간부문을 활성화하려고 노력했다. 이러한 신자유주의적 조치는 다나카

66 와타나베 오사무(渡辺治)는 나카소네의 행정개혁을 중심으로 한 정치를 개괄하면서, 전후 정치의 결산이라는 구호의 의미를 재해석하고 있다. 그는 행정개혁을 세 영역으로 나눈다. 첫째는 사회 활력 회복을 위한 지출 삭감의 영역, 즉 농업과 사회보장, 문교 부문 등이다. 둘째 그룹은 국가적 책임을 다하기 위한 확충이 필요한 영역으로 외교, 방위, 경제 협력 등을 들고 있다. 셋째 영역은 자본 축적을 위한 선택적 강화 영역으로서 국토, 주택, 토지, 에너지, 과학기술 등의 분야이다. '전후 정치'는 주로 제3그룹의 국토에 대한 공공투자가 결정적이고 보수 정치 안정을 위한 농업, 사회보장 등 제1그룹이 주안점이었는 데 반해, 나카소네는 제2그룹의 외교, 방위, 경제 협력 등에 집중함으로써 전후 정치를 총결산 하고자 했다는 것이다. 渡辺治 (1994), 318쪽.

67 Inoguchi Takashi, "Japan's Image and Options: Not a Challenge, but a Supporter," *The Journal of Japanese Studies* 12:1 (Winter 1986), 95-120쪽.

정권 이래로 계속되어온 국가 주도형, 국가 의존적 경제 운영을 시장 주도형 경제 체제로 바꾸고 사회민주주의적 색채를 벗어나려는, 다시 말해 자민당 내 보수 본류 노선에 대한 수정 시도였다.

신국제주의와 신자유주의 노선은 일본의 혁신 세력에 대한 정면 도전이기도 했다. 즉 일본의 평화주의 노선과 호헌을 기축으로 하던 혁신 세력과 달리, 평화라는 이념적 구호를 넘어 국제 사회에 대한 참여의 폭을 넓히려는 정책적 시도였다. 또한 시장과 민간 부문의 역할을 확대하려 했다는 점에서 공공 부문을 통한 약자 보호를 우선시했던 사회당 중심의 혁신 진영에 대한 정면 도전이기도 했다. 나카소네가 추구한 '전후 체제의 총결산'은 이런 측면에서 자민당을 중심으로 한 보수 세력이 사회당을 중심으로 한 혁신 세력의 이념 및 정책에 대한 안티테제를 제공하는 것은 물론, 정치적 지지 기반의 재조정에까지 이르는 근본적인 개혁을 추구했음을 의미했다. 이 같은 총체적인 노선 수정에 의해 나카소네는 기존의 자민당 지지 조직에 만족하지 않고 도시 중산층 등 새로운 지지 세력 획득을 통해 야당의 도전을 약화시키려 했다. 나카소네는 1986년 9월 22일 자민당 전국연수회에서 총선 승리 요인을 분석하며 다음과 같이 말했다. "자민당은 농림수산업 또는 상공업자들에게 강하다. 사회당은 노동자들에게 강하다. 공명당은 창가학회에 강하다. 민사당의 경우 동맹계 노조에 강하다. 대체로 시장과 손님이 정해져 있다. 그 수를 전부 합치면 유권자의 6할이다. 그런데 도시의 시민층, 청년이나 부녀자층 등 유권자의 4할을 차지하는 것은 부동표다. 이들은 대개 도시, 특히 교외에 많이 거주하고 있다. 그런 샐러리맨들을 중심으로 한 가정주부, 직장 근무 여성, 또는 청년과 같은 새로운 사람들을 포함한 4할의 그레이 존Gray Zone, 소프트 존Soft Zone이라고 일컬어지는 곳에 손을 내뻗어서 그 몇 할을 차지하느냐에 따라, 자민당은 250명도 되고 300명도 된다 (…) 자민당은 그 4할의 그레이 존의 6할을 이번에 차지했다. 그것이 304석이라는 숫자다."[68] 나카소네가 1980년대 중반 유권자의 분포와 성향에 대해 예리한 분석을 하면서 정국을 운영했음을 보여 주는 말이다. 나카소네가 이끄는 자민당은 사회당에 대한 지지를 유보하고 있는 도시부 봉급생활자, 청년층, 여성층을 새로운 지지 기반으로 끌어들이려는 의도적인 전략을 폈던 것이다. 자민당의 일당 우위가 단지 야당의 실패를 활용한 것만은 아니라는 점을 반증해 준다.

68 内田健三 (1989), 144쪽.

[03]

정치개혁 논쟁과 정계 재편의 맹아

다케시타 정권 성립과 소비세 도입

나카소네는 5년간에 걸친 총재의 임기를 마치고 물러나면서 사실상 후계지명권을 손에 넣었다. 당시 총리가 되고 싶어하던 후보자는 다케시타竹下, 아베安倍, 그리고 미야자와宮沢 세 명이었다. 1987년 10월 20일, 나카소네는 다케시타를 차기 총재로 지명했다. 자민당 내 최대 파벌의 영수이자 자신의 정권을 지속적으로 지원해 준 다케시타에게 정권을 넘긴 것이었다.[69] 다케시타는 1987년 11월 6일 수상 지명을 받고 착수한 인사에서 경쟁자였던 아베를 간사장에,[70] 미야자와를 대장상 및 부총리로, 그리고 총무회장에는 스즈키파의 이토 마사요시伊藤正義를, 정조

69 1985년 발족 이래 파벌 내 파벌의 지위를 유지해 온 다케시타 중심의 소세이카이(창정회)는 1987년 7월 4일 독립적인 '게이세이카이(經世会)'를 만든다. 여기에 중의원 69명, 참의원 44명 등 113명이 참가했다. 다케시타 지명 시 자민당 내 파벌 세력 분포는 다케시타파 113명, 미야자와파 89명, 나카소네파 87명, 아베파 85명, 고모토파 32명, 니카이도파 15명, 다나카계 중립 12명, 그리고 순수 무파벌 11명 등이었다. 北岡伸一 (1995), 230쪽.

회장에는 나카소네파의 와타나베 미치오渡辺美智夫를 임명하면서 거당 체제를 구축하였다.

대장족大蔵族이던 다케시타는 수상이 되자, 정치적으로 아주 인기가 없었던 소비세 인상을 추진했다. 다케시타와 아베, 미야자와 3명은 자민당 총재 선거를 앞둔 1987년 10월 10일 '누가 총재가 되더라도 1988년 중에 세제개혁법안을 성립시키기 위해 서로 협력한다'고 합의하고, 10월 16일에는 세제의 근본적인 개혁 방침을 당에서도 재확인하였다. 하지만 다케시타는 수상이 되고나서 재계 등의 반발을 우려하여 사안을 신중하게 다루었다. 1988년 4월에는 자민당 세제조사위원회가 33명의 업계 단체를 초청하여 의견을 청취하였고, 5월 31일에는 '세율은 3% 정도로 한다'는 방침에 대한 의견을 청취하기도 했다.[71] 다케시타 총리 본인은 1988년 3월 10일 중의원 예산위에서 소비세 도입과 관련된 여섯 가지 걱정거리를 지적할 정도로 조심스런 접근법을 택하였다. 소비세를 3%로 인상하는 데 대한 반발을 무마하기 위해, 다케시타 내각은 매상 3000만 엔 이하 업자의 면세, 5억 엔 이하 업자의 간이 과세 제도의 도입, 그리고 봉급생활자에 대한 소득세 및 주민세 경감 조치 등을 함께 도입하였다.[72] 소비세 인상 조치는 야당이던 민사당과 공명당의 협력을 얻어 1988년 11월 16일 중의원에서, 12월 24일 참의원에서 각

70 아베를 간사장에 임명한 것은 뉴리더였던 아베와 손을 잡음으로써 세대교체의 인상을 주는 동시에 사실상 오래 지속된 다나카-후쿠다 전쟁에 종지부를 찍는 의미를 가졌다. 다케시타는 다나카의 후계자였고, 아베는 후쿠다의 후계자였다. 奥島貞雄, 『自民党幹事長室の30年』(東京: 中央公論新社, 2002), 144쪽. 나카소네는 다케시타를 후계로 지명하면서 아베를 간사장에, 미야자와를 부총리에 앉혀 3자가 협력할 것을 요청했다고 한다. 内田健三 (1989), 152쪽.

71 石川真澄 (1995), 173쪽.

72 위의 책, 174쪽.

각 가결됨으로써 도입이 결정되었다.[73] 국가재정을 확충하기 위한 조치였으나, 소비세의 도입이 국민들에게 인기가 없었던 점은 말할 나위도 없다.

리크루트 스캔들의 발생

다케시타에게 가장 큰 정치적 타격을 안겨준 것은 리쿠르트 스캔들의 발생이었다. 리쿠르트 사건은 정치적 역학과 무관하지 않았다. 1980년대 중반은 자민당 파벌의 리더 교체기로서, 차기 총재 선거에 대비하여 정치자금을 모으고 신인들을 공세적으로 영입하던 시대였다. 1986년부터 1987년에 걸쳐, 다케시타파가 결성된 것을 비롯하여, 1986년 7월에는 후쿠다파가 아베파로, 1986년 9월에는 스즈키파가 미야자와파로 바뀌었다. 당시 정치자금 보고서의 분석에 의하면 1986년 의원후원회, 출판기념회, 축하회 등의 명목으로 이루어진 자금모으기 파티가 139건, 모금액은 87억 엔으로 한 건당 6300만 엔에 이르고 있고, 순이익은 81.9%로 알려지고 있다.[74] 1980년대 급성장한 기업인 리쿠르트의 에조에江副浩正 회장은 정치가에게 비상장 주식을 양도하거나, 거액의 정치자금 제공, 그리고 파티 티켓을 대량 구입하는 형태를 통해 정치권과 관계를 맺었다. 1988년 6월 세상에 알려진 리쿠르트 스캔들의 발단은, 가와사키川崎시 시청 직원이 리쿠르트사의 가와사키 유치 때 관련주를 비

---

73 와타나베 오사무는 다케시타 총리 체제하에서 민사당과 공명당이 협력하여 소비세 법안을 통과시킨 것이 자 · 공 · 민 체제의 사실상의 출발점이었다고하여 이를 중시하고 있다. 渡辺治, 『政治改革から憲法改正へ』, 443쪽.

74 北岡伸一 (1995), 230-232쪽.

공개로 양도받은 후 주식이 공개되면서 매각 이익을 1억 엔이나 남겼다는 『아사히신문』의 기사였다.[75] 그러나 리쿠르트 주식 거래가 드러나면서, 같은 해 6월 30일에는 미공개주가 와타나베 미치오渡辺美智雄, 가토 무츠키加藤六月, 가토 고이치加藤紘一등에게 넘어간 사실이 밝혀졌고, 7월 6일에 이르자 나카소네 전 수상, 뉴리더였던 다케시타竹下, 아베安倍, 미야자와宮沢는 물론, 그 다음을 노리던 와타나베渡辺 정조회장, 후지나미藤波 전 관장장관 등 자민당의 거의 모든 거물 정치인들이 망라되어 있음이 드러났다. 여당 정치인들 외에도, 츠카모토塚元 전 민사당 위원장, 다나카田中慶秋 민사당 의원, 이케다池田克也 공명당 의원 등 야당 정치인들도 연루된 사건이었다. 리쿠르트 사건은 일본 정치권 전체가 긴장감을 잃고 부패하였음을 보여 주는 것은 물론, 본래 반대와 견제의 역할을 충실히 수행했어야 할 야당마저 이권의 분배 구조에 동참하고 있다는 사실을 세상에 드러낸 것이어서 더욱 충격적이었다. '절대적인 권력은 절대적으로 부패한다'는 액튼Acton 경의 말은 일본 정치에서도 사실로 입증되었다. 제도피로制度疲勞라는 표현이 사용되기 시작한 것은 이 무렵부터였다.

자민당이 주도한 정치개혁 논쟁

리쿠르트 사건을 계기로 일본 정계에서는 정치개혁의 바람이 일었다. 대형 스캔들이 발각되면 야당이 총공세를 펴고 여당은 수세에 몰리는 것이 보통이다. 하지만 리쿠르트 사건의 경우, 민사당, 공명당 등 야

75 『아사히신문』, 1988년 6월 16일.

당의 정치인들도 연루되어 있어 야당의 단합이 어려웠다. 역으로, 자민당이 '정치개혁'이라는 담론을 내세우면서 위기 돌파를 정면으로 시도했다.

리쿠르트에 대한 대응책으로서 정치개혁의 개념을 확립하고 선거제도 개혁의 물꼬를 트는 데 가장 큰 공헌을 한 정치인은 고토다 마사하루後藤田政晴였다. 그는 1988년 3월 발간한 저서에서 선거제도 개혁의 필요성을 이미 밝히고 있다.[76] 가장 먼저 정치개혁의 논리를 정치적으로 수용한 세력은 자민당 내 젊은 의원들이었다. 다케무라 마사요시武村正義, 하토야마 유키오鳩山由紀夫, 다나카 슈세이田中秀征 등이 주도하여 1988년 8월에 구성한 '유토피아정치연구회'가 중심이 되었다. 이들은 정치부패를 규탄하면서 정 · 관 · 재의 유착 구조에 따른 부패 구조의 일소를 주장하면서 정치개혁의 필요성을 강조하였다Curtis 1999. 자민당 내 미키파의 전통을 이은 고모토河本파도 1988년 10월 초 구지라오카鯨岡 의원을 중심으로 '정치개혁위원회'를 설치하였고,[77] 이들은 정치자금의 투명화 이외에 국회 정수 시정, 소선거구제 도입 검토 등, 선거제도의 발본 개혁을 당 전체에 제기하겠다고 밝혔다. 정치개혁소위원회는 1988년 11월 2일에 선거제도심의회의 재개, 정치윤리심사회의 활성화, 참의원 비례대표제 폐지, 그리고 소선거구제 도입 검토 등을 기본 방침으로 확인하였다.[78] 같은 해 11월 17일에는 자민당 최고고문회의가 돈이 들지 않는 선거제도의 실현 등 정치개혁을 서둘러야 한다고 외침으

76 後藤田政晴, 『政治とは何か』(東京: 講談社, 1988).
77 『아사히신문』, 1998년 10월 5일.
78 成田憲彦, "政治改革の過程論の試み," 『レヴァイアサン』 20 (1997年 春), 11쪽.

로써, 정치개혁이 당내의 정론으로 자리잡는 계기가 되었다.[79]

1988년 11월 국회에서 리쿠르트 사건에 연루된 이들의 증인 소환이 시작되고, 12월 9일 리쿠르트 사건을 둘러싼 해명에 혼란을 일으킨 미야자와宮沢 외상이 사임하자, 12월 16일 '유토피아정치연구회'가 '정치개혁에 대한 제언'을 공표하기에 이르렀다. 이들은 정치자금의 투명성 제고와 비례대표제를 가미한 소선거구제 도입을 주장하였다. 대부분의 의원들이 다나카파를 계승한 다케시타파에 속하는 젊은 의원들이었던 이 그룹은, 정치 부패 문제를 중선거구제의 폐해와 직접 연관시킴으로써 중선거구제를 소선거구제를 중심으로 한 제도로 변경하는 것이 해결책이라는 주장을 폈다.[80]

야당의 비판은 물론 자민당 내부에서도 정치개혁의 목소리가 거세지자, 자민당 총무회의는 1988년 12월 27일 총재 직속 기관으로 고토다後藤田를 위원장으로 하는 '정치개혁위원회'를 구성하기로 하였다. 그 다음 날 다케시타 총리는 기자회견을 열어, 당에 정치개혁위원회와 선거제도조사회를 설치하고, 정부에는 선거제도심의회, 그리고 수상의 사적 자문기관으로 현인회의를 두는 등, 세 가지 방식을 통해 정치개혁에 적극 나서겠다는 의향을 표명하였다.[81] 이에 따라, 자민당은 1989년 1월 18일 고토다 마사하루後藤田正晴를 위원장으로 하는 '정치개혁위원회'를 발족시키고, 1월 27일에는 수상의 사적 자문기관인 '정치개혁에 관한

---

79 『요미우리신문』, 1988년 11월 18일.

80 결과적으로 이들은 정계 전반의 제반 정치개혁 과제를 선거제도 개혁이라는 협소한 문제로 환원하는 데 가장 공헌한 그룹의 일부였다.

81 『아사히신문』, 1988년 12월 29일.

유식자회의'를 발족시켜 개혁적 이미지를 창출하였다.

1989년 4월 11일 중의원 예산위원회에서 다케시타 총리는 자신이 리쿠르트사로부터 1억 5100만 엔을 수수한 사실을 공표하고 '더 이상의 관련 사실은 없다'고 말했다. 그러나 불과 이주일도 안 된 4월 22일, 다케시타의 비서가 1987년 자민당 총재 선거 당시 리쿠르트로부터 5000만 엔을 차입했다가 변제한 사실이 추가로 밝혀지자, 다케시타는 1989년 4월 25일 수상직 퇴진을 표명하였다.[82] 정치개혁파 의원들은 당시 자민당 일당 지배가 위기에 처해있다는 인식을 공유하고 있었다. 이들은 자민당 정치가 불러일으킨 부패에 대한 국민들의 불신 극대화를 지렛대로 삼아, 그것이 자민당 의원들 개인의 도덕성 문제가 아니라 중선거구제의 선거 구조에 있다는 인식하에 정치개혁을 추진하려 하였다.[83] 수상의 사적 자문기관인 '정치개혁에 관한 유식자회의'는 1989년 4월 27일 유식자회의 제언을 다케시타 총리에게 제출하였다. 이 제언에서는, 긴급한 조치로 각료의 재산 공개, 정치자금의 투명성 확보, 기부 규제 등 정치자금에 관련된 규제 강화를 강조하면서, 중장기적 개혁 과제로 중 · 참 양원 정수 시정, 돈이 안 드는 정책 선거 실현, 연좌제 강화 및 정당에 대한 공적 자금 조성 등 제도개혁의 필요성을 역설하였다.[84] 이어, 자민당 정치개혁위원회는 1989년 5월 23일에 '정치개혁 대강'을 당의로 결정하고 다케시타 총리에게 답신하였다.[85] 이 문서는 정치개혁

82 石川 (1995), 175쪽. 비서인 아오키(青木)는 나중에 자신의 책임을 통감하고 자살하였다. 다케시타 총리가 실제로 퇴임한 것은 6월 3일이다.

83 渡辺治 (1994), 414쪽.

84 http://www.secj.jp/pdf/19890427.pdf (검색일: 2010년 10월 4일).

85 http://www.secj.jp/pdf/19890523-1.pdf (검색일: 2010년 10월 4일).

추진 방식과 관련하여 전환점을 마련하였다. 첫째, 정치 부패의 원인을 정치가 개인의 윤리 문제가 아닌 정치제도의 산물로 보았다. 둘째, 중선거구 제도의 폐해와 정치 부패를 직결시켜 선거제도의 발본적인 개혁을 주장하였다. 셋째, 당면 과제 해결을 위해 정치윤리심사회 규정 개정, 국회의원 자산 공개, 공직선거법 개정, 그리고 정치자금법 개정 등을 구체적 해결책으로 제시하고 있다. 즉 1988년 이후 일어난 정치개혁 움직임과 관련하여 주목되는 점은 부패의 진원지인 자민당으로부터 개혁 움직임이 구체화되었다는 점, 그리고 정치 부패를 선거제도의 폐해와 직결시켰다는 점이었다.[86]

그러나 다케시타가 물러난 후 정치개혁의 움직임은 주춤하였다. 다케시타가 후임으로 선택한 인물은 소수파인 나카소네파의 우노 소스케宇野宗佑 외상이었다.[87] 한편, 자민당 간사장에는 하시모토橋本竜太郎를 기용함으로써 다케시타파의 지배를 견고히 하였다. 그러나 우노 취임 3일 후에 발간된 『선데이 마이니치』가 우노와 게이샤의 스캔들을 제기하면서 혼란에 빠졌다. 1989년 7월 23일에 치러진 참의원 선거에서 자민당은 대패를 면할 수 없었다.[88] 다케시타 내각에서의 소비세 인상, 리쿠르

86 정치개혁 움직임의 전개와 확산에 대하여는, 박철희, "정치제도 개혁 아이디어의 발흥, 확산, 그리고 제도화," 『일본연구논총』 32호 (2010), 35-61쪽.

87 다케시타가 물러나면서 그는 자신의 친구였던 아베 신타로에게 자리를 물려주려고 했으나, 아베 부인이 리쿠르트사로부터 고문료를 받아온 데다 병으로 89년 4월 입원하는 상태에 이르러 다른 사람을 잠정적으로 시키고 나중에 아베를 시키려 했다. 그리고 나서 강직한데다 청렴한 이미지의 이토 마사요시 정조회장에게 수상 취임을 요청했지만, 이토는 세대교체와 동시에 리쿠르트 관련 의원의 의원 사직을 요구해서 실현되지 못했던 것으로 알려져 있다. 표면적으로는 75세라는 고령과 건강 불안을 이유로 사양했다. 이토는 수상 취임을 요청받자, '표지를 간다고 해도 내용이 안 바뀌면 소용이 없다'고 일축했다고 전해진다. 奥島 (2002), 147쪽.

88 보통, 선거를 치를 때 수상은 의원들이 가장 오기를 바라는 응원 연설단이지만 이 당시 우노 수상은 '응원 거부'를 당하는 분위기였다고 한다.

트 스캔들의 발각, 그리고 우노의 여성 스캔들 등 3대 악재를 안은 자민당은 속수무책이었다. 사회당 당수로 등장한 도이 다카코土井たか子의 붐도 한 몫을 했다. 도이가 공천한 여성 후보가 22명이나 당선되는 이례적인 사태도 벌어졌다.[89] 자민당은 선거 이전의 72석에서 38석으로 줄어들었다. 개선하지 않는 73석을 합해도 111석밖에 되지 않아, 자민당은 단독 과반수인 127석에 훨씬 미치지 못하는 결과를 낳았다. 26개의 1인구에서는 단지 3명만 당선되는 결과를 낳았다. 반면, 사회당은 사회당 후보 52명의 당선에다 우호적인 렝고連合 출신까지 합치면 무려 63명이나 당선되었다.

정계 전체의 변화를 모색하는 움직임은 1989년 자민당의 참의원 선거 참패로부터 시작된다. 참의원에서의 과반수 확보 실패는 자민당으로 하여금 다른 야당들과의 협력을 필수불가결하게 만들었다. 즉, 자민당은 참의원에서의 예산안 및 법률안의 통과를 위해 다른 정당과의 협력 체제 구축이 불가피했다. 당시 다케시타파의 회장이던 가네마루 신金丸信은 국회대책위원회의 경험을 살려 사회당과의 협력 체제 구축을 지향했다. 사회당의 다나베 마고토田辺誠 위원장은 가네마루의 친한 친구였으며, 정치적 거래가 가능한 관계였다. 1990년에 이루어진 자민당, 사회당을 중심으로 한 북한방문단과 대북 정당 외교의 시작은 국제 정치적으로는 냉전의 종언과 한국의 북방 정책 추진에 대한 적극적인 대응이었지만, 국내 정치적으로는 자민당과 사회당의 협력 관계를 모색

89 일본의 매스컴은 도이의 등장을 '마돈나 붐'이라고 불렀다.

하는 과정에서 비롯된 것이었다.[90] 가네마루는 이데올로기적으로 정반대에 위치해 있지만, 국회대책정치라는 음성적 거래의 장을 통해 축적된 신뢰를 바탕으로 자민당과 사회당의 협력을 통해 참의원 과반수 부족 사태를 넘어서려고 시도했다.

선거 참패에 따라, 1989년 8월 1일 자민당 양원 총회에서 우노는 정식으로 사의를 표명하고, 이어 가이후海部俊樹와 미야자와파의 하야시 요시로林義郎, 후쿠다파의 이시하라 신타로石原慎太郎가 경합하였다. 다케시타파의 지원을 받은 가이후가 451표 중 279표를 확보함으로써 자민당 총재에 당선되었다.[91] 1989년 8월 9일에 총리로 지명된 가이후는[92] 당내 최대 파벌인 다케시타파의 실력자 오자와小沢一郎를 간사장에 발탁함으로써 다케시타파 지배를 기정사실로 받아들였다. 가이후가 총리가 된 다음에 치러진 1990년 2월 18일 총선에서 자민당은 275석을 차지함으로써 중의원에서의 우월적인 지위를 유지할 수 있었다.[93]

노동계의 재편과 두 개의 조류

정계가 리쿠르트 스캔들의 회오리에 휘말려 있을 즈음, 다른 한편에

90 신정화, 『일본의 대북 정책, 1945-1992』 (서울: 오름, 2004).

91 당시 가이후(海部)는 파벌의 대표가 아니었다. 따라서 가이후는 우노가 퇴진한 후 자신이 소속한 고모토(河本)파 회장인 고모토 옹립에 나섰지만, 다케시타는 총재선을 상담하러 간 가이후에게 '그것보다는 당신 자신이 마음의 준비를 하고 있어라'고 말하면서 가이후를 지명했다고 한다. 朝日新聞政治部 (1992), 48쪽.

92 중의원 본회의에서 가이후는 수상에 지명되었다. 하지만 과반수를 확보하지 못한 참의원에서는 결선투표에서 사회당의 도이 다카코가 127표 ,가이후가 109표로 도이가 지명되었다. '중의원과 참의원이 다른 수상 지명을 했을 경우 법률이 정하는 바에 의하여 양원의 협의회를 열어 의견의 일치를 보지 못할 때에는 (…) 중의원의 의결을 국회의 결의로 한다'라는 헌법 제19조 2항에 의해 가이후가 수상으로 결정되었다. 오쿠지마 154쪽.

93 이 선거에서 자민당 275석, 사회당 136석, 공명당 45석, 공산당 16석, 민사당 14석, 사민련 4석을 각각 획득하였고 무소속이 25명 당선되었다.

서는 노동계를 중심으로 야당 세력의 재편 움직임이 가속화되었다.

1986년 총선에서의 대패를 계기로, 사회당 내에서는 두 개의 당 개혁 구상이 전개되었다.[94] 하나는 총평의 전 사무국장인 이와이岩井章 등을 중심으로 한 사회당 내 좌파의 움직임으로서, 전투적인 계급 연합체를 형성하여 사회당 단독정부를 수립하자는 것이었다. 이에 반해, 민간 노조와 연계한 사회당 내 우파는, 민사당과 사회당 우파를 중심으로 비자민 세력을 총결집하여 연합 정권을 수립하자고 주장하였다. 당내 항쟁이 수습되지 못한 채, 도이土井가 사회당 위원장이 되면서 좌파의 영향력은 지속되었다. 이에 대해, 민간 노조는 야마기시山岸章를 중심으로 1987년 11월 20일 전일본 민간노동조합 연합회全民労連, 전민노련를 결성하면서 사회당의 현실주의화를 촉구하였다. 그러나 사회당 현실주의화에는 외교 정책의 전환이라는 큰 장벽이 존재하고 있었다. 사회당과 민사당 사이에는 외교 정책을 둘러싸고 네 개의 이슈에 대해 대립이 지속되고 있었다.[95] 안보조약 반대, 자위대 위헌, 원자력 발전 반대, 그리고 한국 부인否認이라는 사회당의 방침에 대해, 민사당은 이들 주장이 비현실적임을 내세워 협력을 거부하고 있었다. 1987년 말 발생한 대한항공기 격추 사건 이후에도 사회당이 북한을 두둔한 채 한국을 부인하는 종래의 방침을 재확인하면서 사회당의 비현실성은 백일하에 폭로되었고, 민사당과의 사이에 이견이 전혀 좁혀지지 않았다.

사회당의 비현실성이 점점 전면에 부각되면서, 노동계를 중심으로

---

94 上住, 『日本社会党興亡史』(東京: 自由社, 1992), 302쪽.

95 위의 책, 320쪽.

사회당을 외부에서 압박함으로써 개혁하려는 움직임이 전개되기 시작했다. 1989년 11월, 총평계 노동조합과 동맹계 노동조합이 연합하여 '전일본노동조합연합회全日本労働組合連合会, 통칭 連合, 렝고'를 결성한 것이다. 렝고의 휘하에, 민간 노조 550만과 관공서 노조 250만이 가세하여 800만 명에 이르는 노동조합의 전국 연합이 생겨난 것이었다. 이는 노동조합이 지원해 오던 사회당의 비현실성에 대한 자각과 사회당 내 좌파에 대한 반격으로부터 시작된 것이었다.[96] 즉 사회당의 현실주의화가 지나치게 지연되고 있어 정권 정당의 가능성이 거의 없다는 점, 그리고 사 · 공 · 민 연합도 구두선에 그치고 말았다는 반성으로부터 노동계가 먼저 연합하여 정계의 변화를 유도하려는 움직임이었다.

그러나 통일된 노동계 내부에도 두 개의 다른 조류가 존재하고 있었다.[97] 하나는 렝고의 초대 회장을 맡은 전기통신노조全電通위원장인 야마기시山岸章와 전기노련電気労連의 가타야마堅山를 중심으로 한 사 · 공 · 민 노선주의자들이었다. 이들은 사회당의 지지 기반인 노동계를 통일하여 사회당의 현실화를 촉구하고 야당인 민사당과 공명당과의 협력 노선 강화를 통해 노조에 협력적인 정권 정당을 창출하려는 생각을 가지고 있었다. 다른 한 흐름은, 자동차총련의 에모토得本와 철강노련의 와시오鷲尾를 중심으로 한 조합의 압력단체화 흐름이었다. 이들은 자신의 정당을 만들기보다는, 양대 정당화를 촉진하고 자신들의 요구를 양쪽에 제시함으로써 노동계의 이해가 더욱 반영되기 쉽도록 하자는 주

96 渡辺治, 『政治改革tと憲法改正』 (1994), 439-440쪽.
97 위의 책, 439쪽.

장을 내세웠다. 전자의 그룹은 리쿠르트 사건으로 사 · 공 · 민 노선의 추진 가능성이 증대하였다고 판단하고, 소선거구제 추진을 막으면서 사 · 공 · 민 노선을 바탕으로 야당 연합 정권 구상을 추구할 것을 주장한 반면,[98] 후자는 사 · 공 · 민 연합 정권을 기다리느니, 차라리 비현실적인 사회당의 해체를 주장하면서 선거제도 개혁을 통해 보수 양당제를 실현시켜 노조의 몸값을 올리자는 전략이었다. 두 개의 흐름에 공통적인 점은 사회당이 현실화하지 않는 한 사회당을 중심으로 또는 사회당만의 정권획득은 불가능하다는 판단하에 노동계가 앞서서 변화의 물꼬를 터야 한다는 노동계 선행개혁론이라는 것이었다.

그러나 렝고의 회장이던 야마기시가 추진하던 전략은 1989년 이후 새로운 도전에 직면하게 되었다. 하나는 1989년 참의원 선거에서 좌파인 도이土井 위원장의 선전으로 사회당의 의석을 늘리면서 사 · 공 · 민 노선에 대한 미련이 적어진 것이었다. 야마기시는 이를 계기로 사회당 좌파를 떼내어버린 연합 신당에 보수의 일부를 더한 비자민 연립 정권의 수립에 더욱 관심을 보이기 시작하였다. 하지만 1990년 8월에 발생한 걸프전은 사 · 공 · 민 노선은 물론 야당인 사회당에게도 중요한 전환점을 가져왔다.

98 야마기시는 1989년 참의원 선거에서 야당이 연합하면 정권 교체가 가능한 50년에 한 번 올까 말까한 기회라고 판단했다. 山岸章, 『連合世直しへの挑戦』(東京: 東洋経済新報社, 1992).

[04]

다케시타파의 분열과 55년 체제의 붕괴

걸프전이라는 전환점

1990년 8월 2일 이라크가 쿠웨이트를 침공하였다. 이에 대항하여 미국을 중심으로 한 여러 국가가 다국적군 형성을 준비하였다. 1990년 8월 14일 부시Bush 미국 대통령은 가이후 수상에게 전화를 걸어 소해정이나 급유함 등 눈에 보이는 형태의 지원을 요청했다. 헌법상 제약은 있지만 병참 분야에서의 지원을 요청한 것이다. 그러나 이는 평화헌법에 저촉되는 사항이라 실행하기 어려웠다. 평화헌법상 자위대 파견이 어렵다는 것을 알고 있는 미국은 동맹국인 일본에게 재정적 부담을 해줄 것을 요청하였다. 일본은 8월 29일, 다국적군에게 자금 지원을 결정했지만 금액은 밝히지 않았다.[99] 그 다음날 수송, 물자, 의료 등을 포함해

99 그 전날인 8월 28일에 오자와는 관저를 방문하여 가이후 수상에게 결단을 요청했다고 한다. 오자와는 국제 협조라는 관점에서 자위대 파견으로 돌파할 것인가, 아니면 어디까지나 돈만 내고 아무 것도 하지 않는 특수한 나라로 남을 것인가 총리가 선택해야 한다고 다그쳤다고 한다. 国正武重, 『湾岸戦争という転回点』(東京: 岩波書店, 1999), 33쪽.

서 10억 불을 지원하겠다는 뜻을 밝혔다. 하지만 미국의 요구는 지속되었다. 국제적 지위에 걸맞는 공헌이 요구된다는 취지였다.[100] 가이후 내각은 1990년 9월 14일에 다시 다국적군에 대한 추가 지원 10억 불과 주변국 지원 20억 불이라는 2차 지원책을 발표하였다. 처음에 10억 불, 2주 후에는 30억 불로 합계 40억 불의 자금 지원을 약속했지만, 미국으로부터 '너무 늦고 너무 작다too late too little'이라는 비판을 받았다.

오자와가 이끄는 자민당은 인적 공헌을 해야 한다는 논리에서 자위대를 해외에 파견할 수 있도록 하는 통칭 '국제협력법안PKO법안'을 1990년 10월 국회에 제출하였다. 『아사히신문』이 이 법안에 대해 실시한 여론 조사에 의하면, 자민당 의원 중 115명이 찬성, 반대가 20명, 잘모르겠다가 46명이었다.[101] 자민당 의원의 3분의 2 정도는 찬성이었다. 한편, 같은 시기에 『아사히신문』이 유권자를 대상으로 한 조사에서는, 찬성 21%, 반대 58%로 유권자의 대부분이 반대였다. 이를 배경으로 국회 내 제1야당이던 사회당과 공산당은 이 법안에 격렬하게 반대하여 1990년 11월 8일 폐안되었다. 사회당은 일본이 전후 지켜온 평화주의의 금단의 선을 넘어서는 것일 뿐 아니라, 일본이 지켜온 전수방위 원칙 및 집단적 자위권 금지에도 어긋난다고 주장했다. 그러나 중요한 점은, 이 당시 논쟁의 구도가 더 이상 자위대가 합헌이냐 위헌이냐를 넘어서서, 자위대의 해외 파견이 합헌이냐 위헌이냐로 발전한 것이었다. 다시 말해서, 종래의 사회당 방침의 틀을 훨씬 넘어선 차원의 대립 구도가 형

100 일본을 방문한 브래디(Brady) 상무장관은 석유가가 1배럴당 10달러 오르면 일본은 190억 불의 손해를 본다고 하면서 30억 달러의 추가 지원을 요구했다고 한다. 위의 책, 33쪽.

101 『아사히신문』, 1990년 11월 1일.

성되고 있었다.[102]

1991년 1월 17일, 미국을 중심으로 한 다국적군이 이라크를 침공하는 걸프전이 일어났다. 일본 정부는 1월 24일 당정수뇌회의를 거쳐, 미국을 중심으로 한 다국적군에 대해 90억 불의 새로운 자금 협력을 하고, 자위대 시행령을 개정하여 자위대 수송기를 파견하여 피해민을 이송하고, 아시아계 피해민을 귀국시키기 위해 민간기를 임대하여 카이로에 파견하기로 결정했다.[103] 일본은 결국 전쟁이 끝날 때까지 합계 130억 불에 달하는 거액의 전비 부담을 끌어안는 결과를 낳았다. PKO 법안의 국회 통과 실패에도 불구하고, 가이후 내각은 미국의 요구에 응하기 위해 1991년 1월 24일, 자위대 수송기를 걸프만 지역 피난민 소개에 사용하였고, 4월 24일에는 해상 자위대 소해정掃海艇을 걸프전에 파견하기로 결정하기도 했다.

일본 헌법 9조에 의해 자위대의 해외 파견을 할 수 없다는 헌법 해석으로 일본은 막대한 규모의 자금을 전비에 지출했다. 일본 정계의 충격은 전비 부담의 규모에만 있었던 게 아니었다. 걸프전이 끝난 후 쿠웨이트는 뉴욕타임즈지 전면 광고를 통해 자국을 도와준 참전국들에게 감사를 표시했다. 32개국에 이르는 국가의 이름이 거론되었지만 전비의 상당 부분을 부담한 일본의 이름은 빠져 있었다.[104] 군대를 파견하

102 渡辺治 (1994), 459쪽.

103 国正武重 (1999), 247쪽.

104 일본의 외교관은 전후 미 국무성 기념품 가게에서 미국이 만들어 판 종전 기념 티셔츠에 참전국들의 국기를 새겨 넣으면서 일본이 빠진 것을 발견하고 놀라움을 금치 못했다고 했다.

지 않았기 때문이었다.[105] 일본은 국민의 세금을 갹출하여 거대한 금액의 전비를 지출했음에도 불구하고 적절한 평가를 받지 못한 것이다. 이후 일본 국내에서는 격렬한 논의가 전개되었다. 일본은 결국 세계에서 경제적 동물로만 보여지고, 각국이 일본의 호주머니만 보면서 영수증을 발행하는 '수표 발행식 외교'를 해 왔다는 비판이 거세게 일었다. 일본은 마치 미국의 수표 창구인 것처럼 재정적 공헌만 요구받고 인적 공헌은 못하는 '절름발이 외교'를 지속해 왔다는 비판이었다. 이는 곧 헌법 9조라는 한계에서 비롯된 것이었으나, 일본의 여론은 점차 국제 사회에 돈만 내는 외교를 지양하고 인적 공헌을 통해 '일본의 얼굴'을 보여 주어야 한다고 외치기 시작했다. 다른 한편으로는, 일본은 평화헌법 질서하에서 평화지상주의를 외쳐 왔지만, 결국 이것은 일본만의 '일국평화주의'라는 비판이 제기되기 시작하였다. 지금까지의 외교 방침이 국제 사회가 어떻게 살아가든 헌법의 테두리 안에서 일본만의, 일본을 위한, 일본식 평화를 구가하겠다는 안일주의로 인식되기 시작한 것이다. 이것은 결국 전후 체제의 일각에 서 있던 평화주의 세력에 대한 정면 공격이었다. 외부로부터의 자극이 전후 체제의 전환을 촉구한 것이었다. 수표 발행 외교와 일국평화주의에 대한 비판은 일본이 재정적 공헌에 그치지 않고 '국제 사회에 대한 인적 공헌'을 해야 한다는 논의로 발전하는 한편, 일국평화주의를 넘어서 '국제평화주의'를 지향해야 한다는 논의를 활성화했다.

105 일본 국내에서 반론이 일자, 걸프전에 참전한 미국의 한 장교는 100달러를 줄테니 일본이 대신 피를 흘려달라고 비아냥거리기까지 했다.

1990년 일단 폐안이 되었던 PKO법안이 계속 심의 안건으로 상정되자, 중도 야당이던 민사당과 공명당이 점차 법안 찬성으로 돌아섰다. 자민당 오자와小沢 간사장이 중심이 되어 사 · 공 · 민 노선을 분단시키면서 자 · 공 · 민 협력 체제를 구축하려는 움직임이 가시화되었다. 오자와는 특히 공명당과의 연계를 중시하면서, 공명당이 요구하는 스즈키 준이치鈴木純一 도쿄 도지사 교체도 받아들일 정도였다.[106] 민사당은 PKO 파견은 국회에서 사전에 결정할 것을 조건으로 제시하였다. 공명당도 당초에는 국제연합에 의한 평화 유지 활동에 대해 인적 공헌 필요는 인정하지만, 자위대와 별도의 조직을 만들어 퇴직한 자위관만 인정하고 당분간 PKFPeace Keeping Force, 평화유지군, 정전감시 등 본래 업무는 동결할 것을 요구하면서 자민, 민사, 공명에 의한 수정안이 1991년 6월 1일 만들어졌다. 이후에도 공명당은 별도 조직의 자위대 참가는 휴직이나 출장 처리로 가능하다는 입장을 보이다가, 이내 1991년 7월에는 현직 자위관의 겸임도 가능하다는 입장으로 유연해졌고, 다음 달에는 PKF 5원칙이 법제화되면 자위대 참가도 가능하다는 방향으로 입장을 전환함으로써 PKO법안 성립의 가능성을 열어주었다.[107] 하지만 사회당은 '비군사非軍事,' '문민文民,' '민생民生'이라는 원칙을 주장하며 철저하게 반대하였다. PKO법안에 대한 논란은 국회에서 계속되었으나, 이듬해인 1992년 6월 15일에 사회당이 국회에서 11시간이 넘는 우보전술牛步戰術을 쓰는 등, 철저하게 항전하는 가운데 성립되었다.

---

106 이른바 오자와(小沢一郎)—이치가와(市川)라인(一 · 一라인)의 형성의 시작이었다. 오자와가 공명당 노선에 협조하면서 사실상 보수 분열 선거가 되어, 도쿄 도지사 선거가 끝난 후에 오자와는 이에 대한 책임을 지고 간사장직에서 물러나야 했다.

107 渡辺治 (1994), 460쪽.

PKO법안의 통과는 자위대의 해외 파견을 인정했다는 점에서 뿐만 아니라, 사 · 공 · 민 노선의 사실상의 종언을 가져왔다는 점에서도 전후 체제 전환에 아주 중요한 의미를 가지는 것이었다.[108] 1955년 체제에서의 보수와 혁신, 그리고 중도 야당의 세 갈래로 펼쳐져 있던 커다란 정치 세력 중에서, 중도 세력이었던 공명당과 민사당이 사회당과 공산당의 논리를 부정적으로 인식하고 자민당의 주장에 동조하고 나선 것을 의미하는 것이기 때문이었다. 다시 말해서, 혁신 세력의 경직화에 대해 애매한 태도를 보여오던 중도 야당 세력이 혁신 세력과 선을 긋고 자민당과 유연한 협력 태세를 보이기 시작한 것이다. 사실상 1955년 체제하에서의 보수-혁신 간 대립의 균형추를 자민당을 중심으로 한 보수의 축으로 크게 움직여가는 것을 의미했다. 비록 국제협력법안이라는 단일 사안을 중심으로 한 것이었으나, 민사당과 공명당이 자민당의 일각과 손을 잡을 수 있다는 가능성을 열어준 획기적인 사건이었다. 또한, 렝고連合를 중심으로 한 노동계 내부에서도 호헌護憲의 틀을 지키기가 어려워지고, 민사당과 공명당이 자민당에 접근함에 따라 야마기시山岸가 주장하던 사 · 공 · 민 연합 정권의 구성은 현실과 멀어진 주장이 되어갔다. 그러자 야마기시 등 렝고 집행부는 점차 자민당 일부 세력과 연합한 비자민非自民 연립 정권 구상으로 노동계의 협력 방향을 전환하게 되었다.[109]

108 미야자와 전 수상은 걸프전을 '전후 일본의 전환점(turning point)이었다'고 회고했다고 한다. 国正武重 (1999), 9쪽.

109 渡辺治 (1994), 463-466쪽.

사가와규빈佐川急便 사건과 다케시타파의 분열

리쿠르트 사건으로 제기된 정치개혁이라는 이슈는 누구도 반대하기 힘든 대의명분이었고, 정치개혁의 입법화 노력은 끊이지 않았다. 정치개혁 관련 법안의 원형은 제2차 가이후 내각이 1991년에 제출한 정치개혁 관련 3법안이었다. 고토다 마사하루後藤田正晴를 중심으로 만들어진 원안은 중선거구제를 소선거구제와 비례대표제를 병행하는 선거제도로 바꾸는 것이 중심 내용이었다. 가이후海部 수상도 임시국회 소신 표명 연설에서 정치개혁의 실현을 강조하였다. 그러나 동 3법안은 각의 결정에도 불구하고 정치 기반이 약한 가이후 내각에게 절호의 비판의 대상이 되었다. 정치개혁특별위원회에서는 야당은 물론 YKK 등 당내의 비판과 반발이 커서,[110] 1991년 9월 30일 오코노기小此木 위원장이 폐안을 선언하게 되었다. 가이후는 이에 반발하여 국회를 해산하려 했지만, 9월 29일 다케시타竹下, 오부치小淵 간사장, 그리고 가지야마梶山 국회대책위원장 등 당내 최대 파벌인 다케시타파 간부가 모임을 갖고 국회 해산에 반대함으로써, 오히려 수상인 가이후가 10월 4일 퇴진할 수밖에 없었다.[111] 다케시타파의 막강한 영향력을 보여 주는 사태의 전개였다.

가이후가 수상직에서 내려서자, 다케시타파는 다시 차기 수상 후보 선출에 영향력을 행사하였다. 1991년 10월 10일 다케시타파 회장 대행

110 1991년 6월 29일에 자민당 총무회는 소선거구제 비례대표제 병립제를 중심으로 한 정치개혁 관련 3법안을 반대를 누르고 당의 의사로 결정하였다. 이 당시 반대파를 대표하는 세 명의 자민당 의원 야마자키 다쿠(Yamazaki Taku), 고이즈미 준이치로(Koiuzimi Junichiro), 가토 고이치(Kato Koichi)의 첫 영문 이니셜을 딴 것이 YKK이다.

111 朝日新聞政治部 (1992), 15쪽.

이던 오자와小沢는 차기 총재 후보로 유력시되던 미야자와宮沢,[112] 와타나베渡辺美智雄, 미츠즈카三塚를 자기 사무실에 불러 면접을 하고, 같은 날 밤 다케시타의 집에 모여 파벌 간부 회의를 가진 후, 다음날인 11일에 미야자와 지지를 결정하였다.[113] 오자와의 차기 총재 후보 면접은 다케시타파 지배를 가장 상징적으로 보여 주는 사건이었다. 1991년 11월 5일 미야자와 내각이 출범하였으나, 자민당 내 이중 권력의 문제는 더욱 부각되었다. 아래의 표는 당시 다케시타파의 당내 영향력을 보여 주는 파벌 소속 의원 수의 분포이다.

◎ 자민당 파벌 의원 수

	중의원	참의원	합계
다케시타(竹下)파	69	30	105
미야자와(宮沢)파	63	19	82
미츠즈카(三塚)파	57	19	76
와타나베(渡辺)파	49	19	68
고모토(河本)파	24	7	31
가토(加藤)그룹	7	6	13
목요클럽(木曜クラブ)	2		2
무파벌	8	9	17
계	279	115	394

출처: 朝日新聞政治部, 『竹下派支配』(東京: 朝日新聞社, 1992), 133쪽.

정치개혁을 둘러싼 자민당 내부 및 여야 간 논쟁을 다시 불러일으킨 것은 정치 부패 사건의 재발이었다. 1992년 1월 14일, 다케시타파의 회

112 그가 이미 1980년대 후반부터 당내에서 누구나 인정하는 막후 실력자였던 점이 이를 반증해 준다. 그의 정치적 힘은 가이후가 물러난 후 후임 수상을 노리던 미야자와, 와타나베 등을 개인적으로 면접하면서 체력 검사까지 했던 점에서도 증명이 되고 있다. 그는 자기보다 나이가 많은 이들을 사실상 차기 수상 후보로 면접하면서 팔을 허리 아래로 내려보라고 주문하는 등 당사자들에게 굴욕적인 면접을 한 것으로 알려지고 있다.

113 朝日新聞政治部 (1992), 113쪽.

장이었던 가네마루金丸 자민당 부총재가 사가와규빈佐川急便으로부터 5억 엔을 수수했다는 이른바 '사가와규빈 사건'이 터졌다.[114] 리쿠르트 사건의 기억이 아직 사라지지 않은 상태에서 사가와규빈 스캔들이 발생하자 정계는 다시 정치개혁 논쟁으로 뜨거워졌다. 1992년 4월 20일에는 정치학자들을 중심으로 '정치개혁추진협의회政治改革推進協議会'로 불리는 민간정치임조民間政治臨調가 출범하여 여론을 주도하였고, 이어 자민당의 정치 부패 체질에 불만을 가진 호소카와細川가 5월 22일에 자민당을 탈당하여 일본신당日本新党을 결성하는 사태에 이르렀다. PKO법안이 통과된 직후 실시된 1992년 6월 26일의 참의원 선거에서 자민당은 68석을 획득하여 개선 의석보다 4석을 더 차지했다. 일본신당은 결성 직후임에도 불구하고 361만 표를 획득하면서 원내에 4명의 참의원을 탄생시켰다.

1992년 7월 26일 참의원 선거 결과

	선거구	비례구	당선자 합계	비개선 의석	참의원 총수
자민당	50석	19석	69석	39석	108명
사회당	12	10	22	49	71
공명당	6	8	14	10	24
렝고	0	0	0	12	12
공산당	2	4	6	5	11
민사당	1	3	4	5	9
일본신당	0	4	4	0	4
스포츠당	0	1	1	1	2
이원클럽	0	1	1	2	3

114 도쿄 사가와규빈 사건 수사에서 와타나베(渡辺) 사장은 89년 7월 참의원 선거자금으로 가네마루에게 5억 엔을 주었다고 폭로하였다.

	선거구	비례구	당선자 합계	비개선 의석	참의원 총수
사민련	0	0	0	1	1
제파	2	0	2	0	2
무소속	4	0	4	1	5
합계	77	50	127	125	252

줄곧 사가와규빈과의 연루를 부정하던 가네마루金丸는 일본신당의 선전 등으로 민심이 동요하자, 1992년 8월 17일 책임을 인정하고 부총재직을 사임하였다. 가택수색에서 금괴와 현금을 비롯한 거액의 정치자금이 발견되자 가네마루는 국민의 지탄의 대상이 되었다.[115] 하지만 이에 대한 처벌은 약식기소에 그쳐 지방법원 판결에서 20만 엔의 범칙금을 선고받는 게 고작이었다.[116] 여론의 비판이 더욱 비등한 것은 말할 나위가 없었다. 정치자금법 위반으로 기소되자, 10월 14일 다케시타파 회장이었던 가네마루는 의원직을 사직하였고, 오자와小沢도 가네마루를 지키지 못한 책임을 지고 다케시타파 회장 대행직을 내놓았다. 파벌 회장이 공석이 됨에 따라 다케시타파의 회장직을 둘러싼 파벌 내 경쟁이 본격화되었다. 1992년 10월 28일 다케시타파 회장 선거에서 오자와는 하타羽田를 내세워 오부치小淵에 대항하였지만, 오부치가 파벌회장에 선출되었다. 이를 계기로 다케시타파가 오부치파로 바뀌었다. 이에 반발한 오자와-하타 그룹은 같은 날 정책 집단 '개혁포럼 21'을 결성하면서 새로운 파벌을 형성했다. 오부치파가 63명, 오자와-하타파가 44명

115 가네마루는 이 거대한 정치자금이 신당 창당을 위한 정치자금이라고 주장하여 더욱 세간의 관심을 모았다.

116 가네마루가 낸 벌금 20만 엔은 불법주차에 대한 최대 범칙금과 비슷한 정도로 경미한 것이었다.

이었다.[117] 자민당 내 최대 파벌인 다케시타파가 둘로 나뉜 것이다. 나카소네 내각 이후 자민당을 사실상 지배해 왔던 다케시타파가 이해관계 및 전략적 판단의 차로 인해 분열된 것이었다. 다케시타파가 분열된 후 이루어진 내각 개조에서 미야자와는 간사장에 오부치파의 가지야마梶山, 정조회장에는 미츠즈카三塚, 그리고 관방장관에는 고노 요헤이河野洋平를 임명했다. 사실상 반反오자와 라인의 편성이었다.

자민당 내 권력투쟁에서 패배한 오자와는 수상이었던 미야자와宮沢에게 정치개혁을 주문하며 당내 투쟁의 담론을 주도하였다.[118] 오자와가 추구한 것은 단지 당권의 확보가 아니었다. 그가 당권을 노렸다면, 자민당 외부의 세력과 협력을 추구하기보다는 당내 타 파벌과의 관계 증진에 우선적으로 힘을 기울였을 것이다. 오자와는 자신의 정치적 신념을 관철하는 것이 궁극적 목적이었으며, 그 목적은 크게 세 가지였다.[119] 하나는 소선거구제 도입으로 대변되는 정치개혁의 추진이다. 이는 국회 내 반대 세력인 사회당의 결정적 약화를 기도하는 정치적 전략이었다. 이것은 자민당 전체 이익과는 합치되는 것이었지만, 중선거구제에서 당선된 자민당 의원들에게도 혹독한 주문이었다. 둘째는 관료 주도 체제의 개혁을 통한 정치 주도의 확립이었다. 이는 수상을 눈앞에 둔 중견 정치인들에게는 매력적일지 모르나, 족의원 체제 등을 통해 관료와 손을 잡고 이익 분배에 나선 자민당 중견 의원들의 이익에는 부

117 다케시타와 와타누키를 포함한 3명은 중립을 지켰다. 하지만 이들은 나중에 오부치파에 가입했다.

118 오부치파의 실력자였던 노나카(野中)는 당시 파벌의 멤버들이 권력의 정점에 서 있던 오자와가 정치개혁을 부르짖는 데 대해 누구도 좋은 감정을 가지지 않았다고 회고하고 있다. 野中広務, 『私は戦う』(東京: 文芸春秋, 1996).

119 小沢一郎, 『日本改造計画』(東京: 講談社, 1993).

합하지 않았다. 셋째, 헌법 개정을 통한 보통국가의 실현을 통해 일본의 국제적 위상을 높이는 것이었다. 그러나 자민당 내부에서도 헌법 개정에 대한 알레르기는 강하게 남아 있었다. 다시 말해서, 자민당 내부에서의 연합만으로는 오자와가 추구하는 이상을 실현할 수 없었다. 오자와는 국제협력법안의 통과에 협력적이었던 민사, 공명당과의 교감을 심화했다. 단지 당 지도부뿐만 아니라, 이들의 지지 조직이었던 렝고連合나 창가학회와의 협력 관계도 넓혀갔다.[120]

1993년 3월 6일, 가네마루가 체포되자 정치개혁에 대한 일반 유권자들의 요구는 더욱 거세졌다. 이에 대응하여, 자민당 의원들은 단순 소선거구 제도의 도입을 주장하는 한편, 사회당과 공명당은 자신들의 정당의 운명을 좌우할 수 있는 소선거구제와 비례대표제의 병용을 주장하는 안을 내놓았다. 어느 정당도 선거제도 개혁을 중심으로 한 정치개혁의 필요성에 대해 반대의 목소리를 높이지 않았다. 1993년 5월 25일에는 자민당 내 젊은 의원들의 모임은 야당과 타협을 하더라도 국회에서 개혁이 이루어져야 한다고 주장하면서 당 소속의원 381명 중 219명의 서명을 모아 제출하기도 하였다.[121]

오자와의 탈당과 55년 체제의 종언

야당은 물론 여당인 자민당 내에서 정치개혁 요구가 높아지자, 총리인 미야자와宮沢는 다하라田原가 진행하는 TV 토크쇼 '총리가 말한다総理

120 당시 '렝고' 회장이었던 야마기시(山岸)의 회고에 의하면 오자와를 중심으로 한 정계 재편의 움직임은 시차를 달리하면서 이미 자민당 내 파벌 투쟁 이전에 전개되고 있었다. 山岸章, 『連立仕掛人』(東京: 講談社, 1995).

121 草野厚, 『連立政権』(東京: 文芸春秋, 1999), 32쪽.

は語る'에 출연하여, '정치개혁법안을 어떻게 해서라도 이번 국회에서 통과시키지 않으면 안 된다'라고 자신의 의견을 공개적으로 밝혔다. 그러나 미야자와 총리는 나중에 국회에서 정치개혁법안 제출을 연기하는 등 미온적인 반응을 보였다. 1993년 6월 15일, 자민당 총무회는 갑론을박 끝에 회기 연장을 하지 않고 정치개혁법안의 성립도 단념하기로 확인하였다. 이에 대해 야당은 미야자와 수상이 정치개혁을 추진하지 않는다는 이유를 들어 1993년 6월 16일, 사회당, 공명당, 민사당의 명의로 내각불신임안을 제출하였다. 이 불신임안이 475표 중 찬성 255표, 반대 220표로 가결되었다. 야당이 제출한 불신임안에 대해 오자와를 비롯한 자민당 내 찬성표가 39표에 이르렀고, 16명이 결석함으로써 일어난 예상을 벗어난 결과였다. 내각불신임안 통과에 대해 미야자와 수상은 내각 총사직이 아니라 중의원 해산을 단행함으로써 유권자들에게 신임을 물었다. 미야자와 내각불신임안에 동조한 다케무라武村正義 자민당 정치개혁본부 사무국장 등 10명은 6월 18일 자민당을 탈당하여 '신당 사키가케新党さきがけ'를 창당하였고, 오자와를 중심으로 한 하타파 44명도 자민당을 탈당하여 '신생당新生党'을 결성함으로써 자민당의 분열은 돌이킬 수 없게 되었다.[122]

1993년 7월 18일에 실시된 총선거에서 자민당은 과반수 확보에 실패하였다. 야당인 사회당은 70석, 그리고 자민당 탈당 세력을 비롯한 기타 야당 세력이 218석을 차지함으로써 과반수 확보에 실패한 자민당은 정권을 내놓을 수밖에 없었다. 특히 정치개혁을 주장하며 자민당을

122 Junko Kato, "Why the Party Breaks Up?" *American Political Science Review 92* (1998), 857-870쪽.

탈당한 일본신당이 35석이나 얻는 경이적인 결과를 냈고, 오자와가 이끈 신생당도 19석이나 의석을 늘림으로써 유권자들의 정치개혁에 대한 열망을 여실히 보여 주었다. 자민당은 선거 전의 222석보다 1석이 늘어난 223석을 차지하였지만, 자민당의 일부가 당을 탈당하여 자민당에 대항하는 비자민의 입장을 표명함으로써 자민당은 38년 만에 여당 지위를 상실했다.

◎ 93년 7월 18일 총선 결과

	선거 전	선거 후 (의석점유율)	변화
자민당	275석	223석 (43.6%)	−52석
사회당	155	70 (13.7%)	−85
신생당	36	55 (10.8%)	+19
공명당	45	51 (10.0%)	+6
일본신당	0	35 (6.8%)	+35
공산당	16	15 (2.9%)	−1
민사당	14	15 (2.9%)	+1
사키가케	10	13 (0.8%)	+3
사민련	4	4 (0.01%)	+0
무소속 및 기타	22	30 (5.9%)	+8

미야자와 수상은 7월 22일에 퇴진 성명을 발표하였다. 이에 대항하여 오자와는 일본신당의 호소카와細川를 리더로 내세우고, 사회당, 신생당, 일본신당, 공명당, 민사당, 사민련, 사키가케 일곱 개 정파가 연합함으로써 비자민 호소카와 내각이 탄생하였다. 자민당이 38년간 여당의 지위를 지켜온 55년 체제가 막을 내린 것이었다.

55년 체제의 종언은 야당인 사회당이 자민당에 대한 효과적인 대안을 제시하거나 야당 연합을 통해 자민당을 축출함으로써 일어난 것이 아니었다. 다케시타파가 분열하기 이전에는 보수 세력 내부에 권력의 이중 구조 문제가 드러나면서, 다케시타파에 도전하려는 당내 움직임이 미약했다. 야당들마저도 자 · 공 · 민 노선의 등장이 보여 주듯, 다케시타파와의 밀실 거래에 의한 이익 추구에 익숙해져서 자민당을 권력의 자리에서 밀어내려하기는 커녕, 자민당에 접근하려고 했다. 결국 자민당 일당 우위 체제의 종언은 당내 최대 파벌의 분열과 탈당에 의해 가능해졌다. 유권자는 정치가들의 자기 분열에 추인을 할 수 있을 뿐이었다.

| 4장 |

정계 재편과 전후 체제의 대전환

自民党

◆ ◆ ◆

일본인들은 흔히 1990년대를 일컬어 '잃어버린 10년'이라고 부른다. 고도의 경제성장에 따른 경제의 거품이 꺼지고 성장의 탄력이 사라진 것이 큰 원인이었다. 다른 한편, 정치적으로는 자민당 일당 우위 체제가 흔들리면서 정치적 불안정과 정계 재편이 지속되는 유동流動의 시대로 접어들었다.[1] 사회적으로도 '불평등 사회,' '격차 사회'라는 유행어가 인구에 회자되면서, 1억 중산층 사회 일본의 신화가 막을 내렸다.[2]

그러나 일본 정치에 있어서 1990년대는 잃어버린 10년이라기보다는 근본적인 '체제 전환regime transformation'의 10년이었다.[3] 1955년 체제

1 樋渡展洋 · 三浦まり 編, 『流動期の日本政治: 失われた10年の政治学的検証』(東京: 東京大学出版会, 2002). 다른 한편으로, 1990년대 10년간 일본의 경제 침체와 사회 불안정에도 불구하고 개혁의 기회를 제대로 활용하지 못하여 반전할 기회를 잡지 못했다는 의미에서도 잃어버린 10년이라고 부른다.

2 일본 사회의 불평등 문제를 다룬 서적들로는 다음과 같은 대표작들이 있다. 佐藤俊樹, 『不平等社会日本』(東京: 中公新書, 2000); 橘木俊詔, 『格差社会』(東京: 岩波新書, 2006); 山田昌弘, 『希望格差社会』(東京: 筑摩書房, 2004); 三浦展, 『下流社会』(東京: 光文社新書, 2005).

3 Cheol Hee Park, "Political Dynamics of Regime Transformation in Japan in the 1990s," *Japanese Journal of Political Science* (2004).

가 붕괴되면서 시작된 정계 재편은 일본 정치의 장場을 바꾸어 놓았다. 1990년대에 걸쳐 일본 정치는 삼중三重의 체제 변환을 가져왔다. 우선, 자민당 내에서 통상국가 노선을 주장하는 온건 보수론자들 이외에, 보통국가론을 주장하는 신보수주의자들의 논의가 전면에 배치되었고, 그 때까지는 볼 수 없었던 민족주의적 우파, 즉 자주국가自主國家론자들이 정계 전면에 등장하였다.[4] 보수 내부의 분화이자 확산이었다. 또 하나의 변환은 혁신 소수 정당들의 급속한 쇠퇴였다. 1990년대에 접어들면서 일본의 평화주의 옹호 세력 및 호헌주의자들은 국제평화주의와 개헌 세력에 의해 점차 고립되어 갔다. 공산당은 물론, 사민당도 국회에서의 의석이 줄어들면서 점차 소수 야당으로 전락했다. 다른 하나의 전환은 중도 야당의 상실과 보수 야당의 성장을 들 수 있다. 55년 체제하에서 중도 정치 세력을 자부하던 민사당과 공명당은, 1990년대에 들어 정치적 노선의 변화를 보였다. 공명당은 반反자민에서 비非자민, 그리고 친親자민으로 점차 보수화되는 경향을 보여 주었다.[5] 민사당은 처음에는 신진당新進党에 그리고 나중에는 민주당民主党에 흡수되었다. 그 과정에서 민주당은 양적으로 성장하였으나, 이념적으로 점차 보수화되는 경향을 보였다.

1990년대 일본의 정치 체제 전환을 분석하면서 펨펠Pempel은 일본 경제가 세계화되는 과정에서 국제적으로 경쟁력 있는 부문과 국제적

4 박철희, "일본에서의 신보수주의 세력의 등장과 한국에의 함의," 김영작 · 전진호 편, 『일본은 한국에게 무엇인가』 (서울: 한울, 2006).

5 공명당의 노선 전환에 대해서는 이기완, "일본의 정치 변동과 공명당의 노선 전환," 『국제정치논총』 46:3 (2006), 213-233쪽.

경쟁력이 없는 부문으로 이원화되었고, 이 같은 새로운 사회적 균열의 반영에 의해 자민당 내부가 '적들의 동침' 관계로 바뀌면서 자민당의 분열이 나타났다고 본다. 그 연장선상에서 그는 장차 일본 정치가 차근차근 양당제로 바뀌어 갈 공산이 크다고 시사하였다.[6] 일본의 정치·경제를 시장과 국가와의 상관관계에서 분석하는 히와타리樋渡도 부문 간의 다중 연합에 의해 업계의 선호를 반영하는 정책적 지향성의 변화가 나타나고 있음을 주장하면서, 자민당 정치는 '우물쭈물하는 정치irresolute politics'라고 표현하였다.[7] 이들은 자민당을 지지해오던 그룹들이 경쟁력이 있는 부문과 경쟁력이 없는 부문으로 양분되면서 자민당의 분열을 가져왔고, 양 부문의 영향력에 좌우되는 정치로 바뀌었다고 본다. 하지만 기업 부문을 중심으로 한 정치·경제적 분석에 치우친 이들은 다음과 같은 한계를 드러내고 있다. 첫째, 자민당 내 정치 세력의 분포나 선호를 사회 세력의 변화와 연결시킴에 있어, 지나치게 구조적이거나 결정론적인 논지를 편다. 즉, 자민당 내 이념적 지형의 변화와 정치 세력 간의 연합 구조를 무리하게 당 외부 세력인 기업 및 지지층과 연결시키려고 하는 정치·경제적 발상으로서 자민당의 정치 세력이 변화해가는 과정을 외부 유도형outside-driven 방식으로 이해하고자 한 것이다. 그러나 이러한 논의는 1990년대 정치 변화의 상당 부분이 유권자와는 무관하게 진행되었다는 커티스Curtis의 지적을 감안한다면, 지나

6 T. J. Pempel, *Regime Shift: Comparative Dynamics of Japanese Political Economy* (Ithaca: Cornell University, 1999).

7 Nobuhiro Hiwatari, "Irresolute Parties?: The Fiscal Stimulus-Structural Reform Policy Dilemma and the Politics of Sectoral Coalitions in Japan," *The Korean Journal of Japanese Studies* (Winter 2002).

치게 이론의 틀에 맞추어 현실을 재구성한 것이라는 비판에서 자유롭지 않다.[8] 둘째, 자민당의 분열을 사회 세력의 이해의 반영의 결과로 보는 분석은 정치인과 정당이 외부의 요구를 여과 없이 수용한다는 모델cash-register model을 상정하고 있어, 정계 자체의 논리나 정치인들의 아이디어를 경시하는 경향이 있다. 셋째, 자민당의 내부 역학과 사회 세력의 이해가 중첩한다고 하더라도, 이 같은 이해의 반영이 어떻게 이루어지는가에 대한 구체적인 메커니즘의 설명이 없어서 상관관계의 분석에 그칠 뿐 인과관계의 설명이 약하다는 비판을 받는다. 반면, 자민당 지배 체제의 변화를 정책이나 이념과는 무관한 인물 중심의 정치적 경쟁으로 환원하려는 시도에도 한계가 있다.[9] 정당과 정당 간의 연립과 연합은 정치적 이해관계의 거래인 동시에 정치 이념 및 정치 수법에 대한 지향점의 일치로 인해 변환되는 경우가 많았다.[10] 또한, 자민당을 중심으로 한 일방적인 분석은 결과적으로 야당의 변화에 대한 객관적 분석을 간과하고 있다. 다시 말해, 1990년대의 대변환이 이루어지는 과정에서 야당 세력이 차지한 역할을 제대로 평가하지 않았다.[11] 야당 세력의 재편과 새로운 성격을 지닌 야당의 성장은 자민당 정치에 직접적인 영향을 끼쳤음을 유념해야 한다.

아래에서는 사회 부문의 정치 · 경제적 분석에 의거한 양당제 발전의

8 Gerald Curtis, *The Japanese Way of Politics* (New York: Columbia University Press, 1999).

9 커티스의 분석은 일본의 비공식적 정치제도 등을 중시하면서도 정치 지도자들의 선택을 가장 중시하는 점에서 인물중심적인 성격이 강하다. Gerald Curtis, 위의 책 (1999).

10 草野厚, 『連立政権』 (東京: 文芸春秋, 1999).

11 야당 세력에 대한 인식의 중요성에 대해서는, 박철희, "일본 야당세력의 재편과 정당경쟁체제," 『한국정치학회보』, 40:5 (2006).

전망이 아니라, 정당 세력 간의 갈등 구조와 이념적 대립, 자민당 내 세력 간 갈등과 협력, 그리고 제도적 한계 내에서 전략적 상호작용의 결과가 빚어내는 정치적 구조의 변환을 중심으로 90년대 일본 정치의 변화를 살펴보고자 한다.

[01]

비자민(非自民) 연립 정권의 실패

비자민 연립 정권의 출발은 사전에 잘 조율된 전략적 합의에 기초했다기보다는 정치 세력의 상황 적응의 산물이었다. 정치개혁 및 다케시타파의 리더쉽을 둘러싸고 자민당 내 최대 파벌이 분열할 것이라는 것을 정치 행위자들이 미리부터 예상한 것은 아니었다. 1993년 총선이 끝나자 어느 정당도 과반수를 확보하지 못한 상태에서 각 정당들은 연립 상대를 찾아 나섰다. 그러나 자민당에 대항한 정당들은 자민당의 연립 요구에 응할 수 있는 상황이 아니었다. 자민당을 제외한 모든 정당들이 비자민非自民내지 반자민反自民의 기치를 내걸고 총선에 임하였기 때문이었다. 아울러 정치개혁이 가장 큰 쟁점이 된 상황에서, 정치개혁을 주장했던 정치 세력 간의 연합이 가장 자연스러운 것으로 여겨졌다. 정치개혁 문제로 정국의 주도권을 장악한 오자와의 주도하에 공산당을 제외한 야당 세력은 일본신당 대표인 호소카와細川를 전면에 내세워 연립 정권을 구성하였다. 자민당을 탈당한 지 얼마되지 않는 하타羽田나 다케무라武村로서는 자민당의 연장선이라는 여론의 비판을 감당해 낼 수 없었고, 사회당, 공명당, 민사당의 대표로는 각 당의 합의를 이끌어내기가 어려웠기 때문에, 정치개혁을 일찍부터 주장하여 자민당을 탈당한 개혁 이미지의 호소카와細川를 전면에 내세운 것이었다.[12] 보수 세력의 기본 노선을 계승하면서도 정치개혁이라는 대의명분에 적합했던 것은 물론, 일본신당이 연립 내 가장 작은 세력의 하나라는 현실적인 고려도 있었다. 오자와로 보자면, 연립 내 정당 중에서 가장 다루기 쉬운 작은 수의 연립 파트너였기 때문이다.

호소카와를 대표로 하는 연립 정권에는 자민당을 탈당한 신생당新生党, 신당 사키가케新党さきがけ, 일본신당日本新党과 야당에서 반反자민을 견지해오던 사회당社会党, 공명당公明党, 민사당民社党, 사회민주연합社民連, 민주개혁연합民主改革連合 등이 참여하였다. 자민당과 공산당을 제외한 모든 정당의 연합체였다. 따라서 오자와가 구성한 연립 정권은 비자민非自民, 비공산非共産 연립 정권으로 규정할 수 있다. 8개의 정당이 모여 이루어진 연립 정권은 연립 정권이라기보다는 정당 연합 정권이라고 표현하는 것이 더 적절한 것이었다.

당시 오자와가 이끄는 연립정부가 통합된 새로운 야당의 등장을 가능하게 하는가는 세간의 이목을 끄는 정치적 과제였다. 특히 연립 정권 내에서 지지 조직의 기반이 탄탄한 정당들을 어떻게 묶어내느냐 하는 것이 관심사였다. 사회당과 민사당은 각각 공공 부문 노동조합과 민간 부문 노동조합, 공명당은 창가학회創価学会, 그리고 자민당 탈당 의원들

---

12 小沢一郎, 『語る』(東京: 文芸春秋, 1996).

은 개인후원회라는 강력한 지지 조직을 지니고 있었다. 오자와는 대중적 지지 조직을 가진 기존의 야당들을 중앙에서 통합하여 하부 조직의 연계를 유도하는 정당 간 연합 전략을 구사하였다. 구체적으로 보면 자민당 탈당파의 후원회 조직, 중도 야당이었던 공명당을 지지하는 창가학회, 그리고 민사당과 사회당을 지지하는 노조를 중심으로 한 3대 세력을 상부에서 결합하고 하부 지지 조직을 연계시키는 전략이었다.

반대할 수 없었던 정치개혁

오자와가 주도하는 정당 간 연합은 1990년대 초반부터 발전해 온 오자와小沢, 민사당民社党, 공명당公明党 간의 국가 노선에 대한 느슨한 합의와 정치개혁에 대한 일반론적 합의에 기초해 있었다. 중도 야당인 민사당과 공명당이 오자와가 추진하던 국제협력법안을 통해 신뢰 관계를 쌓아간 것이 기초가 되었다. 일본의 국력에 상응하는 국제 공헌을 해야 한다는 점과 일본의 정치 체제를 정치 주도의 틀로 바꾸어야 한다는 데 대해 오자와 그룹과 민사당, 공명당 세력은 대체로 크게 의견을 달리하지 않았다. 문제는 사회당과 사키가케를 중심으로 한 세력들이 이러한 생각을 반드시 공유한 게 아니라는 점이었다. 특히, 통칭 PKO법안으로 불리는 국제협력법안의 통과에 끝까지 반대했던 사회당은 정치 이념의 측면에서 보면 연립 내에서 이질적인 정당이었다.

다만, 연립 정권을 구성한 정당들은 일반적으로 정치개혁에 대한 반대를 할 수 없는 입장에 서 있었다. 정치개혁을 이유로 불신임안과 국회해산을 단행한 만큼, 표면적으로 연립 정권 구성 정당들은 정치개혁이라는 대의명분에 반대할 수 없었다. 역으로 말하자면, 정치개혁이라는 이슈 이외에는 합의를 이끌어내지 못한 채 서둘러 구성된 연립 정권이 호소카와 정권의 본질이었다.[13] 정치개혁에 대한 연립 정권의 입장은 정당 간 합의의 존재라기보다는 반대의 부재였다. 하지만 실제로는 연립 정권을 구성하는 정당들의 이해관계가 미묘하게 달랐다. 사회당은 연립에 참가하기 이전에 오자와가 추진하는 정치개혁에 줄곧 반대를 해 왔다. 하지만 1993년 총선이 끝나고 공산당을 제외한 비자민 연립을 구성할 때, 연립에 참가하지 않으면 그때까지 반대해 온 자민당과 손을 잡을 수도 없고, 혼자서만 외톨이로 지낼 수도 없는 어정쩡한 입장에서 연립 참가를 결정한 것이었다. 이 점에서 사회당의 연립 참가는 적극적 참여라기보다는 소극적 선택이었다.

호소카와 내각이 출범할 때의 내각 지지율은 71%로, 당시까지 전후 가장 높은 수치였다. 그 이유로 37%의 응답자들이 정치 변화가 기대된다고 답하여 정치개혁에 대한 높은 기대를 보여 주었다.[14] 이를 반영하듯이, 호소카와 수상은 1993년 8월 10일 첫 번째 각의 후 가진 기자회견에서 '정치개혁 관련 법안이 연내에 성립하지 않을 경우, 정치적 책임을 지겠다'고 언급하였다.[15] 호소카와 총리는 1993년 8월 23일 국회 소신 표명 연설에서 '금년도 중에 정치개혁을 단행하는 것을 내 내각의 최초이자 최우선 과제로 하겠다'고 못박았다.[16]

13 커티스는 연립 정권의 유일한 합의가 정치개혁이었다는 점을 강조한다. 그러나 이는 공식적인 레벨에서의 반대의 부재를 의미할 뿐, 실제로는 정치적 이해관계가 첨예하게 대립되는 부분이었다. Gerald Curtis, *The Logic of Japanese Politics* (New York: Columbia University Press, 1999), 2장.

14 『아사히신문』, 1993년 9월 8일.

15 『아사히신문』, 1993년 8월 11일.

16 『아사히신문』, 1993년 8월 24일.

정치개혁에 대해서 아무도 반대를 할 수 없는 분위기 속에서 구체적인 협상이 진행되었다. 오자와가 상정한 정치개혁안은 사실상 소선거구제를 주로 하는 안이었다. 이 선거제도를 도입하면 민사당이나 공명당 등 소수 정당은 생존이 어려워, 연립 여당의 구성원이 가장 타격을 받는 정치제도였다. 때문에 사회당은 사실상 소선거구제 도입에 반대하는 입장이었다. 따라서 신선거제도에 비례대표제의 요소를 얼마나 가미할 것인가가 정치개혁의 중요한 논점이 되었다. 연립 여당과 자민당의 차이보다도 사실상 연립 정권 내부의 이해관계가 상당히 달랐던 점이 협상을 어렵게 만들었다.

1993년 9월 17일에 소집된 128차 임시국회 당일, 호소카와 내각은 정치개혁 관련 4개 법안을 국회에 제출하였다.[17] 그 내용은 소선거구제 250명, 비례대표제 250명의 병립제였으며, 2표제를 기반으로 하되 비례는 전국 단위로 하는 것을 근간으로 하였다. 이에 대해 고노 요헤이河野洋平를 새로운 총재로 선출한 야당 자민당은 10월 5일 자민당 독자의 정치개혁 관련 5개 법안을 국회에 제출하였다. 그 내용은 소선거구제 300명, 비례대표제 171명을 기본으로 하는 병립제竝立制 안이었으며, 1표제를 기본으로 하되 도도부현道都府県[18]을 비례대표의 기본단위로 하였다. 양측의 안이 서로 상이한 점이 있었던 관계로, 호소카와 총리와 자민당의 고노 총재가 11월 15일에 회담을 가졌으나 협상에는 실패했

17 정치개혁에 대한 자세한 논의는, 박철희, "정치개혁 아이디어의 발흥, 확산 그리고 제도화," 『일본연구논총』 32호 (2010), 35-61쪽.

18 일본은 한국의 도에 해당하는 47개의 도도부현으로 구성되었다. 홋카이도(北海道), 도쿄도(東京都), 오사카후(大阪府)와 44개 현의 광역 지자체가 있다.

다. 이어 중의원 본회의에 연립 여당 측은 호소카와 수상이 호소카와와 고노의 회담에서 제출했던 절충안을 바탕으로 수정 정부안을 제출하여 가결되었다. 이는 소선거구 274명, 비례대표 226명으로 총 500명을 기본으로 하는 병립제였고, 2표제를 기본으로 하면서 비례대표 단위는 전국으로 하는 안이었다. 하지만 참의원에서는 심의가 지연되어 1993년 연도 내 정치개혁법 통과가 실패로 끝났다. 이어 1994년에 계속된 참의원 심의에서 정치개혁특별위원회는 1월 20일 정치개혁 관련 4법안 중 수정 정부안을 통과시켰으나, 그 다음날 참의원 본회의에서 부결되어 수정안을 중의원에 다시 돌려보냈다.

정치개혁 관련 법안의 조기 처리를 약속한 호소카와 수상은 1994년 1월 27일 '정치개혁이 실현되지 않으면 수상의 지위에 연연하지 않겠다'고까지 선언하고 배수진을 쳤다.[19] 그리고 자민당 총재인 고노河野와의 회담을 통해 이를 타결하겠다는 뜻을 밝혔다. 그 다음날인 1월 28일 도이 다카코土井たか子 중의원 의장의 중개로 이루어진 고노 자민당 총재와 호소카와 수상의 회담에서는 합의를 선언하고 정치개혁법안 처리를 약속하였다. 이 합의안은 10개 항의 합의문을 담고 있다. 이를 구체적으로 살펴보면 아래와 같다.[20] 첫째, 비례대표는 블록 명부, 블록 집계로 한다. 블록은 11개 블록으로 한다. 둘째, 기업 등 단체의 기부는 정치가의 자금 관리 단체하나에 한정에 대해 5년에 한해 연간 50만 엔을 한도로 인정한다. 셋째, 호별방문戸別訪問은 현행대로 금지한다. 넷째, 소선거

19 『아사히신문』, 1994년 1월 28일.

20 http://www.secj.jp/pdf/19940128-1.pdf (검색일: 2009년 10월 5일).

구 선출 의원의 수는 300명, 비례대표 선출 의원의 수는 200명으로 한다. 다섯째, 소선거구의 후보자 제출 정당, 비례대표 명부 제출 정당 및 정치자금규정법과 정당조성법의 정당요건은 득표율 3%에서 2%로 한다. 여섯째, 각 당에 대한 정당 조성의 상한은 전년도 수지 실적의 40%로 한다. 일곱째, 투표 방법은 기호제의 2표제로 한다. 여덟째, 기부 금지를 위해 경조 전보 등의 취급은 현행대로 한다. 아홉째, 중의원 선거구 획정을 위해 제3의 기관을 총리부에 설치한다. 열째, 이상의 합의의 법제화를 위해 중 · 참 양원으로부터 연립 여당 및 자민당 각 6명의 위원으로 협의를 한다. 이와 같이 자민당 총재인 고노와 호소카와 총리의 타협안에 의해 합의된 정치개혁 관련 법안은 1994년 3월 1일 중의원 본회의에서 가결되고, 3월 4일 참의원에서 가결되어 성립되었다.[21]

이와 같은 과정을 통해 확정된 소선거구제와 비례대표제 병립제의 내용은 사실상 정당 간의 현실적 타협을 반영하는 것이었다. 우선, 오자와를 비롯한 신생당 강경파들의 주장에도 불구하고 중선거구제를 일거에 소선거구제 단독으로 변화시키지는 못했다. 그럴 경우 소선거구제에서 생존이 어려운 소수 정당과 약세 정당이 국회에서 반대할 것이 분명했기 때문이다. 공명당과 공산당, 민사당 등 일정한 지지 세력을 가진 정당들은 비례대표제가 존재할 경우 생존할 길이 남아 있었다. 따라서 엎치락뒤치락하는 절충 과정을 거치면서도 결코 비례대표제 부분을 없애지 못한 것은 소수 정당에 대한 배려였다. 둘째, 소선거구제와

21 정치개혁법안은 선거제도법안, 정치자금법안, 정당조성금 관련 법안 및 연좌제금지법안 등 네 개의 법률로 구성되어 있었다.

비례제를 병립시킨 것도 정당들의 이해를 반영한 것이었다. 소선거구제 1표만으로 유권자의 선택을 강요할 경우, 소정당보다는 거대 정당에 유리하게 작용할 것은 명약관화했다. 왜냐하면 비례대표의 표로 반영한다 하더라도 소선거구에서 사표가 될 가능성이 큰 소수 정당에 표를 던지는 유권자의 비율은 현저하게 저하할 것이 분명하기 때문이었다. 따라서, 선거제도 개혁을 하면서 소선거구에 1표, 비례대표에 1표를 할당한 것은 소수 정당이 소선거구제에 대한 불안 없이 독자적으로 비례대표로 생존할 길을 열어준 것이라고 할 수 있다. 셋째, 비례대표의 블록을 11개로 나누어 놓은 것도 기존 정당에 대한 배려이자 타협의 산물이기도 했다. 비례대표 블록을 전국구로 할 경우, 전국에 산재된 지지 조직을 가진 정당에게 유리하게 작용한다. 즉, 자민당과 같은 전국 정당은 전국을 비례구로 하여 전체 득표를 합산하는 것이 유리할 수밖에 없다. 그러나 지지 조직이 특정 지역에 집중되어 있는 정당의 경우, 지역을 잘게 나누는 것이 오히려 유리하다. 예를 들어 공명당의 경우, 도쿄東京, 가나가와神奈川 등 관동 지역 대도시부와 오사카大阪 등 관서 중심부, 그리고 후쿠오카福岡에 강력한 지지 조직을 가지고 있어, 이들 지역에서 집중적으로 비례 득표를 하는 것이 유리했다. 또한 민사당의 지지 조직인 민간 노조의 경우에도 아이치愛知현 등 특정 산업단지 지역에 집중되어 있어 전국을 하나로 묶기보다는 지역별 블록을 설정하는 것이 유리했다. 공공 부문 노조를 지지 기반으로 하는 사회당도 사실상 지방 정당화하여 홋카이도北海道와 큐슈九州 등에 강한 지지 기반을 남기고 있어 전국을 블록으로 나누는 것이 유리했다. 결국 전국을 11개 블록으로 구분하고 별도의 집계를 하게 한 것은 선거제도 개혁에 참가한 정당의 이해관계를 반영한 타협의 산물이라고 볼 수 있다.

아울러, 선거제도 개혁 과정에 나타난 또 하나의 타협은 소선거구와 비례대표제 중복 후보 허용 조항이다. 이는 소선거구에서 탈락한 현직 의원들이 비례구에서 부활할 수 있는 근거를 남겨놓은 것으로서 현직 의원을 위한 특례조항의 하나였다. 아울러 511석에서 500석으로 줄어드는 의석을 고려하여 비례 단독으로 출마할 가능성도 남겨둠으로써 소선거구와 비례구를 나누어 가지는 방식을 가능하게 하였다. 이른바 코스타리카 방식이라고 불리는 형식을 통해 동일한 선거구에 속하던 같은 당 소속 의원들이 소선거구제와 비례대표에 번갈아 출마할 수 있는 여지를 남겨 놓았던 것이다. 이로 말미암아, 같은 선거구에서 같은 당 출신 후보가 경합하는 가능성을 최소화시켰다. 또한 비례대표 선거에 현직 의원을 동일한 순위에 놓고 이른바 석패율惜敗率, 즉 상대방 후보와 경쟁해서 얻은 득표의 비율이 높은 경우 비례구에서 당선하는 관행을 도입함으로써 소선거구에서 동일 정당 후보들이 서로 경쟁적으로 표를 얻어내도록 하는 기존 정당에게 유리한 제도적 장치였다.

연립 정권 내의 이념적 균열

사회당을 비롯한 야당 세력은 자민당에 반대한다는 대의명분 때문에 오자와가 주도하는 연립 정권에 참여하지 않을 수가 없었다. 비자민 연립 정권의 수립은 사회당과 기존 중도 여당에 어려운 선택을 강요하였다. 혁신 세력인 사회당社会党과 보수 리버럴인 사키가케さきがけ는 오자와의 보통국가론에 대한 이념적 공유가 거의 전무할 정도로 없었다. 아이러니컬하게도 사회당은 오자와가 추진한 보통국가 노선에 가장 반기를

들던 정치 세력이었다. 그런 사회당과 오자와가 같은 연립 정권의 깃발 아래 있다는 것은 어찌보면 지극히 부자연스러운 일이었다.[22]

오자와가 주장한 보통국가 노선은 사회당 이념의 반대편에 서 있었다. 오자와는 1993년 5월 20일 발행된 자신의 저서 『일본개조계획日本改造計劃』에서 보다 광범위하고 체계적인 정치개혁의 실현을 주장했다.[23] 첫째, 일본은 자신의 국력에 걸맞는 국제적 역할을 수행해야 하며, 이는 인적 공헌을 포함한 '국제 공헌'으로 가시화되어야 한다는 것이었다. 일본은 국제연합이 주도하는 국제 평화 유지 활동에 적극 참여하여 국제 사회에 대한 응분의 노력을 해야 한다는 것이었다. 둘째, 이러한 결정이 내려지지 않는 것은 일본의 정책 결정 시스템이 관저 및 정치가들이 아닌 관료가 주도하는 시스템이기 때문이며, 이를 타파하기 위해서는 정치가가 주도하는 정책 결정, 관저 주도의 정책 결정시스템을 정비해 나가야 한다는 것이었다. 셋째, 국제협력법안의 통과에서 보듯이, 일본이 다른 국가들과 같은 선택을 하지 못하는 이유는 반대만을 일삼는 야당, 특히 사회당이 존재하기 때문이며,[24] 정책 결정 시스템을 근본적으로 개혁하기 위해서는 소선거구제 도입을 통해 경쟁력 없는 정당들을 걸러내고, 당 집행부의 주도권을 확립해야 한다는 주장이었다. 자민당이 주장해 온 선거제도 개혁을 정치개혁의 요체로 간주하였다. 넷

---

22 당시 연립 정권의 내부 상황은 '한 지붕 세 가족'에 유사한 상황이었다. 즉, 오자와 등 자민당 탈당파, 중도 정당이었던 민사당과 공명당, 그리고 반자민의 입장을 오래 지켜왔던 사회당이 각각 그것이다.

23 小沢一郎, 『日本改造計画』(東京: 講談社, 1993).

24 오자와는 다케시타파 회장이던 가네마루가 가장 아끼는 정치인이었지만, 사회당과의 관계 설정에 있어서는 시각을 크게 달리했다. 즉, 가네마루는 사회당이 양성적 · 음성적 거래가 가능한 정당이며 전략적인 협력 대상으로 본 데 반해, 오자와는 사회당이 반대만을 일삼고 정치적 비용을 늘려주는 척결 대상이라고 보았다. 오자와의 사회당에 대한 증오는 그의 저서 곳곳에서 나타난다.

째, 다른 국가들이 할 수 있는 일을 일본도 하기 위해서 궁극적으로 헌법을 개정해야 한다고 주장했다. 당시로서는 획기적인 주장이었다. 한마디로 일본은 '보통국가普通國家'를 지향해야 한다는 내용이었다.

오자와의 주장은 55년 체제를 지켜온 자민당과 사회당 모두에게 대단한 충격이었다. 중선거구를 기초로 한 자민당의 파벌 정치, 사회당의 비현실적 정책 노선에 대한 비판은 물론, 정당 간 타협을 통해 최소한 협력을 얻는 정책 결정 방식, 미국에 의존하여 되도록이면 국제 문제에 말려들지 않는 방식 등에 정면으로 도전하는 주장이었기 때문이다.[25] 평화헌법 수호론자들은 오자와를 헌법 개정을 주장하는 우익의 선봉장이라고 비판했다. 1950년대의 정서적 복고주의적 헌법개정론자들과는 달리, 이념적 논리와 신념에 기반한 우익으로 인식한 것이다.

사회당은 일본의 보통국가 노선의 반대편에 서 있는 평화주의 국가 노선의 적극적인 추진자였으며, 비군사적 국제 평화 노선에 충실한 정당이었다. 다케무라武村正義를 중심으로 한 사키가케도 자민당 내의 보수 리버럴의 색채를 강하게 띠고 있었다. 다케무라의 『작지만 밝게 빛나는 나라小さくともきらりと光る国』라는 저서가 잘 보여 주듯이, 다케무라는 소일본주의의 계승자였다.[26] 사키가케さきがけ의 이념적 설계자인 다나카 슈세이田中秀征도 보수 리버럴이었던 이시바시 탄잔石橋湛山과 이시다 히로히데石田博英의 인맥을 잇는 소일본주의자였다.[27] 따라서 오자와와 정치적 이상을 공유하지 않는, 아니 어찌보면 정반대의 입장에 서 있던 정

25 北岡伸一, 『自民党ー政権党の30年』 (東京: 読売新聞社, 1995), 263쪽.

26 武村正義, 『小さくともきらりと光る国』 (東京: 光文社, 1994).

27 田中秀征, 『日本リベラルと石橋湛山』 (東京: 講談社, 2004).

치 세력이 비자민非自民이라는 명분 때문에 오자와와 같은 편에 서게 된 것이다.[28]

오자와도 비자민 정권 수립을 위해 사회당과 편의적인 연합을 할 수밖에 없었으나, 사회당과의 정책 협력에는 지극히 회의적이었다. 평화헌법을 수호하겠다는 사회당이 헌법 개정을 외치는 오자와와 대립하는 것은 당연한 일이었다. 또한, 일본자위대의 역할 자체에 회의를 품고 있던 사회당이 자위대의 국제 공헌을 주장하며 해외파병의 길을 연 오자와와 대립각을 세우는 것도 당연했다. 나아가, 경제 정책 면에서도 복지와 분배를 강조하는 사회당 노선이 신자유주의적 시장 개혁과 규제 완화를 주장하는 오자와와 이견을 보이는 것도 예상할 수 있는 일이었다. 오자와의 눈에 비친 사회당은 자신의 보통국가를 향한 정치적 이상의 실현을 가로막는 방해물이었다. 오자와는 사회당 좌파가 여당의 일각을 점하고 있는 한, 개혁은 진전이 없을 것이라고 생각하기 시작했다.[29] 우선, 참의원 사회당이 선거제도 개혁에 대한 여당 합의에도 불구하고 17명이나 반대해서 정치개혁 법안이 한 번 부결된 데 대한 불신감이 있었다. 나아가, 호소카와 정권이 추진하던 쌀시장 개방에 대해 사회당 의원들의 반대가 강했다. 또한, 오자와가 추진한 국민복지세 구상에 극력 반대한 것이 사회당이었다. 반면, 사회당과 사키가케의 일부 멤버들은 오자와의 보통국가론을 소화할 의지도 역량도 없었다. 사회당은 연립 내 최대 지분을 가지고 있으면서도 민사당 및 공명당 그리고

28 草野厚,『連立政権』(東京: 文芸春秋, 1999).

29 위의 책, 38-40쪽.

일본신당과 손을 굳게 잡은 오자와와 불협화음을 빚어 정치적 고립을 당하게 되는 운명에 접하게 되었다. 연립 정권에서 오자와와 사회당 및 사키가케 세력이 결별하는 것은 시간문제였다.

강권적인 정치 수법과 사회당 경원

오자와와 사회당 간의 불협화음을 증폭시킨 것은 오자와의 강권적이고 비밀스런 연립 정권 운영 방식이었다. 오자와는 자신들의 몇몇 측근을 중심으로 중요한 결정을 하였고, 이 결정을 상명 하달식으로 관철하고자 하였다. 이러한 오자와의 측근정치형 정치 수법에 대해 불만이 누적되었다. 이를 가장 극명하게 드러낸 것이 국민복지세 구상이었다. 호소카와 총리는 연립 정권 내에서의 합의 형성이나 정책 조정 없이 1994년 2월 8일 느닷없이 대형 항구 감세 대신 소비세율을 7%로 올려 이를 사회복지 분야에 쓰겠다는 국민복지세国民福祉税 구상을 발표하였다. 이 구상에 대해 사회당을 중심으로 연립 정권 내부에서도 아주 반발이 컸다. 1995년 참의원 선거를 앞두고 증세를 논한다는 것은 정치적 자살 행위에 가까웠기 때문이었다. 오자와가 추진한 이 안에 대해 호소카와는 모든 정치적 비판을 뒤집어쓰고 결국 총리직을 내놓아야 했다.

연립 정당 내부의 대립은 하타羽田 내각이 출범하는 과정에서 여당이 원내교섭단체인 '개신改新, 가이신'을 만들면서 가시화되었다.[30] 오자와는 민사당이 추진한 원내교섭단체를 구성하면서 연립 내 최대 지분을 가지고 있던 사회당을 배제하였다. 내각에 배분되는 사회당 지분의 각료

30 가이신(改新)의 구성은 민사당 위원장 출신인 오우치(大内)가 주도하였다.

수를 줄이려는 의도였다.[31] 하지만 사회당의 배제는 사실상 정치적 노선을 달리하는 연립 내 이단 분자에 대한 고립화 전략이었다. 오자와는 비자민, 비공산 정권의 틀 안에서 사회당은 연립 여당에 남아 있을 수밖에 없다고 예상하였다. 또한 사회당을 제외한 '가이하원내교섭단체, 会派'를 만들어도 사회당 내 온건파 및 우파는 대부분 결국 '개신改新'에 합류할 것이라고 생각했다. 다른 한편으로, 오자와는 사회당의 배제가 가져오는 공백을 자민당의 일부를 탈당시켜 메우려고 했다. 자민당을 분열시켜 보수계 의원들을 점차 영입함으로써 연립 내 사회당의 필요성을 줄이는 것이었다. 자민당 분열을 유도하여 자신의 정치 이념에 가까운 사람들을 모으는 이른바 '순화 노선純化路線'을 추구하면서 자민당에 대항할 수 있는 거대 정당을 구성할 수 있다고 믿었다. 실제로 오자와는 총리직을 원하던 와타나베 미치오渡辺美智男를 차기 수상으로 유혹하면서 자민당의 분열을 유도하려 하기도 했다.[32]

자민당과 사회당의 접근

그러나 오자와의 판단은 오산이었음이 차차 드러났다. 우선 사회당과 사키가케는 오자와의 비밀주의적 수법에 불만과 불안을 느꼈고, 자신들을 배제한 데 대한 배신감까지 가지게 되면서 분열되기보다는 오히려 소속 의원들이 결속하게 되었다. 오자와와의 연립에 불만을 느낀 사회당과 사키가케는 신보수주의新保守主義적 성향의 오자와보다는 온건

31 Gerald Curtis (1999), 182-184쪽.

32 오자와는 하타 내각의 구성에 앞서 와타나베 미치오(渡辺美智雄)를 차기 수상으로 만들려고 하였지만, 결국 와타나베는 건강상의 이유를 들어 오자와의 생각에 따르지 않았다.

보수 노선을 중심으로 하던 자민당과의 연립이 유리하다고 생각하였다.

오자와 중심의 연립 정권에서 이탈한 사회당은 1994년 6월 22일 사키가케와 더불어 신정권 구상을 만들고 다른 정당들과 연립 정권 구성안에 대한 협의를 시작하였다.[33] 무라야마 사회당 당수를 총리 후보로 한다는 내용을 담은 안이었다. 이에 대해 오자와 등 연립 정권 구성 정당들은 타협에 응하지 않았다. 반면, 자민당 지도부는 사회당의 안을 적극적으로 받아들일 태세를 보였다. 자민당 집행부는 너나 할 것 없이 사회당과의 연립을 모색하는 움직임을 가속화했다.[34] 6월 26일, 사회당 및 사키가케의 협상대표와 만난 자민당 모리森 간사장과 하시모토橋本 정조회장은, '신정권을 만드는 게 좋겠다. 구체적인 것은 다시 상의하자'라고 말하며 사회당과의 연립에 적극적으로 움직였다.[35] 당내 보수파 의원들은 정적이었던 사회당과의 연립을 꺼려하면서도, 정권을 되찾는 것 자체에는 반대하지 않았다.[36] 자민당은 오자와의 전략에 대해 대응하지 않을 경우, 소속 의원들이 하나 둘 오자와의 신진당新進党으로 흘러들어가 당이 분열될 가능성에 대해 위기감을 느꼈다.[37] 38년간

33 사회당이 만든 신정권 구상은 연립 정권에 남아있기를 바라던 사회당 내 우파를 제치고 자민당과 오랫동안 국회대책위원회 등을 통해 친근감을 쌓아온 사회당 내 좌파에 의해 만들어진 것이었다. 草野(1999), 45-47쪽.

34 사회당과의 연립을 주도한 자민당 의원들은 모리(森) 간사장, 하시모토(橋本) 정조회장은 물론 고토다(後藤田), 노나카(野中), 가토 고이치(加藤宏一) 등 리버럴한 의원들과 야마자키(山崎拓), 츠카하라(塚原), 가메이(亀井静香) 등 유력정치인들이었다.

35 野坂浩賢, 『政権』(東京: すずさわ書房, 1996).

36 당시 자민당 간사장이었던 모리(森)는 자민당 기관지인 '자유신보(自由新報)' 기고문에서, '신제도하에서의 선거를 앞두고 자민당은 궁지에 빠질 가능성도 있다. 그러나, 종교 단체를 뒤로 하는 공명당과 손을 잡을 수는 없다. 남는 건 사회당 밖에 없다'라고 적고 있다. 『自由新報』, 1994년 7월 17일.

37 실제로 자민당을 분석하는 학자 및 언론인들은 자민당이 야당으로 3년만 있었다면 분열되어 많은 의원들이 당을 떠나 여당으로 갔을 것이라는 분석에 동의하고 있다.

의 여당 생활을 접고 야당의 찬밥을 먹어본 자민당은 권력과 여당이라는 지위의 감사함을 절감하고 있었다.[38] 한편, 사회당은 자민당과 손을 잡지 않으면 연립 여당에서도 배제되고, 공산당과 같이 정치 활동을 할 입장은 아니기 때문에 점점 고립무원의 처지에 처할 것이라는 위기감을 가지고 있었다. 따라서 자민당과 사회당의 연립 구성은 당 존재감에 대한 위기의식을 가지고 생존을 위한 재도약의 기회로 삼고자 하는 양당의 이해관계가 맞아 떨어져서 가능했던 편의적인 연합이었다. 자민당의 입장에서 보면, 긴급피난과 같은 조치였다.

자민당 내 주류였던 보수 본류는 경제 정책 면에서도 성장과 분배의 균형을 주장하여 사회당과의 편차가 적었으며, 대외 정책 면에서도 자위대와 군사적 역할의 확대에 조심스러운 입장이어서 사회당으로서는 오자와의 보통국가론에 기초를 둔 신보수주의적 노선에 비해 위화감이 적었다. 오자와가 기존의 자민당 노선에 반기를 들며 신보수주의적 개혁 아젠다를 내세운데 반해, 자민당과 사회당은 온건한 평화주의를 중시하는 외교 정책, 성장과 더불어 약자와 지방에 대한 분배를 중시하는 사회민주주의적 국내 정책 노선이라는 공통분모가 있었다. 자민당과 사회당 모두 기본적으로 작은 정부보다는 큰 정부를 지향하는 정치 세력이었다.

자민당 측도 55년 체제하에서의 자민당과 사회당 역할분담론을 들고 나와 사회당을 유혹하였다. 즉, 55년 체제하에서 자민당은 미국의,

38 1995년 6월 7일 자민당 본부에서 만난 당시 히라누마(平沼) 자민당 홍보위원장은 필자에게, "야당이 되어보니 사회당을 존경하게 되었다. 야당이 되어보니 사람들도 찾아오지 않고, 돈도 안 모이고, 심지어는 신년에 달력조차 오지 않는다. 이런 생활을 38년이나 할 수 있었던 사회당 의원들에게 절로 경의를 느낀다"라고 말하며, "자민당은 지푸라기를 잡고라도 여당에 돌아오고 싶었다"고 본심을 털어놓았다.

사회당은 소련, 중국, 북한의 창구로 활동해 왔다는 논리였다.[39] 또한 정치개혁 논의가 진행되면서 자민당 잔류파와 사회당은 사실상 정치개혁에 함께 반대했었다는 공감대가 형성되어 있었다. 오자와는 55년 체제의 연장선상에서 자민당과 사회당 사이에 존재하는 공통분모를 무시한 채, 사회당은 갈 곳 없는 외톨이가 되어 자신들을 떠나지 못할 것이라고 오판했던 것이다.

1994년 6월 29일 수상 지명 투표에서 자민당은 무라야마村山富市 사회당 당수를 지지하였다. 반면, 오자와는 자신이 자민당 간사장이었던 당시 수상이었던 가이후海部를 급거 영입하여 무라야마의 대항마로 내세웠다. 이는 자민당 분열 공작의 일환이기도 했다. 1차 투표에서는 무라야마가 241표, 가이후가 220표로 두 사람 모두 과반수인 253표에 모자랐지만, 2차 투표에서 무라야마가 261표, 가이후가 214표를 얻어 무라야마村山가 수상으로 선출되었다. 오자와를 중심으로 한 연립 정권이 무너진 것이다.

90년대 중반의 정치를 규정한 오자와 대 반오자와의 구도는 정책적인 면에서 신보수주의新保守主義 세력과 온건 보수穩健保守와의 정치적 세력싸움이었다. 힘을 잃은 사회당은 최종적으로 신보수주의 세력보다는 온건 보수에 힘을 실어줌으로써 자신의 정치적 생명을 연장해 보려고 했다. 사회당은 자민당에 대해 비판적인 입장을 견지해 왔던 과거에도 불구하고, 오자와라는 정치가에 대항하기 위해 자민당의 정권 연장에 손을 빌려주는 것마저도 마다하지 않았다. 전통적 보수와 전통적 혁

39 Gerald Curtis, *The Logic of Japanese Politics* (New York: Columbia University Press, 1999).

신 세력의 결합을 통해 신보수주의 세력의 성장에 대항하고자 한 것이다. 또한 자민당과 사회당은 정치 수법 면에서도 오자와의 비밀주의와 강권 정치와는 대비되는 '합의중시형 정치' 스타일을 중시하였다. 오랫동안 국회대책정치에서 '사전 조정根回し'에 익숙해 있던 사회당과 자민당의 비공식적 거래를 연립이라는 공식적인 장으로 드러낸 것이다.[40]

40 국회대책정치에 대해서는 Gerald Curtis (1999), 제2장.

[02]

자민당-사회당 연합과 민족주의적 우파의 성장

자민당은 사회당과 연립하여 정권을 되찾기 위해 고노 요헤이河野洋平 총재가 있고 국회 내 다수당이었음에도 불구하고, 사회당의 무라야마 도미이치村山富市에게 수상 자리를 건네주었다. 고노 자민당 총재 자신도 리버럴한 정치 이념을 가지고 있었기 때문에, 무라야마의 수상 취임에 극구 반대를 하지 않았다.

무라야마에 의한 사회당의 정책 전환

그러나 사회당의 입장에서 자민당과의 연립은 '독이 든 사과'를 먹는 것과 같았다.[41] 무라야마가 총리가 되는 순간, 사회당이 이념적 근간으로 지켜온 미 · 일동맹 반대, 자위대 부정, 국기 · 국가의 부정, 그리고 원자력발전 반대 등 제반 정책에 대해 정책 기조를 바꾸지 않으

41 1948년 가타야마(片山) 내각 때도 같은 논리가 존재했었다.

면 안 되었다. 연립정부의 수반으로 무라야마를 맞이한 자민당이 이를 모를 리 없었다. 결국 자민당은 현실주의로의 자기 개혁에[42] 실패한 사회당에게 연립 구성이라는 외압外壓을 통해 사실상의 노선 변경을 종용한 것이다. 사회당 당수로서는 미 · 일동맹에 반대하고 자위대의 존재를 부정할 수 있지만, 수상이 된 이상 미국과의 관계를 중시하는 외교의 수장일 수밖에 없고, 자위대의 총사령관으로서 자위대의 존재 자체를 부정한다는 것은 어불성설이었다. 결국, 아이러니컬하게도 사회당은 야당 시절 금과옥조로 지켜온 이념과 정책 노선을 여당이 되면서 하루아침에 전환하였다. 그때까지의 이상주의적 외교 · 안보 노선에 종지부를 찍고 미 · 일동맹과 자위대를 인정하는 등 급속하게 유턴U-turn을 한 것이다.

1994년 7월 18일 국회에서의 소신 표명 연설 및 그에 대한 각 당의 질문에 대한 답변에서 무라야마 총리는 '내 정권하에서 앞으로도 미일안보조약 및 그와 관련된 의무를 이행해 나가는 동시에, 미 · 일 안보 체제의 원활하고 효과적인 운용을 확보해 나갈 것이다'라고 말했으며, 자위대에 대해서도 '자위대의 헌법상 위치에 대해 자위를 위한 필요최소한의 실력 조직인 자위대는 헌법이 인정하는 것으로 인식하고 있다'고 언급하였다. 나아가 '국기 · 국가에 대해서는 오랜 관행에 의해 히노마루日の丸가 국기國旗로, 기미가요君が代가 국가國歌라는 인식이 국민들 사이에서 정착하고 있어 내 자신도 이를 존중해 가겠다'는 의견을 밝혔다.[43]

---

42 新川俊光, 『戦後日本政治と社会民主主義: 社会党 · 総評ブロックの滅亡』(東京: 法律文化社, 1999).
43 草野 (1999), 112쪽에서 인용.

일본 국내에 존재하던 정당 간 냉전의 대립이 해소되는 순간이었다.

그러나, 이 같은 사회당의 노선 변경은 결코 당내 합의에 기초한 것은 아니었다. 무라야마를 중심으로 한 당 집행부, 그것도 주로 사회당 내 좌파가 중심이 되어 당대회나 의원총회의 결의 없이 일방적으로 노선 변경을 선언해 버렸다.[44] 이에 대해 당 내부는 물론 노동조합 등 사회당 지지자들로부터 거센 비판을 받은 것은 말할 나위도 없었다. 사회당의 급격한 정책 노선 전환은 사회당의 정체성에 막대한 손상을 주었다. 사회당은 전쟁 직후의 급진적인 개혁 조치와 탈군사화 노선을 수용하면서 반전反戰, 비군사非軍事, 평화平和 노선으로 일관해왔다. 그러던 사회당이 갑작스레 정책을 전환함으로써 당의 정체성에 스스로 의문을 던지는 결과가 되었다. 이 결정은 사실상 사회당의 존립 근거 자체를 위협하는 중대한 결정이었음에도 불구하고, 당 지도부에 의한 일방적 결정에 의해 마무리되었다.[45] 걸프전 이후 수세에 몰렸던 사회당이 자기 존재의 정당성의 근거였던 안전보장 문제에 대해 스스로를 부정하는 논리를 전개함으로써 존립 기반 자체를 위협하는 선택을 하고 만 것이다.

결국 사회당은 1990년대 중반의 정치적 전환기에 자신의 정체성을 부정하고 정치적 생명을 단축하는 두 개의 결정적인 자충수를 두었다. 하나는 이념적 자기 정체성의 변화였고, 또 하나는 소선거구 비례대표 병립제를 받아들인 것이었다. 이 두 가지 결정 모두가 자신이 스스로

44 이념적 노선 변경을 당내 강경파였던 좌파가 중심이 되어 시도했다는 것은 아이러니이다.

45 사회당 내의 역학과 과정에 대해서는, 上住充弘, 『日本社会党興亡史』(東京: 自由社, 1992).

고민하고 내린 결정이라기보다는 외부 환경이나 정치적 상황 때문에 어쩔 수 없이 수동적으로 받아들인 결과라는 점은 더욱 모순적이다.[46]

사회당이 주도한 역사 청산 외교

그러나 사회당이 단지 자민당으로부터 독이 든 사과만 받아든 것은 아니었다. 자민당은 사회당이 미 · 일동맹과 관련된 외교 · 안보 노선에서 현실주의를 택하도록 종용한 반면, 사회당이 집착하는 다른 외교의 축인 아시아 외교에서의 진전을 방해하지 않았다. 총리가 된 무라야마는 관방장관인 이가라시五十嵐와 더불어 아시아 국가들과의 역사 문제에 대한 종지부를 찍기 위한 적극적 자세를 보였다.[47]

우선 무라야마 내각은 90년대 초반부터 제기되어 온 종군위안부從軍慰安婦 문제에 대한 전향적 입장을 표명하였다.[48] 종군위안부 문제가 처음으로 공식 제기된 것은 한국의 윤정옥씨가 자신의 취재기를 『한겨레』에 소개하기 시작한 1990년 1월경부터였다. 그리고 1991년 여름, 희생자인 김학순金學順씨가 실명을 공개한 실상을 고백하면서부터 세간의 화제가 되었다.[49] 위안부의 존재 자체를 부정하던 일본 정부가 조사에 나서, 1992년 7월 6일 당시 가토 관방장관이 일본 정부의 관여가 있었다는 사실을 인정했다.[50] 국내외에서 찬반 양론의 비판이 일자, 재차 조사

46 필자는 다수의 사회당 의원들에게 왜 사회당의 존립을 어렵게 만드는 선거구 제도의 도입에 찬성했느냐는 질문을 던져보았지만, 반자민 개혁 세력에 대한 동참이라는 명분 때문에 어쩔 수 없이 찬성했다는 설명 이외에 자신들의 이해관계에 따라 결정했다는 답변을 들어보지 못했다.

47 이는 마치 미 · 일 관계에 대한 입장의 변절을 보상하고 만회하려는 노력의 일환과도 같았다.

48 종군위안부에 대한 구체적인 논의는, 정진성, 『현대일본사회운동론』 (서울: 나남출판, 2001).

49 http://www.awf.or.jp/2/survey.html (검색일: 2010년 7월 25일).

50 『아사히신문』, 1992년 7월 7일.

에 나선 일본 정부는 1993년 8월 4일 고노河野 관방장관 담화를 발표하여, '위안부의 모집과 관련하여 군의 요청을 받은 업자들이 주로 가담하였으나, 그 경우에도 감언, 강압 등 본인의 의사에 반하여 모집된 사례가 많고, 더우기 관헌 등이 직접 이에 가담한 경우도 있었다는 게 확실하다. 또한 위안소에서의 생활은 강제적인 상황에서 고통스러운 것이었다'며 일본 정부의 관여를 공식 인정하였다.[51] 그러나 자민당 내 우파의 반대와 민간 부문에서의 우익 세력이 압력을 행사해 더 이상 진전을 보지 못했다.

무라야마는 총리가 되자 1994년 8월 31일, 성명을 발표하여 종군위안부 문제에 대한 반성과 사죄의 감정을 표시하였다.[52] 무라야마 총리의 성명 발표에 이어 위안부 개인에 대한 보상이 필요하다는 보고서가 정부에 제출되었고, 무라야마 내각은 정부와 민간이 협력하는 기금을 설치하기로 하였다. 1995년 6월 14일, 이가라시 관방장관은 '여성을 위한 아시아평화우호기금' 설치안을 발표하였다. 1995년 6월 9일, 중의원에서는 사회당과 도이 다카코土井たか子 중의원 의장의 주도로 '역사를 교훈삼아 평화에 대한 결의를 새로이 하는 결의안'을 채택하였다.[53] 이 결의에서는 '우리 나라일본가 과거에 행한 식민지 지배와 침략적 행위가 타국민, 특히 동아시아 각 국민에게 안겨준 고통을 인식하고 깊은 반성의 뜻을 표명한다'고 밝혔다.[54] 중의원 의원 502명 중 230명의

---

51 http://www.awf.or.jp/6/statement-o2.html (검색일: 2010년 7월 25일).
52 무라야마 담화 전문은 http://www.awf.or.jp/6/statement-04.html을 참조하라.
53 일본 국회 중의원에서 채택된 이 결의를 통칭 '종전 50주년 결의' 또는 '부전 결의'라고 부른다.
54 若宮啓文, 『戦後保守のアジア観』(東京: 朝日新聞社, 1995), 257쪽.

가결로 성립된 동 결의안에 대해 자민당 의원 50명을 포함한 여당 의원 70명이 결석하는 등 반대 의견도 강했다. 무라야마 총리는 종전 50주년을 맞는 1995년 8월 15일, 외교에 관한 의견을 총정리하여 이른바 '무라야마 담화村山談話'를 발표하였다. 이는 세 가지 내용을 핵심으로 하고 있었다. 첫째, 일본이 과거의 한때 국책의 실수로 인해 전쟁으로의 길에 접어들었다는 정책적 실패를 인정하고, 둘째, 식민지 지배와 침략에 의해 다수의 나라, 특히 아시아 각국 사람들에게 커다란 손해와 고통을 안겨 주었다는 사실을 인정하는 동시에, 셋째, 이 역사적 사실을 겸허히 받아들여 통절한 반성의 뜻을 표시하고 마음으로부터의 사과를 표명한다는 것이었다.[55] 아시아 국가들에 대한 구체적인 반성과 사죄로는 가장 진지한 의사표명이었다. 전후 일본의 과거사 문제에 대한 사회당의 전향적인 처리는 독이 든 사과를 먹은 데 대한 보상으로 자민당이 허용해 준 성격이 강했다. 사회당과의 연합이 없이는 정권을 되찾을 수 없었기 때문이었다. 당시 자민당의 집행부도 아시아 국가들과의 외교를 중시하는 고노河野洋平 총재와 가토 고이치加藤紘一 정조회장 등 보수 온건파 내지 보수 리버럴이 포진하고 있어서 이를 적극적으로 막지 않았다.

자민당 집행부는 또한 사회당과의 연계를 강화하면서 사회당이 오랫동안 관계를 가져왔던 북한과의 관계 개선에도 주의를 기울였다. 1993-4년에 이르는 제1차 핵 위기가 북한에 대한 경수로 제공을 골자로 하는 제네바합의Geneva Agreement로 일단락되자, 일본은 북한과의 관계

55 위의 책, 3쪽.

수복에 나섰다. 이는 북한을 끌어안으려는 국제 정세에 대한 적극적인 대응인 동시에, 사회당과의 연립 정권을 강화하기 위한 포석이기도 했다. 노나카 히로무野中広務 간사장과 가토 고이치 정조회장은 대북 접근의 선두에 섰다. 자민당과 사회당, 그리고 사키가케는 자민당의 와타나베渡辺美智雄를 단장으로 하는 방북단을 구성하여 1995년 3월 28일부터 3일간 평양을 방문하고 전제조건 없는 북·일 교섭 재개를 약속하였다.[56] 같은 해 6월 30일에는 북한에 대한 쌀 30만 톤 지원 결정을 하였고, 이어 북한의 홍수와 기아가 세계에 알려지면서 유엔 인도지원국DHA이 북한에 대한 긴급 원조를 세계에 알리자, 9월 19일에는 다시 50만 톤의 쌀 긴급 원조를 결정하였다. 10월 3일에는 쌀 20만 톤의 추가 지원에 합의하였다.[57] 이 같은 빠른 조치는 북한에 대한 인도적인 지원이었던 동시에, 북한에 대한 우호 감정을 가지고 있던 사회당에 대한 정치적 배려의 일환이기도 했다.

1995년 참의원 선거와 정국의 반전

자민당과 사회당 간의 연계가 깊어지는 가운데 치러진 1995년 7월 참의원 선거는 여당인 사회당의 의석 감소와 야당인 신진당의 약진을 보여 주었다. 사회당과 사키가케가 연립 여당에서 빠져나간 이후, 1994년 12월 10일 신생당, 일본신당, 공명당, 민사당 및 신당 미라이新党みらい 등이 연합하여 신진당新進党을 결성한 바 있다. 특히, 중의원 소속 공명당

56 姜尙中 · 李鍾元 · 水野直樹, 『日朝交渉』(東京: 岩波書店, 2003), 242쪽.

57 가토 고이치가 선봉에 선 이 같은 움직임에 대해, 한국 정부는 한국보다 앞선 대량 식량 지원에 불쾌감을 표시하였고, 김영삼 대통령은 자민당 집행부의 방한 시 가토를 냉대하였다.

의원들이 신진당에 합류하면서 창가학회創価学会의 지원을 받은 신진당의 기세는 자민당으로 하여금 강한 위기감을 가지게 하였다. 1995년 7월 23일에 치러진 참의원 선거에서 신진당은 이전 19석에서 40석으로 크게 늘어난 반면, 여당인 자민-사회-사키가케는 개선 의석을 겨우 4석만 넘기는 패배를 맛보았다. 특히 사회당은 의석이 반으로 줄어드는 참패를 겪어야 했다.[58] 1995년 참의원 선거는 세 가지 면에서 일본 정치 국면 전환의 계기를 마련하였다. 첫째, 신진당이라는 새롭고 커다란 야당의 출현으로 자민당은 처음으로 통합된 야당의 공세에 시달리는 경험을 하게 되었다. 자민당의 위기의식이 강해진 것은 말할 나위도 없다. 둘째, 자민당과 연립을 한 후 정책 방향을 급선회한 사회당은 자기 정체성의 위기를 겪으며 선거에서 참패함으로써 소수 야당으로 전락하는 시발점이 되었다. 셋째, 공명당이 신진당으로 합쳐지면서 창가학회가 전면에 나서지 않고 선거를 지원하는 당이 도시부를 중심으로 의석을 대거 확보함으로써 공명당 지원 세력이 가진 표의 위력을 정계가 새삼스레 자각하는 계기가 되었다. 이러한 경험은 1996년 중의원 총선에서 자민당이 신진당을 창가학회의 전위대라고 네거티브 캠페인을 전개하는 근거로 작용하였으며, 1998년 참의원 선거에서 자민당이 패배하자 공명당과의 연립에 유혹을 느끼는 이유로도 작용하였다.

1995년 7월 참의원 선거에서 부진을 겪자 자민당 내에서 총재 책임론이 부각되었다. 9월로 예정된 자민당 총재 선거를 앞두고 8월 21일

58 참의원 선거 개표 당일 무라야마 총리는 연립 여당 3자 영수회담에서 고노에게 '이 결과를 보더라도 역시 제1당에서 수반을 내는 것이 좋지 않은가하고 생각합니다만 (…)'이라고 말했다고 한다. 이때 이 제안을 받아들였다면 고노가 수상이 되었을 가능성이 높다. 오쿠지마, 181쪽.

하시모토가 출마 선언을 한 반면, 현직이던 고노河野는 8월 28일 당 간부회의에서 '당내의 균열을 피하기 위해 총재 선거에 나서지 않겠다'는 입장을 밝혔다. 같은 파벌에 속해 있던 가토 고이치가 하시모토를 지원하겠다고 나섬으로써 승산이 없었기 때문이다. 하지만 불출마 선언 이후 고노는 아소 다로麻生太郎 등 측근과 함께 고노 그룹을 결성하면서 고치카이宏池会를 떠났다.[59] 하시모토에 대한 대항마로 고이즈미 준이치로小泉純一郎가 나섰지만, 1995년 9월 21일 실시된 자민당 총재 선거에서는 하시모토 304표, 고이즈미 89표로 하시모토가 자민당 총재로 선출되었다.[60] 간사장에는 가토 고이치, 정조회장에는 야마자키 다쿠山崎拓가 기용되었다. 하시모토파와 하시모토파에 반대하던 이른바 YKK 사이에 사실상의 당내 연합이 구축된 것이었다. 또한, 하시모토파는 구 미야자와파의 대표격인 가토와 구 나카소네파의 대표격인 야마자키를 중시함으로써 파벌 내부의 세대교체를 기정사실화하는 수순을 밟았다. 하시모토파 내에 중의원의 노나카野中와 가지야마梶山, 참의원의 아오키青木 등과 같은 실력자를 안고 있던 하시모토는 젊은 세대로의 이행을 통해 파벌 내에서 자신의 구심력을 높이려는 의도도 가지고 있었다.

무라야마 수상은 건강상의 이유를 들어 1995년 말 수상직 사의를 표명하였다. 수상을 그만 두기 직전인 1996년 1월 5일 연립 정당 대표자 회의에서 무라야마는 자신이 수상직을 내놓는 대신 세 가지 조건을 제

59 가토 고이치는 같은 미야자와파인데도 불구하고 하시모토 지지를 선언함으로써 가토와 고노는 사실상 결별하였고, 미야자와파는 분열되었다.

60 奥島貞雄, 『自民党幹事長室の30年』(東京: 中央公論新社, 2002), 185쪽.

시하였다.[61] 첫째, 자민당, 사회당, 사키가케自·社·さ 3당이 결속해서 정권을 계속하는 것, 둘째, 차기 수상은 제1당 자민당 총재인 하토야마가 이어받는 것, 그리고 마지막으로 강권적이고 종교 단체에 지배되는 세력과는 절대 손잡지 않는 것이 그것이었다. 자신이 그만두는 대신 공명당을 중심으로 한 오자와-이치가와 라인과의 거리를 유지한다면, 자민당의 하시모토 총재를 총리로 추대하고 연립 정권에 계속 참여하겠다는 의사표시였다.

사회당과의 연립을 둘러싼 자민당 내 갈등

하시모토는 무라야마의 사직에 따라 연립 정당의 동의를 얻어 자연스럽게 1996년 1월 11일 총리에 취임하였다. 총리가 된 하시모토는 연립 유지파와 보수 연합파의 어느 한쪽에 힘을 실어 주지는 않았지만, 고노의 자민당 총재 퇴진과 하시모토의 전면 등장에 의해 보수 연합파의 목소리가 더욱 높아진 것은 부정할 수 없는 사실이다.

당시 노나카 히로무野中広務, 가토 고이치, 가메이 시즈카亀井静香, 야마자키 다쿠 등 파벌을 초월한 당 집행부가 사회당과의 연립 유지를 중시하면서 사회당과의 합의를 중시한 반면, 나카소네 야스히로中曽根康弘와 가지야마 세이로쿠梶山誠六 등을 중심으로 한 당내 우파들은 보수파, 특히 오자와를 염두에 둔 보수 세력과의 연립을 주장했다. 연립을 둘러싼 의견 대립은 사실상 구 다케시타파의 분열을 촉진하였다. 노나카野中는 사회당과의 연립에 열심이었던 반면, 같은 파벌 내 다른 실력자였던

61 草野 (1999), 50쪽.

가지야마梶山는 보수 연립파의 대표적인 존재로 정치적 노선을 달리 하였다.[62] 사회당과의 연립 유지파와 보수 연합 추진파 간 대립의 근저에는 사회당의 주도에 의한 전향적 과거사 문제와 북한 문제 처리에 대한 의견 대립이 자리잡고 있었다. 이 두 가지 이슈는 보수 우파를 중심으로 자민당 내에서 강한 불만의 목소리를 불러일으켰다. 자민당과 사회당, 사키가케의 연립 유지를 중시하는 자 · 사 연립파自社連立派에 대항하여, 보수 세력끼리 연합하자는 강경파들保々連合派이 목소리를 높이기 시작했다.

당내 주요 정치인을 중심으로 한 반발과 더불어, 자민당의 젊은 의원들은 사회당의 역사 문제 처리에 대한 불만을 공공연히 토로하면서 '역사 문제를 생각하는 의원들의 모임'을 결성하였다.[63] 이들은 종군위안부 문제로 대표되는 사회당의 역사 문제 처리가 자학사관自虐史観 내지 사죄사관謝罪史観에 기반을 둔 굴욕 외교라고 주장하면서 일본의 긍지와 자존심을 살릴 수 있는 새로운 역사교육을 제창했다.[64] 정치가와 문인들을 중심으로 한 좌파 사관에 대한 반대 모임은 1997년에 이르러 '새로운 역사교과서를 만드는 모임新しい教科書をつくる会'으로 발족되었다.[65] 이를 뒷받침하는 모임이 '일본회의日本会議'라는 보수 우파의 모임이었다.

---

62 다케시타파의 제1차 분열이 오자와와 오부치 간의 회장직 승계를 둘러싼 대립의 결과라고 한다면, 제2차 분열은 자민당의 연립 노선과 관련된 노나카와 가지야마 간의 대결이 계기를 마련하였다.

63 나중에 수상이 된 아베 신조(安部晋三)는 그 대표적 인물이었다.

64 자학사관이라는 표현은 자유주의 사관을 들고 나온 도쿄대 후지오카(藤岡) 교수에 의해 종종 언급되었다. 藤岡信勝 · 自由主義史観研究会 著, 『教科書が教えない歴史』(東京: 産経新聞ニュースサービス, 1996). 당시 고바야시 요시노리(小林よしのり)라는 만화가는 100만 부가 넘게 팔린 만화 『전쟁론(戰爭論)』에서 일본의 전쟁책임론을 부정하는 논리를 강하게 전개하였다.

65 具裕珍, "新しい歴史教科書をつくる会を通してみる歴史認識の日本政治," 서울대학교 국제대학원 석사 학위 논문 (2006).

자학사관의 수정과 사죄 외교의 중단을 내세우는 이들의 주장은 예전에 존재하던 보수 우파와는 달리 민족주의적 성향을 강하게 띠고 있다.[66]

역사 문제에 대한 수정주의적 시각의 등장과 더불어 사회당과의 연립에 부정적이던 자민당 의원들은 납치 문제를 전면에 부각시키면서 북한과의 관계 개선에 제동을 걸었다.[67] 납치 문제는 1995년 5월 대한항공기 폭파범인 김현희가 『잊을 수 없는 여인』이라는 수기에서 납치 일본인 소녀에 대한 정보를 제공하면서 세상에 알려졌다.[68] 1996년 말에는 『겐다이 코리아現代コリア』라는 잡지가 납치 문제를 본격적으로 제기하기 시작했다. 세상의 관심을 별로 끌지 못하던 이 이슈는 1997년 2월 3일 『산케이신문産経新聞』과 『아에라AERA』가 요코타 메구미横田めぐみ의 납치 의혹을 실명으로 보도하면서 정치문제화되기 시작했다. 주요 미디어의 보도 이후 일본 내에서는 납치 피해자 가족회, 납치 의원 연맹, 납치 피해자를 구하는 모임 등 정계 및 시민 사회 내에서 커다란 반향을 일으키며 북한에 대한 비판적인 여론을 조성하는 데 기여하였다. 아베安倍晋三와 히라사와平沢勝榮를 중심으로 한 납치 의원 연맹은 정계에서 북한과의 급속한 접근에 제동을 거는 역할을 수행하였다. 1998년 8월 31

---

66 1950년대 기시를 중심으로 한 보수 우파가 일본의 자주적인 헌법 제정을 주장하는 등 반요시다적 요소가 강했고, 1970년대 세이란카이가 반중국 친대만의 외교 정책을 내세우며 다나카에 대항했다면, 1990년대 중반 이후의 민족주의적 우파는 배타적 민족주의를 내세우면서 철저하게 반사회당적 요소를 강하게 가지고 있었다.

67 납치 문제는 1977년부터 1983년에 걸쳐 북한의 공작원들이 일본에 침투하여 일본인들을 북한으로 납치한 다음, 남파 간첩 훈련을 위한 일본어교육 등에 투입하면서 발생한 불행한 사건이었다. 1991년부터 시작된 북한과 일본 간의 국교 정상화 교섭은 8차례에 걸쳐 이루어졌지만, 이은혜 문제로 대표되는 납치 문제로 도중에 난항을 겪었다.

68 姜尙中 · 李鍾元 · 水野直樹 (2003), 242쪽.

일 북한의 대포동 미사일 발사와 1999년 3월 23-24일에 걸친 괴선박의 일본 영해 침입 사건과 더불어, 납치 문제는 북한과의 수교를 앞당기려는 자민당 내 세력에 대한 가장 큰 견제구로 작용하였다.

바꾸어 말하자면, 무라야마 총리가 이끄는 사회당과의 연립정부는 자민당 내의 균열을 촉진시켰으며, 궁극적으로 당내 민족주의 우파의 입지를 강화하는 구실을 제공해 주었다.

사회당 내 좌 · 우파 대결과 분열

사회당과 자민당의 연립은 자민당 내부의 대립을 일으키는 데 그치지 않고, 사회당의 분열을 막을 수 없는 대세로 만들었다. 사회당의 주류였던 사회당 좌파는 무라야마를 총리로 만든다는 전제하에 신정권을 구상하면서 자민당과의 연립을 주도한 세력으로, 사회당의 진로에 대해 별다른 문제를 제기하지 않았다. 심지어 사회당 좌파들이 금과옥조처럼 지켜왔던 평화헌법 9조 수호, 미 · 일동맹 반대, 자위대 반대, 국기 · 국가 불인정 등 기본 정책들이 좌파의 대표였던 무라야마에 의해 전면 부정될 때도 문제를 제기하지 않았다.

그러나 사회당 내 우파의 생각은 달랐다. 사회당 좌파가 자민당과의 편의적인 연립을 통해 당의 생존을 연명하려고 한 데 반해, 사회당 우파는 자민당에 대한 건설적인 대안을 제시하고 독자적으로 집권당을 지향하는 현실정당화를 모색하였다. 무라야마가 수상이 되면서 사회당 위원장이 된 우파의 야마하나山花는 새로운 선거제도에 대응하기 위해 사회당이 사회민주주의를 지향하는 새로운 정당으로 거듭나야 한다는 점을 역설하였다. 야마하나와 서기장인 구보久保를 중심으로 한 우파는 자민당과의 연립이 자민당 단독 정권의 복귀에 손을 빌려주는 것에 불과하다는 위기의식이 아주 강했다. 따라서 독자적으로 정권을 담당할 수 있는 새 정당을 만들어야 한다는 강박관념이 있었다.[69] 홋카이도 지사였던 사회당의 요코미치横道도 『제3의 극第3の極』이라는 책을 발간하면서, 사회당이 사회민주주의적인 대안으로 다시 태어나야 한다고 역설했다.[70] 이들 사회당 우파 의원의 입장은 자민당과 신진당에 대항하는 민주 리버럴 정당을 만들어 양당에 대항하는 축을 구성할 때에만 사회당의 장래가 있다는 것이었다. 당의 집행부를 장악한 사회당 우파를 중심으로 1994년 10월 비자민, 비연립의 입장에서 민주 리버럴 신당 결성 방침을 결정하고 나서도, 신당 추진 움직임은 당 전체의 신당 이행을 주장하는 좌파에 의해 견제를 받고 구체적인 움직임을 보이지 않았다. 결국 1995년 1월, 야마하나가 사회당을 선행 탈당하여 '신민렌新民主連合'이라는 정당을 만들고 2차적인 당의 분열과 합류를 기대했으나, 1995년 1월 17일 예기치 않았던 한신 대지진으로 인해 신당 움직임은 동결되었다. 결국 사회당 좌파는 '당 전체의 신당 이행'이라는 명분을 내세워 우파의 독자적인 신당 움직임에 지속적으로 제동을 걸었다.

사회당은 1995년 당대회에서 '95년 선언'을 채택하고, 1996년 1월 19일에 '사회민주당社会民主党'으로 당명을 바꾸는 등 표면적인 노력을 하였지만 이미 때늦은 선택이었다. 사민당에게 남은 존재 이유는 호헌護憲 정당이라는 껍질밖에 없었다. 사회당 신당 추진파 세력의 대부분은 요

69 久保亘, 『連立政権の真実』 (東京: 読売新聞社, 1998). 사회당 서기장이었던 구보(久保)는 신당 창당 움직임의 중심에 섰고, 당내 우파 의원들의 지지를 받았다.

70 横道孝宏, 『第3の極』 (東京: 講談社, 1995).

코미치橫道, 하토야마鳩山, 간菅 등이 추진하던 민주당이 1996년 7월 결성됨에 따라 민주당에 합류하였다.

동맹 위기와 경제 위기 속의 하시모토 정권

하시모토 수상은 자민당 내부의 연립 유지파와 보수 연합파의 두 흐름을 감지하면서도 어느 한 쪽에만 강하게 힘을 실어주지 않았다. 정권 유지를 위해 사회당과 사카가케와의 연립이 필요하지만, 양당의 추락세가 눈에 띄게 진행되고 있었기 때문이다.

하시모토는 두 가지 측면에서 보수파 정치가로서의 색깔을 전면에 드러냈다. 하나는 냉전 이후 표류하던 미 · 일동맹의 강화 작업이었고, 다른 하나는 행 · 재정개혁의 추진이었다.

냉전이 끝난 후 주일미군의 존재를 어떻게 정당화할 것인가는 커다란 문제였다. 미국 부시Bush 행정부 말기에 발간된 동아시아 전략보고서에는 동아시아 주둔 미군의 감축을 제안할 정도로 안보를 둘러싼 논의는 방향을 잃고 있었다.[71] 55년 체제의 붕괴에 이은 일본의 정치 불안정과 동아시아와의 역사 외교를 중시하는 무라야마 내각이 등장하면서 미 · 일동맹에 대한 불안도 증폭되었다. 나아가, 1992년 말부터 부각된 제1차 북한 핵 위기를 거치면서 동맹국인 미국과 일본이 한반도 유사시에 어떤 일을 함께 할 수 있는가에 대한 논의를 거치면서 일본이 미군을 도울 수 있는 일이 거의 없다는 비판마저 일었다.[72] 미국과 일본 내부에서 이러한 미 · 일동맹의 표류에 대해 경종을 울리며 새로운 방

---

71 船橋洋一, 『同盟漂流』(東京: 岩波しょてん, 2006).

향으로 나아갈 준비를 해야 한다는 목소리가 높아졌다. 미국에서는 이른바 '나이Nye 리포트'가 나왔고,[73] 일본에서도 '히구치樋口 보고서'라는 형태로 미 · 일동맹 지속 및 강화에 대한 의견이 피력되었다. 이와 같은 여론을 배경으로 하시모토는 수상이 되자 미 · 일동맹의 강화 작업에 주력하였다. 1996년 4월 가진 미 · 일 정상회담에서 '하시모토-클린턴 공동선언'으로 불리는 미 · 일 공동선언을 채택하였다. 이 선언에서는 일본 주변에 존재하는 불확실성과 불안정성에 대비하여 미 · 일동맹을 강화하고 주일미군이 지속적으로 필요하다는 '동맹의 지역화'를 선언하였다.[74] 또한, 1995년 9월 발생한 미군에 의한 여중생 성폭행 사건으로 악화된 오키나와沖縄의 민심을 수습하고 미군 기지의 70% 이상을 떠맡고 있는 오키나와의 부담을 경감한다는 의미에서 후텐마普天間 비행장을 전면 반환하는 데 합의하였다. 1998년 4월에는 미국과 일본 간의 유사시 상호 협력을 구체화하기 위하여 '미 · 일 방위 협력을 위한 가이드라인'을 새롭게 제정하였다. 일본 자위대가 일본 방위에 대한 역할을 높이는 동시에 주변사태 발생 시 자위대에 의한 미군의 후방 지원을 규정한 내용이었다. 이와 같은 조치를 통해 하시모토 총리는 표류하던 미 · 일동맹에 종지부를 찍었다.

하시모토가 총리로서 힘을 기울인 또 하나의 주제는 행 · 재정개혁이

---

72 田中均, "新段階に入った日米安保協力," 『外交フォーラム』 (1997年 12月号).

73 나이 리포트의 대강은 그의 영문 기고문에서 확인할- 수 있다. Joseph Nye, "Coping with Japan," *Foreign Affairs* (1995). 그의 주장은 기본적으로 주일미군을 포함해서 동아시아에 10만 명의 미군을 유지할 필요가 있다는 것이었다. 이 논문에서 피력한 '안보는 없어질 때만 그 가치를 제대로 알게 되는 공기와 같다(security is like air)'는 주장은 유명하다.

74 미 · 일동맹의 지역화에 대한 경위와 내용에 관해서는, 박철희, "전수방위에서 적극방위로," 『국제정치논총』 (2004).

었다. 고도성장기에 방만하게 팽창한 행정 기구의 통폐합을 통해 국가의 재정 적자를 줄이고, 고령화의 진행과 더불어 늘어가는 사회복지에 대한 부담을 행정개혁을 통해 이루어보려는 취지였다. 또한, 행정조직들이 유기적인 연계 없이 분산적으로 정책 결정을 내리고 있는 것이 긴장감 없는 행정을 가져온다는 반성하에 관저가 주도하는 정치 주도 시스템을 확립하고자 하였다. 1995-1997년 사이에 일어난 관료들의 오직汚職 및 부패 사건들은 행정개혁을 요구하는 정치적 에너지를 만들어 냈다.[75] 하시모토는 21개였던 일본의 성청을 17개로 통폐합하는 행정개혁을 단행하는 한편, 내각부와 관저의 직원을 늘려 관저 기능을 강화함으로써 정치 주도 시스템을 구축하고자 했다.

미 · 일동맹의 강화와 행 · 재정개혁의 본격적인 추진 필요성을 내세우며 돌입한 1996년 10월 20일 중의원 총선거는 보 · 혁 대결의 새로운 전환점을 마련하였다. 선거제도 개혁으로 소선거구제가 처음으로 도입된 중의원 선거였다. 아래의 표는 1996년 총선거 결과를 나타낸 것이다.

◎ 1996년 10월 20일 총선거 결과

	소선거구	비례대표구	합계
자민당	169석	70석	239석
신진당	96	60	156
민주당	17	35	52
공산당	2	24	26

---

75 대장성(大蔵省) 관료들의 고급 접대 의혹, 후생성(厚生省) 관료들에 의한 약품 오용에 대한 사실 은폐, 건설성(建設省)에 의한 지방 의료 시설 증축 및 수뢰 의혹, 외무성(外務省)에 의한 기밀비 유용 의혹 등 다양한 의혹들이 이 시기를 전후하여 제기되었다. 일본 행정의 중추를 이룬다고 하는 주요 성청들이 모두 부패 및 수뢰 의혹 등에 시달리면서 정치 주도 확립에 대한 여론의 요구가 높아져갔다.

	소선거구	비례대표구	합계
사민당	4	11	15
사키가케	2	0	2
제파 및 무소속	10	0	10
합계	300	200	500

출처: 『아사히신문』, 1996년 10월 21일.

하시모토를 전면에 내세운 자민당은 선거 전보다 28석을 늘린 239석을 얻었다. 반면 사민당은 선거 전보다 14석을 잃어, 고작 15석을 얻는 데 그쳤고, 다른 연립 여당이었던 사키가케도 무려 7석을 상실하면서 간신히 2석만을 확보하였다. 1996년 총선에서 사회당과 사키가케의 성적이 저조하자, 두 당은 스스로 각외 협력을 선언하였고, 제2차 하시모토 내각에서는 사실상 자민당 단독 내각을 수립하였다. 1996년 중의원 선거에서 239석을 획득했던 자민당이 무소속 의원들을 한 명씩 자민당에 입당시키면서 1997년 9월 5일에 중의원 과반수인 251명에 도달하게 되자, 1997년 9월 제2차 하시모토 개조 내각에서는 명실공히 자민당의 단독 내각을 구성하였다. 한편, 오자와가 이끄는 신진당은 1995년 참의원 선거에서는 약진하였으나, 1996년 중의원 선거에서 과반수 확보에 실패함으로써 정권 탈취의 가능성은 없는 것이 확실해졌다. 중·참의원 모두에서 과반수를 차지하지 않는 한 정권을 빼앗을 수 없는 상태에서 신진당이 156석을 얻는 데 그치자, 신진당은 존재 이유 자체를 위협받는 상태가 되었다. 이런 와중에 신진당 실세인 오자와는 자민당 내부의 보수 연합 논의에 부응하여 1997년 4월 오키나와 특별조치법 처리 문제를 내세워 보수 대연합保々連合을 추진하다가 당내의 반대에 부딪히고 일부가 탈당하는 사태가 벌어지자, 이내 1997년 말에 당을 해체해 버렸다. 자민당에 대항하는 야당으로 주목받던 신진당이 공중분해된 것이었다.

행정개혁 및 미 · 일동맹 강화라는 보수적 아젠다의 성공에도 불구하고, 하시모토는 경제 부문에서의 부진에 고민해야 했다. 1990년대 들어 고도성장이 막을 내린 일본 경제는 점점 침체에 빠져들었다. 하시모토가 만들어낸 위기는 아니었지만, 하시모토는 이에 대한 적절한 대응을 요구받게 되었다. 경제 침체에도 불구하고, 사회보장 분야에 깊은 관심을 가진 하시모토는 점증하는 사회복지 분야에서의 재정 요구를 해결하기 위한 일환으로 1997년 4월, 소비세율을 3%에서 5%로 올리는 조치를 단행하였다. 같은 해 6월에는 경기활성화를 위해 2조 엔의 특별감세 조치를 취하였고, 9월에는 의료비 본인 부담액을 이전의 두 배인 20%로 상향 조정하는 안을 발표하였다. 이 모두를 합치면, 9조 엔의 증세에 버금가는 조치였다.[76] 1997년 후반에 접어들면서 아시아를 강타한 금융 위기의 여파가 일본에도 영향을 미치면서 경제 불황은 심화되었다. 국제결제은행BIS이 정한 자기자본 비율을 맞추기 위해 불량 채권처리를 가속화하면서, 1997년 11월에는 홋카이도 다쿠쇼쿠 은행北海道拓殖銀行과 야마이치 증권山一証券 등 금융기관들이 도산하는 사례가 줄을 이으면서 경제 불안에 대한 우려는 늘어만 갔다.

하시모토 총리는 일본을 동맹의 위기로부터 건져내는 데는 성공하였지만, 경제 위기로부터 탈출하는 데는 실패하였다. 그 결과, 1998년 7월 29일에 실시된 참의원 선거는 여당인 자민당과 각외閣外 협력 세력이었

76 草野厚 (1999), 56쪽.

던 사회당 및 사키가케에게 쓰라린 참패를 안겨주었다. 우선, 하시모토가 이끄는 자민당은 참의원 정수인 252석의 과반수인 126석을 확보해야만 여당의 지위를 유지할 수 있었음에도 불구하고, 103석밖에 확보하지 못했다. 사회당의 전체의석 13석, 사키가케의 잔류의석 3석을 합쳐도 119석에 그쳐, 연립 여당을 전부 합쳐도 참의원의 과반수를 차지할 수 없는 새로운 정국이 펼쳐지게 되었다. 1997년 아시아에 확산된 경제 위기의 여파로 나타난 일본 경제의 파탄은 참의원 선거의 최대 악재로 작용하였다. 둘째, 사민당은 고작 5석을 얻는 데 그쳤다. 개선 의석을 합쳐 사회당의 참의원 의석 전체는 선거 전의 20석에서 13석으로 줄어들었다. 사키가케는 그나마 한 의석도 차지하지 못했다. 사회당의 소수 정당화와 궤멸은 피할 수 없는 현실로 다가왔다. 결국 사회당과 연립해도 참의원의 과반수를 확보할 수 없는 자민당은 사회당과의 연립을 포기할 수밖에 없는 상태가 되어, 사회당은 자민당에 의해 '용도폐기用度廢棄'되는 수모를 겪어야 했다. 셋째, 사회당이 인기를 잃고 거대 야당이던 신진당이 자기분열하자, 자민당 정권에 대한 비판 세력은 공산당만이 남았다. 그 결과, 공산당은 자민당에 대한 저항 투표protest vote의 상당 부분을 흡수하면서 참의원의 숫자를 23석까지 늘렸다.[77]

1998년 7월 12일 참의원 선거 결과

	선거구	비례대표구	당선자 합계	개선 후 의석 합계	증감
자민당	30석	14석	44석	103석	−15석
민주당	15	12	27	47	+9
공산당	7	8	15	23	+9

77 당시 일부 평론가들은 '자민-공산 대결 시대'의 도래를 점치기도 했다.

	선거구	비례대표구	당선자 합계	개선 후 의석 합계	증감
공명당	2	7	9	24	−2
자유당	1	5	6	11	+1
사민당	1	4	5	13	−7
무소속 외	20	0	20	32	+7
합계	66	50	126	252	

출처: 『아사히신문』, 1998년 7월 31일

공명당과의 권력 연합

하시모토 총리는 1998년 참의원 선거 패배에 대한 책임을 지고 자민당 총재직에서 물러났다. 후임 총재 선거에는 오부치 게이조小渊惠三와 같은 파에 속하는 가지야마 세이로쿠梶山静六, 그리고 고이즈미 준이치로小泉純一郎 3명이 입후보했다.[78] 가지야마는 오부치와 같은 파벌임에도 불구하고 총재 선거에 나섬으로써 사실상 다케시타파의 철의 결속력이 무너졌음을 스스로 입증하였다. 1998년 7월 24일 실시된 총재 선거에서 오부치가 225표, 가지야마가 102표, 고이즈미가 84표를 얻어 오부치가 자민당 총재로 당선되었다.[79] 총재 선거에서 가지야마를 고립시키고 오부치파를 상당 부분 결속시킨 공로를 인정받아 노나카 히로무野中広務는 관방장관에 발탁되었다. 또한, 1997년 금융 위기 이후 심화되는 경제 위기를 극복하기 위해 오부치는 전직 수상인 미야자와宮沢를 대장상에 기용하는 특단의 조치를 취했다.

78 다나카 마키코(田中真紀子)는 이 세 명을 각각 '범인(凡人),' '군인(軍人),' '이상한 사람(変人)'으로 불러 세간의 관심을 끌었다.

79 奥島 (2002), 192쪽.

하지만, 참의원에서 소수 여당이 된 자민당이 금융 재생을 위한 법안들을 처리한다는 것은 용이한 일이 아니었다. 소수 여당 상태에서 금융위기의 극복을 위해 자민당과 민주당의 정책적 타협을 모색하는 데 적극적으로 나선 의원들을 미디어는 정책 신인류政策新人類라고 불렀다.[80] 여 · 야당의 틀을 넘어서서 금융 재생을 위한 정책적 합의를 도출하려던 점에서 예전에는 볼 수 없었던 양상이었기 때문이다.

하지만 여 · 야당 간 정책 협의만으로는 법안 처리 등에 신속하게 대응할 수 없었다. 국회의 간부급 인사들 간의 의견 교환이 잦아지면서 부상한 것이 자민당과 오자와가 이끄는 자유당의 연립안이었다. 신진당이 해체되고 나서 오자와는 자유당을 창당하였으나 40여 명에 그치는 소수 정당이었다. 오부치의 본심은 공명당과의 연립에 있었으나, 1996년 중의원 선거에서 반反창가학회 네거티브 캠페인에 철저했던 자민당이 의석이 모자란다고 공명당에 바로 손을 내미는 것은 염치없는 일이었다. 오부치는 오자와가 공명당과 오랫동안 쌓아온 신뢰가 있음에 주목하고, 우선 오자와와의 연립을 시도하였다. 자민당과 자유당과의 연립에는 여러 가지 다른 의도와 세력이 간여하였다. 우선 관방장관인 노나카는 국회에서의 다수파 공작에 무엇보다 관심이 있었다. 그는 과거 다케시타파 분열 시의 숙적이었던 오자와에게 무릎을 꿇고라서도 국회 내 다수파를 확보할 수 있으면 그리 하겠다는 정치적 의지를 불살랐다.[81] 가메이 시즈카亀井静香는 나카소네가 추진하던 보수파 연합의 연

---

80 자민당의 이시하라 노부테루(石原信晃), 시오자키(塩崎やすひさ), 고노 다로(河野太郎) 등이 이에 속한다. 민주당에서는 에다노(枝野) 의원이 대표적이다. 早野透, "小淵政権発足から自自連立へ," 内田健三 外, 『この政治空白の時代』(東京: 木鐸社, 2001), 207쪽.

81 野中広務, 『私は戦う』(東京: 文芸春秋, 1996).

장선상에서 자민당 정권의 안정을 위해 오자와와 손을 잡아야 한다고 주장했다.[82] 오자와와의 연립에 대해 가토와 야마자키 등 YKK는 부정적이었다. 하지만 오부치는 YKK를 뒤로 하고 오자와에게 연립을 제의하였고, 오자와는 정치개혁과 정치 주도를 실현한다는 명목하에 연립 조건을 제시하였다.[83] 즉, 여당의원을 대신, 부대신, 정무차관 및 정무보좌관으로 임명하여 여당과 정부 간 일체화를 도모할 것, 국회에서의 정부위원에 의한 답변 제도를 폐지하고 심의를 국회의원끼리의 토론 형식으로 바꿈으로써 명실상부한 정치 주도를 확립할 것,[84] 정치개혁을 위해 중의원 의석을 50개 삭감할 것 등이었다. 오부치 수상이 이를 전격적으로 수용하면서 1998년 11월 19일 양당 간의 연립에 합의하였다. 연립 내각에는 자유당을 대표하여 노다野田毅가 입각하였고, 오자와는 다시 정국 운영의 뒷면에 섰다.

오자와와의 연립이 순조롭게 진행되자, 오부치는 공명당과의 연립에 착수하였다. 공명당은 신진당에 합류하면서 참의원에 '공명'이라는 당을 남겨두고 있다가 신진당이 해체되면서 1998년 11월 7일 '공명당公明党, New Komeito'으로 새롭게 탄생하였다. 사실상의 원상 복귀였다. 공명당은 경제 위기 속에서 지방 경기의 활성화를 위해 '상품권'을 발행해야 한다고 주장하였고, 오부치가 이끄는 자민당은 공명당의 구애를 받아들여 1998년 11월경 7000억 엔의 추가경정예산을 짜서 '지역진흥권地

82 早野透 (2001), 210쪽.

83 草野厚,『連立政権』(東京: 文春新書, 1999), 157쪽.

84 국회에서의 정부위원에 의한 답변 제도란, 국회에서의 질의 시 대신이 답변할 수 없거나 필요에 의한 경우, 유관 성청의 사무차관이나 국장, 때로는 심의관이나 과장 등이 대신을 대리하여 정부위원의 자격으로 답변하는 제도를 말한다. 쿠사노에 의하면, 1998년 통상국회에서 276명의 정부위원이 약 15,000여 회에 걸쳐 답변하였다고 한다. 위의 책, 158쪽.

域振興券'을 발행하기로 합의하였다. 공명당의 주장을 대폭 수용할 수 있다는 의사를 표명한 것이었다. 공명당은 사안별 협력 내지 법안별 협력 자세를 갖추었다. 1998년 말에는 금융재생법안이 공명당의 협력으로 성립되었다. 오부치 내각은 공명당과의 협력 강화를 위해 1999년 1월 13일 노나카野中와 간자키神崎 공명당 대표의 회담을 가졌다. 이 자리에서 노나카는 '자·자自·自 연립은 쿠션이고 자·자·공自·自·公 연립이 최종 목표다'라고 말했다고 한다.[85] 1999년에는 연립에 참여한 자민당과 자유당, 그리고 자민당에 호의적인 공명당의 협력을 얻어 수많은 법률이 국회에서 큰 반대 없이 통과되었다. 하나같이 보수적인 색채를 띠는 법안들이었다. 1999년 4월 27일 통과된 가이드라인 법안, 6월 1일 통과된 통신방수법通信傍受法과 주민기본대장법, 6월 29일 통과된 국기·국가법안 등이 대표적이었다. 공명당은 자민당의 보수화에 브레이크를 건다는 명목하에 자민당과의 협력을 추진하였지만,[86] 가장 보수적이고 민감한 법안들이 공명당이 국회에서 각외 협력을 하던 시기에 통과되었다는 것은 아이러니컬하다. 오부치는 1999년 7월 7일 간자키 공명당 대표와의 회담을 통해 각내 연립을 요청하였다. 자민당이 공명당의 요구에 응해 구성한 추경예산이 통과되자, 7월 25일 공명당대회 결정을 거쳐 자민당과 공명당은 정당 간 연립을 공식화했다.

---

85 早野透, "自自公政局から見えるもの," 内田健三 外, 『この政治空白の時代』(東京: 木鐸社, 2001), 252쪽. 노나카는 1996년 총선 당시 공명당의 지지 모체인 창가학회의 비판의 선봉에 섰던 인물이다. 그가 직접 공명당 대표와 회담에 나섰다는 사실 자체가 얼마나 오부치 내각이 공명당의 협력을 필요로 했는가를 말해 준다.

86 당시 공명당이 자민당과의 연립에 응한 논거를 『아사히신문』 기자였던 하야노는 '결국 소선거구제를 도입했지만 정권 교체는 없었다. 자민당에 대항하는 정권은 만들어지지 않는다. 따라서, 자민당과 연립 정권을 만들 수밖에 없다'는 것이었다고 한다. 위의 책, 253쪽. 창가학회 부회장이었던 노자키(野崎)는 '연립에 참가하는 것에 의해 권력을 선도(先導)한다'는 표현을 썼다고 한다.

55년 체제 붕괴 이후, 오자와가 이끄는 신진당과 연합했던 공명당은 민주당과 협력하기보다는 참의원 선거에 패배한 자민당과의 연합을 선택했다. 공명당의 경우 본래 중도적 색채를 띠는 정당임에도 불구하고, 신보수주의적인 오자와와 연립을 시도하는 승부수를 던졌다. 이것이 실패로 끝나자 자민당과의 연립이라는 또 다른 승부수를 던졌다. 공명당은 중도 정당으로서의 자기 정체성을 벗어나 점차 보수 세력의 지원자로 탈바꿈하였다.

1990년대 공명당의 노선 전환은 빠른 속도로 이루어졌지만, 놀랄만한 것은 아니었다. 우선, 지지 모태인 창가학회의 변화를 들 수 있다. 신흥 종교로 성장한 창가학회는 당초 병자, 약자, 생활이 어려운 사람들이 주된 멤버였다. 70년대 초반까지 급속한 성장세를 이룬 후 조직이 안정된 창가학회는 점차 2세, 3세를 중심으로 한 조직으로 변화해 갔다.[87] 조직원들도 일본 사회의 각종 조직에서 보통으로 생활하는 사회 구성원이 되어 창가학회는 더 이상 별난 사람들의 조직이 아니라 보통 사람이 주를 이루는 일본 사회의 축소판이 되었다.[88] 따라서 공명당이 노선을 전환할 수 있는 배경에는 창가학회 구성원의 변화가 있었다. 둘째로, 공명당은 1995년 신진당과 합류한 후 치러진 1996년 총선거에서 창가학회 명예회장에 대한 네거티브 캠페인을 겪었다. 당시 공명당 출신 의원들은 야당의 입장에서 종교 조직인 창가학회를 방어한다

87 창가학회는 1970년대 초반부터 회원들을 지역별로 관리하는 체제를 확립하여 도시부에서의 철저한 멤버 관리에 착수하였다. 지역을 중심으로 한 멤버의 관리는 자민당의 지역중심적 후원회 관리와 중첩되는 방식이었다.

88 창가학회의 멤버는 교수, 의사, 변호사 등 전문직은 물론, 관계에도 다양하게 진출하였으며 특히 외무성에는 많은 창가학회 멤버들이 포진해 있는 것으로 알려져 있다.

는 것이 아주 힘겹다는 사실에 눈을 뜨기 시작했다.[89] 따라서 공명당의 여당 노선 선택은 이케다 명예회장을 중심으로 한 창가학회 조직 방어라는 측면을 강하게 띠고 있었다. 셋째, 공명당의 중앙 정치 무대에서의 여당 진입은 사실상 80년대 중반부터 지방의회 레벨에서 실질적으로 진전되고 있던 공명당의 여당화를 중앙 정계에서도 현실화한 것이었다. 대도시의 많은 지역에서 공명당은 이미 자민당과 협조하는 여당이었다.[90] 지방의회에서의 협력을 중앙 정계에까지 연장한 것이 자민당과 공명당 연합의 실체였다.[91]

공명당은 1990년대 중반 이후 자민당 내 중심 세력이었던 오부치를 중심으로 한 온건 보수 세력과의 협력을 중시하였다.[92] 자민당 온건 보수 세력과 공명당 사이에도 일정한 정책적 접합점이 존재했다. 우선, 재정투융자를 통한 경기활성화에 입장을 같이 했다. 사민주의적 보상의 정치에 거부감이 없었다. 둘째, 미 · 일동맹과 아시아 외교의 균형이라는 측면에서도 온건 보수와 공명당은 이해를 같이 했다. 특히, 공명당은 외교적으로 유엔과 중국 외교 및 평화 외교에 힘을 쓰는 등 자민당의 보완재적 존재였다. 셋째, 도시부에서의 선거에서도 자민당과 공명당은 서로를 보완할 수 있는 위치에 있었다. 자민당은 도시부에서 공

89 창가학회에 대한 본격적인 네거티브 캠페인이 이루어진 것은 1995년 참의원 선거에서 신진당을 지원하는 창가학회의 위력이 증명된 이후부터였다. 여당인 자민당은 창가학회 명예회장인 이케다 다이사쿠(池田大作)의 국회 소환 질문을 요구하는 등 강하게 창가학회의 정치 관여를 비판했다.

90 실제로 도쿄도의회의 경우 자민당의 단독 과반수가 무너진 것은 이미 1989년 이후 공명당이 자민당의 협력 파트너로 활동하고 있었다.

91 공명당이 신진당과 합류하면서도 지방의회를 별도로 잔존시킨 것은 지방의회 레벨에서 이미 자민당과 공명당의 협조가 구체화된 곳이 많았기 때문이기도 했다.

92 공명당과 구(舊) 다나카파는 1970년 이래 아주 깊은 인연을 맺고 있었다.

명당의 지지를 기대할 수 있었고, 공명당은 자신들의 기반이 약한 농촌부에 세를 확장할 수 있는 기회가 있었다. 이 같은 상호 교환 관계로 말미암아 공명당은 중도 세력이나 혁신 세력과의 연합을 포기한 채, 보수 세력과의 연합을 선택하였고, 그중에서도 자민당 내 온건 보수 세력과 힘을 합쳐 세를 확장하고자 하였다.

연립 정권을 구성해 가면서 오부치가 공을 들인 것은 전통적 자민당 지지 세력의 신뢰감 회복이었다. 오부치는 먼저 보수 세력으로서의 정체성을 강화하는 법안들을 차례차례 통과시켰다. 자민당, 자유당, 그리고 공명당이 연합한 거대 연립 내각을 바탕으로, 최대 야당인 민주당과 약화되어가는 사민당 및 공산당을 대항마로 하여 주변사태법, 신가이드라인법, 국기 · 국가법, 통신방청법 등 보수적인 색채의 법안들을 연이어 통과시켰다. 또한, 경기회복에 실패하여 자민당 총재직을 물러난 하시모토의 전철을 밟지 않기 위해 재정지출을 통한 경기회복에 전력을 기울였다. 재정 적자가 심각해지고 있는 상황임에도 불구하고, 오부치는 공채 발행을 통해 재원을 확보한 다음 공공사업 등을 일으켜 수요 창출을 통한 경기 진작에 힘을 쏟았다. 물론, 이러한 전략은 자민당의 전통적인 지지 세력인 건설업자들과 지방의원들에게 혜택을 부여함으로써 자민당 조직을 추스르려는 의미도 있었다. 1996년 중의원 선거가 실시된 이후 3년이 지난 시점에서, 곧 다가올 중의원 선거에 대비하기 위해 재정지출을 더욱 늘렸다고 해도 과언은 아니다.

하지만 공명당을 연립 상대로 불러들임으로 인해 수적으로 열세인 오자와의 불만과 초조감은 강해져만 갔다. 특히, 오자와가 요구한 중의원 비례구 50명 삭감안에 대해 공명당이 반대하고 있다는 사실을 알고 있는 오자와는 불만이 컸다. 1999년 8월 8일 가진 노나카와 오자와의 회담에서, 오자와는 '자민당과 자유당 간自·自 약속을 했는데 공명당이 나중에 들어왔기 때문에 못하겠다는 것은 모든 것을 공명당 말대로 하자는 것이 아니냐'고 지적하면서 불만을 토로했다.[93] 자유당의 일원이면서 내각에 참여한 노다野田와 니카이二階는 자민당과의 연립 지속에 긍정적이었으나, 정작 당수인 오자와는 연립에서 이탈하는 편이 다가올 선거에 유리하다는 판단을 하여 사실상 자유당 내부가 분열되는 결과를 가져왔다.

한편, 자민당 내부에서도 오자와와의 연립에 대해 부정적인 동시에 공명당과의 연립에 대해서도 시큰둥했던 가토加藤와 야마자키山崎가 당내 실권자 그룹에서 밀려나면서 비주류파로 전락하는 계기가 생겼다. 자민당의 야당 전략과 원내 소수파 전략을 회복하기 위해 사회당과 사키가케와의 연립에 적극적으로 나섰던 가토와 야마자키는 참의원 선거 패배 이후 다른 당과의 연립이 불가피하다는 점을 알고 있었다. 하지만 오자와는 물론, 공명당과의 연립에 대해 부정적인 견해를 가짐으로써 당내에서 푸대접을 받게 되었다. 이는 다른 한편으로 자신들과 함께 사회당 및 사키가케와의 연립에 적극적이었던 노나카野中가 구 다케시타파의 친정 식구인 오부치小淵 및 오자와小沢와 함께 강력한 친정 체제 구축에 나서게 된 점에 대한 불만이기도 했다. 가토와 야마자키는 오부치 수상과 이를 받쳐주는 노나카 관방장관, 모리 간사장에 대해 불편한 심경을 가졌다.

93 早野透 (2001), 254쪽.

[03]

야당의 재편과 민주당의 변화

1990년대 일본 정치 변화의 핵심은 자민당의 변화무쌍한 연립과 더불어 야당 세력의 급격한 재편에 있었다. 1994년에서 1997년에 걸친 신진당의 야당 통합 시도와 실패, 그리고 1998년 이후 민주당의 성장과 변화는 55년 체제와는 다른 정치적 경쟁 체제를 만들었다.

야당의 다양한 통합 시도와 리버럴한 민주당의 출발

오자와의 신진당新進党 결성은 자민당에 필적하는 거대 야당의 출현 가능성을 타진하는 것이었다. 오자와를 중심으로 1995년 결성된 신진당은 기존 정당들의 하부 지지 조직들을 끌어들여, 한때 자민당과 같은 제2의 포괄정당을 구성하였다.[94] 1995년 참의원 선거에서 보여 주었듯

94 전국적 조직을 가진 민사당의 민간 부문 노조인 동맹과 공명당 지지 조직인 창가학회를 결합하는 형태로 자민당에 대한 대항 조직을 구축했다.

이 이들 하부 조직의 결합은 자민당에 대한 심각한 도전이 될 수 있음을 증명해 주었다.[95] 이를 계기로 자민당은 신진당에 대한 대대적인 네거티브 캠페인에 나섰다. 신진당이 창가학회創価学会의 사주를 받는 정치적 전위 조직이라는 점을 전국적으로 홍보한 것이다.[96] 1996년 선거에서는 신진당이 정권을 잡을 경우 창가학회가 실질적으로 권력을 행사할 것이라는 점을 내세워 반反창가학회 감정을 충분히 선거에 활용하였다.[97] 그러나 1996년 중의원 선거에서 신진당이 권력을 잡는 데 실패한 후, 오자와의 강권적이고 비밀주의적 당 운영에 불만을 품은 세력들이 하나 둘 신진당을 떠났다.

오자와와는 다른 야당 결성의 시도는 사회당 우파에 의해 주도되었다. 사회당 내 우파 세력은 자민당과의 연합을 통해 자신들의 이념적 정체성이 흔들리는 것에 상당한 불만을 가지고 당내 개혁 운동을 주도하는 한편, 신당을 결성하고자 하는 움직임을 그치지 않았다. 1994년에서 1995년에 걸친 2년여간은 사회당 40년사의 어느 때보다도 당의 정체성과 진로를 둘러싼 논쟁이 격화된 시기였다.[98] 사회당 우파가 지향하는 것은 단지 평화헌법 수호를 위해 미 · 일동맹 반대, 자위대 반대 등, 외교 · 안보 면에서 이데올로기에 함몰되지 않는 서구적인 사회민주주의 정당을 일본에 정착시키는 것이었다. 하지만 사회당 우파의 신

95 신진당은 결성한 직후임에도 불구하고 1995년 7월 23일의 참의원 선거에서 참의원 개선 의석 125석 중 56석을 획득해냈다. 이는 자민당이 획득한 46석보다 10석이나 많은 의석이었다.

96 1996년 결성된 4월회는 창가학회에 대한 네거티브 캠페인을 주도하였다. 白川勝彦,『自自公を批判する』(東京: 花云社, 2000).

97 朴喆熙,『代議士のつくられ方』(東京: 文春新書, 2000), 176-180쪽.

98 新川 (1999); 上住 (1992).

당 결성 시도도 불발로 끝났다.

사회당 내 우파 세력보다 본격적으로 새로운 정치 세력을 모색하려는 동력은, 오자와의 이념과 수법에 동의하지 않으면서도 자민당과는 일선을 그으려고 했던 중도 보수와 리버럴 세력에 있었다. 1996년 결성 초기, 민주당民主党은 자민당과 신진당에 대항하여 리버럴한 대안을 제안하고자 하는 정치인들의 집합체였다. 하토야마 유키오鳩山由紀夫, 간 나오토菅直人, 에다 사츠키江田五月, 요코미치 다카히로横路孝弘, 센고쿠 요시토仙谷由人 등 사회당 우파 및 사민련, 사키가케 출신 등 상대적으로 리버럴한 세력들은 새로운 정치 세력을 형성하고자 하였다. 우선, 이들은 일본에서 이익 배분형의 기존 정치를 바꾸려면 자민당 정권을 무너뜨려야 한다는 데 의견을 같이 했다. 즉, 자민당형 기득권 정치에 대한 대안 제시가 출발점이었다.[99] 동시에 이들은 사회당과는 다른 리버럴한 정치 세력의 결집에 관심이 있었다. 하토야마는 보수 정치인이었으나, 우애友愛를 강조하는 데서 드러나듯이 리버럴한 요소를 가지고 있었다. 에다와 간은 사회당에서 갈라져 나온 사민련 시절부터 사회민주주의에 대한 강한 열망을 가지고 있었다. 따라서 1996년 시점에서 민주당은 자민당형 전통 보수도 아니고, 오자와가 이끄는 신진당형 신보수도 아닌, 리버럴한 제3의 길을 모색한 흔적이 역력하다.[100] 자민당과 신진당은 보수 및 신보수로 민주당의 오른편에 있었고, 사회당과 공산당이 민주당의 왼편에서 전통적인 혁신 세력을 구성했다면, 민주당은 리

---

99 이 같은 의식은 이들이 여당을 경험하면서 더욱 강해진 인식의 하나였다. 특히 후일 민주당의 대표를 맡았던 간 나오토는 관료 정치의 폐해를 절감하고 이를 통절히 비판하는 책을 썼다. 菅 (1998).

100 横路孝宏,『第三の極』(東京: 講談社, 1995).

버럴한 제3세력을 형성하면서 중도적인 대안을 제시하고자 하였다. 다시 말해, 유럽식 사회민주주의 형태로 일본을 이끌어가고자 하는 정치 세력의 모임이었다.[101]

이들은 반자민당反自民党, 반공산당反共産党, 반신진당反新進党의 틈새시장에서 새로운 정치 세력 결성을 모색하였다. 이들은 다음과 같은 세 가지 이념적 지향점을 공유하고 있었다.[102] 첫째는, 오자와의 정치적 이상이었던 보통국가론이 평화국가 일본으로부터 이탈할 개연성을 가지고 있다는 점에 유의하였다. 오자와의 정치적 구호인 보통국가론은 사실상 55년 체제하에서 나타났던 외교 · 안보 분야의 균열을 보다 더 극명하고 상징적으로 재구성한 것이라는 점에서 55년 체제의 연장선상에 있었다. 이에 반해, 민주당 참가 세력은 외교 · 안보 면에서의 균열보다는 리버럴한 개념을 통해 국내 사회의 사회계층적 균열을 전면에 드러내고자 하였다. 둘째, 민주당 참가 세력은 신진당에 합류하기를 거부한 정치인들로서 신진당의 지지 조직인 창가학회에 대한 드러내지 않은 거부감을 공유하고 있었다. 이들은 자신들의 정치적 생존을 자신들이 좌우할 수 없는 조직에 맡기는 것에 대한 본능적인 거부감이 있었다. 셋째, 이들은 오자와의 강권적인 당 운영 방식에 강한 불만을 가졌다. 측근 정치로 대표되는 오자와의 비밀주의와 상명 하달식 당 운영에 동의할 수 없었던 이들은 신진당에 들어가 당내 정풍을 주도하기보다는 새로운 정치 세력을 창출하는 데 힘을 기울였다.

101 민주당 의원 에다(江田), 요코미치(横道)와의 인터뷰, 2005년 7월 15, 20일, 도쿄.

102 이들 세 가지 점이 모두 반(反)오자와적이었다는 점은 주목할 만하다.

1997년에서 1998년에 이르는 기간 동안 일본의 야당 세력은 더욱 더 분열하는 양상을 보였다. 사회당은 자민당과 연립을 구성했지만, 사회당 우파를 중심으로 한 세력은 사회당을 떠나 민주당에 합류하였다.[103] 사회당과 더불어 자민당과 연립한 사키가케도 당수였던 다케무라武村를 버린 채 다수가 민주당에 합류하였다. 아이러니컬하게도 1996년 중의원 선거에서 가장 큰 피해를 본 것은 이들 자민당과 연립한 상대방이었다. 일본 유권자들은 정치적 생명을 유지하기 위해 자신들의 정치적 정체성을 버린 자민당 연립 정파들에게 비판적이었다.[104]

신진당新進党은 자민당에 대항하는 대안을 제시하고자 했으나, 1996년 총선에서 과반수 확보에 실패한 이후에는 당의 리더쉽, 재정 운영 및 당 정체성과 관련된 심각한 내분에 휩싸였다. 1996년 말에는 하타羽田와 오쿠다 게이와奥田敬和가 탈당하여 태양당太陽党을 결성하였고, 호소카와細川도 그 뒤를 따랐다. 1997년 12월 당수 선거에서 오자와가 당선되자 열흘도 채 못되어 양원 의원총회에서 해당을 결정하고 말았다. 신진당이 해체되자, 구 민사당 계열 의원은 '신당 우애新党 友愛'로, 오자와는 '자유당自由党'으로, 구 공명당계는 '신당 평화新党 平和'와 '여명 클럽黎明クラブ'으로, 가노 미치히코鹿野道彦와 오카다 가츠야岡田克也, 마츠자와 세이분松沢成文 등은 '국민의 소리国民の声'로, 오자와 다츠오小沢辰男가 이끄는 세력은 '개혁 클럽改革クラブ'으로 갈라졌다. 당시 민주당도 아직 소수 야당

103 尹秀敬, "舊社会党勢力の移行過程を通してみる日本革新勢力の変化," 서울대학교 국제대학원 석사 학위 논문 (2006).

104 1996년 중의원 선거에서 사회당은 1993년에 획득한 70석의 4분의 1도 되지 않는 15석을 획득하는 데 그쳤다. 자민당과 연립한 사키가케도 2석을 확보하는 데 만족해야 했다.

으로 남아 있어서 일본의 야권은 심각한 분열상을 극복하지 못하였다. 이러한 야당 세력의 분열로 인해 가장 득을 보는 정당은 말할 나위 없이 자민당이었다. 해체된 신진당을 대신하고 사회당과도 다른 정통 야당 세력이 결집하기까지는 시간이 걸렸다.

민주당 중심의 야당 통합

1997년 말 신진당이 해체되고 나서도, 민주당은 정당으로서의 일체감을 유지하였다. 공명당은 신진당이 해체된 후 자민당과의 연립으로 방향을 선회하였다. 오자와도 민주당과는 이념 및 정치 수법이 다르다는 것을 인식하고 자민당과의 연합을 시도하였다. 신진당의 운영에 걸림돌이었던 오자와와 공명당이 민주당과 거리를 두게 됨에 따라, 남은 야권 정치 세력들은 자연스럽게 민주당으로 모여들었다. 사회당이 1998년에 자민당과의 연립에서 결별한 이후, 많은 사회당 의원들도 민주당에 가입하였다.[105] 민주당 현직 의원들과 선거구가 겹치지 않는 신진당 의원들도 민주당에 가입하는 것에 아무런 저항감을 느끼지 않았다. 민주당으로서도 당세 확장을 위해 이들을 마다할 이유가 없었다. 소선거구제하에서 정치적 생존을 확보하려는 개별 정치인들의 노력이 민주당을 중심으로 한 야당 통합에 박차를 가했다.

1998년 1월 8일에 기존의 민주당民主党과 신당 우애新党友愛, 국민의 소리国民の声, 태양당太陽党, 프럼 파이브フロムファイブ, 민주개혁연합民主改革連合 등 6개 정당이 모여 민우련民友連을 결성하는 데서 새로운 기점을 마련

105 尹秀敬 (2006).

하여, 이들 세력이 3월 12일 새로운 민주당 결성에 합의하였고, 4월 27일에 중의원 93명, 참의원 38명 등 총 131명이 모여 민주당 통일대회를 개최한 것이 현재 민주당의 기원이다.[106] 제1차 당대회에서 민주당의 기본 입장은 '민주 중도民主中道'임을 선언하였고, 기득권의 구조에서 배제된 생활자生活者, 소비자消費者, 납세자納稅者의 이익을 대표한다고 선언하여 리버럴한 입장에 선 정치를 펴나갈 것을 분명히 하고 있다. 또한 민주당이 지향하는 목표 다섯 가지를 제시하였다.[107] 첫째, 투명 · 공평 · 공정한 룰에 기반한 사회를 지향한다. 둘째, 다양한 사람들에게 안심 · 안전을 보장하고 공평한 기회의 균등을 보장하는 공생 사회를 지향한다. 셋째, 중앙집권적 정부를 '시민에게, 시장에게, 지방에게'라는 관점에서 분권 사회와 공동 참여 사회를 지향한다. 넷째, 국민주권 · 기본적 인권의 보장, 평화주의 등 헌법의 기본 정신을 구현한다. 다섯째, 지구 사회의 일원으로서 자립과 공생의 우애 정신에 기반한 국제 관계를 확립하고 신뢰할 수 있는 국가를 지향한다는 내용이었다.

민주당은 기존 정당 현직 의원들의 연합으로 출발하였지만, 정치 신인들도 소선거구제도하에서 현직이 많은 자민당보다는 자신들의 기량을 펼쳐볼 수 있는 민주당을 선호하였다. 자민당 내에 남아 있는 빈 선거구가 그리 많지 않았기 때문이다. 특히 자민당이 인기가 없는 도시부에서는 신인들이 민주당 가입을 선호하였다. 지방선거구에서는 2세 정

106 민주당의 정당법 규정상 등록은 1996년 9월 17일로 되어 있으나, 민주당의 새로운 출발은 공식적으로 1998년 4월 27일로 되어 있다. http://www.dpj.or.jp/governance/history/index.html (검색일: 2010년 7월 16일).

107 1998년 4월 27일 당대회에서 채택된 기본 문서인 '우리들의 기본 이념(私たちの基本理念)'은 2010년 시점에서도 당의 기본적인 방향을 나타내는 중요 문서로 인식되고 있다. http://www.dpj.or.jp/policy/rinen_seisaku/index.html (검색일: 2010년 7월 16일).

◎ 정당 재편성의 흐름

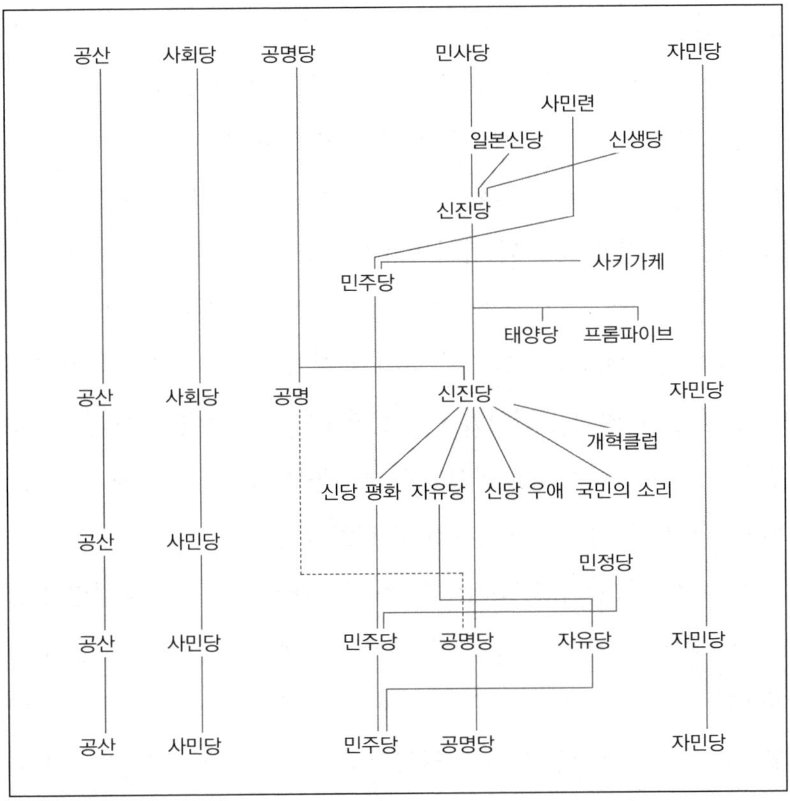

치인, 지방의원, 비서들이 자민당 신인 후보군을 독식함에 따라, 정치적으로 야심이 있는 젊은 후보자들은 당내의 견제 없이 공천을 받을 수 있다는 희망을 안고 민주당의 문을 두드렸다. 이렇게 민주당의 신인 후보자들은 대개 민주당의 이데올로기나 정책이 자신과 부합해서라기보다는, 소선거구제하에서 정치적 야망을 실현하는 길은 현직이 적은 민

주당이 유리하다는 생각에서 민주당에 입당했다. 이로 인해 민주당은 많은 신인들을 영입하면서 자민당에 대항하는 유력한 야당으로 성장하였다. 1998년 이후 국정 선거에 출마하여 당선한 민주당 신인들의 숫자는 민주당의 급성장을 잘 보여 주고 있다. 1998년 7월 12일 실시된 참의원 선거에서 당선된 민주당 의원 27명 중 13명이 신인이었다. 2000년 6월 25일 중의원 선거에서 당선된 127명 중 43명이 신인이었고, 2001년 7월 29일 참의원 선거에서도 26명의 당선 의원 중 14명이 신인이었다. 2000년 11월 9일 중의원 선거에서는 민주당 후보 277명 중 절반인 140명이 신인이었고, 당선된 177명 중 58명이 신인이었다.[108] 소수로 전락한 사회당과 공산당을 제외하면, 민주당의 깃발 아래 오자와와 공명당을 제외한 기존의 야당 세력이 통합을 이루게 된 것이다.

야당 세력 통합의 결과, 민주당은 다양한 이데올로기적 성향과 지지 기반을 갖춘 정치 세력으로 변모하였다. 리버럴한 당색으로 출발한 민주당은 신진당 출신 등 보수 세력들을 끌어안으면서 점차 폭넓은 이데올로기적 스펙트럼을 가진 포괄정당catchall party이 되었다. 그러나 다른 한편으로는 민주당 내 세력 구성이 다양해짐에 따라 당내 합의를 만들어내는 것이 어려워졌다.

민주당이 포괄정당적 성격을 강화하면서 당내에 존재하는 기존 정치인들의 그룹은 중도 좌파中道左派와 중도 우파中道右派로 나누어졌다. 1996년부터 2002년까지 민주당 내 대표 선거는 당내 이데올로기적 균

108 http://www.warp.da.ndl.go.jp/info.ndljp/pid/23521/; www.soumu.go.jp/senkyo를 참조 (검색일: 2010년 7월 16일).

열 구조를 반영하는 형태로 이루어졌다. 간단하게 말하자면, 하토야마鳩山由紀夫는 당내 보수파 및 중도 우파를 대표하는 존재였고, 간 나오토菅直人는 당내 중도 좌파 및 혁신 세력을 대표하는 주자였다. 당 대표 선거 결과는 하토야마로 대표되는 보수 세력과 간 나오토로 대표되는 리버럴 세력이 세력 균형을 이루어가면서 당을 리드했음을 보여준다. 민주당 형성기에 있어 하토야마와 간이라는 두 정치 지도자의 역할은 아주 중요했다. 하토야마와 간은 대략 1996년부터 2004년까지 서로 번갈아 가며 당 대표직을 맡았다. 1996년부터 1997년 9월까지의 하토야마와 간의 공동 대표 체제 이후, 간 나오토가 도시부에서의 인기를 바탕으로 1997년 9월부터 1999년 9월까지 대표직을 맡았고, 다시 하토야마가 1999년 9월부터 2002년 12월까지 대표로 복귀하였다.

대표 선거 후 중앙당 인사도 이를 반영하는 형태로 이루어졌다. 하토야마가 당 대표가 되면 간 나오토를 간사장으로, 그리고 간이 대표가 되면 하토야마를 간사장으로 임명하는 방식이었다. 다시 말해서 당 지도부는 당내 보수 세력과 리버럴 세력 간의 균형에 세심한 신경을 썼다. 이를 통해 민주당은 안정을 유지할 수 있었다.

밀실에서 태어난 모리 총리와 2000년 총선

2000년 4월 1일, 연립에 대해 불만을 가진 오자와가 연립으로부터 벗어나겠다는 의견을 밝힌 회담 후, 오부치는 뇌경색으로 입원하여 업무를 계속할 수 없는 상황이 되었다.[109] 노나카野中 간사장 대리, 가메이

109 오부치(小淵)는 사흘 후인 2000년 4월 4일 사망하였다.

亀井 정조회장, 무라카미村上 참의원 의원회장, 모리森 간사장, 아오키青木 참의원 간사장 등 자민당 지도부 5명은 아카사카 프린스 호텔에서 비공식 회의를 열고, 오부치의 후임을 간사장인 모리에게 맡기기로 결정하였다. 임무 수행이 불가능해진 오부치 총리를 대신하기 위한 긴급피난적인 조처였다. 오부치의 노선을 계승한다는 의미에서도 간사장이던 모리를 후임으로 정한 것이다. 2000년 9월까지는 중의원 임기 만료로 총선을 치러야 하는 관계로, 모리는 오부치의 잔여 임기를 채우는 총리 정도로 생각되었다. 2000년 4월 5일, 자민당 양원 총회는 밀실에서 자민당 지도부 간에 합의된 모리의 자민당 총재 취임을 추인하였다.

이와 같은 결정은 당내 파벌 역학상으로는 중대한 의미를 지니는 후임 결정이었다. 노나카野中와 아오키青木로 대표되는 구 다케시타파와 모리森, 가메이亀井로 대표되는 구 후쿠다파, 그리고 무라카미村上로 대표되는 구 나카소네파의 실력자 간 합의는 결과적으로 당내의 다른 중요한 파벌인 구 미야자와파의 최대 실력자인 가토 고이치加藤紘一와 나카소네파에서 독립한 야마자키山崎拓파를 배제하고 고립시키는 사태를 가져왔다. 가토는 밀실에서 결정된 모리 총리 탄생에 대해 불만을 가질 수밖에 없었다. 일반 국민들 사이에서도 자민당의 밀실 정치, 파벌 정치에 대한 비판은 높아져만 갔다.

총리에 취임한 모리森喜朗는 실언이 잦았다. 그는 취임 직후 '일본은 신의 나라神の国'라는 발언 때문에 곤혹을 치러야 했다. 또한 모리는 오부치의 노선을 그대로 계승하여 공공투자의 확대를 통한 경기활성화에 주력을 기울였다. 정조회장이던 가메이 시즈카도 과감한 재정투융자를 통한 경기회복에 전력을 기울였다. 그러나, 이는 도시부 유권자들의 불

만을 더욱 축적시켰다.[110] 모리가 취임한 직후 실시된 6 · 25 총선은 사실상의 임기 만료 선거였다. 지난 총선이 1996년 10월에 치러져 2000년 10월 초까지는 선거를 치러야 했던 까닭에 임기 만료를 불과 4개월 앞두고 해산을 했다. 2000년 6월 25일로 예정된 투표를 불과 사흘 앞둔 6월 22일의 지원 유세에서, 모리는 '젊은 무당파층은 선거에 안 가고 집에서 잠이나 잤으면 좋겠다'는 발언을 했다.[111] 그 결과 젊은 무당파층들이 오히려 선거장으로 발을 옮겼다.

◎ 2000년 6월 25일 총선 결과

	소선거구	비례대표구	합계
자민당	177석	56석	233석
민주당	80	47	127
공명당	7	24	31
공산당	0	20	20
사민당	4	15	19
보수당	7	0	7
자유당	4	18	22
제파 및 무소속	21	0	21
합계	300	180	480

출처: 『아사히신문』, 2000년 6월 26일.

2000년 총선 결과, 자민당은 선거 전의 270석보다 37석이나 적은 233석을 확보하는 데 그쳤다. 특히 도시부에서의 자민당의 패배는 참담한 것이었다. 도쿄도 25개 선거구 중 7명이 넘는 각료 출신 자민당 의

110 선거 분석 전문가인 가바시마 교수는 이 당시 상황을 '지방의 왕국과 도시의 반란'이라고 표현하였다. 즉, 이익 배분과 연이 없는 도시부의 유권자는 공공사업에 의한 세금의 낭비와 환경 파괴, 그리고 이에 따르는 구조적 부패에 반발하면서 자민당으로부터 멀어져갔다고 분석하고 있다. 蒲島郁夫, 『戦後政治の軌跡』(東京: 岩波書店, 2004), 321쪽.

111 『아사히신문』, 2000년 6월 23일.

원이 모두 낙선하는 사태가 벌어졌다.[112] 자민당은 대도시부에서 350만 표를 획득한 데 반해, 민주당이 460만 표를 얻어 지지의 역전 현상을 보였다. 또한 도쿄도와 정령 지정 도시를 포함한 선거구에서는 민주당이 33석, 자민당이 28석으로 자민당이 사실상 패배한 선거였다. 자민당은 대도시 유권자들에 대한 메시지가 없었다.[113] 오자와가 이끄는 자유당도 20석, 사민당은 19석을 얻는 데 불과했다. 반면, 야당 통합에 성공한 민주당은 1996년 총선 당시의 52석보다 75석이나 늘어난 127석을 획득하였다. 전대미문의 약진이었다. 이를 통해 민주당은 자민당에 이은 제2당이 됨으로써 야당 통합을 마친 새로운 야당으로서 확실히 자리매김하였다. 민주당이 정권 교체를 이룰 수 있다는 희망은 당내 불협화음을 뒤로 접어둘 수 있게 해 주었다.

1999년 연립을 구성한 자민당과 공명당은 서로의 정치적 생존을 위해 선거 협력을 구체화했다. 도시부를 중심으로 한 공명당과 자민당의 선거 협력은 자민당이 점점 공명당에 의존하게 만들었다. 한 시뮬레이션에 의하면, 2000년 총선 당시 비례구에서 공명당에 투표한 유권자 중 60%가 소선거구에서 자민당에 투표했다고 가정하면, 자민당 의원 34명이 낙선을 면했다. 만약 이 비율이 80%라고 하면, 44명의 자민당 의원이 낙선을 면했다고 한다.[114] 공명당과 자민당의 선거 협력은 자민

112 도쿄 5구에 출마했다 낙선한 고스키(小杉)의원은 '도시부는 참패했다. 자민당은 완전히 농촌 정당이 되었다. 도시에선 싸우지 못하는 정당이 되고 말았다'고 감회를 밝혔다. 『아사히신문』, 2000년 6월 29일.

113 유명한 정치 토크쇼 진행자인 다하라는, 많은 도시부 유권자들이 정부가 645조 엔의 빚을 지고 있으면서도 자민당이 예비비를 지출하는 것을 보면서 '어차피 윤택해 지는 것은 제네콘(거대 건설회사)과 지방이고, 우리는 세금만 털리는 셈이다'라고 생각했다고 한다. 따라서, 자민당은 자기 변혁을 통해 새로운 메시지를 고안하지 않으면 안된다고 논평하고 있다. 田原総一朗, 『日本のカラクリ』(東京: 朝日新聞社, 2001), 88쪽.

114 蒲島郁夫 (2004), 376쪽.

당 중심의 연립 여당을 강화시키는 데 공헌하였지만, 사회당이라는 혁신 정당의 몰락에 이어, 공명당이라는 중도 야당을 일본 정계에서 없애버리는 중대한 결과를 가져왔다.

반면, 민주당은 신인들의 대거 영입으로 당을 활성화할 전기를 마련하였다. 2000년 총선에서 당선된 127명의 민주당 의원 중 43명은 초선 의원들이었다. 이들은 기존 정당의 흐름과 전혀 관련 없이 순수하게 민주당의 깃발 아래서 당선된 의원들로서, 당선 2회 이상의 의원들과는 다른 정체성을 가지게 되었다. 이때부터 일본의 언론들은 민주당 내 젊은 의원若手, 와카테이라는 말을 자주 사용하기 시작했다. 사실상 2000년 총선에서 당선된 민주당의 젊은 의원들은 이전의 민주당 구성원들과 몇 가지 점에서 차별화되는 그룹이었다.[115] 우선, 1998년까지의 민주당 구성원들이 기존의 정당으로부터 도중에 합류한 의원들인 데 반해, 2000년 총선 당선자들부터는 기존 정당 소속이 없이 민주당을 자신의 첫 소속 정당으로 한 순수한 민주당 혈통의 의원들이었다. 또한, 2000년 당선 의원들은 냉전이 끝나고 10여 년이 지난 시점에서 국회에 입성한 관계로, 자민당과 사회당 간에 격하게 대립했던 보 · 혁 갈등과 거의 무관한 세대들이었다. 즉, 국내적 냉전에 휘말린 경험이 없는 신세대였다. 셋째, 고도 경제성장의 혜택을 구가했던 장로 의원들과는 달리, 이들 신인 의원들은 경제가 침체한 이후에 사회에 진출한 세대들로서 실업이나 불경기 등 경제 현상에 민감하였고, 또한 재정 적자 문제에 대해 새로운 시각에서 접근하려는 성향이 강하였다. 이러한 신인들의 민

115 필자의 민주당 다루토코(樽床) 의원과의 인터뷰. 2005년 7월 13일.

주당 합류는 새로운 민주당의 출발을 상징하는 반면, 민주당이 점차 보수화되고 있음을 보여 주는 바로미터이기도 했다.

[04]

90년대 정치 변화의 의미

90년대를 정치 체제 변화의 측면에서 개괄하자면, 전통적 혁신 세력의 쇠퇴와 중도 세력의 분해 과정인 동시에 자민당 내 신보수주의자들과 민족주의적 우파들이 정치의 전면에 등장하는 시기였다.

1990년대 일본 정치의 세력 변화는 세 가지 측면을 중심으로 전개되었다. 우선, 호헌주의와 평화주의를 기치로 내건 전통 혁신 세력이 몰락하고, 소일본주의를 지향하는 자민당 내 리버럴파가 무너졌다. 오자와를 중심으로 한 신보수주의 세력의 등장과 다양한 연합의 시도는 결과적으로 55년 체제하에서 혁신 세력이었던 사회당과 공산당 세력을 약화시키는 선봉장 역할을 수행하였다. 오자와가 자민당을 탈당한 1993년부터 자민당과 오자와가 다시 연합하는 1998년에 이르기까지 5년간의 정치 과정이란, 마치 오자와라는 신보수주의 세력이 자민당을 벗어나 자민당의 전통적 정적들을 소멸시키고 자민당에 일시 귀환하는 부메랑과 같은 정국의 전개였다. 그 결과, 보수 세력의 지평은 넓어졌다. 하지만 자민당 내 최대 파벌이었던 구 다케시타파의 분열은 온건 보수 세력을 약화시키는 출발점이 되기도 했다. 반면, 전통적인 혁신 세력들은, 한편으로는 신보수주의 세력과의 연합을 통해, 다른 한편으로는 온건 보수와의 타협을 통해, 자신의 정체성을 잃어가는 소멸의 과정을 겪게 되었다. 1990년대 정치 변화의 승자는 결국 보수 세력이었고, 전통적인 혁신 세력은 정치적 자기 위상을 상실하게 되었다.

또 하나의 변화는, 자민당 내부의 세력의 재편과 민족주의적 우파의 등장이다. 자민당이 국회 내 단독 과반수 확보에 실패하면서 이루어진 정당 간 연립은 한편으로 당내 보수 연합파와 보수-리버럴 연합파 간의 대결을 지속시켰고, 다른 한편으로는 사회당과의 연합에 반대하는 민족주의적 우파를 정치의 전면에 부각시켰다. 그 와중에서 자민당의 최대 파벌이었던 구舊 다케시타파가 연립 찬성파의 노나카野中, 아오키青木와 연립에 반대하는 가지야마梶山 지지 세력으로 분열되었고, 나중에는 참의원을 중시하는 아오키와 중의원 중심의 노나카의 암투도 지속되었다. 구 다케시타파와 오랫동안 연합했던 구舊 미야자와파 내에서도 세력 갈등 속에서 고노河野파와 가토加藤파가 갈라서는 사태로 발전했다. 이는 달리 말하자면, 70년대 초반 이후 형성되어 왔던 온건 보수 연합인 다나카田中와 오히라大平의 맥을 이어받은 파벌들의 자기 분열을 의미하는 것으로, 자민당 내 온건 보수 세력 연합이 약화되는 계기였다. 사회당과의 연립이 해소되고 공명당과 연합하면서 자민당 내 내부 분열은 일단 진정 국면에 들어서기는 했지만, 사회당 세력을 중심으로 한 혁신 세력에 대한 민족주의 우파의 거부감과 공세는 더욱 거세만 갔다.

1990년대 정치 세력 변화의 또 다른 의미는 전통적 혁신 세력을 중심으로 한 55년 체제형 야당의 쇠퇴와 이를 대신하는 중도 우파 및 보수파 혼합형의 새로운 야당인 민주당의 등장에 있었다. 사회당이 자기 정체성을 상실한 이후, 민주당은 90년대 중반에서 후반에 이르기까지 그때까지 존재하던 야당 세력을 전반적으로 규합해 가면서 성장해 갔다. 말하자면, 90년대 후반 사민당과 공산당으로 대표되는 전통적 혁신 세력을 제외한 야당 세력은 자민당에 대항하는 반대 정당인 민주당으로 점차 통합되어 갔다.

정치 세력 재편의 결과로 90년대 중반 이후 나타난 정책적 변화는 55년 체제의 그것과 비교하면 획기적인 것이었다. 정치 · 외교적인 면에서 미 · 일동맹을 지역화하는 방향으로 재편하고, 자위대의 해외파병을 기정사실화하는 한편, 일본 방위를 위한 자주적 능력을 강화해 갔다. 55년 체제하에서의 전통적 혁신 세력들과 중도 세력들이 잔존하였지만, 과거의 중도 세력이었던 공명당을 자민당의 편으로 끌어들이고, 사회당과 공산당에 의한 거부권을 사실상 박탈함으로써 55년 체제와는 다른 모습의 일본을 만들어 가고자 하였다. 이러한 점에서 일본에게 있어 90년대는 '잃어버린 10년'이 아니라 정치 · 경제적으로 본질적인 체제 전환기이자 정치적 방향 수정기였다.

| 5장 |

전후 체제 해체의 정치

◆ ◆ ◆

고이즈미 총리의 등장과 5년 반에 걸친 장기 집권은 자민당 정치의 새로운 장을 열었다. 고이즈미는 자민당과 유권자들에게 예전에는 맛보지 못했던 정치적 신선미를 안겨주면서 자민당의 숙원이었던 정권 연장의 가능성을 보여 주었다. 고이즈미 시대의 정치에 대해 일부 논자들은 '고이즈미의 정치혁명,'[1] '새 정치의 도래,'[2] '서구형 정치 스타일의 정착'[3] 등 찬사를 보내는 한편, '극장형 정치의 한계,'[4] '실패한 혁명,'[5]

---

1 Ko Mishima, "Grading Japanese Prime Minister Koizumi's Revolution," Asian Survey, 47:5 (September/October 2007), 727-748쪽.

2 Hiroshi Kaihara, "The Advent of a New Japanese Politics," *Asian Survey,* 47:5 (September/October 2007), 749-765쪽.

3 Margarita Estebez-Abe, "Japan's Shift toward a Westminster System," *Asian Survey,* 46:4 (July/August 2006), 632-651쪽.

4 加藤紘一, 『劇場政治の誤算』 (東京: 角川書店, 2009).

5 물간(Mulgan)은 농업 정책의 평가를 통해 고이즈미의 시도를 실패한 혁명으로 규정하고 있다. Aurelia George Mulgan, "Where Tradition Meets Change: Japan's Agricultural Politics in Transition," *Journal of Japanese Studies,* 31:2 (Summer 2005), 261-298쪽.

'미디어 시대의 파시스트'라는 등 비판적으로 평가하기도 한다. 그러나 고이즈미 총리가 일본 정치의 현장에서 그 이전에는 볼 수 없었던 새로운 정치 수법을 구사하면서 강력한 리더쉽을 발휘했다는 사실에 이의를 제기하는 이는 없다.

고이즈미의 강한 리더쉽 행사에 대해 고이즈미라는 정치인이 별난 성격과 자질의 소유자라는 개인적인 요소와 포퓰리스트적인 특질에 주목을 하는 분석과[6] 선거제도 개혁 및 하시모토 행정개혁 이후 관저의 강화라는 제도적 구조 변화에 주안점을 두는 두 가지 흐름의 연구가 있다.[7]

고이즈미의 대통령형 수상 스타일을 제도적 변화로 설명하려는 이들은 1994년 선거제도 개혁과 1996년 하시모토의 행정개혁, 1999년 오부치 수상의 행정개혁, 그리고 2001년 실시된 중앙성청 개혁이라는 일련의 정치제도 개혁의 필연적 산물이 고이즈미라고 본다. 즉 새로운 정치의 규칙rules of the game이 고이즈미를 탄생시킨 것이며, 고이즈미는 구조적 변화의 산물이라고 보는 것이다. 다시 말하자면, 소선거구제의 도입과 행정개혁은 수상 및 관저, 그리고 당 대표로의 권한 집중을 가져왔으며, 집권적인centralized 일본의 정치적 리더가 탄생하는 것은 시간의 문제였을 뿐, 구조적인 논리가 고이즈미와 같은 총리의 탄생을 불가피하게 만들었다는 주장이다. 특히, 선거제도 개혁에 따른 양당제 정치의 실현이라는 듀베르제Duverger의 명제를 증명하려는 합리적 선택 이론가의 시각에서 보면, 소선거구제나 행정개혁도 필연적으로 당내 권

6 大嶽秀夫,『小泉純一郎ポピュウリズムの研究』(東京: 東洋経済, 2006).
7 Margarita Estabez-Abe (2006), 633, 646쪽.

력의 집중화와 양당제의 출현을 야기했다.[8] 그러나 이러한 제도결정론적 시각은 자민당 정치를 설명함에 있어 두 가지 한계를 가진다. 하나는 1994년 선거제도 개혁이 있었음에도 불구하고, 고이즈미 총리 이전의 자민당 정치 지도자들은 왜 집권적인 권력 행사를 하지 못하였는가 하는 문제이다. 아직 제도가 적응 및 균형의 시기에 이르지 못했다는 시기상조론을 주장할 수도 있다. 고이즈미가 총리가 된 2001년에 이르러서야 제반 제도 개혁의 정합성이 성숙되어 고이즈미라는 정치가를 탄생시켰다고 주장할 수도 있다. 그러나 고이즈미 총리가 새로운 정치 제도하에서 획기적인 정치 스타일을 구사할 수 있었는데도 불구하고, 그를 이은 후임 자민당 총리들은 왜 집권적인 권력 행사를 하지 못하고 권력을 중도에 포기하였는가 하는 궁금증이 남는다. 즉, 제도가 가지는 힘만으로 고이즈미의 정치를 설명하는 데 한계가 있다는 것이다. 또 다른 한계는 제도의 탄력성이 정치 지도자의 개혁 의지나 개혁 아이디어를 만들어 주지는 못한다는 점이다. 고이즈미 총리는 구조개혁이라는 개념을 제시함으로써 일본 정치 및 정책 결정의 구조를 대대적으로 수정하려는 노력을 보여 주었다. 그러나 제도 내에서 발생하는 유인incentives을 활용하려는 이익의 담지자interest holder라는 시각만으로는, 왜 특정 정치인이 개혁이라는 의지를 불태우며 정치적 위험을 감수하는가를 설명하는 데 한계가 있다. 다시 말해서, 제도가 아이디어를 만들어

8 이 시각의 문제는 선거제도 개혁과 정치적 결과를 연결시킨 데 있는 것이 아니라, 선거제도라는 단일한 제도를 고립시켜 그 제도의 영향력으로 거시 정치적 결과를 모두 설명하려는 환원론적 결정론에 있다. 선거제도는 제도의 일부(an institution)일 뿐, 제도 전체(the institution)가 아니다. 또한 제도는 정치의 결과에 영향을 미치는 하나의 요소(a factor)일 뿐, 제도 자체가 모든 것을 결정하는 모든 것(the factor)은 아니다. 선거제도와 양당제에 관한 논의로는, Steven Reed, Kenneth McElwain, and Kay Shimizu, *Political Change in Japan* (Stanford: APARC, 2009).

주는 것은 아니다. 또한 일본 사회 전반의 여론과 사회 · 경제적 환경에 대한 분석 없이는 왜 개혁 의지가 유권자들에게 잘 받아들여지고 지지를 받는가를 설명할 수 없다. 제도론적 시각은 제도라는 울타리에 갇힌 정치인간의 교환과 거래로 정치를 축소, 환원시키기 때문이다.

제도론과는 정반대의 시각에서 고이즈미 정치를 설명하려는 시도는 그의 개인적인 자질과 역량에 주목하는 경우이다. 고이즈미는 본래 나가타쵸의 괴짜變人, 헨진였고 타고난 승부사이자, 천재적인 연설가로서 자신의 뜻을 굽히지 않는 개혁 성향의 매파라는 주장이 그것이다. 사실상 고이즈미는 다른 어느 누구도 상상하지 못했던 수법을 주저없이 활용하였다. 저항 세력이라는 이름을 붙여 자신의 개혁에 반대하는 이들을 고립시키는가 하면, 누구도 예상하지 못했던 타이밍에 국회를 해산하기도 하고, 비판이 높아짐에도 불구하고 야스쿠니 신사 참배를 계속하기도 했다. 그러나, 고이즈미 총리의 인기는 그의 사자같은 머리 스타일이나 짤막한 연설 스타일에서 유래하기보다는 당시의 시대적 흐름을 정확하게 읽어내고 여당인 자민당이 무엇을 해야하는 지에 대한 통철한 분석력과 실행력을 가진 데 있었다. 고이즈미를 단지 포퓰리스트라고 단정할 수 없는 이유다. 1990년 이후 일본의 경제가 불황에 접어들어 '잃어버린 10년'이라고 일본인들이 자조할 때, 그는 '구조개혁 없이 성장 없다'는 논리를 통해 국민들에게 자신감을 불어넣으면서 개혁의 정치를 주장했다. 고이즈미는 새로운 제도를 만들어낸 것이 아니라, 기존의 암묵적인 룰을 무시함으로써 자신의 정치적 지도력을 강화하였다. 즉, 자신이 처해있는 정치적 상황을 정확하게 꿰뚫는 판단력을 사회에 축적된 불만과 연결시킬 줄 아는 지혜가 있었던 것이다. 이는 정치가에게 필수적인 자질이라는 점에서, 비단 고이즈미의 독특한 기질로만 설명하는 것은 일본 정치인 전체에 대한 과소평가이다.

자민당 정치와 전후 체제의 변화를 접목시키려는 이 책의 주제로부터 보자면, 고이즈미 총리가 거의 시들어 가던 자민당 정치에 새로운 활력을 불어넣고 자민당 우위 체제의 회생을 도모한 점은 주목할 만하다. 특히, 고이즈미가 추진한 제반의 개혁 조치와 정책적 지향성은 자민당이 오래 지켜오던 정치 스타일 및 수법과 배치되는 측면을 많이 가지고 있다. 전후 체제의 해체를 시도한 것이다. 문제는 그가 왜 전후 체제를 바꾸려고 했고, 그 과제를 얼마나 성공적으로 수행했느냐 하는 점이다.

고이즈미 시대의 정치는 기본적으로 양면적인 해석을 통해 이해되어야 한다. 고이즈미의 등장은 시대의 필연이라기보다는 우연적인 요소를 많이 가지고 있다. 그럼에도 불구하고, 고이즈미는 시대의 변화를 정확하게 읽어내고 민심을 웅변적으로 대변하면서 정치 지도자로서의 자신을 확립하였다. 고이즈미가 하시모토가 도입한 각종 행정개혁 조치를 활용하여 하시모토가 속했던 구舊 다케시타파적 요소를 철저하게 깨부수려했던 점은 역사의 아이러니이다. 고이즈미는 자민당을 깨부수는 정치를 한다고 했지만, 실제로는 자민당의 체질을 개선하여 정권 담당 능력을 강화시키는 방안을 모색하였다. 그는 구舊 다케시타파의 정치로 대표되는 전후 체제의 해체로부터 그 단서를 찾았다. 고이즈미 정치의 근저에는 반反구舊 다케시타파적인 정서가 강하게 깔려있었다. 정치 과정, 정책 과정은 물론 경제 정책, 외교 · 안보 정책의 면에 있어서도 고이즈미는 구舊 다케시타파와 차별화하려고 했다. 고이즈미가 힘을 얻을 수 있었던 것은 야당에 대한 강한 대결적 자세 때문이라기보다는,

그가 '저항 세력'으로 표현한 자민당 내 정치 세력에 대해 대결 자세를 분명히 했기 때문이었다. 고이즈미 총리에게 있어 구舊 다케시타파와 당내 보수 온건파는 기존의 이권 구조를 지키려는 저항 세력의 대명사였다. '자민당을 깨부수겠다'는 그의 총재 선거 공약은 단순히 선거 전략상의 선전 문구가 아니라, 1990년대 후반까지도 드리워져 있던 구舊 다케시타파의 당내 지배 구조를 근본적으로 해체하겠다는 정치적 의지의 표현이었다. 고이즈미 총리는 다케시타파가 구축해 놓은 당-정-관 관계의 오래된 관행을 무시하고, 관저주도형 정치 구조를 만들어갔다. 정책 측면에서도 다케시타파와 온건 보수가 구축한 사민주의적 성격의 분배 구조를 타파하며 신자유주의적 개혁을 강행하였고, 외교 면에서 미·일동맹 일변도 정책을 취하며 아시아 외교를 소홀히 하였다.

고이즈미는 높은 국민적 인기를 유지하면서 자민당 지배 체제의 새로운 가능성을 연 관계로, 일본이나 미국에서는 긍정적인 평가가 많다. 집권적인 통치 스타일을 통해 개별적인 이해관계에 매몰된 기존의 자민당 세력을 제어해 가면서 국민들의 정치적 관심을 불러일으켰다는 점에서 그의 정치적 스타일과 정책은 긍정적인 평가를 받을 만하다. 그러나 그가 실행한 정책의 부정적 유산이 이후 자민당 정치 지도자들의 고민을 자아내게 만든 점은 재평가되어야 한다. 자민당 내부의 분열, 격차 사회의 부각, 아시아 외교의 부재, 자민당 지지 기반의 약화 등 고이즈미 정치가 가져온 부정적 유산은 고이즈미 이후의 자민당 정치에 결정적인 영향을 미쳤다. 따라서, 고이즈미 시대의 객관적 분석과 평가는 자민당 정치 체제를 읽는 데 있어 필수불가결한 작업이다.

[01]

고이즈미의 예기치 못한 승리와 자민당 회생 전략

오부치 정권에 이어 고이즈미가 소속한 파벌의 영수인 모리가 총리의 자리에 앉자, 고이즈미는 모리를 대신하여 모리파 회장에 취임하였다. 하지만 모리는 철저하게 오부치파의 협력을 얻어 총리가 되었다. 당시 관방장관이던 노나카野中, 참의원 회장이던 아오키青木의 협력과 인준이 없었다면 모리가 총리가 되는 길은 요원했을 것이다. 고이즈미가 속한 파벌의 영수였던 모리 총리에 대한 당내외에서의 반발이 걷잡을 수 없이 거세지면서 고이즈미의 정치적 장래가 열린 것은 아이러니이다.

고이즈미는 자민당 지배를 활성화하기 위해서 오부치小淵나 모리森, 그리고 그에 반발한 가토加藤와도 다른 전략을 구사해야 한다는 점에 착목하였다. 오부치와 모리가 선택한 전략은 자민당 정권을 지속시키기 위해서는 참의원에서 공명당과 협력해 나가면서 자민당의 기존 지지층을 강화시켜 나가는 것이었다. 즉, 자민당이 분열된 야당과 본격적으로 정면 대결하기보다는 자민당의 기초 체력만 단단히 하면 충분히 야당과의 대결에서 승리할 수 있다고 본 것이다. 이를 위해 재정 적자를 감수하면서라도 공공사업 등을 일으켜, 이탈하고 흔들리는 자민당 지지 조직들을 추스르면 자민당 정권은 지속할 수 있다고 판단하였다. 오부치와 모리 양 정권은 특례 공채 발행액 규모를 늘려 세출을 확대하였다. 일본 경제의 활성화를 위해서도 거시경제적으로 경기부양을 통한 수요 창출이 중요하다고 믿고 있었다.

90년대 후반 공채 발행액 추이

연도	세출 총액	세입 총액	공채 발행액	특례 공채	공채 의존도
1997	78.5조 엔	53.9조 엔	18.5조 엔	8.5조 엔	23.5%
1998	84.4	49.4	34.0	17.0	40.3
1999	89.0	47.2	37.5	24.3	42.1
2000	89.3	50.7	34.6	23.5	38.5

출처: http://www.mof.go.jp/seifuan13/yosan05.pdf (검색일: 2010년 7월 7일).

이러한 전략은 전통적으로 다나카田中角栄 이래 다케시타파가 취해 온 전형적인 지지 조직 공고화 전략이었다. 파벌 간의 협력을 통해 자민당을 안정시키고, 기존 정당 간의 협력 체제를 구축하여 국회를 안정시키고, 공공투자를 통해 지지 기반을 확고히 하겠다는 조직 중심적 논리가 전략의 요체였다.

이 같은 전통적인 수법의 등장과 모리 개인에 대한 반발을 심정적으로 대변한 것이 이른바 2000년 10월의 '가토의 난加藤の乱'이었다. '가토의 난'은 전 간사장 가토가 야마자키와 더불어 실추된 모리의 권위에 도전하여 야당과의 협력을 통해 모리 총리를 끌어내리려던 시도였다. 모리 총리는 2000년 6월 25일 실시된 중의원 선거에서 도쿄 등 도시부에서의 참패를 경험하고도 선거에 대한 책임을 지지 않았다. 자민당의

젊은 의원들은 '자민당의 내일을 생각하는 모임'을 구성하여 모리에 저항하였다.

자민당 내 온건 보수 및 리버럴을 대표하는 가토 고이치加藤宏一 전 간사장은 자민당의 활성화는 공공투자를 통한 지지 조직의 유지가 아니라, 노동조합 및 도시 중산층을 중심으로 한 새로운 지지층을 자민당 지지층으로 끌어들이는 게 중요하다고 믿었다.[9] 즉, 이제까지 자민당을 외면해 왔던 세력들에게 윙크를 보내는 지지 확산 전략이었다. 사회당과의 연립을 통해 노동조합과의 연계를 가지게 된 가토의 관점에서 보면, 몰락해가는 사회당의 지지 기반인 노동조합을 끌어안는 것이 중요했다. 민주당에 선점당해 그냥 내어주기보다는 노동조합을 분점하려는 전략이었다. 조직화된 사회 세력을 관리함으로써 자민당을 살리려 한 점에서는 오부치나 모리와 일맥상통하는 점이 있지만, 농촌부의 전통적인 자민당 지지층을 소극적으로 방어하는 게 아니라, 새로운 도시부 생활자와 노동자 등 새로운 사회 세력에 대한 적극적 지지 확산 전략이었다는 점에서 달랐다.

그러나 가토는 모리 총리에 대한 불신과 불만이 앞선 나머지, 야당이 제출한 내각불신임안에 찬성표를 던지려 했다. 이는 자민당 자체를 부정하는 역설적 결과를 가져와 결국 그의 시도는 성공하지 못했다. 자민당 간사장이었던 노나카野中는 가토와 야마자키 편에 선 의원들에게 차기 총선에서 공천을 못 받을 것이라고 위협하면서 가토 진영을 분열시켰다. 결국 이들은 내각불신임안에 찬성표를 던지지는 못했다. 가토의

9 加藤宏一・カテーイス, "自民党一党支配は国民の選択か," 『中央公論』(1997年 9月号).

난이 벌어졌을 당시, 고이즈미가 파벌 영수로서 가토와 야마자키가 아닌 모리 총리를 끝까지 지켜주었다는 점은 주목할 만하다. 고이즈미가 정치적 친구인 가토와 야마자키의 편을 들었다면 사태의 전개는 전혀 달라질 수도 있었다.[10]

가토의 도전은 실패로 끝났지만 2001년에 접어들면서 모리의 권위는 점점 실추하고 국민적 인기도 급전직하했다. 2001년 4월, 통일지방선거에 나서야 하는 자민당 소속 도쿄도 도의원들은 모리에게 항의를 쏟아내었다. 그러던 중, 2001년 2월 발생한 '에히메마루愛媛丸호 사건'은 모리 총리의 사임을 불가피하게 만들었다. 하와이에서 해양 실습에 나섰던 해양고등학교 학생들을 태운 배가 미군의 잠수함과 부딪쳐 9명이 사망하는 사태가 일어났다는 소식을 듣고도 골프를 1시간이나 더 계속했다는 사실이 알려져 국민적 반발을 산 것이다. 2001년 2월 19일 『아사히신문』의 여론조사에 의하면 모리 내각의 지지율은 9%, 지지하지 않음은 79%에 이르렀다.[11] 결국 모리 총리는 2001년 3월 10일, 그해 9월로 예정되어 있었던 자민당 총재 선거를 4월로 앞당겨 실시하겠다는 의사를 표명함으로써 사실상 퇴진 의사를 밝혔다.

2001년 3월 치러진 자민당 총재 선거는 4월 도의원 선거 및 7월의 참의원 선거를 앞두고 있어 선거에 이길 만한 얼굴을 내세워야 하는 중요한 시점이었다. 총재 선거에는 고이즈미 전 후생대신, 하시모토 전 총리대신, 가메이 정조회장, 아소 경제재정 담당 대신 등 4명이 입후보

10 고이즈미는 이를 계기로 '이제부터는 정책의 고이즈미가 아니라 정국의 고이즈미가 되겠다'고 선언했다.
11 『아사히신문』, 2001년 2월 19일.

하였다. 주목되는 것은 당시 당내 최대 파벌인 하시모토파였다. 당시 노나카野中로 대표되는 중의원과 아오키青木로 대표되는 참의원으로 사실상 분열되어 있던 하시모토파는 새로운 인물을 내세우지 못하고 절충점으로 총리 경험자인 하시모토를 다시 한 번 내세우기로 했다.[12] 하지만 구舊 다케시타파 내부에서도 이견이 속출하여, 하시모토를 옹립하는 파벌총회에 의원 본인 결석이 20명에 이르렀고, 오무라 히데아키大村英章 등 6명은 하시모토 옹립에 불복을 선언했다. 하시모토파의 사실상 분열과 결속력의 저하를 그대로 보여 주는 사건이었다. 더구나, 노나카野中와 아오키青木로 대변되던 하시모토파는 모리를 밀실에서 탄생시킨 장본인들이어서 밀실 정치의 대명사로 여겨졌다.

고이즈미小泉가 자민당 총재 선거에 나선 것은 2001년이 세 번째였다. 1995년 하시모토橋本에 대한 대항마로 나선 것은 자민당 총재 선거에 나설 후보자가 없는 점을 감안하여 모리파가 내보낸 것이었다.[13] 이어 1998년, 하시모토가 참의원에서의 참패를 이유로 총재직을 사임하면서 치러진 선거에도, 고이즈미는 모리파를 대표해서 출마하였다. 후생성 대신을 역임한 이후였다. 당시는 오부치파의 영수였던 오부치小淵가 후보로 나선 상황이어서 이길 공산은 적었다. 하지만 오부치파에서도 또 한 명의 실력자였던 가지야마梶山静六가 재계에서의 대망론 등에 부합하여 오부치에 도전하는 양상을 보였다. 모리파는 고이즈미를 내세워 사실상 모리파의 표가 다른 데로 흘러나가는 것을 막으면서 외견상

12 하시모토는 파벌의 영수였음에도 불구하고 사실상 영향력 면에서 노나카, 아오키, 무라오카 등에 이어 서열 4위에 지나지 않는다는 평가가 있을 정도로 파벌 내 영향력은 크지 않았다.

13 당시 하시모토도 고이즈미도 파벌의 영수가 아니었던 점은 주목할 만하다.

총재 선거에서 중립을 지켰다. 그 공로를 인정받아 모리는 오부치 총리 아래서 간사장으로 발탁되었다. 이와 같이 고이즈미가 두 번에 걸친 총재 선거에서 승리에 연연하지 않고 후보에 나선 것은 한편으로는 모리森에 대한 충성심의 발로이자, 다른 한편으로는 반反하시모토파적 정치 자세 때문이었다.[14]

고이즈미小泉는 하시모토파나 가토의 전략과는 달리, 자민당을 다시 일으켜 세우려면 약화되어 가는 자민당의 전통적 지지 조직에 매달리거나 노동자층에 지지를 호소하기보다는 도시부의 젊은 무당파층을 흡수하는 것이 가장 유효한 전략이라고 보았다. 고이즈미는 2000년 3월 『세카이世界』에 기고한 글에서, '정책에 따라서는 자민당이 단독으로 과반수를 획득할 가능성은 충분히 있다'고 하면서도, '하지만 그렇게 하기 위해서는 지금까지의 지지층이 달아나더라도 무당파층을 불러들일 수 있는 대담한 정책을 내놓아야만 한다'고 기술하고 있다.[15] 무당파층 연구의 권위자인 다나카田中愛治 교수는 이 같은 논리를 실증적으로 분석하고 있다. 다나카의 분석에 의하면, 2000년 현재 자민당이 단독으로 획득 가능한 고정표는 2100만 표에서 2200만 표 정도였다. 유권자 총수의 4분의 1 정도는 자민당을 지지한다는 것이다. 그 근거로 제시된 것이 다음의 표이다.

---

14 YKK로 유명한 고이즈미와 가토 고이치, 야마자키 다쿠의 친목 관계는 기본적으로 반다케시타파적 정서에 연원을 두고 있었다.

15 小泉純一郎, "自自公の前提の比較第一党の座さえ危ない, 公明よりも無党派層を考えた選挙を,"『論座』(2000年 3-4月号).

역대 총선에서의 자민당 득표율 (단위: %)

	1979	1980	1983	1986	1990	1993	1996	2000
투표율	68.01	74.57	67.94	71.40	73.31	67.26	59.65	62.49
자민당 상대득표율	44.2	46.8	45.4	48.4	45.8	36.2	37.5	39.7
자민당 절대득표율	30.0	34.9	30.8	34.6	33.6	24.3	22.4	24.8

* 자민당 상대득표율=자민당 득표수 / 투표자 총수
** 자민당 절대득표율=자민당 득표수 / 유권자 총수
출처: 田中愛治, "日本の政党システム変容: 1980–90年代の変化と無党派層の増大," 曽根泰教 編, 『変動期の日韓政治比較』(東京: 慶應義塾大学出版会, 2004), 220쪽.

자민당의 전통적 보수 세력은 투표에 갈지 안 갈지 모르는 무당파층을 끌어안기보다는 확실히 자민당을 지지해 줄 2200만 명 정도의 유권자층이 선호하는 정책을 실시하면 선거에 이길 수 있다고 믿은 반면, 고이즈미는 투표율이 45% 이상인 경우 고정 지지층만으로는 자민당이 과반수를 차지하는 선거는 불가능하다고 본 것이다.[16]

또한 고이즈미는 구태의연하게 파벌에 의존하는 밀실 정치나 공공사업을 통해 경기를 부양하려는 전통적 보수 세력의 정치 수법을 타파하고, 과감하게 구조개혁을 도입하는 것이 자민당을 활성화하는 것이라고 믿었다. 그가 자민당 총재 선거에서 '자민당을 부숴버리겠다自民党をぶっ壊す'고 한 것은 자민당 자체를 말살하겠다는 것이 아니라, 자민당을 다시 일으켜 세우기 위해서는 기존의 낡은 수법을 버리고, 개혁적 이미지를 불러일으켜야 한다는 점을 강조한 것이었다. 또한 '성역 없는 구

16 투표율이 45%일 경우, 총유권자 1억 명 정도 중 4500만 명 정도가 투표할 것이고, 2200만 명 정도를 투표에 동원할 수 있다면 자민당이 승리할 수 있다는 것이 전통적 자민당 지도층의 논리였다. 다나카는 여기에서 자민당이 무당파층을 일깨워 자민당 지지에 연결시키려는 전략을 취하지 않은 동기가 보인다고 분석하고 있다. 田中秀征, 『日本リベラルと石橋湛山』(東京: 講談社, 2004), 221쪽.

조개혁'이라는 그의 구호는 자민당 내 최대 파벌이자 성역이었던 하시모토파가 반대해도, 필요하다면 구조를 바꾸겠다는 생각을 드러낸 것이었다. 모리 총리에게 지치고 가토의 난에 실망한 유권자들은 괴짜같지만 자민당을 바꾸겠다는 고이즈미의 호소에 매력을 느꼈다.[17]

하시모토파를 중심으로 한 당 집행부의 전술적 실패도 고이즈미의 당선에 결정적인 도움을 주었다. 당 집행부, 특히 하시모토파에 속한 노나카野中에 가까웠던 고가古賀 간사장은 자민당에 대한 밀실 정치 비판을 누그러뜨리기 위해 47개 도도부현 당 지부에 1표씩 할당되었던 표를 3표로 늘렸다. 국회의원표가 346표, 지방 당원표가 141표, 도합 487표의 과반수를 겨루는 총재 선거가 된 것이다. 지방 당원표를 3표로 늘려도 하시모토파는 충분히 고이즈미에 대해 승산이 있다고 보았다. 지방표의 기초표는 237만 표에 달하는 당원표였고, 그중 65%가 직능별 단체 지부 당원표, 나머지 35%가 일반 당원표였다. 직능별 지부는 특정우편국, 건설 관계 단체, 유족회, 의사회 등이 많았고, 이들 단체는 전통적으로 하시모토파의 아성이었다. 하지만 지방 당원의 표를 먼저 집계한 후 국회의원 투표를 하기로 하여, 지방 당원의 표가 결정적인 역할을 행사하게 되었다. 대부분의 지방 도도부현 지부가 1위 후보에 3표를 전부 몰아주기로 한 방식도 결과적으로 고이즈미에게 유리하게 작용하였다. 2001년 3월 하순 요미우리 신문 여론조사에 의하면, 차기 수상으로 누가 좋겠는냐는 질문에 25.2%가 고이즈미라고 응답하여

---

17 이것은 당시 유권자들이 아직 자민당에 대한 기대를 버리지 않았음을 의미한다. 야당에 정권을 맡기기보다는 낡은 자민당을 부수고 혁신시켜서 지속적으로 정권을 담당해 줄 것을 기대한 것이라고 할 수 있다.

가장 인기가 많았다.

지방 당원의 예비선거 결과가 집계되면서 자민당은 경악하기 시작했다. 하시모토가 유리할 것이라는 당초의 기대와는 달리, 47개 도도부현 중에서 41개 현을 고이즈미가 휩쓸면서, 141표의 90% 이상인 123표를 얻었다. 하시모토는 5개 현에서 15표를 얻는 데 그쳤다. 자민당 지방 당원들의 의지를 확인한 국회의원들은 이에 거역하는 선택을 할 수가 없었다. 다음날인 3월 24일 실시된 자민당 양원총회 선거에서 가메이는 사퇴를 선언했고, 고이즈미는 하시모토를 297표 대 155표의 커다란 차이로 누르고 압승했다. 고이즈미 시대의 개막이었다.

고이즈미가 자민당 총재 선거에서 압승을 거둔 것은 그의 개인적 인기만을 반영하는 것은 아니었다. 고이즈미의 주장이 시대정신을 반영했기 때문이다. 고이즈미에 의한 자민당의 새로운 지지 기반 창출 전략은 세 가지 측면에서 사회 구조와 시대의 변화를 잘 반영한 대응 전략이었다. 우선, 자민당이 오랫동안 의존해 왔던 농촌 지역의 표는 1990년대 이후 급격하게 줄어들고 있었다. 1차산업에 종사하는 인구의 비율은 불과 5%도 안 되는 정도로 축소되어 있어서 도시부의 유권자들을 포섭하지 않는 한 자민당의 지지는 점차적으로 줄어들 수밖에 없는 실정이었다. 또한, 자민당의 전통적 지지 세력은 점차 고령화되고 있었다. 일본 사회 전체의 고령화가 진행되고 있는 점에 비추어 자민당은 인구의 4분의 1 정도를 지지 기반으로 확보할 수는 있었지만, 젊은 유권자들에 대한 적극적인 접근이 없이는 자민당의 미래를 보장할 수 없었다. 소선거구제라는 새로운 제도하에서 유권자 절반의 지지를 확보하기 위해서는 고령화된 계층의 지지만으로는 정권 유지가 불가능하다고 본

것이다. 유권자의 절반 이상을 차지하고 있는 40대 이하의 유권자들에게 호소력 있는 정책을 통해 지지를 이끌어내지 않는 한, 자민당의 추락은 막을 수 없다는 점을 고이즈미는 잘 알고 있었다. 나아가 고도성장기가 끝나고 경제 불황이 지속되는 가운데 인구가 점차 고령화함에 따라 사회복지 비용의 증가를 피할 수 없는 상황에서, 예전처럼 정부의 재정 정책, 특히 공공사업비의 지출에 의존하는 지지자 동원 방식은 더 이상 통용될 수 없는 전략이라는 점도 분명했다. 1990년대 후반에 들어 세입은 줄고 공채 발행에 의한 장기 채무 잔고는 늘어나 1996년에는 449조 엔이었던 국채, 공채 합계액이 2000년에는 642조 엔으로 늘어났다. 국가 채무의 GDP 대비율도 1996년에는 87.2%였던 것이 1999년에 118.3%로 늘어나더니, 2000년에는 125.0%에까지 이르렀다.[18] 하시모토류의 경기부양은 재정적 여유가 충분한 시대의 경기부양책이고, 재정이 고갈되고 국가의 적자가 누적되고 있는 시점에서는 구조개혁을 통한 재정 건전화가 중요하다고 본 것이다. '구조개혁 없이 성장 없다構造改革なし成長なし'는 고이즈미의 간명한 구호는 이를 상징적으로 말해준다.

자민당과 관료들의 기득권 구조에 대한 불신과 비판도 고이즈미의 인기로 연결되었다. 자민당은 개혁적 의지를 보이기보다는 밀실 정치와 파벌 정치에 빠져들어 기득권을 지키는 정치 집단으로 보여졌고, 관료들도 자신들의 기득권을 지키기 위해 분파적인 노력을 지속하는 집

18 http://www.mof.go.jp/seifuan13/yosan05.pdf (검색일: 2010년 7월 7일).

단으로 비쳐졌다.[19] 따라서 '일본을 바꾸겠다, 자민당을 바꾸겠다, 자민당을 깨부수겠다'는 고이즈미의 주장은 충격적이면서도 신선했다. 관저의 주도권 확립을 통해 강한 일본을 재생시키겠다는 고이즈미의 주장이 주효하여 유권자의 공감대를 형성한 덕분에, 그가 가는 연설장에는 많은 유권자가 집결하였다.

고이즈미 시대의 개막은 자민당에서 사실상 유사 정권 교체의 의미를 가지고 있었다. 구舊 다나카파의 지배 체제가 70년대부터 90년대에 걸쳐 30여 년간 지속되었다면,[20] 이에 대한 총체적인 반격이 고이즈미로부터 시작된 것이었다.[21] 보다 넓은 정치적 맥락에서 고이즈미의 정책과 정치 수법은 자민당의 보수 본류였던 온건 보수에 대한 총체적인 반격이었다. 포퓰리즘적 정치 수법의 동원은 직접 유권자들에게 호소하여 자민당 내 '저항 세력' 및 기득권을 가진 지지 조직을 고립시키는 방법론적 혁신이었다.

---

19 하시모토 내각의 관방장관이던 가지야마(梶山)가 대장성 관료들이 전혀 설명을 해 주지 않아서 정부는 금융기관의 불량 채권 문제가 그렇게 심각한 줄 전혀 모르고 있었다고 밝힌 고백은 이를 상징적으로 보여준다. 1998년 5월 선데이 프로젝트 인터뷰에서 그는 자신이 몰랐으니 수상인 하시모토도 몰랐을 것이라고 덧붙였다. 田原総一朗, 『日本のカラクリ』(東京: 朝日新聞社, 2001), 2쪽.

20 Jacob Schlesinger, *Shadow Shoguns: The Rise and Fall of Japan's Postwar Political Machine* (New York: Simon & Schuster, 1997).

21 이나(伊奈)도 70년대 다나카부터 모리에 이르기까지의 30여 년을 다나카파의 지배에 의한 시대라고 규정하고 고이즈미 시대는 새로운 도전이라고 규정하고 있다. 伊奈久喜, "小泉外交は何だったのか," 『外交フォーラム』(2006年 11月号), 13쪽.

[02]
관저 주도형 집권화: 반(反)다케시타파의 정치 수법

고이즈미의 정치를 한마디로 말하자면 자민당 내 기존 주류파인 온건 보수의 정치 방식을 해체하는 것이었다. 총리가 된 고이즈미는 야당과 대결하기보다는 자민당 내 기득권을 가진 그룹과의 대결을 통해 '극장형' 정치를 만들어갔다. 기득권 세력과의 대결을 위해 국민들에게 직접 자신을 알리고 호소하는 포퓰리즘적 방식도 적극 동원하였다. 정치 세력을 선과 악으로 나누고, 자신을 개혁 주도 세력으로, 자신에 반대하는 세력을 '저항 세력'으로 표현하는 방식을 통해 선악 이분법적 정치 수법을 썼다.[22] 이는 오자와 이치로가 1990년대 정치개혁을 주장하면서 자신을 개혁파로 그리고 당내 반대 세력을 '수구파'로 명명한 것과 유사한 방식이었다.[23] 고이즈미 총리가 저항 세력이라고 꼬리표를

22 大嶽秀夫 (2006).

23 그러나 자신의 지지 세력에 대한 이익 유도를 통해 지지를 동원하는 이익 유도형 포퓰리즘이 아니라 개혁 지향형 포퓰리즘이라고 오타케(大嶽)는 분석하고 있다. 大嶽 (2006).

붙이는 것은 의도적이었다. 그의 비서관이었던 이이지마飯島에 의하면, 고이즈미 총리는 '개혁에 의해 잘려나가는 곳은 반발한다. 하지만 그게 훨씬 더 낫다. '반발하는 편이국민들이 알기 쉽다'라고 나카소네 전 총리가 말했다'며 공감을 표했다고 한다.[24]

고이즈미는 포퓰리즘적 정치 수법을 통해 기존의 나가타쵸의 정치 관행, 자민당의 타성 및 정책 기조를 과감하게 탈피하고자 하였다. 그는 자신의 국민적 인기가 높다는 점을 충분히 활용하면서 기존의 정치 구조를 타파해 나갔다.[25]

고이즈미 내각의 정치 과정을 한마디로 말하자면, 자민당의 파벌과 족의원, 관료들에게 분권적으로 존재하던 힘의 균형 상태를 관저가 주도하는 중앙 집중적 방식으로 전환하여 수상의 권력을 강화해 나간 것이었다.[26]

파벌 중심의 내각 구성 관행 타파

고이즈미 총리는 가장 먼저 정치 과정에 있어서 파벌 균형에 기반한 자민당 내부 인사 결정 시스템의 관행을 타파하였다. 고이즈미 이전의 인사 결정 방식은 주로 파벌의 규모에 따라 각료의 배정 비율을 정하고, 각 파벌로부터 당선 횟수를 감안한 추천을 받아 각료에 입각시키는 것이 통례였다. 전자는 파벌의 규모에 비례한 포트폴리오 배분, 후자

---

24 飯島勲, 『小泉官邸秘録』 (東京: 日本経済新聞社, 2006), 59쪽.

25 고이즈미 내각의 출범 시 인기는 87%라는 경이적인 수치였고, 임기 내내 50%를 넘는 지지율을 기록했다. 고이즈미 내각 최초 지지율에 대해서는, 『요미우리신문』, 2001년 4월 26일.

26 伊藤光利, "官邸主導型政策決定と自民党," 『レヴァイアサン』 38 (2006年 春), 7-40쪽.

는 당선 횟수에 기반한 연공서열주의seniority rule였다.[27] 당내 인사에 대한 개입은 선거 때 공천에 영향력을 행사하는 것과 더불어 파벌이 존재하는 이유의 하나였다.[28] 특히, 다나카파 이래 자민당 내 최대 파벌이던 구舊 다케시타파는 당내의 불만을 관리하고, 각 그룹이 쌓은 개인별 정보를 최대한 활용하기 위해 파벌의 추천을 중시하였다. 따라서 파벌을 중시하는 각료 지명은 관행으로 제도화되어 있어 자민당 내 의원들의 '공유된 예상'이었다.

고이즈미는 파벌의 논리를 본능적으로 체득하고 있었다. 그는 후쿠다福田赳夫가 오히라大平正芳에 대항한 '40일 항쟁' 기간 동안 후쿠다를 도와 파벌 투쟁의 전면에 섰던 정치인이다. 또한 자신이 속한 YKK의 일원인 가토 고이치加藤宏一가 모리 총리에 반기를 들었을 때, 정치적 친구인 가토보다 파벌 보스였던 모리를 선택할 만큼 파벌의 논리를 중시한 정치인이었다. 따라서 그가 파벌의 논리를 모르거나 별난 사람이라서 조각組閣할 때 파벌을 무시했다는 것은 논리적으로도 성립하지 않는다. 오히려 고이즈미는 파벌의 논리를 누구보다 잘 이해하고 있었기 때문에 이를 무시하는 결정을 내렸다.

고이즈미는 총리 지명 이후, 제1차 고이즈미 내각을 구성하면서 파벌의 추천을 반영하지 않고 이른바 '1명씩 골라내기一本釣り, 잇뽄 츠리' 방식으로 자신의 내각을 구성하였다. 제1차 내각 구성에 있어 고이즈미

27 佐藤誠三郎 · 松崎哲久, 『自民党政権』(東京: 中央公論社, 1986); Gerald Curtis, *The Japanese Way of Politics* (New York: Columbia University Press, 1988).

28 渡辺恒雄, 『派閥』(東京: 光文堂, 1959); Park Cheol Hee, "Factional Dynamics in Japan's LDP After Political Reform," *Asian Survey* (May/June 2000), 428-461쪽.

가 기존의 관행이던 파벌 간 균형 및 연공서열을 무시한 것은 의도적이었다. 하시모토의 행정개혁에 따라 성청 개편이 이루어지고 난 후, 대신 자리는 23개에서 17개로 줄어들었다. 그런데 고이즈미는 17개의 대신 포스트에 여성을 5명, 민간인 및 비정치인을 3명, 40대를 2명, 무파벌 의원에 2명을 배정한 데다, 연립 여당인 공명당에 1명을 배정했다. 고이즈미는 외상에 무소속이자 하시모토 파벌에 비판적인 여성 의원 다나카 마키코田中真紀子를 임명하는 한편, 경제재정 담당 특명대신에는 민간인인 다케나카 헤이조竹中平蔵를 발탁하였다. 17개의 포스트 중 이것만으로도 13자리를 채움에 따라 파벌에 돌아갈 수 있는 자리는 4자리밖에 남지 않았다. 파벌 간 균형에 입각한 내각 구성이라는 원칙을 완벽하게 무시한 인사 결정이었다. 그러면서도 고이즈미는 자신이 소속했던 파벌인 모리파에서 3명을 발탁하여 후한 배려를 한 반면, 자민당 내 최대 파벌이었던 하시모토파에서는 단 2명을 입각시키고, 그중 한 명은 참의원에서 발탁함으로써 사실상 냉대를 했다.

다른 모든 파벌에 1명씩을 배정한 것은 당내 불만을 해소하기 위한 최소한의 조치였지만, 이들 각료의 임명도 파벌이 추천한 순번보다는 자신의 개혁을 지지하는 사람으로 임명하였다. 나아가 고이즈미는 대신이 되려면 중의원을 기준으로 당선 5회는 되어야 한다는 당시의 통념을 깨부수고 당선 횟수 4회 이하의 의원을 4명이나 임명하였다. 이것은 연공서열주의에 대한 정면 반격이었다. 고이즈미의 이 같은 각료 선정 방식은 그의 재임 기간 내내 이어졌다. 파벌을, 정확히 말하자면 모리파 이외의 파벌을 약화시키기 위한 의도적 조치였다.

◎ 第87대 第1차 고이즈미 내각 명단 (2001년 4월 26일 성립)

직위	성명	연령	당선횟수	파벌 소속	비고
내각총리대신	고이즈미 준이치로 (小泉純一郎)	59	10	모리파	
총무대신	가타야마 토라노스케 (片山虎之助)	65	참2	하시모토파	
법무대신	모리야마 마유미 (森山真弓)	73	2		여성
외무대신	다나카 마키코 (田中真紀子)	57	3	무파벌	여성
재무대신	시오카와 마사쥬로 (塩川正十郎)	79	11	모리파	
문부과학대신	도야마 아츠코 (遠山敦子)	62	0		여성/민간인
후생노동대신	사카구치 치카라 (坂口力)	67	8	공명당	
농림수산대신	다케베 츠토무 (武部勤)	59	5	야마자키파	
경제산업대신	히라누마 타케오 (平沼赳夫)	61	7		
국토교통대신	오기 치가게 (扇千景)	67	참4	공명당	여성
환경대신	가와구치 요리코 (川口順子)	60	0	무파벌	여성/민간인
내각 관방장관	후쿠다 야스오 (福田康夫)	64	4	모리파	
국가공안위원장	무라이 진 (村井仁)	64	5		
방위청장관	나카타니 켄 (中谷元)	43	4	가토파	
오키나와 담당	오미 코지 (尾身幸次)	68	6		
금융 담당 대신	야나기사와 하쿠오 (柳沢伯夫)	65	6		
경제재정 정책 담당	다케나카 헤이조 (竹中平蔵)	50	0	교수	민간인
행정개혁 담당 대신	이시하라 노부테루 (石原伸晃)	44	4		

출처: http://www.kantei.go.jp/jp/rekidai/kakuryo/87.html (검색일: 2010년 6월 15일).

부대신 선임도 처음에는 당에 맡겨져 있었지만, 파벌 추천이 아니라 본인의 희망을 간사장을 경유하여 듣고 관방장관이 각 대신의 의견을 청취하여 임명하도록 바뀌었다.[29] 나아가 내각 및 당직 배분에 있어서 고이즈미 총리는 하시모토파 분단 및 배제 방침을 숨기지 않았다. 자민당이 참의원의 단독 과반수를 확보하지 못한 상태에서, 고이즈미 총리는 연립 여당 및 참의원에서의 아오키青木幹夫 의원의 영향력을 무시할 수 없었다. 그 결과, 하시모토파에서 2명을 입각시키면서도 참의원 의원을 1명 포함하였으며, 그것도 아오키 간사장에 가까운 가타야마片山 총무대신을 발탁했다.[30] 중의원에서 하시모토파의 영향력을 저하시키기 위한 의도적인 결정인 동시에, 참의원 하시모토파의 중추적 역할을 하는 아오키 의원에 대한 배려였다. 이후 하시모토파는 2003년 9월 20일 실시된 자민당 총재 선거에서 자파 출신의 후지이藤井의원이 출마하였음에도 불구하고, 아오키青木를 중심으로 한 참의원 하시모토파와 후지이의 경쟁자였던 누카가額賀 의원이 고이즈미를 지지함으로써 사실상 분열 상태에 접어들었고, 2004년 7월 하시모토가 파벌 회장직을 사임함으로서 이를 결정적으로 만들었다. 또한 2003년 9월 이루어진 제1차 고이즈미 2차 개조 내각에서는, 당시 당선 3회에 불과했던 49세의 아베 신조安倍晋三 의원을 당의 간사장으로 발탁함으로써 세상을 놀라게 했다. 자파 의원에 대한 전폭적인 지원이자 연공서열주의 파괴를 위한

29 飯尾潤, 『政局から政策へ』(東京: NTT出版, 2008), 200쪽.

30 가타야마 총무대신을 유임시킨 다른 이유는 총무대신이 우정 민영화를 추진해야 하는 직접 당사자이므로 이 자리를 하시모토파 의원에 맡겨 사실상 하시모토파를 분단시킴으로써 우정 민영화에 대한 반대를 희석시키려는 의도도 있었다고 보여진다.

정면 돌파 작전이었다.

이같이 인사 결정 시스템 구축에 있어 고이즈미 총리는 하시모토파를 중심으로 이루어지던 파벌 중심의 총주류파 인사 방식을 전면적으로 전환하는 한편, 하시모토파에 대한 냉대를 통해 파벌의 분단 및 배제를 철저히 하였다. 그런 측면에서 고이즈미가 외치는 파벌의 혁파는 하시모토파를 약화시키는 반면, 모리파를 강화시키는 반쪽의 진실이었다. 확실한 것은 고이즈미가 반反하시모토파적 접근 방식을 취했으며, 실제로도 하시모토파를 경원했다는 점이다.

고이즈미의 파벌 약화 의도를 가장 상징적으로 보여준 사건은 2003년 10월 10일 중의원을 해산하면서, 파벌의 영수였던 나카소네中曽根와 미야자와宮沢 전 수상을 비례대표 후보에서 제외한 것이었다. 후보 정년 73세라는 원칙을 실행한 것이었지만, 나카소네의 경우 1996년 하시모토 수상과 가토 간사장이 종신 비례 1위를 보장한 상태여서 당의 결정을 번복하는 결단이었다. 결국 나카소네 전 총리도 10월 27일 불출마 선언을 함으로써 당 총재의 권한이 강하다는 사실을 대내외적으로 보여 주었다.[31] 중의원 선거제도 개혁 이후에도 당 총재나 집행부가 공천에 관한 권한을 의원들의 의사에 반하여 행사하는 예는 거의 없었다.[32] 따라서 전직 총리들에 대한 공천 거부는 당 총재의 권한이 강하다는 사실을 다시 한 번 일깨워주는 계기로 작용하였다.

31 이에 대한 상세한 기술은, 鈴木棟一, "非情の小泉裁定,"『週刊ダイヤモンド』, 2003年 11月 8日.

32 가토의 난 당시 간사장이었던 노나카는 가토 편에 가담한 의원들에게 차기 총선에서의 공천 거부를 제시하면서 공동 행동을 취하지 못하도록 위협한 사례가 있다.

관저 주도에 의한 관료 기구의 장악

하시모토파를 중심으로 자민당 내 온건 보수 세력이 중시해 온 또 하나의 관행은 관료의 적극적인 활용을 통한 상향식bottom-up 의사 결정이었다. 정책의 기획은 물론, 예산의 작성, 법률안 준비 등 정책 결정에 관련된 제반 활동은 관료의 지혜를 빌어 실행하였다.

고이즈미는 관료 주도적 정책 결정의 틀을 전환하기 위해, 총리실 및 내각을 강화하는 제도적 조치를 적극적으로 활용하였다. 고이즈미 총리 이전에는 수상을 보좌하는 조직이나 스태프가 아주 소수였고, 수상을 위해 정보를 수집하고 분석하면서 정책 아이디어를 제공하는 인력이 절대적으로 부족하였다. 더구나 총리 관저에서 일하는 스태프들이 대부분 관련 성청에서 파견된 직원들이어서, 수상의 의도를 반영한 정책 실현에 주력하기보다는 출신 성청의 연락관 업무를 하는 것이 고작이었다.

총리비서실에는 정무직의 총리비서관 이외에 4명의 사무비서관이 있었다. 이들은 각각 재무성, 외무성, 경제산업성, 경찰청 출신이었고, 다른 관청에서 필요한 비서관을 데려올 수 없는 것이 원칙이었다. 다른 관청으로부터 정보 수집을 하는 동시에 총리 직속의 스태프를 강화하기 위해, 고이즈미 총리는 총리비서관을 내지 않는 성청이지만 중요한 정책 과제를 안고 있는 후생노동, 문부과학, 총무, 방위, 국토교통의 5개 성청으로부터 각 1명씩은 총리의 스태프로 선발하여 참사관급의 연락실 참사관통칭 特命팀을 설치했다.[33] 우정 민영화, 도로공단 개혁, 사회보

33 飯島勳 (2006), 28-30쪽.

장 개혁, 테러 대책 및 위기관리 등 고이즈미가 추진하려는 중요 정책 사업을 담당할 스태프들을 기용한 것이다.[34]

1999년 개정된 내각법에 의해 특명 사항을 담당하는 총리보좌관의 수는 3명에서 5명으로 늘어났다. 고이즈미 총리는 총리보좌관 제도를 적극적으로 활용하고자 하였다. 외교 문제, 특히 이라크 문제를 담당하는 전 외무관료 오카모토岡本, 도로공단 개혁을 담당하는 전 건설사무차관 마키노牧野, 외교 문제 특명처리반이었던 가와구치川口, 우정 민영화 준비실 담당의 전 농림수산사무차관 와타나베渡辺, 그리고 수상의 친우였던 야마자키山崎拓 의원 등 5명이 총리보좌관으로 임명되었다. 이들 5명의 보좌관들도 총리가 구상하고 있던 정책 사업을 추진하는 준비 작업과 실행 작업에 간여하도록 하였다. 기존의 총리부 등을 통합하여 각 성청의 조정을 행하는 상부 조직으로서 내각부가 새로 신설된 것도 총리 중심의 관저 주도를 가능하도록 하였고, 그중에서도 경제재정자문회의는 고이즈미 내각에서 중추적인 역할을 하였다. 고이즈미 총리는 특히, 기존에 존재하였지만 별로 활용되지 않았던 '특명 담당 대신'을 구조개혁의 '첨병'으로 적극 활용하였다.[35] 내각의 각료는 대부분 특정 이익을 대표하는 관료 조직의 장이라는 측면을 가지고 있어 자신이 대표하는 조직의 입장과 이익을 대변해야 하는 성격을 강하게 가지고 있었다. 따라서 자신이 대표하는 조직의 이해와 상치되는 개혁을 수행하는 것이 어려운 경우가 많다는 사실을 고이즈미는 잘 알고 있었다. 이

34 이이지마(飯島) 비서관은 이들을 개별 면접하여 어디까지나 총리를 위한 스태프이지 관계 성청의 이익 대표가 아니라는 점을 확실히 했다.

35 飯島勳 (2006), 23쪽.

런 점에서 특명 담당 대신은 총리로부터 맡겨진 특명 사항을 총리를 대신해서 담당하는 총리 직속의 대신이었다. 이이지마 비서관은 이에 대해 다음과 같이 적고 있다. '가스미가세키霞が関, 관청가'의 사활이 걸린 대개혁을 성청 자신이 추진하는 것은 불가능하다. 개혁은 외부로부터 이루어질 수밖에 없다. 그러기 위해서는, 개혁의 대상이 되는 관청을 담당하는 대신과는 별도로 총리 직속의 특명대신을 두고 개혁을 추진하는 것이 가장 효과적이었다.'[36]

후쿠다 전 관방장관은 이와 더불어 총리가 각의에서 발의권을 가지게 된 것이 수상의 권한 강화에 중요하다고 지적했다.[37] 기존의 각의 결정 방식은 각 성청으로부터 올라오는 의견들을 사무차관회의를 통해 조정하고, 이를 내각 관방장관이 수렴한 형태에서 각의에 올리는 것이 상식이었다. 총리는 제기된 안건에 대해 수정, 권고, 및 반려 등 소극적인 권한만을 행사하는 것이 관행이었다. 그러나 행정개혁에 의해 2001년 1월부터 총리가 각의에서 발의를 하고 자신의 주장을 관철시킬 수 있는 제도적 장치가 마련되었다. 고이즈미는 자신이 관철하고자 하는 정책 사안을 각의에서도 전면적으로 추진할 수 있는 근거를 가지게 된 것이다.

고이즈미 총리는 2001년 1월 1일부터 도입된 새로운 제도개혁을 십분 활용하면서 자신의 정책을 펴나갔다. 행정개혁에 의해 도입된 새로운 제도적 뒷받침이 없었다면, 관료가 주도하는 정책 형성을 정치 주

36 위의 책, 24쪽.

37 필자의 후쿠다 인터뷰, 2005년 12월 15일. 각의는 한국의 국무회의에 해당한다.

도, 관저 주도로 전환시키는 것이 훨씬 어려웠을 것이다. 그러나 새로운 행정개혁 조치들이 실행된 2001년 1월 당시 총리인 모리는 이러한 제도를 전혀 활용하지 못했고, 활용할 의지도 없었다. 예를 들어, 모리 총리는 경제 정책 전반에 대한 관리를 경제재정자문회의가 아닌 당시 자민당 정조회장 가메이亀井에게 맡겼다. 가메이는 자민당과 성청 간의 조정을 통해 정책을 결정하는 기존의 정책 결정 방식을 그대로 답습하였다.[38] 또한, 가메이 의원은 공공사업에 대한 재정투자를 통해 경기를 활성화해야 한다고 굳게 믿고 있던 인물이었다. 이와 같이 동일한 제도라 하더라도 정책적 아이디어와 이를 활용할 줄 아는 전략적 마인드에 따라 전혀 다른 결과를 가져올 수 있다. 제도가 결과를 만드는 것이 아니라, 제도를 운용하는 행위자가 결과를 만들어내는 것이다.

예산 편성 방식의 전환

고이즈미 내각은 기존의 재무성 관료를 중심으로 한 개괄적 예산 요구 및 예산 편성 방식에 대대적인 수정을 가했다. 각 성청의 예산 요구를 재무성이 총괄적으로 집계하고, 자민당 및 여당 의원들이 부회, 총무회 등의 장을 통해 계수 조정한 후 정부 예산안을 만들어서 국회에 보내는 것이 기존의 방식이었다.[39] 고이즈미 총리는 예산 편성 과정을 바꾸기 위해 2001년 1월 1일부터 새로 설립된 '경제재정자문회의經濟財政諮問会議'를 적극적으로 활용하였다. 이 기구는 모리 총리 시절에 첫 발

38 伊藤光利, "官邸主導型政策決定と自民党,"『レヴァイアサン』38 (2006年 春), 30쪽.

39 John Campbell, *Contemporary Japanese Budget Politics* (Berkeley: University of California Press, 1980).

을 내디뎠지만, 모리 총리는 이를 활용할 정치적 의지가 없어 자문회의를 7번 여는 데 그쳤다. 그러나 고이즈미 총리는 경제재정자문회의를 구조 개혁의 사령탑으로 삼고 정책 결정 프로세스를 개혁하는 원동력으로 활용하였다.[40] 그는 경제재정자문회의를 담당하는 특명대신으로 다케나카 헤이조竹中平蔵 교수를 임명하고 수상 재임 기간 중 한 번을 제외하곤 빠짐없이 이 회의에 참석하였다. 다케나카 대신 이외에 혼마本間를 비롯한 네 명의 민간인 위원이 있어서 정부 파견 위원들의 의견을 압도할 수 있었다.[41] 고이즈미 총리는 이 회의에 참석하기 전에 다케나카를 만나 1시간 정도 대책회의를 가진 후 회의에 임하였으며, 회의석상에서 최종적으로 정리 발언을 하면, 다케나카가 이를 받아 결론을 짓는 방식으로 총리의 힘을 활용하였다.[42] 다케나카는 경제재정자문회의가 힘을 발휘할 수 있었던 근거로 네 가지를 들고 있다. 첫째, 총리 자신이 의장이고 매번 회의에 참석한 점, 둘째, 회의의 사회 및 운영을 민간 출신인 자신이 담당한 점, 셋째, 신용할 수 있는 4명의 민간 위원이 있었던 점, 그리고 넷째, 의사록이 3일 후에 공개된다는 점 등이었다.[43]

경제재정자문회의는 2001년 5월 31일에 '예산 편성의 골격 방침骨太の方針, 호네부토의 방침'의 원안을 내놓았고,[44] 6월 26일 각의에서 이를 정식으로 결정하였다. 재무성에 대해 예산에 대한 개산概算 요구가 시작되

---

40 竹中平蔵, 『構造改革の真実』(東京: 日本経済新聞社, 2006), 244쪽.

41 오사카 대학 교수인 혼마(本間), 우시오 전기 회장인 우시오(牛尾), 토요타 회장인 오쿠다(奥田), 그리고 도쿄대 교수인 요시가와(吉川)가 네 명의 민간 위원이었다.

42 다케나카는 경제재정자문회의의 존재 없이는 고이즈미 개혁은 없었다고까지 회고하고 있다. 竹中平蔵(2006), 10쪽.

43 위의 책, 248쪽.

44 골격 방침의 본래 명칭은 '향후 경제재정 운영 및 경제 · 사회의 구조개혁에 관한 기본 방침'이다.

는 월에 앞서 예산의 편성 방침을 정하는 데 목적이 있었다. 예전에는 재무성이 각 성청들의 의견을 청취하고 가감 삭제하여 12월 말경 정부 원안을 만드는 게 통상적인 절차였으나, 그 이전 단계에 총리와 각료들이 승인하는 예산의 기본 골격 방침을 내놓음으로써 대장성 주도가 아닌 정치 주도의 발판을 다졌다. 경제재정자문회의의 기본 골격 방침은 중장기적인 비전하에 차년도 예산 편성의 기본 방침을 천명하는 의미를 가지게 되었다. 다케나카竹中는 거시경제는 경제기획청이, 재정은 대장성이 나누어 보던 기존의 경제 방침을 바꾸어 거시경제를 염두에 두고 예산 전체 규모를 관리하는 한편, 기본 골격의 방침을 각 담당 성청이 반드시 예산에 반영하도록 하였다고 한다.[45]

이 같은 방침을 통해 고이즈미 내각은 예산 편성의 기본 방향을 전환하였다.[46] 즉 1990년대에는 재정을 확대해서 수요를 자극하는 케인즈 정책을 편 데 반해, 2001년 이후 고이즈미 내각에서는 불량 채권 등 경제의 공급 측면에 심각한 문제가 있어 경제 정체가 있다고 보고, 구조개혁에 중점을 두면서 수치를 포함한 시나리오를 제시함으로써 비전을 구체화해 나갔다. 종래의 수요진작형 재정 확대 노선에서 지출 억제 구조개혁 노선으로 방향을 튼 것이다.

여당 사전 심사제의 무시

고이즈미 총리는 정책 결정 시스템에 있어서 당내 사전 조정형 방식

45 위의 책, 262쪽.
46 위의 책, 251쪽.

에 근거한 분권형 의사 결정 체제를 관저 중심형 집권 체제로 바꾸고자 하였다. 여당에 의해 정책안을 사전 조정하는 방식은 자민당 내 다원적으로 존재하는 정책 전문가인 족의원族議員, policy tribes의 존재를 기정사실로 받아들이고, 이들의 관여와 조정을 통해 의견을 수렴하는 것이었다.[47] 이는 주로 당의 정무조사회政務調査会, 세이쵸카이, 부회部会, 부카이, 또는 총무회總務会, 소무카이를 통해 이루어졌다. 여당의 사전 심사란 내각이 예산이나 법률을 국회에 상정하기 이전에, 여당 심사에 의한 승인을 필요로 한다는 자민당 내 관행이었다. 여당의 사전 심사제는 1962년 2월 23일 당시의 오히라大平 내각관방장관 앞으로 당시의 아카기赤城 자민당 총무회장이 보낸 문서에서, '각 법안 제출의 경우 각의 결정에 앞서 총무회에 연락을 해 주기 바란다'고 의뢰를 받은 이후 정착되었다.[48] 이 제도의 정착에는 당시 다나카田中 정조회장의 영향력이 크게 작용했다.[49] 1980년대에 이르면 성청 간의 이견 대립 조정은 각료가 아닌 자민당의 정조부회나 족의원에게 맡겨졌다. 법안이나 예산안이 성청 간의 이견 조정이 이루어지지 않은 채 국회에 제출될 경우 예상되는 야당의 공격을 사전에 차단하고, 법안을 국회에 제출하기 전에 내각과 여당이 정책을 조정함으로써 조정에 수반되는 반응을 줄이기 위해 도입된 것이었다.[50] 이러한 정책 결정 방식은 정책 조정 기능을 분권화하여 하위정부sub-government인 다원적 정책 네트워크로 결정권을 이양한 것을

47 猪口孝 · 岩井奉信, 『族議員の研究』 (東京: 日本経済新聞社, 1987).

48 伊藤光利, "官邸主導型政策決定と自民党," 『レヴァイアサン』 38 (2006年 春), 17쪽.

49 『아사히신문』, 2004년 4월 3일.

50 川人貞史, 『日本の国会制度と政党政治』 (東京: 東京大学出版会, 2005), 254쪽.

의미한다. 무라마츠村松가 '패턴화된 다원주의patterned pluralism'라고 표현하고 있는 족의원 중심의 의사 결정 체제였다.[51] 따라서 내각이 제출하는 법안이나 예산안은 당의 사전 심사를 통해 조정하는 방식이 정착되었다.

그러나 고이즈미 총리는 정책 결정의 주도권을 관저가 장악하는 상명 하달top-down 방식을 스스럼없이 실행하였다. 2001년 5월 31일 경제재정자문회의에 '기본 골격의 방침'이 올라오자, 자문회의의 자료와 회의록이 며칠 후 내각부 홈페이지에 완전 공개되었다. 관료들로서는 청천벽력같은 관행의 파괴였다. 정치권은 더욱 놀랐다. 정책 결정의 기본 골격에 해당하는 자료를 각 성청이나 당과의 사전 협의 없이 총리가 주재하는 회의에 제출하고, 그것을 그대로 공표하였기 때문이다. 이것은 자민당의 오랜 관행이던 '여당의 사전 심사' 제도를 정면으로 거부한 것이었다. 심지어는 '기본 골격의 방침'에 대한 각 성청의 반대 의견 자료마저 전부 공개하는 대담성을 보였다.[52] 커티스의 표현을 빌자면, 고이즈미 총리는 '구조를 바꾼 것이 아니라 구조를 완전히 무시한 것'이었다.[53] 2001년 6월 1일 열린 자민당 총무회에서는 자문회의에 대한 반론이 속출했다. '자문회의가 의원내각제를 이해하고 있는가'라는 근본적인 반문이었다.[54] 하지만, 고이즈미는 당당하게 이들과 맞섰다. '당의

---

51 Michio Muramatsu and Ellis Krauss, "Conservative Policy Line and the Development of Patterned Pluralism," in Kozo Yamamura and Yasuba (eds.), *The Political Economy of Japan: Domestic Political Context* (Stanford: Stanford University Press, 1989).

52 飯島勳 (2006), 59쪽.

53 太田弘子 · カテーイス · 牧原出, "小泉改革の功罪," 『論座』 (2006年 8月号), 31쪽.

54 『아사히신문』, 2001년 6월 2일.

정책 조정 책임자는 정조회장이다. 당에 대한 설명은 정조회장이 해라. 당신들관료은 개별 부회나 의원에게 설명하러 돌아다니면 안 된다. 개별 부회가 불러도 나가지 말라. 당의 문제는 당에 맡겨라'고 지시했다.[55] 내각책임제하에서 당과 내각은 통일되어야 한다는 자민당의 주장에 대해, 고이즈미는 당과 내각은 엄연히 다르다는 논리로 맞선 것이다. 이것은 대통령제의 '분리된 정부'라는 논리를 수용한 의견이었다. 내각은 의회에서 선출되고 의회에 대한 책임을 지는 것이지, 내각이 당에 따를 필요는 없다는 원칙론적 돌파였다. 당은 내각의 편이 아닌 국회의 편으로 보았다. 즉, 고이즈미 총리는 대통령제의 요소를 가미한 내각책임제의 운영을 도모했다.[56]

이 같은 관저중심의 인사 및 정책 결정 구조의 집권화는 철저한 반反하시모토파적 발상에 근거한 것이었다. 하시모토파는 오랫동안 당내 파벌 간 균형 인사, 연공서열에 입각한 보상, 관료를 활용한 예산 및 법률안 작성, 그리고 이들 법안과 예산안에 대한 당내 사전 협의 등, 권력의 분권화와 공식 · 비공식 협의 조정 기구의 활성화를 통해 자민당을 이끌어 왔었다. 그러나 고이즈미 총리는 분권화된 제도적 관행들을 집권적으로 재구조화하였다. 하시모토의 행정개혁에 따른 제도적 절차의 확립은 그에게 중요한 힘의 근거가 되었다. 고이즈미는 파벌 혁파를 내세우며 결국 하시모토파의 분단과 해체를 지향한 반면, 모리파의 결속

---

55 飯島勳 (2006), 62쪽.

56 마치도리는 이 문제에 대해, '고이즈미는 대통령적인 수상이 아니라 의원내각제의 잠재 능력을 이끌어낸 가장 수상다운 수상이 되었다'고 평가하고 있다. 待鳥聡史, "小泉長期政権支える政治改革の成果,"『中央公論』(2005年 4月号), 182쪽.

력 증대와 우세에 힘을 보태주었다. 또한 관료들에 대한 통제와 지휘권을 강화하면서 상명 하달식top-down 정책 결정 구조를 만들어갔다. 아울러 여당과의 관계를 '필수적' 협의제로부터 '선택적' 협의제로 이행시켜 권력 행사의 재량을 확보하였다. 이들 조치는 하시모토파가 전통적으로 활용했던 당과 의회 관리의 관행들을 근본적으로 바꾸어버리는 것이었다.

이 같은 혁명적 발상의 전환에는 자민당의 강화를 위해 근본적인 구조개혁이 필요하며, 구조적 개혁을 위해서는 분권화된 정책 결정 구조하에서 정착된 기득권 및 이권 구조를 철저하게 무너뜨려야 한다는 신념이 자리잡고 있었다. 고이즈미는 파벌, 관료 및 이익집단에게 호소하고 설득하는 것보다 국민적 지지를 바탕으로 외부로부터 압력을 행사하여 기득권 구조를 해체하는 것이 낫다고 보았다. 따라서 고이즈미에게 있어 포퓰리스트적 정치 수법은 구조개혁을 추진하기 위한 정치적 수단이자, 정치적 생명 연장을 위해 필수불가결한 조건이었다.

[03]
반(反)온건 보수의 정책 주도

정책 내용의 실질적인 측면에서도 고이즈미는 기존의 보수 온건 세력이 추구하던 노선과는 확연히 구별되는 정책들을 집행해 나갔다.

고이즈미는 2001년 5월 7일 국회에서의 최초의 시정 표명 연설에서 '구조개혁 없이 성장 없다'고 천명하면서, '아픔을 두려워 하지 않고, 기득권익의 벽에 얽매이지 말고, 과거의 경험에 연연하지 않는' 개혁을 추진해 나가겠다는 점을 분명히 밝혔다.[57] 고이즈미가 추진한 구조개혁의 내용은 자민당 내 주류 세력이었던 게이세이카이経世会가 오랫동안 축적해 온 노하우와 전략을 뒤집는 것이었다. 일본의 전후 정치는 다나카 이후 일본형 평등 시스템의 구축을 통해 사회적인 안정과 화합을 담보하면서 성장의 기틀을 유지해 왔다. 일본형 평등 시스템은 두 가지 특징을 가지고 있었다. 첫째, 일본 내 지역 간 공간적 평등의 유지였다. 국토의

57 『아사히신문』, 2001년 5월 8일.

균형 발전이라는 명목하에 지역 간 격차 시정을 위한 지방교부세 및 보조금의 지출 등 재정지출을 통해 비도시 지역의 고용을 창출하고 소득 향상을 꾀하는 것이었다.[58] 둘째, 대기업을 중심으로 장기 안정 고용 태세를 갖추게 하여 연공서열에 따라 임금을 상승시킴으로써 노동자 안의 평등을 실현하는 한편, 정부가 보험 및 연금 등 기초 사회보장을 지원하여 수급자의 부담을 줄이는 원칙을 통해 실업에 관련된 리스크를 사회화하는 방식이었다. 금융 분야에서는 국가가 보증하는 우편저금의 편의 제공, 국민보험 및 연금 제도의 확립 등 사회적 약자를 배려하는 정책을 시행하였다. 다시 말해서, 자민당이 오랫동안 구축해 나간 정책 모델은 사실상 일본형 사회민주주의적 내용을 담고 있는 것들이었다.

고이즈미의 집권과 더불어 적극적으로 실행된 구조개혁은 사실상 이와 같은 일본형 사회민주주의 정책에 대해 칼을 대는 것들이었다. 앞서 지적한 정책 수법의 개혁에서뿐만 아니라, 개혁의 정책 내용에 있어서도 반反온건 보수적 요소가 강하게 드러났다. 계층적 평등과 공간적 평등 체제의 재편을 향한 성역 없는 구조개혁이 전후 체제의 해체를 촉진했다.[59]

고이즈미 구조개혁 노선의 우선순위와 공정도

고이즈미 내각은 구조개혁을 추진함에 있어 정책 내용은 물론 구체

58 山口二郎, 『ポスト戦後政治の対抗軸』(東京: 岩波書店, 2007), 107-108쪽.

59 야마구치 교수는 패터널리즘과 리스크의 사회화에 기초를 둔 자민당의 이익 정치가 고이즈미의 개혁 노선에 의해 리스크의 개인화를 가져오는 권위주의적 시장 사회로 이행해 가고 있다고 진단했다. 그는 리스크의 사회화를 지속하면서도 개인의 자립을 강조하는 시민사회민주주의로의 이행을 주장하고 있다. 山口二郎, 위의 책.

적인 공정표를 제시하였다. 2001년 5월 7일 국회 소신 표명 연설에서 고이즈미는 '2-3년 안에 불량 채권 최종 처리를 우선 목표로 한다. 불량 채권의 처리 성공 없이는 구조개혁이 불가능하다. 두 번째로, 21세기형 경쟁 시스템 만들기의 일환으로 우정 민영화, 규제개혁, 행정개혁 등을 추진하겠다. 그리고 세 번째로, 공공사업의 삭감 등 재정구조개혁을 추진하겠다'며 개혁의 우선순위를 명확하게 제시하였다.[60] 다케나카의 견해에 의하면, 불량 채권 처리는 과거 정권의 나쁜 유산을 처리하기 위한 수동적 개혁 과제였고, 우정 민영화는 새 시대에 적응하기 위한 적극적 개혁이었다.[61] 2001년 6월 26일 열린 각의에서 결정된 '기본 방침'에서도 고이즈미 내각은 구조개혁에 관한 총론적인 방향을 제시하였다. 이에 따르면 '향후 2-3년을 일본 경제의 집중 조정 기간으로 삼아 이 기간에 불량 채권 문제를 처리하고, 불량 채권 처리가 가시화될 때까지 저성장도 감수해야 한다'는 것이었다. '그 사이에 경제 자원을 효율성이 낮은 분야로부터 성장 분야로 옮기는 선택과 집중을 하고, 이를 위해 구조개혁을 단행한다'는 원칙을 세운 것이다. 또, 재정 건전화의 증거로서 새로운 신규 국채 발행액을 30조 엔 이하로 억제한다고 발표함으로써 그때까지의 불황 시 경제 운영 방침이었던 '불황 대책=재정 출동'이라는 방식을 전면 개정하였다.[62] 불량 채권 처리가 없는 기존의 재정 출동은 거시경제에 대한 전망을 불투명하게 하여, 민간 기업에게 적절한 신호를 보내지 못하고 정체감이 지속되었기 때문이다. 또

60 竹中平蔵 (2006), 29쪽.
61 위의 책, 33쪽.
62 飯島勳 (2006), 63쪽.

한, 재정 출동을 해도 전통적인 이중경제를 전제로 한 재정 출동이었던 까닭에 상대적으로 지방에 공공사업이 집중됨으로써 경제의 전반적인 활성화에 연결되지 않았다.[63]

불량 채권의 처리와 지출 억제

1997년 본격화된 닛산 생명보험日産生命, 홋카이도 다쿠쇼쿠 은행北海道拓殖銀行, 야마이치 증권山一証券 등 일본 금융기관의 파산은 불량 채권을 양산하여 도산 기업의 부채 총액은 14조 209억 엔에 달하는 거대한 액수로 늘어났다.[64] 불량 채권을 안은 은행은 더 이상 대출을 할 수 없고, 기업은 자금 조달 압박 때문에 투자를 못 하는 악순환이 지속되어, 금융기관이 끌어안고 있는 불량 채권의 처리를 서두르지 않고서는 일본 경제의 성장 기반 마련이 힘들었다. 오가와小川의 연구에 의하면, 불황을 일으키는 불량 채권 문제는 국제화된 대기업들이 국내의 메인뱅크가 아닌 해외시장에서 자금을 조달하자, 은행이 여유 자금을 중소기업, 비제조업. 가계 등에 많이 대출하면서 더욱 심각해졌다.[65] 고이즈미 내각이 발족한 2001년 4월부터 1년 5개월만에 금융주는 57%나 하락했다. 따라서 디플레이션 대책의 핵심은 불량 채권 처리에 있었다. 다케나카 금융 담당 대신은 불량 채권 비율이 8.4%였던 대형은행의 불량 채권 비율을 2년 반 동안 반감시킨다는 과감한 목표를 제시하였다. 그는 이를 실천하기 위해, 은행 자산의 엄격한 산정, 자기자본의 충실화,

63 飯尾潤 (2008), 83쪽.

64 불량 채권이란 기업이 갚을 수 없을 만큼 과잉된 대출로 인해 생겨난 치입금을 말한다.

65 小川一夫, 『大不況の経済分析』(東京: 日本経済新聞社, 2003).

그리고 은행의 거버넌스 강화라는 기본 방침을 정하고, 시장가격에 의한 은행 자산의 산정, 은행 자산의 자기 산정 및 금융청 조사의 차액 공표, 경영 건전화 계획 미달 은행에 대한 업무 개선 명령 등을 관철해 나갔다.[66] 그 결과 2003년 5월 시점까지 주가가 2.1배 상승하고, 금융주는 3.6배 오르는 효과를 달성했다.

고이즈미는 불량 채권의 처리와 더불어, 작은 정부를 지향하기 위해 재정지출을 줄이는 데 중점을 두었다. 그가 집권한 동안 공공사업비 중에서 늘어난 것은 주택도시환경정비 분야만이 예외였고, 2001년부터 공공사업비는 계속 감소하였다. 일반 세출에서 공공사업 관계비는 2001년에 9조 4352억 엔이었던 것이 2003년에는 8조 971억 엔으로, 2006년에는 7조 2015억 엔으로 줄어들었다.[67] 특히, 도로정비 분야는 2조 5000억 엔에서 1조 6000억 엔으로 60%나 감소하는 추이를 보였다.[68] 재정투융자의 경우에도 고이즈미 수상 취임 이후 플로우flow 면에서 60%, 스톡stock 면에서 30% 정도가 감소하였고, 재정투융자 전체 총액에 있어서도, 2006년 시점에 오부치 · 모리 정권 시대의 반 정도로 축소되었다.[69]

행 · 재정개혁의 상징으로서의 우정 민영화

고이즈미가 추진한 구조개혁은 크게 금융 시스템을 강화하는 금융

66 竹中平蔵 (2006), 50-51쪽 및 70-76쪽.

67 http://www.mof.go.jp/seifuan19/osan013-9a.pdf (검색일: 2010년 7월 7일).

68 秋田純, "小泉政権と小淵 · 森政権の予算からの比較," 東大法学部蒲島郁夫ゼミ 編, 『小泉政権の研究』 (東京: 木鐸社, 2008), 201쪽.

69 위의 논문, 202쪽.

개혁, 시장활성화를 위한 규제개혁, 그리고 재정 적자를 줄이기 위한 재정개혁으로 이루어져 있었다. 고이즈미는 우정 민영화를 규제개혁과 행 · 재정개혁의 상징으로 삼았다. 고이즈미가 추진한 우정 민영화의 근거는 크게 세 가지 이유였다. 하나는 행 · 재정개혁의 일환으로서 '민간이 할 수 있는 일은 민간에 맡기자'는 것으로, 민간 기업의 일을 압박하는 공무원의 수와 일을 줄이자는 것이었다.[70] 우정 사업으로 하고 있던 우편저금, 간이보험, 연금기금 등은 민간이 할 수 있다는 것이었다. 또한 우편저금 등 우편국을 통해 들어오는 기금을 기초 자금으로 해서 각종 특수법인 등에 불투명하게 융자해 준 결과, 다액의 불량 채권을 만들어서 재정 압박의 요인이 되고 있다고 주장하면서, 특수법인에 대한 예산 낭비를 억제하기 위해 구조적 원인이 되는 재정투융자의 개혁이 불가피하다고 판단하였다. 또 다른 이유는 재정적 시점으로서, 우정 3사업에 설비 투자 등 세금이 투입되지만, 세금은 1엔도 내지 않기 때문에 정부 수입에 도움이 안 된다는 이유였다. 역으로 우정공사가 소유한 정부 소유 주식을 민간 시장에 매각하면 10조 엔 이상의 주식 매각 이익을 낼 수 있다는 취지였다.[71]

고이즈미와 다케나카는 자민당 족의원, 특히 게이세이카이経世会의 우정족郵政族들이 깊이 관여하고 있는 우정개혁을 위해서는 민영화 프로세스 전체를 총리 직할로 해야 가능하다고 판단하였다. 이를 위해 국회

70 일본의 일반 국민들이 우정 민영화에 관심을 가지기 시작한 것은 1976년 '야마토' 택배가 등장하면서 우편물이 낮은 가격으로 편리하게 배달될 수 있다는 것을 깨닫기 시작하면서부터였다.

71 楠井悠平 (2008), 45-55쪽. 구스노이(楠井)는 고이즈미 총리의 국회 발언 검색을 통해 재정적 시점보다 행 · 재정개혁적 시점이 여론의 수용도가 좋아 민간 기업 압박 및 재정투융자 개혁에 중점을 두었다고 분석하고 있다.

의원들이 참의원 선거 준비를 위해 도쿄를 비운 2004년 9월, 경제재정 자문회의를 중심으로 기본 방침을 세웠다. 이에 의하면 우편, 은행, 보험 업무로 구성된 우정 사업을 나누어 자립시킨다. 또한 타 기업과 같이 경영의 자유를 보장하되, 대등한 경쟁을 위해 금융청의 감독을 받는다는 게 핵심이었다.[72] 다케나카의 회고에 따르면, 고이즈미의 방침에 대해 자민당 내 적극 찬성파는 겨우 1할에 그쳤고, 나머지는 절대 반대파나 사태 관망파가 반반쯤이었다.[73] 그러나 2005년 1월 29일 시정 방침 연설에서 고이즈미 총리는 당해년도 중에 우정 민영화 관련 법안 성립을 목표로 한다고 밝히는 정공법을 택했다. 2005년 3월 이후 자민당 우정합동부회에서 논의를 계속하였으나 민영화 방침에 대한 결론을 내리지 못했다. 결국 자민당 내 대립 속에서 나카가와 히데나오中川秀直의 조정으로 4월 27일 자민당 총무회는 두 가지의 이례적인 조치를 취했다. 하나는 법안의 내용에 대해서는 건드리지 않고, 즉 법안 사전심사는 없이 법안 국회 제출만은 인정한다는 결정이었다.[74] 다른 하나는, 종래와 같이 회장 일임을 통한 전원 일치 방식이 아닌 다수결을 통해 의사를 진행한 것이었다.[75] 2005년 7월 5일 우정 민영화 관련 법안은 5표 차이로 중의원을 통과하여 참의원에 보내졌다. 그러나 8월 8일 참의원에서는 찬성 108표 반대 125표로 부결되었다.

참의원에서 법안이 부결되자, 고이즈미는 '민영화 법안이 부결되었

---

72 竹中平蔵 (2006), 156쪽.

73 위의 책, 180쪽.

74 大嶽秀夫 (2006), 116쪽.

75 飯尾潤 (2008), 223쪽. 종래대로 전원 일치 방식을 따르면 철저한 반대를 외치는 의원에 의해 의사 진행이 안 되기 때문이다.

지만 우정 민영화를 정말 안 해도 좋은가 국민에게 물어보겠다. 국민이 반대하면 내가 퇴진하겠다'고 선언하고, 그날 오후에 중의원을 해산하였다. 해산에 반대하는 시마무라島村 농수상을 해임하면서까지 취한 강경 조치였다.

고이즈미는 자민당 내에서 우정 민영화에 반대하는 의원들에게 공천을 주지 않는 것은 물론, 역으로 그 선거구에 다른 후보를 임명하는 방식, 즉 자객刺客 공천을 통해 개혁 의지를 어필하였다. 또한 대항 후보의 상당 부분을 여성으로 공천하는 이른바 '마돈나 작전'을 폈다.[76] 동경 10구에 공천한 고이케小池百合子, 시즈오카 7구에 임명한 가타야마片山さつき, 같은 여성 의원인 노다 세이코野田聖子 의원에 대항시킨 사토 유카리佐藤ゆかり가 대표적인 존재였다. 고이즈미는 자객 공천과 여성 공천을 통해 선거 기간 동안 민심을 집중시키는 동시에, 우정 민영화 찬반으로 쟁점을 단일화하는 데 성공했다. 이른바 극장형 정치를 펼친 것이었다. 그 결과, 9월 11일 총선에서 무려 296석이라는 거대 의석을 차지함으로써 자신의 의지를 관철시킬 기반을 마련하였다.

2005. 9. 11 총선 결과 (단위: 석)

	소선거구	비례대표	합계	선거 전 의석	증감
자민당	219	77	296	212	+84
민주당	52	61	113	177	−64
공명당	8	23	31	34	+3
공산당	0	9	9	9	0

76 당시 간사장이었던 다케베(武部)는 공천 의원의 1할을 여성에게 배분하였다. 전직 7명, 신인 19명 등 총 26명의 여성 후보를 옹립해서 전원이 당선되었다. 大嶽秀夫 (2006), 146쪽.

	소선거구	비례대표	합계	선거 전 의석	증감
사회민주당	1	6	7	5	−2
국민신당	2	2	4	4	0
신당 일본	0	1	1	3	−2
신당 대지	0	1	1	1	0
무소속 · 기타	18	0	18	32	−14
합계	300	180	480	477	

출처: 『아사히신문』 2005년 9월 12일.

9 · 11 총선이 고이즈미의 대승리로 끝나자, 자민당 총무회는 9월 22일 우정법안을 당 차원에서 승인하였다. 10월 11일 우정 관련 법안은 중의원을 통과하였고, 10월 14일에 참의원에서 가결됨으로써 우정 민영화 관련 법안은 성립되었다. 그 후, 2005년 10월 21일에는 와다누키綿貫, 가메이亀井 등 우정 민영화 법안에 반대하고 국민신당을 구성한 9명을 자민당에서 제명 처분하는 한편, 히라누마平沼, 노다野田 등 우정 민영화에 반대한 27명에 대해 탈당 권고를 내렸다.[77]

야당인 민주당의 경우 당 지도부가 선거 패배에 대한 책임을 면할 수 없었다. 민주당 대표인 오카다岡田는 총선 패배의 책임을 지고 9월 12일 사임하였다. 9월 17일에 실시된 민주당 대표 선거에서 젊은 마에하라 세이지前原誠司가 96표의 의원표를 얻어 94표를 얻은 간菅을 누르고 새로운 대표가 되었다. 그는 안정감을 잃지 않기 위해 하토야마鳩山를 간사장에 임명하는 한편, 정조회장에는 당선 3회의 마츠모토松本 의원을 발탁하였다.

77 『아사히신문』, 2005년 10월 22일.

지방 분권을 위한 삼위일체(三位一體) 개혁

'관官에서 민民으로'라는 고이즈미 개혁의 대명사가 우정 민영화였다면, '국가国家에서 지방地方으로'라는 또 다른 축의 고이즈미 개혁의 대명사는 삼위일체 개혁이었다. 국가와 지방 간의 세재정개혁을 통해 국가의 재정을 재건하는 한편, 지방의 자립도를 높인다는 취지였다. 지방자치단체의 재정은 30% 정도의 지방세와 30% 정도의 보조금, 20% 정도의 지방교부세, 그리고 기타로 구성되어 있었다. 여기에서 지방에 대한 보조금과 지방교부세를 줄이고, 국세를 지방세로 이전하여 지방자치단체의 재정을 보전한다는 것이 삼위일체 개혁의 골자였다.

2005년 11월 정부 여당이 결정한 삼위일체 개혁안을 보면, 지방에 대한 보조금을 4조 엔 정도 삭감하고, 국가에서 지방으로 3조 엔 정도의 세원을 이양하는 동시에, 지방 재원 부족을 메꾸는 지방교부세에 수정을 가하는 것을 골자로 한 것이었다. 당시 정부가 안으로 제시한 내용은 아래와 같다.

◘ 삼위일체 개혁안의 골자

보조금 삭감 (목표 4조 엔)	세원이양 (목표 3조 엔)
의무교육비 국고부담금 8500억 엔	2004년 6560억 엔 소득양여세 4260억 엔 세원이양예정특례교부금 2300억 엔
아동부양 수당 1800억 엔	2005년 1조 1160억 엔 소득양여 6910억 엔 세원이양 4250억 엔
아동 수당 1580억 엔	2006년 6270억 엔 + 6100억 엔 전액 소득양여에서 예정
공영주택 임대대책비 1250억 엔	

출처: 『요미우리연감』(2006), 192쪽.

이 같은 개혁안 중 보조금 삭감은 정부의 결정으로 바로 이루어질 수 있었으나. 지방세로의 이양은 입법 조치가 필요한 관계로 그 실행이 지연되었다. 아래의 표는 고이즈미 정권에서의 지방보조금을 포함한 지방교부세액의 추이를 보여준다.

지방교부세의 추이

연도	지방교부세액	신장율
2001	16조 8230억 엔	12.7%
2002	17조 116억 엔	1.1%
2003	17조 3988억 엔	2.3%
2004	16조 4935억 엔	−5.2%
2005	16조 889억 엔	−2.5%
2006	14조 5584억 엔	−9.5%

출처: http://www.mof.go.jp/seifuan19/yosan005.pdf (검색일: 2010년 7월 7일).

삼위일체 개혁의 실시는 지방을 재정적으로 압박하는 의도하지 않은 결과를 가져왔다. 오랫동안 사무직 관방부장관을 지낸 이시하라 노부오石原信雄는 삼위일체 개혁에 대해, '부유한 대도시권 자치단체와 빈곤한 지방자치단체의 격차를 시정하는 구조적 수단이 지방교부세와 보조금이었다. 이것이 없어지면, 대도시와 지방간의 격차는 크게 벌어진다. 세금 낼 사람이 적고 고령화한 농촌에는 재원을 확보할 수단이 없어지기 때문이다' 라고 우려를 표시한 바 있다.[78] 아울러, 각종 지방보조금의 삭감은 자민당 소속 지방 정치인들에게 위기감을 불러일으켰다. 중

78 鈴木棟一 (2006), 169쪽.

앙정부에서 주는 각종 보조금의 획득과 배분에 간여하여 선거구민을 돕고 정책을 홍보하던 것이 보수계 지방의원들의 기본적인 일이었다. 즉, 보수계 지방의원들의 힘의 원천이자 득표의 근간이었던 지방교부금의 삭감은 곧 지방의회 내 족族의원의 역할을 축소시키는 효과를 가져왔다.

'평성平成의 대합병大合併'으로 불리는 지방자치단체의 합병안은 보조금 삭감과 상승효과를 일으키며 자민당의 지지 기반 침하를 가속화시켰다. 하시모토와 오부치에 의한 행정개혁 조치의 일환으로 2000년부터 5개년 계획으로 지방의 시-마치-무라市町村에 대한 대대적인 합병이 고이즈미 시대에 실시되었다. 교통망의 발달과 정보 통신의 발달로 광역행정의 필요가 생겨났고, 작은 마을에는 고령자들이 거주자의 대부분이어서 세금 수입은 줄어드는 반면, 개호보험 등 사회복지 비용이 너무 들어서 지방자치단체장 및 지방의회 의원 수를 줄여 이를 보전하자는 것이 취지였다. 1999년 3월 현재 3,232개였던 시(670)-마치(1994)-무라(568)는 통폐합이 진행되어, 2006년 3월 말에는 시(777)-마치(846)-무라(198)가 총 1,821개로 줄어들었다.[79] 지자체가 합병을 거부할 경우, 우대재정 특례를 수혜하지 못하게 되어 지방자체단체의 통폐합은 지방의 의사와 관계없이 추진되는 것이 보통이었다. 이 같은 지자체 통폐합은 보수계가 장악하고 있었던 지방자치단체장과 지방의회 의원들의 수를 급격하게 줄이는 결과를 가져왔다. 자민당 조직본부장이었던 다니즈谷津義男의 증언에 따르면, '2005년까지 시-마치-무라의 의회의원은 전부

---

79 http://www.soumu.go.jp/kouiki/kouiki.html (검색일: 2010년 7월 7일). 2010년 3월 말 현재 지방자치단체수는 시(786)-마치(757)-무라(184)로 총 1,727개이다.

6만 명 정도였고, 그중 80%는 자민당 중심의 보수계였다. 그것이 지자체 합병에 의해 반으로 줄었다. 즉, 자민당을 지지해 왔던 2만 4,000여명의 사람들이 자취를 감춘 것이다.'[80] 지방의원들이 자민당 국회의원들의 백과사전과 같은 선거 브로커이자 핵심적인 선거운동원이었던 점을 감안할 때,[81] 지방에 대한 교부금 및 보조금의 삭감 및 지방의원 수의 감축은 지방선거구에서의 자민당의 힘을 약화시키는 직격탄이 되었다.

지방의 이반을 더욱 촉진한 것은 의료제도 개선안이었다. 2005년 12월 1일 발표된 고령자 의료중심 제도개혁안에 따르면, 기존에 70세 이상은 1할, 65세 이상 70세 미만은 3할을 부담하던 것을 후생성이 65-74세는 2할로 인상하는 안을 구상 중이었다. 그러나 고이즈미는 '전체적인 부담이 느는데 65-70세의 일부층만 부담이 가벼워지는 것은 국민들의 이해를 얻기 어렵다'라고 주장하면서, 65-70세는 3할을 유지하도록 지시하였다. 이로써 2008년부터 65-70세는 3할, 70-74세는 2할, 75세 이상은 1할 부담을 하는 의료제도 개혁안이 확정되었다. 수입이 없는 고령자에 대한 의료 수가 부담 증가는 특히 고령자가 많이 살고 있는 농촌 지역에서 평판이 나빴다.

이와 같이 고이즈미는 농촌을 기반으로 하는 자민당의 논리로부터 도시선거구를 기반으로 하는 자민당으로의 변모를 적극 유도하였다.[82]

---

80 鈴木棟一 (2006), 166쪽. 자민당의 중진이었던 에토(衛藤征仕郎) 의원도 '내 선거구 내 여덟 개 마치-무라가 합병한다. 123명이었던 9개 시-마치-무라의원이 30명이 된다. 대부분이 보수계다. 지방에서 자민당 집표의 중핵이 그만큼 사라지는 것이다'라고 고백하고 있다.

81 선거에서 차지하는 지방의원들의 역할에 대한 논의는, 朴喆熙, 『代議士のつくられ方』 (東京: 文春新書, 2000).

82 고이즈미에게는 자신의 지역구 이름을 빗대어 '쇼난(湘南)의 시티보이(city boy)'라는 별명이 붙을 정도였다.

2006년 민주당 대표가 된 오자와는 고이즈미가 추진한 삼위일체 개혁의 약점을 파악하고, 농가에 대해 호별 소득보상 제도 실시를 주장하는 등 농업 및 지방에 대한 우대 조치를 정책으로 내세우면서 지방에 대한 공략을 적극화해 나갔다.

관저 주도의 외교: 미 · 일동맹의 글로벌화

외교는 고이즈미 이전의 내각에 있어서도 수상의 전권 사항이자 지도력을 발휘할 수 있는 분야였다.[83] 고이즈미 수상은 하시모토 행정개혁에 의한 수상 관저 기능 강화를 충분히 활용하면서 정책을 주도하고 적극적으로 조정하는 관저외교官邸外交를 펼쳤다.[84] 고이즈미는 종래 외무성이 주도하고 자민당 외교부회 및 족의원이 조정하던 외교 방식을 벗어나, 자신의 아젠다를 설정하고 연립 여당 당수회담에서 승인을 받은 후 야당 당수에게 이를 설명하고, 그 이후에 자민당 총무회를 거쳐 자민당 정조회 부회에 설명하는 정책 결정 방식을 종종 동원하였다.[85]

고이즈미 외교의 기본 방침은 미 · 일동맹의 강화에 있었다. 고이즈미는 취임 직후인 2001년 6월 30일, 부시와 캠프데이비드에서 첫 정상회담을 가지고 야구 캐치볼을 즐기며 개인적인 친분 관계를 쌓았다. 그해 9월 11일, 미국에 대한 동시다발 테러 공격이 감행되자, 고이즈미는 즉시 민주주의 수호를 위한 대테러 전쟁 지지를 주장하면서 미국의

83 후쿠이(福井) 교수는 사토의 오키나와 반환, 다나카의 일 · 중 관계 정상화 등을 예로 들면서 외교란 '비상시형 정책 결정의 영역'으로서 수상의 지도력이 중요한 분야임을 밝히고 있다. 福井治弘, "沖縄返還交渉," 日本国際政治学会 編, 『沖縄返還交渉の政治過程』(東京: 有斐閣, 1974).

84 品田智人, 『官邸外交』(東京: 朝日新聞社, 2004).

85 위의 책, 59쪽 및 大嶽秀夫 (2006), 164쪽.

편에 설 것을 분명히 하고 발빠른 행보에 나섰다. 9월 19일에 정보 수집을 위한 자위대 함정 파견, 미군에 대한 의료 및 수송 지원, 주변 지역에 대한 인도적 경제 지원 등을 포함하는 7개 항목의 조치를 발표하는 한편, 9월 25일에 워싱턴을 방문하여 미국에 대한 전면 지원을 약속하였다. 10월 5일에는 동시다발 테러에 대한 대응을 목적으로 테러특별조치법과 자위대법 개정안을 각의 결정하고, 이례적으로 빠르게 10월 29일에 법안을 성립시켰다.[86] 10월 7일 미국과 영국이 아프간을 공습하자 즉시 지지를 선언하는 한편, 항공 자위대기를 보내 아프간 난민 지원 물자 수송에 나섰고, 11월 말에는 해상 자위대 호위함 3척을 인도양에 파견하였다. 이처럼 이례적으로 신속한 결정의 배경에는 걸프전 당시의 쓰라린 경험을 다시는 하고 싶지 않다는 생각을 외교 · 안보 정책 결정자들이 공유하고 있었기 때문이었다.[87]

고이즈미는 2001년 5월 국회 소신 표명 연설에서 '유사법제의 검토를 해 나간다'고 밝힌 방침에 따라, 2002년 4월 16일 유사 관련 3법안을 각의 결정하여 일본이 유사시에 대응할 수 있는 체제 정비에 나섰다.[88] 이는 미국과의 군사적 협력의 강화를 염두에 둔 조치이기도 했다. 즉 '일본 방위의 일본화'를 통해 미군의 일본 방위 부담을 덜어주는 동

---

86 연립 여당인 공명당은 테러 대응에만 국한한다는 요구를 내세우면서 전면적인 협력을 하였고, 일반 국민들도 70%의 지지를 보였다. 品田 (2004), 57쪽. 자위대 파견을 비전투 지역으로 하는 기존의 방침을 답습하면서 무기 사용 기준을 완화하는 게 주목적이었다. 大嶽 (2006), 171쪽.

87 오타케 교수는 아미티지가 일본을 압박하기 위해 사용한 'show the flag'라는 표현도 사실상 야나이(柳井) 주미 일본대사가 미국에 요청하여 이루어진 것이라고 한다. 이는 일본의 대응을 빠르게 하기 위한 조처였다. 大嶽 (2006), 164쪽.

88 유사 관련 법제는 2004년 6월 국회에서 성립되었다. 유사법제 관련법의 성립 과정과 내용에 대해서는, 박철희, "일본 정부의 유사법제 추진 현황과 전망," 『외교안보연구원 주요국제문제분석』 (2002년 10월 9일).

시에, 유사시 미 · 일 간 방위 협력 분담의 구체적인 기준을 제시했다. 2003년 3월 20일 미국이 이라크를 공격하자 이에 대한 지지를 표명하는 하는 동시에,[89] 이라크 지원을 위한 신법을 마련하였다. 당사자 간 평화 합의를 전제로 한 PKO법이나 테러 집단을 대상으로 한 테러대책 특별조치법으로는 사실상 전투 지역인 이라크에 대한 지원이 어려웠기 때문이었다. 그 결과, 5월 1일 전쟁 종결 선언을 바탕으로 2003년 7월 26일에는 이라크 인도부흥지원 특별조치법을 가결 성립시킴으로써, 사실상 전투 행위가 종결되지 않은 지역에 대한 대규모 일본 자위대 파견의 근거를 마련하였다.[90] 이를 기반으로 2004년 2월에는 육상 자위대 본대가 이라크의 사마와로 파견되었다.

이라크에 대한 자위대 파견으로 일본 방위 정책은 새로운 전환점을 열었다. 고이즈미 내각은 이후에도 지속적으로 미 · 일동맹 글로벌화에 힘을 기울였다. 미 · 일 양국은 양국이 추구하는 공통 전략목표에 대한 재확인에서 시작하여, 이를 추구하기 위한 양국의 역할, 임무, 능력을 정리하고, 그 바탕 위에서 양국의 병력 태세를 재편하는 3단계 접근법을 취하였다.[91] 2005년 2월 19일에 개최된 이른바 '2+2,' 즉 미 · 일 안보협의위원회에서는 미국과 일본이 공통의 전략목표를 책정하는 것

---

89 『마이니치신문』은 고이즈미가 이미 2002년 2월 18일 정상회담 시점에 이라크 공격 의사를 밝힌 부시에 대해 지지를 표명했다고 한다. 『마이니치신문』, 2002년 6월 9일. 미 · 일 정상회담 당시, 고이즈미는 부시에게 '대의없는 힘은 폭력이다. 하지만, 힘없는 대의는 무력(無力)이다. 미국에는 지금 힘도 대의도 있다. 따라서 국제 협조를 추구해야 한다'고 말함으로써 부시를 감동시켰다고 한다. 読売新聞政治部, 『外交を喧嘩にした男』(東京: 新潮社, 2006), 150-151쪽.

90 오타케는 당시 자민당 외교족들 사이에 2002년 10월 밝혀진 북한의 새로운 핵 개발 의혹이 불거지면서 '북한 핵에서 일본을 지켜줄 나라는 미국밖에 없다'는 이유로 이라크와 북한을 연계시키면서 자위대 파견 요청에 응할 수밖에 없다는 합의가 존재했다고 밝히고 있다. 大嶽 (2006), 185쪽.

91 島田順二, "日米安保体制のさらなる強化に向けて: 2 + 2共同文書の意義," 『外交フォーラム』(2006年 3月号), 23쪽.

에 합의하였다. 북한에 관련된 현안의 평화적 해결과 대만 해협 문제의 대화를 통한 평화적 해결 및 중국 군사 분야의 투명성 향상 등에 동의하면서 미국과 일본이 대만과 한반도 유사시 상호 협력 계획을 구체화하기로 한 것이 주요 골자였다.[92] 또한, 국제사회에서 민주주의 등 기본적 가치의 추구, 국제 평화 협력 활동 및 대량 살상 무기 비확산, 그리고 유엔안보리 실효성 향상 등 세계적인 목표에도 합의를 이루었다. 전략적 동맹관계의 방향성에 합의한 양국은 같은 해 10월 29일에 다시 열린 2+2에서 '미 · 일동맹-미래를 위한 변형과 재편'이라는 보고서를 통해 미 · 일 간 상호운용성 강화, 훈련 기회 증대, 시설의 공동 사용 등을 목적으로 한 자위대와 미군의 역할 분담, 재일 미군 기지의 재편에 대해 합의를 도출하였다.[93] 구체적으로는 오키나와의 후텐마 기지를 나고 시에 있는 캠프 스왑으로 이전하고, 해병대 요원 7,000명을 감축하여 괌으로 이전한다. 요코다 비행장에 항공 자위대 총사령부를 이전하고 미 · 일 공군이 공동 사용한다. 가나가와 캠프 자마座間에 있는 재일 미 육군 사령부를 통합적전 지휘 통제가 가능한 작전사령부로 하고, 육상 자위대 중앙즉응집단 사령부를 둔다. 그리고 아츠키厚木 비행장에 있는 항모탑재기 60기를 이와쿠니岩国로 이주한다는 내용을 담은 합의 문서였다.

고이즈미 총리는 수상 사임 직전인 2006년 6월 29일 미국을 방문하여 부시와 정상회담을 가진 후, 자신이 좋아하는 엘비스 프레슬리의 고

92 『아사히신문』, 2005년 2월 20일.

93 島田 (2006), 25-26쪽. 외무성 담당 과장이었던 시마다는 억지력의 유지와 오키나와 지역의 부담 경감이라는 두 가지 목표가 병력 재편을 이끄는 쌍두마차였다고 기술하고 있다.

향 멤피스를 찾아 부시 대통령과 기자들이 있는 가운데 '당신을 원하고 사랑하고 필요로 한다I want you, I love you, I need you'는 프레슬리의 곡을 불러 미국에 대한 그의 애정을 상징적으로 표시했다.

고이즈미 외교의 근저에는 미·일동맹을 강화하여 국제 무대에서 일본의 존재감을 높이는 동시에 대두하는 중국을 억제하고자 하는 현실주의자의 논리가 근저에 깔려있었다.[94] 반면, 미국은 일본을 가장 신뢰할 수 있는 동맹국인 제2의 영국으로 만들고자 노력하였다.[95]

야스쿠니 신사 참배, 납치와 동아시아 외교의 혼돈

고이즈미의 미·일동맹 강화 노선과는 동떨어지게, 그의 아시아 외교는 거의 전략 부재라고 해도 과언이 아니었다.[96] 고이즈미는 아시아 국가들에 대한 편향된 인식을 숨기려 하지도 않았다. 총재 선거 중인 2001년 4월 16일, 고이즈미는 일본기자클럽 토론회에서 '자신은 어떤 비판이 있어도 8월 15일에 야스쿠니를 참배하겠다'고 공식 선언했다.[97] 일본의 동아시아 외교에서 피해갈 수 없는 문제의 하나가 역사 인식과 전쟁 책임의 문제였음에도 불구하고, 고이즈미는 이 문제의 중요성이

---

94 伊奈久喜, "小泉外交は何だったのか," 『外交フォーラム』(2006年 11月号), 12쪽.

95 고이즈미 총리는 기본적으로 일본을 환태평양 지역 동맹의 축으로 삼고 영국을 환대서양 지역 동맹의 축으로 삼아야 한다는 아미티지 보고서의 기본 맥락을 적극적으로 수용한 것이라고 볼 수 있다. 통상 아미티지 보고서로 불리는 보고서는, *The United States and Japan: Advancing toward a Matured Partnership* (INSS Special Report) (Washington DC: Institute of National Strategic Studies, National Defense University, October 2000).

96 이에 대한 자세한 논의는, Gilbert Rozman, Kazuhiko Togo and Joseph Ferguson (eds.), *Japanese Strategic Thought toward Asia* (New York: Palgrave, 2007).

97 伊奈久喜, "小泉外交は何だったのか," 『外交フォーラム』(2006年 11月号), 16쪽. 고이즈미는 하시모토가 회장이었던 '일본유족회'에게도 '내가 총리가 되면 매년 8월 15일 야스쿠니 신사를 공식 방문하겠다'는 약속을 함으로써 하시모토에 대한 지지표를 분산시키고 고이즈미에 대한 지지를 확산시키려는 공세적 전략을 폈다. 하지만 고이즈미가 총리가 된 후 주변 국가들과 외교적으로 대립하는 큰 불씨가 되었다.

나 민감성을 전혀 인식하지 못했다. '자신의 의도를 잘 설명하면 중국과 한국이 이해할 것'이라고 반복해서 이야기한 것은 그의 야스쿠니 신사 참배나 과거사 관련 발언들이 본질적으로 문제가 없다는 인식에 기초하고 있었음을 반증해 준다. 고이즈미 총리는 2001년 8월 13일 야스쿠니 신사靖国神社를 참배하는 것을 시작으로,[98] 중국과 한국의 반대에도 불구하고 총 6차례에 걸쳐 야스쿠니 신사를 참배했다. 2001년에 이어, 2002년에는 4월 21일, 2003년에는 1월 14일, 2004년에는 1월 1일, 그리고 2005년에는 10월 17일에 신사를 참배했고, 급기야 퇴진을 바로 앞둔 2006년에는 8월 15일에 야스쿠니를 참배했다.

한국을 비롯한 동아시아 국가들의 우려는 고이즈미 총리 개인의 야스쿠니 신사 참배라는 단독 행위에만 한정된 것은 아니었다. 고이즈미 총리의 발언과 행동에 자극을 받은 정치, 사회 세력들이 우익적인 발언을 서슴치 않았고, 고이즈미 총리는 이를 저지할 의사가 없었다. 동아시아 국가들의 관점에서는 야스쿠니 문제 및 역사 관련 망언들이 함축한 일본 문제의 장래에 더 관심이 있었다. 문제의 본질은 고이즈미가 외면한 야스쿠니 신사 참배가 가지는 동아시아적 의미였다.

일본은 전후 체제를 형성하면서 명시적으로 또는 암묵적으로 두 개의 '선긋기'를 했다. 하나는 전전 체제와 전후 체제는 다르다는 선을 분명하게 그었다. 전전 체제는 군부에 의한 권위주의적 체제이며, 전시 동원을 통해 주변국은 물론 일본인들에게도 다대한 희생과 어려움을

98 8월 15일 강행안에 대해서는 외무성은 물론 주변의 만류가 많았다. 『요미우리신문』의 와타나베 츠네오(渡辺恒雄) 회장은 고이즈미의 8월 15일 신사 참배를 극력 반대하면서, 꼭 간다면 8월 13일에 가라고 충고했다고 회고하고 있다.

강요한 체제였다고 인정하고, 그 대신 민주주의와 평화에 기반한 전후 체제를 수립하자는 합의였다. 다시 말하자면, 전전 체제와 선을 긋고 새로운 일본의 건설에 착수했던 것이다.[99] 이것은 일본인들에게는 물론 주변국들에게도 마음의 위안이었다. 그러나 1990년대 중반 이후 제기되기 시작한 수정주의적 역사관은 자유주의 사관이라는 이름하에 도쿄 재판 사관을 부정하면서 전전 체제에 대한 선을 한 발짝씩 넘나드는 것처럼 보였다.[100] 이것은 일본의 장래 체제에 대한 주변국의 우려를 자극하기에 충분한 것이었다. 전후 체제의 수립 과정에서 일본이 받아들인 또 하나의 '선긋기'는 전쟁 책임 문제와 관련된 부분이었다. 미 점령군 사령부는 천황의 전쟁 책임을 제껴두고 A급 전범들을 사형에 처함으로써 일본은 물론 주변국들에게 전쟁의 책임은 A급 전범들에 있고 이들이 가해자이며 전쟁에 참가했던 일본인들조차 피해자였다는 점을 부각시켰다. 즉 전쟁 책임을 A급 전범들에게 두고, 일반 일본인들을 평화 애호 국민으로 보는 '이분법'에 기초한 역사관의 수용이었다.[101] 고이즈미는 A급 전범이 합사된 야스쿠니 신사를 반복적으로 참배함으로써 이 같은 선긋기에 모호성을 더해 갔다. 일본의 전쟁 책임 문제를 다시금 상기시킨 것이다.

'새로운 역사교과서를 만드는 모임'을 중심으로 한 사회 운동이 번져가면서 고이즈미의 행동을 정당화하려는 서적과 논단이 수없이 쏟아

---

99 John Dower, *Embracing Defeat: Japan in the Wake of World War II* (New York: The New Press, 1999).

100 자유주의 사관에 대해서는, 藤岡信勝, 『自由主義史観とは何か』(東京: PHP, 1997) 및 藤岡信勝, 『教科書が教えない歴史』(東京: 産経新聞ニュースサービス, 1999).

101 若宮啓文, 『和解とナショナリズム』(東京: 朝日新聞社, 2006).

져 나왔다.[102] 하지만 2005년 5-6월을 즈음하여 일본 지식인 사회의 흐름은 야스쿠니 신사 참배에 비판적인 방향으로 변화해 갔다. 그 배경에는 고이즈미 수상이 2004년 9월 22일 유엔 총회 연설에서 일본이 유엔 상임이사국에 가입하고 싶다는 의지 천명에도 불구하고 중국의 강력한 반대와 한국의 비판적인 자세로 인해 사실상 일본의 꿈이 무산된 데 대한 반성이 놓여 있었다. 2005년 5월 출간된 도쿄대 다카하시高橋 교수의 '야스쿠니 문제靖国問題'라는 책은 커다란 반향을 일으켰다. 그에 의하면 야스쿠니 문제는 단지 일본과 중국 및 한국 간의 외교 문제가 아니라, 전쟁 책임의 문제이자, 종교적 자유 및 선조 참배를 둘러싼 철학적 문제였다.[103] 2005년 가을에는 야스쿠니 신사 참배에 대한 법리 논쟁도 이어졌다. 9월 29일 도쿄도 고등법원은 고이즈미 총리의 야스쿠니 신사 참배가 사적인 참배라는 판결을 내렸다. 하지만 그 다음 날인 9월 30일에는 오사카 고등법원이 야스쿠니 신사 참배는 위헌이라고 판결하였다.[104] 사법부의 개입을 끌어들인 정치적 이슈는 마침내 정치권에도 큰 반향을 일으켰다. 2005년 11월 9일에는 야마자키 다쿠山崎拓, 후쿠다 야스오福田康夫, 후유시바冬柴, 하토야마鳩山 등 자민, 공명, 민주 3당의 유력 의원 50여 명이 모여 야스쿠니 신사를 대신하여 무종교의 새로운 국립 전몰자 추도시설 건설을 제안하는 '국립 추도 시설을 생각하는 의원의 모임'을 결성하였다. 그럼에도 불구하고, 고이즈미 총리는 2005년 11월

102 새로운 역사교과서를 만드는 모임과 이와 관련된 사회 운동에 대해서는, 具裕珍, "新しい歴史教科書をつくる会を通して見る歴史認識の日本政治," 서울대학교 국제대학원 석사 학위 논문 (2006년 8월).

103 高橋哲哉, 『靖国問題』 (東京: 筑摩書房, 2005).

104 『아사히신문』, 2005년 10월 1일.

16일 미 · 일 정상회담에서 '미 · 일 관계가 좋을수록, 중국, 한국 및 아시아 여러 나라들과 양호한 관계를 구축할 수 있다'고 언급함으로써 미국 일변도의 생각을 바꾸지 않을 것임을 분명히 했다.[105] 2006년 1월 5일 야마자키山崎拓 의원은 총재 선거 출마에 의욕을 보이면서 '일본 외교의 방침은 세 가지로, 유엔 중심주의, 미 · 일동맹의 견지, 그리고 아시아와의 협조이다. 아시아의 한 나라로서 이제부터 아시아주의 정책을 택하지 않는 한 일본의 장래는 없다'고 선언하였다. 고이즈미의 정치적 친구였던 야마자키가 고이즈미 외교에 대한 직격탄을 날린 것이다.[106]

2006년에 접어들면서 여론주도층도 적극적으로 의견을 개진하였다. 2006년 2월 아사히에서 발간되는 잡지 『논좌論座, 론자』에는 아사히 논설주간인 와카미야若宮와 『요미우리신문』 회장 와타나베 츠네오渡辺恒雄의 대담이 실렸다.[107] 보수와 리버럴을 대표하는 두 논객이 모두 야스쿠니 신사 참배에 반대를 표명함으로써, 야스쿠니를 둘러싼 논의에 방향 수정을 가져왔다. 나아가 2006년 7월에는 쇼와 천황의 인식이 궁내청 장관이던 미야우치宮内 메모를 통해 드러났다.[108] 『일본경제신문』에 의하면, 쇼와 천황은 'A급 전범이 야스쿠니 신사에 합사된 이후에는 야스쿠니에 가지 않았다. 그것이 나의 마음이다'라고 생전에 심경을 밝혔다고 했다. 이에 대한 감상을 묻는 기자들에게 고이즈미는 '사람의 마음은 가지가지'라고 한마디로 일축해 버렸다. 그리고는 많은 우려 속에서

---

105 『아사히신문』, 2005년 11월 17일.

106 『아사히신문』, 2006년 1월 6일.

107 『論座』, 2006년 2월호. 이 대담은 나중에 단행본으로 출간되었다. 渡辺恒雄 · 若宮啓文, 『靖国と小泉首相』(東京: 朝日新聞社, 2006).

108 이 기사는 『일본경제신문』의 특종 기사였다.

2006년 8월 15일 야스쿠니 신사를 다시 참배했다. 중국과 한국을 비롯한 주변국은 황당해 하면서도 고이즈미는 '퇴진하는 수상'이라는 점에 유의하면서 그다지 비판의 목소리를 높이지 않았다. 그러나 이 문제의 해결을 위한 짐은 모두 차기 총리인 아베에게 넘겨졌다.

북한 문제 접근과 납치 문제 일변도의 외교

고이즈미는 북한 문제에 대해 북 · 일 국교 정상화 추구와 납치 문제를 통한 국민적 인기의 확보라는 두 가지 목표를 추구하였다. 그러나 시간이 지날수록 납치 문제에 초점이 맞추어져 독자적인 일본 외교의 돌파구를 만드는 데는 실패했다. 북 · 일 국교 정상화는 1990년 이래, 일본의 야심적 정치가들이 역사에 이름을 남기기 위해 도전한 정치적 과제였다.[109]

1990년 9월 가네마루金丸 방북단이 북 · 일 국교 정상화의 운을 뗀 후, 1991년부터 8차례에 걸쳐 북 · 일 국교 정상화 교섭이 있었으나, 결국 북한 핵 개발 문제와 이은혜 문제가 겹치면서 중단된 바 있다.[110] 이후, 1990년대 중반 가토加藤 및 노나카野中에 의한 북 · 일 관계 접근이 이루어지기도 했으나, 1996년 가을 『겐다이現代 코리아』라는 잡지에 1977년 당시 중학생이던 요코다 메구미横田めぐみ가 납치되었다는 기사가 나오면서, 납치 문제가 전면에 부각되었다. 1997년 2월에는 『산케이신문』과 『아에라AERA』가 요코타 납치를 실명 보도하면서 세간의 관심은 높아졌

---

109 大嶽秀夫 (2006), 202쪽.

110 이은혜는 KAL기 폭파범인 김현희의 일본어 교사로, 일본에서는 이 사람이 납치를 당한 다구치 야에코(田口八重子)로 알려져 있다.

고, 3월 25일에는 '납치가족회,' 4월 15일에는 '납치의원연맹,' 그리고 10월에는 '납치일본인 구하는 모임救う会'이 구성되어 납치 문제 해결이 북 · 일 관계 개선의 가장 큰 장애물로 인식되기에 이르렀다.[111]

고이즈미 수상 취임 후인 2001년 10월, 북한이 정상화 교섭을 타진해오면서 외무성 다나카 히토시田中均 아주국장을 중심으로 비밀 협상이 진행되었다.[112] 그러나 관저 내에서도 후쿠다福田 관방장관과 후루카와古川 관방부장관만 비밀 협상에 대해 알고 있었고, 대북 강경파인 아베安倍 관방부장관은 배제되어 나중에 갈등이 커지는 결과를 낳았다. 2002년 8월 30일 고이즈미가 방북 계획을 발표하자, 주변국은 물론 미국도 깜짝 놀랐다. 9월 17일 평양 방문에서 문제가 된 것은 납치된 일본인 13명 중 8명이 사망했고 5명이 생존해 있다는 뉴스였다. 특히 세간의 관심이 고조된 요코타와 아리모토가 죽었다는 사실이 충격을 주어, 아베는 협상 결렬을 선언하고 돌아가자고 주장할 정도였다. 결국 김정일이 사과하고 책임자 처벌 및 재발 방지에 관한 구두 약속을 함으로써, 북 · 일 국교 정상화를 추구하는 평양선언을 발표할 수 있었다.[113]

그러나 고이즈미의 방북 이후 두 가지 사태 전개가 북 · 일 관계의 진전을 가로막았다. 하나는 납치에 관한 여론의 악화였다. 일본 국민들은 북한이 제시한 납치 피해자 사망 이유나 시기가 모순 덩어리라며 신뢰

111 大嶽 (2006), 210-211쪽. 이들 단체의 정식 명칭은 다음과 같다. '북한에 의한 납치 피해자 가족 연락회(납치가족회),' '북한 납치 의혹 일본인 구원 의원 연맹(납치의원연맹),' '북한에 납치된 일본인을 구하기 위한 전국협의회(납치일본인 구하는 모임).'

112 『요미우리신문』, 2004년 11월 18일.

113 『요미우리신문』의 취재에 의하면, 북 · 일 협상에서 다나카 국장이 세운 세 가지 기본 방침은 첫째, 북한이 납치 사실을 사과하고 피해자 정보를 공개한다. 둘째, 과거의 청산은 한 · 일 방식으로 한다. 셋째, 경제 협력 금액은 정하지 않는다는 것이었다고 한다. 『요미우리신문』, 2006년 11월 22일.

하지 않았다. 또한, 10월 초 켈리James Kelly 미 국무성 동아시아 담당 차관보의 방북에서 드러난 북한의 비밀 핵무기 의혹이었다. 이 두 가지 상황이 겹쳐지면서 일본은 대북 강경 모드로 전환해 갔고, 대북 강경파인 아베가 전면에 나서게 되었다. 일본은 같은 해 10월 15일, 북한의 동의하에 일시 귀국한 납치 피해자를 일본에 영주시키기로 결정하였고, 북한에 남은 가족들의 귀환도 추구하였다. 야마자키 다쿠山崎拓와 히라사와平沢勝栄 의원의 독자 외교, 이이지마飯島 비서관의 비선 채널 등을 활용한 결과, 북한은 정부 고관이 오는 것을 전제로 납치 피해자 가족의 귀환을 허용하였다. 2004년 5월 22일 고이즈미는 북한을 다시 방북하여 납치 피해자 가족 5명을 데리고 귀국하였다.[114] 3명의 가족을 남겨놓은 데 대한 비판이 일자, 고이즈미는 납치가족회로부터 비난받는 것을 TV에 생중계함으로써 여론의 동정심을 샀다.[115] 이후 고이즈미 내각은 '납치 문제 해결 없이 북 · 일 국교 정상화는 없다'라는 방침을 철저하게 추구하였다. 핵 문제 해결을 위한 6자회담의 장에서도 핵보다 납치 문제를 우선할 정도로 고이즈미 내각은 납치 일변도의 대북 외교를 시종일관 추진하였다.

결국 고이즈미의 아시아 외교의 새로운 돌파구로 여겨졌던 북 · 일 국교 정상화 노력도 납치 문제를 전면에 내세운 대북 강경 일변도 외교로 돌아섬으로써 아시아 국가들과의 거리는 좁혀지지 않았다.

114 『요미우리신문』에 의하면, 고이즈미가 방북을 결정했을 당시에도 북한이 확실히 가족의 귀국 약속을 하지 않은 리스크를 건 방북이었다고 한다. 『요미우리신문』, 2004년 12월 4일.

115 『요미우리신문』, 2004년 12월 9일. 당시 고이즈미 내각은 연금 미납 문제로 어려움을 겪고 있었으며, 7월의 참의원 선거를 몇 달 안 남긴 상태였다.

[04]

고이즈미 정권의 유산

고이즈미의 수상 재직일수는 사토, 요시다 수상에 이어 전후 세 번째로 길었다.[116] 1990년 이후 고이즈미에 이르기까지 11년간 8명의 수상이 바뀐 점에 비추어 보면, 고이즈미의 재직일수인 1,980일은 실로 기록적인 것이었다. 더욱 놀라운 것은, 그의 재직 기간 동안 내각 평균 지지율이 56.0%에 이르는 경이적인 수치였다는 점이다.

고이즈미는 2006년 11월 18일 자민당 당대회에서 말한 것처럼, '보수하고 싶으면 혁신해야 한다'는 점을 잘 이해하고 있는 정치인이었다. 고이즈미 총리는 공공사업으로 대표되는 예산의 낭비, 관료의 지배, 정치와 행정의 부패, 분산된 정책 결정 구조, 그리고 재정 적자의 누적 등 자민당 장기 지배 체제가 가져온 제도피로와 폐해를 누구보다 잘 꿰뚫

116 전후 역대 수상의 재직일수가 긴 순서는 다음과 같다. 사토(佐藤) 2,798일, 요시다(吉田) 2,616일, 고이즈미(小泉) 1,980일, 나카소네(中曽根) 1,806일, 이케다(池田) 1,575일, 기시(岸) 1,241일, 하시모토(橋本) 932일, 다나카(田中) 880일, 스즈키(鈴木) 864일, 가이후(海部) 818일 순이다. 『요미우리연감』(2007), 209쪽.

고 있었다. 따라서 자민당 정치의 문제점을 예리하게 진단하고 유권자들에 직접적으로 호소하는 방식을 통해 자민당의 누적된 문제점을 극복해 보려고 시도하였다. 전통적인 농촌 지역의 지지자들에 묶이지 않고, 도시부에 거주하는 젊은 유동층 및 고학력 유권자들을 자민당 지지로 돌리려는 시도도 고이즈미의 공적이 아닐 수 없다. 나아가, 공공사업 등에 의존하여 재배분을 통한 전통적 지지 세력의 확보에 머물지 않고, 구조개혁을 통해 재정을 건전화하면서 새로운 경제 체질을 만들어 내려 한 점도 고이즈미가 아니면 실행하기 어려운 정책 과제였다.

그러나 그의 진단책들이 모두 성공적으로 마무리된 것은 아니며, 자민당 정치의 회생을 장기적으로 담보해 주는 것도 결코 아니었다.

고이즈미 총리의 자민당 정치 진단

고이즈미가 총리로서 맞이한 시대는 무엇보다도 일본의 경제 불황이 지속되는 시점, 특히 전후 최대의 불황이라고 일컬어지던 1997년 이후, 성장의 조짐이 보이지 않지만 일본 국민들은 희망을 갈구하던 시대였다. 일본이 경제 불황을 겪고 있다는 사실을 숨기거나 부정하지 않고 이를 극복할 방안을 강구하고자 노력한 점이 다른 총리들에게는 찾아볼 수 없는 고이즈미의 진면목이었다. 또한, 고이즈미 총리는 일본형 정당 경쟁 체제에서 더 이상 혁신 좌파가 자민당에게 정치적 대안으로 작용할 수 없는 소수파로 전락했다는 사실을 잘 깨닫고 있었다. 1998년 참의원 선거 이후 55년 체제에서의 혁신 정당들은 거의 존재감을 상실해 가고 있었다. 의석수가 많아야 두 자리 수에 그치는 혁신 정당들이 자민당에 대항하는 세력으로 설 수 없다는 사실은 자명했다. 고이즈미가 추진한 신자유주의적 개혁과 신보수주의적 국제주의 노선으로 인해 좌파가 추구하던 정치적 이상들은 정치 무대의 뒷면으로 거의 사라졌다. 그런 의미에서 고이즈미 정권기는 전후 좌파의 본격적인 해체기였다. 나아가 중도 정당이었던 공명당과 자민당이 그가 총리가 되기 직전인 1999년 연립 정권을 수립함에 따라 중도 정당에 의한 자민당 비판이 어려워진 한편, 민주당이 자민당을 쓰러뜨리기에 아직 미성숙한 시점이었다.

1990년대 일본 정치가 전후 체제의 대전환기를 경험한 이후, 고이즈미는 자민당이 자기 혁신을 통해 재생하는 방법을 모색하고자 했다. 그는 눈더미처럼 늘어가는 재정 적자 속에서 공공사업에 대한 재정투융자를 통해 수요를 진작하려는 시도에 대해 비판적이었다. 아울러, 재정 적자를 메꾸기 위해 세금을 인상하려는 시도가 유권자들의 차가운 비판에 직면하여 자민당 지배 체제가 더욱 흔들릴 것이라는 것도 알았다. 따라서 고이즈미는 증세나 재정 출동을 피해, 철저한 구조개혁, 특히 공공 부문에 대한 과감한 개혁 조치를 통해 유권자들의 지지를 자민당으로 돌리려고 시도하였다. 증세를 요구하기 전에, 뼈를 깎는 고통을 수반하는 구조개혁이 있을 때에만 불황기 유권자들의 지지를 받을 수 있다는 점을 잘 이해했던 것이다.[117]

고이즈미는 또한 성역없는 구조개혁을 추진하기 위한 최대의 장애물이 약화된 혁신 좌파 세력이나 아직 성장 단계에 있는 민주당이라기

117 이런 점에서 고이즈미는 '증세 없는 행정개혁(増税なき行政改革)'을 주장한 나카소네 총리의 이념 및 수법을 계승했다.

보다는, 내부의 적, 즉 자민당 내부의 기득권 추구 세력임을 인식하고 있었다. 예산의 분배와 집행에 관련된 기득권의 연계 고리, 즉 이익 배분에 기반한 온정주의패터널리즘, paternalism의 고리야말로 개혁을 가로막는 가장 큰 장애물이라고 본 것이다. 또한, 수상 관저 주도의 정책 결정을 가로막는 분산형 정책 결정 구조가 자민당 정치에 그대로 녹아있다는 사실도 그는 알고 있었다. 자민당의 부회, 정무조사회, 총무회 등 이권과 연결된 다원적 정책 결정 구조나 관료들과 유착된 족의원들을 내치지 않는 한, 장기 집권에서 오는 제도피로와 부패를 일소하고 개혁에 나설 방법은 없었다. 따라서 관저 주도의 정책결정구조 확립을 통해 자민당에 대한 내부개혁에 나선 것이다.

이 같은 성격의 구조개혁을 추진하기 위해서, 고이즈미 총리는 자민당을 오랫동안 지지해 온 이익 단체, 관청과 예산집행에 직간접적으로 연계된 특수법인 및 공공법인 등 중간 집단을 해체하는 것이야말로 상징적인 개혁의 조치가 될 수 있다는 점을 확신하고, 우정 민영화, 도로공단 민영화 등에 적극적으로 나섰다. 고이즈미는 이들 중간 집단은 자민당 정치의 최대 수혜 집단이자 부패 및 낭비의 근원으로서 개혁이 필요하지만, 국민의 강력한 지지가 없이는 이들을 해체하거나 부정한다는 것은 아주 어려운 작업임을 알고 있었다. 따라서 그는 포퓰리스트적인 수법 동원을 통해 이들을 기득권을 수호하려는 개혁의 저항 세력으로 규정하고 고립시켜 나갔다. 그가 추구한 것은 1970년대부터 1990년대까지 예산과 법률 등 공식적 조치와 족의원의 발달, 국회대책정치, 파벌의 논공행상 등 비공식적 관행에 의해 지탱되어 온 토건국가土建国家 체질을 근본적으로 해체하는 대담한 시도였다. 결과적으로 고이즈미의 구조개혁 노선은 국민들, 특히 도시부에 거주하는 젊고 학력이 높은 유동층의 지지를 획득하면서 자민당 정치의 새로운 틀을 만들어 내는 것을 목표로 하였다.[118]

고이즈미 개혁이 가져온 자민당 지배 체제의 유동화

고이즈미류의 보수 회생 전략은 성공적인 외면에도 불구하고 많은 한계점을 안고 있었다.

먼저, 민간 부문의 활성화를 통한 경제성장 유도라는 신자유주의적 개혁 노선은 상당 부분 도시 의존적 내지 도시 우선적 전략이었다. 따라서, 도시부 유권자, 특히 일본의 재정 적자의 미래를 걱정하는 젊은 유권자들의 감성과 요구에 부응하는 구조개혁 및 공공 부문 개혁 전략은 도시부 유권자들을 중심으로 인기를 확보할 수 있었다. 하지만 지역 경제 기반이 약하고 재정 자립도가 취약한 데다 세금을 내는 인구가 적은 농촌 지역 유권자들의 입장에서는, 정부의 구조개혁은 성장을 위한 통증이 아니라, 정부의 재정투자에 의존하고 있던 자신들의 삶의 기반을 위협하는 것이었다. 이는 자민당 내 보수 리버벌 세력들이 오랫동안 지켜내고자 했던 지역공동체의 약화로 이어졌다.[119] 따라서 자민당이 오랫동안 아성으로 지켜왔던 농촌 지역 및 지방 주민의 자민당에 대한 이반을 초래했다. 유권자에게 인기가 높았던 고이즈미가 구조개혁 노

118 이러한 의미에서 다케나카는 고이즈미의 수상 지배 체제를 2001년 체제라고 부른다. 竹中治堅, 『首相支配』(東京: 中央公論新社, 2006). 고이즈미의 도시부 지지 획득 전략에 대해서는, 菅原琢, 『世論の曲解』(東京: 光文社, 2009).

119 加藤紘一, 『劇場政治の誤算』(東京: 角川書店, 2009).

선을 추진하는 동안, 다행스럽게도 자민당은 농촌부의 지지자들을 묶어둔 채로 도시부 유동층의 지지를 확보하는 데 성공하였다.[120] 자민당이 외연을 확장하는 데 성공한 것이었다. 그러나 지속적으로 농촌부와 도시부 지지의 상승적 결합이 성공하기 위해서는 양 지역의 이해가 상호 보완적이어야 하는 동시에, 자민당에 대신하여 농촌 지역의 지지 기반을 파고드는 대안 정당이 존재하지 않을 경우에만 가능한 것이었다. 1990년대 이후 도시부 유권자들은 농촌 지역에 대해 그다지 동정적이지 않았다. 70년대 다나카 수상이 일본열도 개조계획을 외치면서 지방에 대한 투자를 늘려갈 때, 대부분 도시부 유권자들은 농촌 지역으로부터 이주해 온 1세대들이었고, 그들의 부모나 친척 친지들이 농촌 지역에 거주하고 있었던 관계로, 경제성장의 혜택을 농촌 지역 및 미개발 지역에 정부 투자의 형태로 나누어주는 것에 대해 결코 비판적이지 않았다. 그러나 90년대 이후 경제가 침체하고 있는 가운데, 도시부의 조세 이익이 농촌 지역으로 지속적으로 유출되는 것에 대해 젊은 유권자들의 여론은 비판적으로 바뀌었다. 이는 도시 거주 주민들이 고정화되고 안정화되면서 농촌 지역과의 직접적인 유대감이 약화된 것과도 무관하지 않다. 즉, 도시부의 이익과 농촌 지역의 이해가 상호 보완적이라기보다는 상호 대립적인 요소를 안게 된 것이다. 더구나 대안 정당이 존재하지 않는 상태에다, 농촌 지역을 파고드는 정당이 약한 상태에서는 농촌 지역이 자민당에게 있어 상대적 무풍지대였지만, 2006년 이후 민주당이 농촌 지역에 대한 침투를 강화함에 따라 더 이상 자민당만이

120 菅原琢 (2009).

농촌 지역의 이익을 대표하고 보호해 줄 것이라는 주민들의 생각이 바뀌면서 농촌 지역이 더 이상 자민당의 아성이 아니게 되었다는 사실을 자민당은 충분히 자각하지 못했다.

고이즈미 전략의 불안정성은 아울러 전통적 자민당 지지 세력을 약화시키는 딜레마에서 나온다. 고이즈미가 출현하기까지 자민당의 전통적 지지 세력들은 여당인 자민당에 대한 기대를 버리지 않았다. 그러나 장기간에 걸친 자민당 지지에도 불구하고 우정 민영화라는 이름하에 해체와 구조 조정이라는 위기에 봉착한 특정 우편국장들의 경우처럼, 자민당이 더 이상 장기적인 이익의 교환과 변제에 기반한 의리와 인정義理と人情의 정당이 아니라는 사실을 깨닫게 되었다. 그러자 전통적 자민당 지지 조직들이 가지고 있던 자민당에 대한 충성도가 약화되었다. 더구나 도시 지역을 중심으로 공명당에 대한 의존도가 높아지자, 반反창가학회 성향의 종교 세력들은 점차 자민당과 거리를 유지하거나 다른 정당을 지지하는 경향을 보였다. 자민당은 오랫동안 쵸나이카이町内会 등 장기 지역 거주자를 중심으로 한 지역공동체, 이해관계의 교환을 기초로 한 이익 단체들과의 포괄적 연계, 그리고 보수적 이념과 종교적 색채를 가진 단체들에 의한 지지를 기초로 한 정당이었다.[121] 그러나 1999년 이후, 자민당과 공명당의 연립이 지속되고 지역구에서의 선거 협력이 심화되면서 기존 종교 단체들이 지지를 철회하거나 약화하는 결과를 가져왔다. 카바시마의 연구에 의하면, 자민당의 공명당에 대한 의존도는 더욱 높아져서 2003년 총선 당시 공명당 지지 세력의 60%

---

121 朴喆熙 (2000).

가 자민당에 투표했다고 하면 53명이 낙선을 면했고, 80%가 소선거구에서 자민당 후보에 투표했다면 77명이 공명당 지지 세력에 의해 당선했다고 지적하고 있다.[122] 이는 고이즈미 개인의 선택이라기보다는 자민당의 정권 유지를 위한 총체적인 의지의 표현이었으나, 자민당 지지 단체들 간의 내부 결속을 약화시킨 반면, 공명당에 대한 의존도를 높인 점은 부정할 수 없다. 역설적으로 자민당의 자생력을 약화시킨 것이다. 또한 2005년 총선에서 나타난 것처럼, 자민당 내부가 전통적 지지 기반을 지키려는 세력들과 고이즈미류의 개혁 노선을 추진하려는 세력으로 사실상 분화되었다. 전통적인 지지 세력 유지파는 주로 비도시부 지역 출신 의원들이었고, 특정 지지 단체들과 관계를 오래 유지해 온, 이른바 족의원들이었다. 고이즈미 정권에서 이들이 저항 세력이라는 이름으로 압박을 당하면서, 개혁의 지속을 둘러싼 당내 갈등의 소지를 높이는 결과를 가져왔다.[123]

고이즈미 노선의 위험성은 외교 노선의 일방성에서도 발견된다. 그가 추구한 미 · 일동맹 강화 전략은 일본의 국제화, 정치 · 군사적인 존재감의 강화에는 기여하였다. 하지만 야스쿠니 신사 참배에서 보여지는 국수주의적 민족주의 정서와 자위대의 사실상 전투 지역에 대한 파견, 유엔 상임이사국 진출 시도 등에 나타나는 대국주의적 시도의 결합이 사실상 아시아 주변국들과의 마찰을 극대화함으로써 결과적으로 일본이 동아시아 내에서 고립되는 상황으로 귀결되었다. 국가 중심적 ·

122 蒲島郁夫,『戦後政治の軌跡』(東京: 岩波書店, 2004), 376쪽.

123 野中尚人,『自民党政治の終り』(東京: 筑摩書房, 2008).

강성 권력hard power 중심적 · 국제주의적 시도는 결국 자민당 내부의 온건 보수 및 보수 리버럴 세력에 의한 자기비판을 확대시켰다. 고이즈미의 오랜 정치적 파트너였던 가토加藤나 야마자키山崎가 고이즈미의 외교 노선, 특히 아시아 외교 부재에 대해 비판의 목소리를 높이고, 그의 관방장관이었던 후쿠다 야스오福田康夫마저 야스쿠니 신사 참배에 제동을 건 사실은, 고이즈미의 신보수주의적 시도가 사실상 자민당 내의 흐름을 대외 노선의 측면에서도 양분하고 말았다는 사실을 알려준다.

고이즈미 전략의 불투명성은 또한 유동층 및 무당파층에 대한 과도한 의존에 기인하는 것이었다. 고정표와는 달리 젊은 유동층 및 무당파층은 당시의 사회적 분위기 및 지도자의 인기도에 따라 정당 지지를 바꾸는 세력이었다. 따라서 자민당에 대한 기대감이 사라지는 순간, 그대로 자민당 지지를 철회할 수 있는 가능성이 아주 높기 때문에 자민당을 사상누각 위에 세워놓는 결과를 가져올 위험이 아주 컸다. 특히, 반사회주의 등 이념적 공감대에서 출발했거나, 공공사업 등 자신의 생활 기반과 직결된 이익의 연장선상에서 자민당을 지지해 왔던 전통적 자민당 지지 세력과는 달리, 대중적 이미지나 주장의 신선함에 반응하는 유동층들은 다른 정당 및 지도자로의 지지 이동이 아주 빠르게 일어날 수 있다는 점에서 불안정했다.[124] 일반 유권자들에게 인기가 있고 신선한 정치적 이미지를 선사하면서 과감하게 자신의 정책을 추진해 나가는 동시에, 정치 부패나 실언 등에 의한 지지의 하락을 막을 수 있는 정치

124 정당들에 대한 지지 이동 및 전환이 아주 빠르고 급속하게 나타날 수 있다는 점에서 장기적인 정당 지지의 전환과 다른 정당으로의 지지 이동, 그리고 상당 기간에 걸친 지지의 연속성을 전제로 하는 dealignment와 realignment라는 개념은 유동층의 지지 성향 파악과 분석에 그다지 유용하지 않다.

지도자의 지속적인 확보가 유동층 지지를 담보해 줄 수 있는 전제였다. 그러나 대중적 인기가 있는 정치인들이 존재하지 않거나 정치 지도자들에 대한 지지가 급락할 경우, 자민당은 유동적인 지지 기반 위에 선 약체 정당으로 전락할 가능성이 매우 컸다. 고이즈미 총리 퇴임 이후의 자민당 정치는 이를 잘 보여 주고 있다.

| 6장 |

자민당 정치의 쇠락과 정권 교체

◆ ◆ ◆

고이즈미 총리가 물러난 후, 자민당의 주도권은 모리森파에 속하거나 고이즈미 정권에서 요직을 차지했던 아베, 후쿠다, 아소에게 넘어갔다.[1] 아베에서 아소에 이르는 지도부의 교체는 야당의 도전에 의해 위기에 처할 경우, 파벌을 바꿔가며 유사 정권 교체 효과를 극대화함으로써 자민당의 새로운 이미지를 만들던 이전의 시대와는 다르다는 사실을 잘 보여준다. 진자振子의 움직임이 경쟁하는 파벌 간에 수평 이동하는 것이 아니라 주류와 내부에서 국민적 인기라는 잣대에 의해 정해지는 방식으로 전환되었다.[2] 결국 자민당 내 정치 엘리트 순환의 폭이 협소해졌음을 상징적으로 보여준다.

1 고이즈미 직후 총재로 선출된 아베와 그 다음 수상이 된 후쿠다는 고이즈미 정권의 관방장관들이었다. 아베와 후쿠다는 사실상 모리(森) 전 총리가 이끄는 파벌인 세이와카이(清和会)의 멤버들이었다. 후쿠다의 뒤를 이어 수상이 된 아소의 경우도 고이즈미 정권에서 정조회장, 총무상, 외상 등 요직을 역임하면서 정치적으로 성장한 인물이었다.

2 아소는 모리파에 속하는 정치인은 아니었으나 자민당 내 가장 작은 파벌의 대표로서 가장 수가 많은 모리파의 영향을 크게 받고 있었다.

고이즈미를 이은 세 명의 총리들이 고이즈미의 개혁 정치와 외교 노선을 그대로 답습하지는 않았다. 그러나 이들 총리들이 고이즈미 정치가 남긴 긍정적 유산과 부정적 유산이라는 현실 속에서 자민당을 이끌어가고자 한 것은 부정할 수 없는 사실이다. 고이즈미는 2005년 총선에서 공명당과 합쳐 중의원의 3분의 2이상을 차지하는 절대 안정 다수라는 유산을 남겨주었다. 아베는 중의원에서의 압도적 다수 확보라는 자신감에 기반하여, 자민당의 창당 이념인 전후 체제의 탈각脫却을 시도하였다. 하지만 고이즈미가 일반 대중을 정치로 끌어들이고 포퓰리즘적 수법에 의해 유권자를 매료시킨 반면, 아베는 이념의 정치를 통해 일본 국민의 생활과는 동떨어진 나가타쵸 내 정치 세력 간의 타협과 갈등으로 정치의 장을 축소시켰다. 그리고 우파적 지향성의 강화로 이념적 중간 지대의 공백을 크게 만들었다. 2007년 참의원에서의 대패는 자민당의 자신감이 과잉된 결과였다.

참의원에서의 대패는 중의원에서 3분의 2라는 우세를 상실할 경우, 정권을 내주어야 한다는 위기감을 고양시켰다. 중의원에서의 우세를 일시적이라도 잃지 않으려는 강박관념이 중의원 해산을 뒤로만 미루는 수세적인 대응을 가져왔다. 반면, 민주당은 참의원에서의 승리를 바탕으로 중의원에서도 자민당을 밀어내면 정권을 잡을 수 있다는 믿음을 가지고 자민당에 대한 공세의 고삐를 늦추지 않았다. 양원제라는 일본형 내각제의 독특함이 여 · 야당에게 참의원 이후의 정국을 이끌어가는 방식의 차이를 일깨워주었다. 참의원 과반수의 상실이라는 상황에서 후쿠다와 아소는 정국의 주도권을 잡는 것이 얼마나 어려운 작업인지 깨달을 수밖에 없었다. 자민당이 간과한 것은 조용하면서도 빠른 민주당의 대안 정당으로서의 성장이었다. 2005년 총선을 제외하면 민주당이 비례대표구에서 더 많은 득표를 하고 있었음에도 불구하고, 자민당은 만년 여당인 것처럼 행동하면서 유권자들의 감각에서 멀리 떨어진 나가카쵸 내부의 정치에 매몰되었다. 정치적 경쟁 세력 앞에서 내부 갈등에 휩싸인 자민당은 자기 혁신의 의지를 상실한 기득권 세력으로 비쳐졌고, 유권자는 자민당에 대한 기대를 접어 갔다. 결국 자민당은 2009년 총선에서 중의원의 과반수를 확보하는 데 실패함으로써 54년간 지켜온 정권의 자리를 민주당에 내주어야 했다.

그렇다면, 자민당에서 민주당으로의 정권 교체는 필연적인 결과였는가? 민주당으로의 정권 교체를 용이하게 설명하려고 하는 이들은 합리적 선택 이론에 기반한 제도론자rational choice institutionalist들이다. 소선거구제가 양당 간의 경쟁을 가져오는 경향이 있다는 것은 듀베르제Duberger 이후 선거제도 전문가들에게는 상식에 가까운 결론이다. 일본이 정치개혁을 추진하면서 소선거구제를 우선하는 제도를 도입한 것도 양당 간 정권 교체를 통해 정치에 활력과 긴장을 불어넣기 위함이었다.[3] 이러한 논리의 연장선상에서 제도론자들은 민주당에 의한 정권 교체는 1994년 도입한 소선거구제의 효과가 성숙되면서 나타난 제도균형institutional equilibrium의 결과라고 분석했다.[4]

소선거구제가 정당 간의 통합을 유도하면서 정권 교체의 개연성과 잠재력을 높여 주는 것은 부정할 수 없다. 그러나 제도가 선거에서 특

---

3 佐々木毅,『政治はとこへむかうのか』(東京: 中公新書, 1992), 213-218쪽.

4 소선거구 제도와 정권 교체를 연계하는 이론적 시도로는, Steven Reed, Kenneth McElwain and Kay Shimizu (eds.), *Political Change in Japan* (Stanford: APARC, 2009).

정 정당의 승리를 보장해 주는 것은 아니다. 1993년에는 중선거구제하에서 선거를 치렀음에도 불구하고 정권 교체가 일어났다. 또 자민당의 승리도 민주당의 승리도 가능한 것이 현행 선거제도이기 때문에, 정권 교체를 설명하기 위해서는 정당이 추구하는 이념적 가치 및 정책적 대안, 이에 대한 여론의 지지, 그리고 정당의 조직 및 선거 전술 등 복합적인 요인에 대한 분석이 필수적이다. 정당의 승패가 선거제도라는 하나의 제도에 의해 규정되는 것은 아니기 때문이다. 또한, 소선거구제를 중심으로 한 정권 교체의 설명은 일본이 양원제라는 시스템을 채택하고 있으며, 중 · 참 양원에서의 과반수 확보가 없으면 정권 교체가 어렵다는 사실을 애써 외면한다. 소선거구제는 중의원 선거제도의 일각일 뿐이다. 일본의 여당은 중 · 참 양원에서 모두 과반수를 확보해야 가능하다는 점을 감안한다면, 양원의 한 축인 참의원을 경시하는 경향은 바뀌어야 한다. 실제로 자민당의 지지 하락과 여당 지위 상실은 중의원이 아닌 참의원에서부터 시작되었고, 결국 참의원에서 여당에 의한 과반수 확보에 실패하면서 민주당에 의한 자민당 공세가 주효하게 되었다. 2007년 참의원 선거 이후, 양원제가 낳은 뒤틀린 국회의 지속은 자민당 지도부를 지속적으로 궁지에 몰아넣었다. 더욱 주의할 점은, 참의원의 실패가 반드시 중의원의 실패를 가져오는 것은 아니며, 중의원에서의 승리가 반드시 참의원에서의 승리로 연결되는 것도 아니라는 점이다. 자민당이 1989년 이후 참의원에서의 단독 과반수 확보 실패에도 불구하고, 연립을 통해 거의 10여 년간 정권을 연장해 왔다는 사실은 시사하는 바가 크다.

자민당의 정권 상실에 대한 거시적이고 구조적인 설명은 정치경제

학자들에게서 많이 나타난다. 90년대 초반 이후, 자민당의 분열을 통한 레짐의 이행을 기대하거나 그 가능성을 논한 학자는 많다. 펨펠Pempel은 90년대 이후의 체제 이행 과정에서 보수 지지층 내에서 국제적으로 경쟁력 있는 부문과 국제경쟁력이 없는 부문 간 갈등이 심화되고, 이것이 자민당 내 분열로 이어져 자민당 정치가 불안해질 것이라고 내다보았다.[5] 펨펠은 나아가 자민당 정치의 붕괴를 자민당 내 생산성 중시파와 이익 배분 중시파 간의 대립과 분열의 결과로 파악한다.[6] 히와타리Hiwatari도 일본 사회 내의 다국적 부문, 수출 부문, 중소기업 부문 간 이익 대결과 선호의 교차가 자민당 정치를 우유부단하게 함으로써 위기에 직면할 가능성이 있다고 진단했다.[7] 노나카野中尚人는 공공사업을 중심으로 한 자민당형 전후 합의가 깨지면서 1990년대 이후 신자유주의파와 현상 유지파 간의 대결이 심화되고 있고, 이것이 자민당 정치의 종언을 예고하고 있다고 분석했다.[8]

오히려 이러한 분석의 시각은 1993년의 자민당의 분열에 의한 일시적인 정권 상실을 설명하는 데 더 유용하였다.[9] 자민당의 분열에 의한 정권 교체 가능성을 시사하는 분석들은 자민당을 난공불락의 거의 영원한 여당으로 파악하고 일본에서 가능한 정권 교체란 여당인 자민당이

5 T. J. Pempel, *Regime Shift* (Ithaca: Cornell University Press, 1999), 213쪽.

6 T. J. Pempel, "Between Pork and Productivity," *The Journal of Japanese Studies*, 36:2 (Summer 2010), 227-254쪽.

7 Nobuhiro Hiwatari, "Irresolute Politics? The Fiscal Stimulus-Structural Reform Policy Dilemma and the Politics of Sectoral Coalitions in Japan," 『일본연구논총』 (2002년 겨울호), 203-209쪽.

8 野中尚人, 『自民党政治の終り』 (東京: ちくま新書, 2008), 215쪽.

9 자민당 분열에 의한 정권 교체에 대한 좋은 설명으로는 Gerald Curtis, *The Logic of Japanese Politics* (New York: Columbia University Press, 1999), 2장.

분열할 경우에만 가능하다는 암묵의 전제를 깔고 있다. 그러나 2009년의 정권 교체는 여당인 자민당의 분열이라는 당내 역학에 의해 결정되었다기보다는 유권자 지지 패턴의 변화에 의해 이루어졌다. 그러나 장기적인 유권자들의 지지 변화에 의한 정당 간 경쟁 구조의 변화에 분석의 초점을 두기보다는 여당인 자민당 내부 분열과 자멸로 환원시키는 한계를 극복하지 못했다.

자민당을 중심으로 하는 분석과 정반대로 민주당 편에 서서 자민당의 필연적인 몰락을 예상한 저작도 있다. 민주당의 오랜 브레인이었던 야마구치山口二郎는 정권 교체에 대한 열망을 불사르면서, 자민당이 고이즈미 개혁 이후 실패를 거듭하여 민주당으로의 정권 교체가 필요하다고 주장한다. 그에 의하면 고이즈미 개혁 이후 파벌의 기능 쇠퇴 등이 지도자를 육성하는 권력투쟁의 소멸을 가져왔고, 아베 정권 이후의 자민당 정책은 개혁이라는 대의명분의 유지와 지지자에 대한 배려라는 두 과제 사이에 끼어 꼼짝달싹 못하는 처지가 되었다.[10] 따라서 이를 대신하는 민주당으로의 정권 교체만이 헌정을 복귀할 수 있는 길이라고 역설한다.

자민당의 실패와 분열이 민주당에 대한 기대와 지지로 이어졌다는 분석은 타당하다. 다만 이 같은 분석은 민주당의 승리 가능성을 자민당의 실패라는 불가역적 상황에서 유도해내고 있어 정작 민주당이 가지고 있는 역량에 대한 평가를 게을리하고 있는 한계를 지니고 있다. 소선거구제하에서 여당의 실패는 곧 야당으로의 표 이전을 가져올 공산

10 山口二郎, 『政権交代論』(東京: 岩波新書, 2009), 2-12쪽.

이 크긴 하지만, 민주당의 조직적 역량, 정책 아이디어, 선거구에서의 경쟁력 있는 후보 공천 등 미시적인 과정을 분석해야 한다. 거시적 정책 과정 때문에 필연적으로 정권 교체가 이루어질 것이라는 지적은 진실의 반쪽만 분석한 데 불과하다.

따라서 이 장에서는 정당들이 추구하는 이념적 목표와 정책적 대안이 유권자의 지지 패턴 변화와 어떻게 연결되는지, 또한 정당 간 경쟁 구도의 변화가 자민당 내부의 역학 관계 변화에 어떻게 연계되는지에 분석의 초점을 두고자 한다. 아울러, 참의원에서의 과반수 확보 실패가 얼마만큼 자민당 정권 운영에 영향을 미쳤고, 자민당이 취할 수 있는 전략은 왜 한정적일 수밖에 없었는지에 대해서도 논하고자 한다.

[01]
아베 정권의 이념의 정치와 참의원 선거 대패

아베安倍는 고이즈미 정권에서 간사장 및 관방장관을 지내면서 정권의 핵심부에 있었다. 고이즈미가 물러나면서 아베가 자민당 총재로 선출된 것은 고이즈미 총리 본인의 개혁 지속에 대한 바램과 무관하지 않았다. 고이즈미는 2006년 5월 2일 해외 순방 중 기자간담회에서, '다음 총리가 누가 되든 간에 개혁 노선을 계속하지 않으면 자민당은 국민의 지지를 얻을 수 없을 것이다'라고 자신의 의견을 피력하였다.[11] 또한, 자민당 소속 의원들은 2007년 7월로 예정되어 있는 참의원 선거에 대비하여 젊고 국민적 인기가 높은 아베를 내세움으로써 '선거의 얼굴選挙の顔'로 활용하고자 하였다.[12] 아베 자신도 다케시타竹下에게 먼저 수상

11 『아사히신문』, 2006년 5월 3일.

12 야마구치 지로 교수는 자민당의 총재 선거가 더 이상 파벌 간 힘겨루기를 하지 않고 국민들에게 인기가 있는 정치가를 뽑으려는 경향이 강해졌다고 하면서, 자민당 총재 선거가 미인대회로 전락했고 정치가들은 모두 이기는 말을 타려는 경향이 짙어지고 있다고 혹평하고 있다. 山口二郎 (2009), 6쪽.

자리를 양보하고 결국 총리가 되지 못한 채 세상을 뜬 아버지 아베 신타로安部晋太郎의 전례를 생각할 때, 기회가 오면 잡아야 한다는 생각으로 의욕을 불태웠다.

고이즈미는 자신의 후임으로 후쿠다福田를 생각하고 있던 모리森를 향해, '파벌로 묶어보려는 생각은 더 이상 통하지 않는다. 나오고 싶은 사람은 나오면 된다'라고 하여 사실상 아베를 지지했다. 아베를 지지하는 의원들은 아베의 슬로건인 '재도전 가능한 사회'를 내세워 일찌감치 2006년 6월 2일에 '재도전 가능한 사회 지원 의원연맹'을 만들어 94명이 설립총회에 참석함으로써 세를 과시했다. 후쿠다가 총재 선거 출마를 포기하자, 다니가키谷垣와 아소麻生가 아베의 경쟁자로 자민당 총재 선거에 나섰지만, 아베는 60%가 넘는 464표를 얻어 2006년 9월 20일, 후임 자민당 총재로 선출되었다. 9월 26일 발족한 아베 내각의 지지율 70.3%가 보여 주듯이 젊은 개혁파 수상 아베에 대한 국민적 기대는 높았다.[13]

그러나 아베는 자신을 자민당 총재로 밀어준 측근과 지지파를 내각과 주요 당직에 임명하는 논공행상을 눈에 띄게 추진함으로써 '친구들 내각お友達内閣'이라는 조롱을 받았다. 그의 정치적 동지이자 친구인 시오자키塩崎를 관방장관에 발탁한 것은 물론, 고이즈미 내각의 첫 번째 관방장관이자 같은 파벌의 중진인 나카가와 히데나오中川秀直를 간사장에, 자신의 절친한 친구인 나카가와 쇼이치中川昭一를 정조회장에 앉혔다. 그리고 수상 보좌관 5명에도 자신의 측근을 과감히 등용하였다. 고이케小

13 『요미우리신문』, 2006년 9월 28일.

池百合子를 안보 담당으로, 네모토根本를 경제 담당, 나카야마中山恭子를 납치 담당, 야마타니山谷えり子를 교육 담당, 그리고 세코世耕弘成를 홍보 담당으로 임명함으로써 자신이 추진하고자 하는 정치적 아젠다를 전면에 드러냈다.

아베가 관심을 가진 정치적 아젠다는 다음의 세 가지로 요약될 수 있다. 하나는 점령 체제에서 만들어진 전후 체제로부터의 탈각이었으며, 또 하나는 전통적인 공동체적 유대를 복원하는 보수적 가치관의 회복, 그리고 다른 하나는 가치관을 같이 하는 국가들과의 민주국가연합을 구상하는 것이었다.

아베는 기회가 있을 때마다, 자민당 창당의 원점이었던 점령 체제占領體制로부터의 탈각脫却을 주장했다. 그는, "보수 합동의 이유는 두 개 있었다. 하나는 경제력의 회복이고, 다른 하나는 일본의 제대로 된 독립이다. 전후 일본 체제는 점령하에서 만들어진 헌법과 교육기본법에 의해 그 골격이 정해졌다 (…) 두 번째 목표는 경제력 회복이라는 목표에 밀린 후 50년이나 흘러왔다"고 지적하면서 점령 체제에서 이루어진 전후 개혁에 대한 수정주의적 의욕을 가감없이 드러냈다.[14] 헌법 개정이나 교육기본법, 방위청 승격 등이 그에게 중요한 이유가 여기에 있었다. 또한 국가와 민족, 가족 등 사회적 연대의 이완으로 인한 가치관의

---

14 PHP研究所, 『安倍晋三対談集』 (東京: PHP研究所, 2006), 90-95쪽. 스즈키에 의하면, 아베는 2005년 12월 5일 니시무라(西村) 의원의 파티에서도 같은 취지의 발언을 했다. "50년 전에 자민당이 결성되었다. 왜 보수 합동이 있었느냐 하면, 가난한 나라였기에 어떻게 해서라도 잘 사는 나라를 만들고자 했고, 그를 위해서는 정국의 안정이 필요했다. 두 번째 목적은 샌프란시스코 조약으로부터 3년이 지나 기본적인 국가의 형태를 스스로 만들려고 했다. 그러나 첫 번째 목적에 치우쳐서 이것에만 집중했다. 1인당 GDP로 세계 최고 수준의 국가를 우리는 만들었다. 하지만 두 번째 목표는 뒤로 밀려 50년이 지났다. 우리 세대는 두 번째 목적을 달성하기 위해 전력을 다해야 한다." 鈴木棟一, 『小泉政権50の功罪』 (東京: ダイヤモンドしゃ, 2006), 259-260쪽.

붕괴와 사회 해체에 대해 위기감을 가지고 전통적 공동체 복원을 도모하였다.[15] 공공 의식과 애국심을 강조하는 교육, 일본의 자존심을 상하게 하는 역사관의 부정 등은 이러한 연장선상에서 나오는 것이었다. 아울러 당시 부시 행정부 네오콘과의 교감 속에서 일본은 미국, 호주, 인도 등과 민주국가연합을 추진하는 등 보수적 이념과 민족주의를 전면에 내건 '주장하는 외교'를 선보였다.[16]

생활에서 유리된 이념의 정치

수상에 취임하면서 아베가 최중요 과제로 추진한 법안은 교육기본법의 제정과 방위청의 성省 승격 법안이었다. 이 두 법안은 국가의 정체성에 관련해서는 중요한 법안들이었지만, 국민의 생활과는 거리가 먼 이념의 영역에 속하는 아젠다였다. 그러나 아베는 보수파로서의 자신의 신념을 꺾지 않고 '교육 재생'에 대한 열의를 높여갔다. 그가 염두에 둔 교육 재생은 이른바 교육 현장에서 일교조日教組가 주도하는 평화와 개인주의적 교육에 반대하여, 일본의 국가와 민족에 대한 애정을 주입하는 교육이었다. 또한, 입시 지옥에서 학생들을 해방시키고 전인교육을 지향하면서 도입한 '유도리 교육ゆとり教育'에 대한 부정이었다. 일본의 교육기본법은 연합국 점령 당시인 1947년 전전의 국가주의적 교육에

15 와타나베(渡辺)는 이러한 그의 정치 인식이 니시베 스스무(西部邁)류의 보수적 공동체론에 영향을 받은 것이라고 지적하고 있다. 渡辺治, 『安倍政権論』(東京: 旬日社, 2007), 212-213쪽.

16 와타나베는 아베의 신보수주의적 철학을 전후 보수 내셔널리즘을 대표하는 나카소네와 비교하면서, 아베는 탈전후형 민족주의자라고 규정한다. 그에 따르면, 나카소네는 제국주의적 식민 지배에 대한 일정한 반성을 하고 있는 점, 명치헌법 하에서의 통수권 독립에 대해 부정적인 점, 그리고 전후 아시아와의 연대를 강조한 점 등에서 전후형 민족주의라고 본 반면, 아베는 전전에 대해 긍정적이며 미국에 경도된 점 등에서 탈전후형이라고 본다. 위의 책, 206-208쪽.

대한 해체를 위해, 개인의 자유와 권리를 강조하고, 자주적인 인간의 양성을 목표로 제정된 것이었다. 여기에 근본적인 수정을 가하고자 하는 시도는 나카소네中曽根 내각에서도 추진되었으나, 야당인 사회당 등의 반대로 성과를 거두지 못했다. 아베는 이러한 교육 방침이 일본적인 전통과 문화에 걸맞기보다는 서양적인 가치를 고취한다는 우파의 논리를 받아들여, 공공의 정신과 기본적 도덕 개념을 중시하고 민족과 국가에 대한 애국심을 고취하는 교육 방침을 되살리고자 하였다. 아베는 내각 발족 직후인 2006년 10월 10일 '교육재생회의' 설치를 각의에서 결정하고, 교육기본법 추진에 대한 의지를 결연히 하였다.[17] 교육기본법 관련 3법은 정치권의 많은 논란을 불러일으키면서도 2007년 6월 26일에 성립하였다. 그 내용을 살펴보면, 먼저 개정 학교교육법에 의무교육 목표를 공공의 정신이라고 명문화하고, 일본과 향토를 사랑하는 태도를 고취할 것을 규정하고 있다. 또한, 개정 지방교육행정법에는 법령을 위반하였거나 현저하게 태만한 학교와 교원이 많은 교육위원회에 대한 문부성의 지시 및 시정요구권을 삽입함으로써 교육행정에 대한 국가의 간여를 강화하였다. 아울러, 개정 교원면허법 및 교육공무원특례법에는 교원 면허 유효기간을 10년의 갱신제로 하여 교원 승진 유보의 가능성을 높였다. 이 같은 교육기본법의 개정은 일교조日教組가 주도하던 학습 현장의 재편 및 교육 내용의 전환을 주목적으로 한 것으로서, 사민당의 지지 기반을 철저하게 약화시키려는 정치적 의도가 담겨 있었다.

17 고이즈미 정권 말기인 2006년 5월에 실시된 한 여론조사에서 이미 교육기본법 개정에 찬성하는 의견이 66.7%, 반대가 14.2%였다 그 찬성 이유로는 풍부한 감성과 도덕심 기르기가 48.4%, 공공 정신 높이기가 30.3%로 나타났다. 『요미우리신문』, 2006년 5월 15일.

교육기본법과 더불어 아베가 2006년 강력하게 추진한 아젠다는 방위청의 성省 승격이었다. 고이즈미 시대부터 추진해오던 이 아젠다는 2006년 12월 15일 방위청 성 승격 관련 법안이 통과됨으로써 성사되었다. 2007년 1월 9일부터 시행된 동 법안은 내각부의 외국外局이던 방위청을 성省으로 독립시킴으로써, 인사 및 예산, 법안 제출에 대한 독자적인 결정을 가능하게 하였다. 아울러, 자위대의 국제 평화 협력 활동을 자위대의 부수적인 임무에서 본래 업무로 전환함으로써, 자위대가 국가 안보 이외에도 국제 안보에 간여할 정당한 법적 근거를 마련하였다.

아베 수상은 또한 집단적 자위권 행사에 대한 헌법 해석 변경에 의욕을 보였다.[18] 수상에 취임하기 이전인 2006년 9월 8일, 아베는 정부 내에 집단적 자위권 문제를 검토하는 기관을 설치할 의향을 밝혔다.[19] 수상이 된 직후 이루어진 2006년 9월 29일 국회 소신 표명 연설에서 그는 "어떤 경우가 헌법에서 금지되고 있는 집단적 자위권 행사에 해당하는 것인지, 개별적이고 구체적인 사례를 연구해 가겠다"고 자신의 입장을 공식적으로 확인하였다.[20] 같은 해 11월 14일 가진 워싱턴 포스트지와의 회견에서도, 무엇이 무력 행사에 해당하는지에 대해 연구할 필요가 있다고 함으로써 집단적 자위권 행사에 대한 의욕을 숨기지 않았다.[21] 아베에게 있어 집단적 자위권의 강화는 미·일동맹의 강화는 물론, 국제 평화 유지 활동에 대한 자위대의 적극적인 활동 확대를 위해

18 집단적 자위권이란 개별 국가가 공격을 받을 경우 자국을 지킬 권리인 개별적 자위권과 대비하여, 동맹국이 군사적인 위협을 받을 경우 자국이 동맹국을 보호하기 위해 취하는 자위적 조치와 권리를 말한다.

19 『연합뉴스』, 2006년 9월 8일.

20 http://www.kantei.go.jp/jp/abespeech/2006/09/29syosin.html (검색일: 2010년 7월 21일).

21 *Washington Post*, 2006년 11월 14일.

필수불가결한 조치였다. 이를 위한 구체적인 검토위원회인 '안전보장의 법적 기반 구축에 관한 간담회安全保障の法的基盤構築に関する懇談会'가 첫 모임을 가진 2007년 5월 18일, 아베 총리는 직접 회의에 참석하여 일본의 집단적 자위권 행사와 관련된 4가지 유형의 방안을 제시하고 이에 대한 구체적인 검토를 요청하였다.[22] 이 당시 아베가 언급한 네 가지 유형은 미국을 겨냥한 탄도미사일의 요격, 미국 함선을 겨냥한 공격에 대한 응전, 국제 평화 활동을 하는 타국 부대 공격에 대한 방어, 그리고 국제 평화 활동에 참여하는 타국에 대한 후방 지원 등이었다.[23] 아베가 퇴임한 이후, 후쿠다 총리에게 제출된 동 위원회 보고서에서는 이 네 가지 유형에 대해 집단적 자위권의 용인과 종래 헌법 해석의 변경을 권고하였다.[24]

이와 같이, 일반 유권자들의 생활과는 거리가 먼 이슈인 교육기본법 개정, 방위성 승격, 집단적 자위권 행사 논의에 정치적 관심이 집중됨으로써 고이즈미 시대에 추진되었던 공공 부문 개혁에 대한 의지는 전면에 드러나지 않았다. 역으로, 아베 정권 들어서 옛날의 자민당으로 회귀한다는 인상을 주는 조치가 시행되었다. 아베는 2006년 11월 27일 고이즈미의 우정 개혁에 반대해 당적을 박탈했던 이른바 반란조 12명에 대해 복당 조치를 취하기로 하고, 12월 4일 당기위원회를 열어 호리우치堀内, 노다 세이코野田聖子 등 중의원 11명의 복당을 정식 결정하였

---

22 『뉴시스』, 2007년 5월 18일.
23 『연합뉴스』, 2007년 4월 26일.
24 『국민일보』, 2008년 6월 24일.

다.[25] 자민당 장로 의원들의 의견을 반영한 이 같은 조치는 고이즈미가 추진한 개혁에 대한 사실상의 부정으로 비쳐지는 동시에, 세대교체가 의미가 없다는 인상을 국민들에게 심어주었다.[26] 2006년 12월 『요미우리신문』이 실시한 여론조사에 의하면, 우정 민영화 반대 의원들의 복당을 반대하는 의견이 67%에 달했다.[27] 그럼에도 불구하고, 아베는 2007년 3월 19일에 자신의 친구인 에토 세이치衛藤晟一를 다시 복당 조치함으로써 개혁 이미지를 손상시켰다.

2007년에 들어서도 아베는 국민 생활 여건의 향상보다는 '아름다운 나라 일본美しい日本'을 만들기 위한 이념의 정치를 주장하였다.[28] 1월 17일에 열린 자민당대회에서 아베는 '나라의 골격, 나라의 형태를 나타내는 게 헌법이다. 창당 정신에 입각해서 헌법 개정에 임하겠다'며 헌법 개정에 의욕을 보였다.[29] 또한, 2007년 1월 26일 행한 국회 소신 표명 연설에서 '헌법을 정점으로 한 행정 시스템, 교육, 경제, 고용 및 국가와 지방 관계, 외교 · 안보 등의 틀이 21세기 시대 변화에 못 따라 간다'라고 선언하고 전후 레짐체제의 수정을 촉구하였다.[30] 아베는 이를 위한 구체적인 조치로 헌법 개정을 위한 국민투표법안 성립을 추진하였

---

25 자민당은 히라누마를 포함한 12명 전원의 복당을 추진하였으나, 간사장인 나카가와가 복당 시 우정 민영화에 찬성한다는 서약서 제출을 의무화하자, 히라누마는 서약서 제출을 거부하여 복당이 성사되지 않았다.

26 다하라 소이치로는 '아베 내각의 지지율을 하락시키는 것은 야당이 아니라 자민당의 낡은 세대다'라고 비판했다. 田原総一朗, "安部内閣の支持率が下がる理由,"『朝日新聞』, 2007년 2월 9일. 『崩壊自民の裏のウラ』(東京: あさひしんぶん, 2009), 7쪽에서 재인용.

27 『요미우리신문』, 2006년 12월 14일.

28 安倍晋三, 『美しい国へ』(東京: 文春新書, 2006).

29 『아사히신문』, 2006년 1월 18일.

30 http://www.kantei.go.jp/jp/abespeech/2007/01/26sisei.html (검색일: 2010년 6월 29일).

다. 일본 헌법에는 헌법 개정에 대한 규정은 있지만, 헌법 개정을 위한 절차법인 국민투표법이 존재하지 않는 상태였다. 이에 착안한 아베는 국민투표법의 통과에 심혈을 기울였다. 2007년 5월 14일에 국민투표법을 통과시키면서, 헌법 개정을 서두른다는 인상을 불식시키기 위해 세 가지 원칙을 삽입하였다. 첫째, 보다 많은 사람에게 참여의 기회를 준다는 의미에서 국민투표권을 선거권의 20세가 아닌 18세로 낮추었다. 둘째, 보다 자유로운 논의를 위해 단체뿐만 아니라 개인도 개정 찬반에 참가하게 하였고, 투개표 사무원 이외에는 누구나 운동이 가능하게 하였다. 셋째, 보다 격식을 갖추어 추진한다는 의미에서 2010년까지 3년간을 조사 기간으로 설정하는 유예 조치를 취하였다.[31]

헌법 개정과 더불어 아베 수상이 소신 표명 연설에서 밝힌 '가치관 외교'도 이념적 성격을 강하게 띤 것이었다. 그는 자유, 민주주의, 기본적 인권, 법의 지배라는 기본적 가치관을 공유하는 국가와의 연계를 강화할 것을 천명하고, 미국, 호주, 인도, 일본의 네 나라에 의한 민주주의 연대League of Democracy를 위한 외교에 착수하였다.[32] 아소 외상은 이를 구체화하기 위해 2006년 11월 '자유와 번영의 호'라는 개념을 내세워, 중동에서 아시아에 이르는 발전도상국들에 대한 지원 계획을 밝혔다.[33] 그러나 이 같은 개념은 기본적으로 미국 네오콘의 외교 정책을 일본에 그대로 가져온 것으로서, 중국과 러시아 등 주변국으로 하여금 가치관

---

31 국민투표법의 내용과 각당 헌법 개정 시안에 대해서는, 박철희, "일본 정당들의 헌법 개정 시안을 통해서 본 개헌의 정치 과정," 『일본연구논총』 (2008).

32 安倍晋三 (2006).

33 麻生太郎, 『自由と繁栄の弧』 (東京: 幻冬舎, 2007).

을 공유하지 않은 국가들에 대한 포위망으로 여기게 했다.[34]

엉거주춤한 아시아 외교, 연금 문제와 스캔들

아베 수상이 자신의 이념적 가치관을 실현하기 위한 자기 만족의 정치만을 추진한 것은 아니었다. 그는 고이즈미 수상이 남겨놓은 외교의 부정적 유산을 잘 이해하고 있었다. 아베는 차기 수상직을 염두에 두고, 2006년 4월경부터 야스쿠니 신사 참배에 대한 질문을 받자, '간다고도 안 하고, 안 간다고도 안하겠다'고 애매한 여지를 남기면서, '정치적 곤란을 극복하고 양국의 건전한 발전을 촉진한다는 관점에서 적절히 대응하겠다'고 밝혔다. 실제로 아베는 재임 기간 중 야스쿠니 신사를 참배하지 않았다.

아베는 수상이 된 직후인 2006년 10월 8, 9일에 중국의 베이징과 서울을 전격 방문하였다. 워싱턴보다 아시아 국가들을 먼저 방문함으로써 고이즈미 시대에 무너진 아시아 외교를 복원하려는 의사를 분명히 했다. 10월 8일 개최된 원자바오 중국 총리와의 정상회담에서는 일 · 중 관계를 '전략적 호혜 관계'로 규정하기로 합의하고, 추후 구체적인 조치를 취해 나갈 것을 확인하였다. 2007년 4월 11일에 개최된 일 · 중 정상회담에서도 '전략적 호혜 관계'를 다시 확인하면서 양국 간 경제대화의 개최, 동지나해 가스전 공동 개발 등 구체적인 조치를 2007년 가을까지 매듭짓기로 합의하였다.

---

34 Daniel Twining, "America's Grand Design in Asia," *The Washington Quarterly* 30:3 (Summer 2007), 79-94쪽.

그러나 아베의 아시아 외교 복원 노력은 고이즈미 외교의 실책을 만회하려는 것이었을 뿐, 아시아 국가들에 대한 본질적인 자세의 변화를 동반하지는 못했다. 아베의 대중 정치가로서의 출발점은 나카가와中川昭一등과 1997년 2월에 만든 '일본의 전도와 역사교육을 생각하는 젊은 의원의 모임'에 있었다. 87명이 참가한 이 모임은 무라야마 담화村山談話에 이어 종군위안부從軍慰安婦에 대한 기술이 중학교 교과서 검정에서 통과되자, 종군위안부의 강제연행 사실이 없고, 고노 담화河野談話는 증거 없이 증언만에 의해 군의 관여를 인정했다고 주장하는 등, 우파적 주장을 펼치기 위해 만든 단체였다.[35] 2007년 1월 31일, 미국 하원에서 혼다Michael Honda 의원을 중심으로 종군위안부에 대한 일본 정부의 역사적 책임 인정과 공식 사죄를 요구하는 결의안이 제출되자, 일본 국회에서도 이 문제에 대한 논란이 일었다. 아베는 같은 해 3월 1일 국회 답변에서 '당초 정의된 강제성을 증명할 만한 증거가 없는 것은 사실이다'라고 자신의 의견을 밝혔고, 이어 3월 5일 참의원 예산위원회에서 다시 '정부 관리가 집에 침입하여 위안부를 데리고 가는 강제성은 없었지만, 업자가 사실상 강제한 것을 광의의 해석으로 강제성이 있었다고 하는 것이다'라고 언급하여, 일본 정부의 개입을 부정하는 동시에 미 하원 결의안이 객관적 사실에 근거하지 않고 있다고 반박하였다.[36] 한국은 물론 미국, 대만, 중국 등 여러 나라가 아베의 발언을 비판하고 나섰다. 나아가, 토마스 시퍼Thomas Shieffer 주일 미국대사가 3월 9일에 '종군

35 渡辺治 (2007), 202-205쪽. 이 모임에 속한 주요 멤버는 마츠오카(松岡), 에토 세이치(衛藤晟一), 후루야(古屋), 다카이치(高市), 시모무라(下村), 야마모토(山本) 등 보수 성향의 의원들이었다.

36 『아사히신문』, 2007년 3월 5일.

위안부에 대해 일본이 그 영향을 과소평가하는 것은 잘못이다'라고 이례적으로 비판적인 발언을 했다.[37] 그러자, 3월 11일 아베는 NHK 대담에 출연하여 '마음의 상처를 입고 커다란 고통을 당한 분들에게 마음으로부터 사죄의 말씀을 드린다'고 말하면서 고노 담화 존중의 의사를 밝혔다.[38] 2007년 3월 27일 워싱턴 포스트지는 아베가 납치 문제에는 열심이지만 전쟁범죄에는 눈감고 있다는 비판적인 기사를 실었다.[39] 그러자 아베의 개인적 의견에 동조하는 자민당 내 세력들이 불만을 토로하였고, 일본의 보수 우파 의원들은 미국 워싱턴 포스트에 이에 반대하는 전면 광고를 싣기도 했다. 그러나 아베의 첫 미국 방문을 앞두고 정권 홍보 노력이 오히려 역효과만 불러일으키자, 2007년 4월 27일 아베가 부시와 만난 자리에서 '위안부들이 고통스러운 상황에 강제적으로 처하게 된 것을 매우 미안하게 느낀다'고 강제성을 인정하는 발언을 함으로써 사태를 수습하였다.[40] 그럼에도 불구하고 미 하원 위안부 결의안 지지 의원은 점점 늘어나 6월 30일 미 하원에서 동 결의안이 채택되었다. 아베는 총리의 입장에서 고이즈미가 무너뜨린 아시아 외교를 회복하려고 했으나, 그의 의식에 남아 있는 보수 우파적 성향까지 바꾸지는 못함으로써 아시아 외교에 흠집을 넘겼다.

아베 정권을 뒤흔든 최대의 정치적 문제는 2007년 4월에 부상했다. 후생연금의 기록 누락 문제였다. 연금 기록 누락 문제는 민주당의 나

37 『한국일보』, 2007년 3월 11일.
38 『한국일보』, 2007년 3월 11일.
39 *Washington Post*, March 24, 2007.
40 MBN뉴스, 2007년 4월 27일.

가츠마長妻의원이 2006년 6월부터 국회에서 사회보험청社会保険庁에 대한 철저한 추궁을 하는 과정에서 드러났다. 국회의 추궁에 못 이겨 2007년 4월 3일 사회보험청이 자체 조사 결과를 발표하는 과정에서 백일하에 드러난 사회 문제였다. 1997년 1월부터 기초연금번호가 도입되면서 개인에게 후생 및 연금보험 가입자번호가 주어졌는데, 그중 5000만 건 정도의 가입자 기록이 2006년 6월 현재 기초연금번호가 부여되지 않거나, 현재 가입자와 연결되어 있지 않은 상태라는 것이 밝혀진 것이다. 연금 기록 누락 문제는 국민 개개인의 사회복지와 직결되는 문제였던 관계로 국민들의 불만이 폭발하는 것은 당연한 것이었다. 또한 관료들에 대한 신뢰가 땅에 떨어짐으로써 관료 및 공공 부문 개혁에 대한 강한 주문으로 이어졌다.

더군다나 아베 내각은 2006년 말부터 내각의 멤버가 연달아 스캔들 및 정치와 돈의 문제에 연루되어 사직하는 불운이 잇따랐다. 2006년 12월 21일에는 정부세제조사회政府税制調査会 회장이었던 혼마本間 의원이 여성 문제로 사임하였고, 며칠 뒤인 12월 27일에는 행정개혁상이었던 사다佐田玄一郎 의원이 정치자금의 부적절한 회계 처리 문제로 사임하였다.[41] 2007년 봄부터 문제가 되었던 마츠오카松岡 농상의 회계 처리 문제는 급기야 5월 28일 마츠오카 의원 본인이 자살을 하는 사태로까지 번지면서 자민당에 충격을 주었다. 그러나 그의 뒤를 이은 아카기赤城 농상도 정치자금 처리의 이중 계정 문제로 시달리다가 참의원 선거 후인 8월 1일 경질되었다. 참의원 선거 직전인 7월 3일에는 규마久間 방위

41 사다 의원은 자민당 총재 선거 당시 '아베를 지지하는 모임'의 회장이었다.

상이 '나가사키에 원폭이 투하되어 전쟁이 일찍 종료된 것도 사실이다'라고 발언함으로써 사임하기에 이르렀다. 아베 내각의 각료들이 연이어 실언 및 스캔들에 휘말려 그만두는 사태가 이어진 것이었다.

오자와 민주당의 전략

아베 내각의 자충수는 제1야당인 민주당에 대한 기대를 상승시켰다. 그러나, 민주당에 대한 관심의 증대는 아베의 실패에만 기인한 것은 아니었다. 아베가 자민당 총재가 된 2006년 9월, 민주당은 당대회에서 오자와를 임기 2년의 당 대표로 정식 선출하였다. 2005년 총선에서의 참패를 이유로 사임한 오카다岡田 대표에 이어 9월 17일 당 대표가 된 마에하라前原도 나가타永田 의원이 허위 이메일에 기반한 국회 질문을 한 사건에 대한 책임을 지고 6개월도 채 안 된 2006년 3월 31일 대표직을 사임하였다.[42] 이어서 실시된 민주당 대표 선거에는 오자와小沢와 간菅이 출마하여 오자와가 119표를 획득함으로써 72표를 얻은 간을 누르고 결국 당 대표가 되었다. 2003년 민주당과 오자와의 자유당이 합병한 이후에도 오자와에 대한 경계감은 상당히 뿌리깊게 남아 있었으나, 젊은 당수인 마에하라가 지책과 경험 부족으로 물러나자, 중량감과 경륜이 있는 오자와에게 당을 맡긴 것이었다. 오자와는 '우선 내가 변해야 한다'고 민주당 의원들에게 이미지를 쇄신한 후, 대표가 되자 전국 29개의 참의원 1인 선거구를 찾는 전국 행각에 나서 민주당의 지지율

42 나가타 의원은 2006년 2월 16일 중의원 예산위원회에서 호리에 사장이 사내 메일에서 자민당 간사장인 다케베 의원 차남에게 고문료로 3000만 엔 이체를 지시했다는 증거를 확보했다고 주장했고, 2월 22일에 확증이 있다고 밝혔다. 그러나 2월 28일 이메일이 진짜가 아니었다는 것이 판명되면서 중의원 예산위원회 질의를 허락한 당 대표의 책임 문제가 불거졌다.

상승에 전력을 기울였다

오자와는 당 대표가 되자 자민당에 대항하는 전략에 근본적인 수정을 가하였다. 즉, 자민당과 민주당 중 누가 더 개혁을 잘하겠느냐 하는 논리로부터 벗어나, 고이즈미 자민당이 남겨놓은 부정적인 유산을 지적하면서 자민당에 적극적인 대항축을 만들고자 하였다. 다시 말해, 소극적으로 자민당의 실책이나 분열을 기대하기보다는 당의 독자적인 정책을 적극적으로 내세워 자민당과 차별화된 대립축을 만들어가려는 것이 오자와의 생각이었다.[43] 또한, 자민당이 우편향적이 되어 자민당의 왼쪽에 큰 정치적 공간이 비어 있고, 신자유주의적 정책의 폐해가 나타나면서 그 공간을 메울 정치적 주체가 필요하다는 사실을 오자와는 통찰하고 있었다.[44]

자민당의 생리를 잘 알고 있는 오자와는 고이즈미 개혁이 남긴 부정적 유산을 잘 간파하고 있었다. 고이즈미에 의한 신보수주의적 개혁 노선 추구는 자민당이 사실상의 사민주의적 정책 추구를 통해 일구어 왔던 '지역의 균등한 발전'이라는 전략을 도시 중심적인 개혁 성향으로 전환하면서, 농촌과 지방을 중심으로 지지층의 이반 현상을 불러왔다.[45] 이는 자민당이 지켜왔던 아성의 일부를 야당의 공략에 거의 무방비 상태로 노출시키는 결과를 가져왔다. 선거의 귀재로 불리는 오자와가 고이즈미 노선에 대항하는 의미에서 농촌과 지방 중시 전략을 중시

43 星浩,『安部政権の日本』(東京: 朝日新書, 2006), 37쪽.

44 山口二郎,『ポスト戦後政治の対抗軸』(東京: 岩波書店, 2007), 182쪽.

45 자민당 정권이 농촌 지역 균등 발전을 추구한 전략은 구체적으로 토건국가로 나타났다. 자민당이 구축한 토건국가의 성격에 대해서는, カテーイス · 石川真澄,『土建国家ニッポン』(東京: 光文社, 1983).

하게 된 것은 고이즈미 개혁이 가져온 파장을 잘 읽었기 때문이었다. 또한, 고이즈미의 개혁 전략과 아베의 이념 정치는 자민당이 사회의 제반 세력을 지지 기반으로 끌어들이는 포괄정당catchall party적 성격을 상당 부분 포기하는 결과를 가져왔다. 고이즈미가 자민당의 일부 지지층이 이반하더라도 성역 없는 개혁을 추구하겠다는 방침을 채택함에 따라, 이념적 리버럴과 중도파로 하여금 자민당에 대한 충성도를 약화시키는 결과를 가져왔다. 즉 외형상으로는 국민들의 지지가 높아졌지만, 이념적 공간과 지지 세력의 분포에 있어서는 오히려 자민당 지지 세력의 쏠림 현상을 가져옴으로써 중도 보수 정당에 의한 자민당 지지 세력 포섭을 용이하게 하는 역설적 결과를 만들어낸 것이다. 아베의 우파적 이념 정치는 이러한 경향을 더욱 가속화했다. 야마구치山口 교수가 지적하듯, 신자유주의적 자민당에 대해 사회민주주의적 요소를 가미한 민주당이 정책을 전면에 내세우며 자민당을 공략할 수 있는 근거를 자민당 스스로가 만들어준 것이다.[46] 그 결과, 자민당과 민주당은 신자유주의적 개혁을 추진하는 보수 정당과 사회민주주의적 생활과 복지 노선을 주장하는 민주당이라는 정책 대결형 양당 경쟁 구도가 만들어졌다.[47]

자민당 총재가 된 아베가 헌법 개정을 전면에 들고 나온 이유는 보수 정치가로서 자신의 신념 때문이기도 하지만, 헌법 개정 이슈를 쟁점화하면 구 자민당계 의원과 구 사회당계 의원의 집합소인 민주당이 내분

---

46 山口二郎 (2007).

47 山口二郎 (2009), 185-187쪽.

을 일으켜 제대로 대항하지 못하고 당의 분열로 이어질지 모른다는 기대가 있어서였다. 그러나 오자와를 중심으로 한 민주당 집행부는 헌법 개정에 대한 논의에 동승하기보다는, '생활이 제일生活が第一'이라는 캐치프레이즈를 내걸고, 고이즈미가 추진한 신자유주의 개혁이 그늘로 남겨둔 생활 격차, 사회복지의 경감, 지방의 경시 등을 쟁점으로 만들어 갔다. '생활이 제일'이라는 슬로건은 작은 정부 노선을 수정하고 사회보장과 고용을 중심으로 국민의 생활을 보장하기 위해 적극적인 정책을 펴겠다는 의미를 가진 것이었다.[48] 또한 헌법 개정이나 집단적 자위권, 교육기본법 등 국가 정체성에 관한 정책을 쟁점으로 하려는 자민당의 페이스에 말려들기보다는, 국내의 사회 · 경제 정책에 초점을 맞춤으로써 국민과 밀착된 정당의 이미지를 만들려는 노력의 일환이었다. 참의원 1인구 전국 행각은 이를 상징하는 오자와의 움직임을 통해 민주당이 지방과 농촌에 친근한 정당임을 호소하였다. 농가 호별 소득보상戸別所得補塡 제도 등은 자민당과의 차별화를 위한 정책적 호소였다.[49] 민주당은 사회보장제 재건, 지역공동체 재생, 농업 재생 등을 내세우며 자민당과의 차별화를 시도하였다.

민주당은 고이즈미의 또 하나의 부정적 유산이던 야스쿠니 신사靖国神社 참배 문제와 아시아 외교의 부재를 쟁점으로 들고 나왔다. 민주당은 아시아 외교를 중시할 것임을 분명히 하면서, 오자와는 아베를 향해 '참배를 하려면 떳떳하게 하고, 참배를 안 하려면 깨끗하게 말하면

48 위의 책, 186쪽.

49 일본 『농업신문』 조사에 의하면, 농가의 54%가 민주당을 지지한 반면, 23%만이 자민당을 지지하여 농가의 민주당에 대한 호감도를 보여 주었다. 山口二郎 (2007), 178쪽.

된다'라고 비판하여, 야스쿠니 신사 참배에 대한 애매한 입장을 견지하는 아베를 공격하였다.[50] 이는 오자와가 자민당 내에 야스쿠니 신사 참배 긍정론자와 부정론자가 공존하고 있다는 사실을 알고, 자민당을 공격하기 위해 채택한 전술적인 선택이기도 했다. 오자와가 이끄는 민주당은 아베가 민주당의 잠재적 분열 요인인 헌법 개정을 앞세워 공격해오자 이를 무시하고 국내 정치적인 사회 · 경제 문제로 쟁점을 새롭게 만든 다음, 자민당 내부에서 의견이 갈리는 야스쿠니 신사 참배 문제를 들어 역으로 민주당이 공세에 나선 것이었다.

유권자들이 이념 문제보다는 생활 이슈에 관심을 가지고 있는 것은 두말할 나위도 없는 사실이었다. 내각부의 여론조사에 의하면, 일본의 국민 중에 2006년을 전환점으로 자신의 생활이 지난 해에 비해 나빠지고 있다고 인식하는 사람의 비율이 현격하게 증가하고 있었다. 다음의 표가 보여 주듯이, 2003년부터 개선되기 시작하여 2006년까지 증가하던 생활 수준 만족도가 2006년 고이즈미 퇴진 이후 점점 나빠지고 있었다. 또한, 국민들이 정부가 힘써주길 바라는 분야도 의료, 연금 등 사회보장 구조개혁이 72.8%로 가장 높았고, 고령화 사회 대책이 57.8%, 물가 대책이 56.7%, 경기 대책이 56.1% 등 국민 생활과 직결되는 부분이 다수였다.[51]

---

50 星浩 (2006), 28쪽.

51 http://www8.cao.go.jp/survey/h20/h20-life/2-4.html (검색일: 2010년 6월 30일).

◎ **내각부 국민의식조사 결과** (단위: %)

연도	1991년	2003년	2004년	2005년	2006년	2007년	2008년
전해와 같은 정도다	75.5	63.4	66.9	68.9	71.4	70.3	61.3
점점 저하하고 있다	12.0	32.3	27.8	26.1	22.1	24.5	34.1
생활이 향상되고 있다	10.8	3.6	4.1	4.0	6.2	4.8	4.4

출처: http://www8.cao.go.jp/survey/h20/h20-life/2-1.html (검색일: 2010년 6월 30일).

민주당은 구조개혁에 대한 국민적 호소로부터 이탈하여 이념의 정치를 추구함으로써 공백 상태가 된 생활 정치에 대한 유권자의 관심을 다시 불러일으키는 데 성공했다. 또한, 고이즈미와 아베 정권이 구조개혁을 통해 도시 부문 활성화에는 열심이었지만 농촌과 지방에 대한 경시를 보이자, 오자와가 이끄는 민주당은 지방 선거구 공략에 적극 나섰다. 오자와 대표의 참의원 선거 1인구 전국 행각은 자민당이 자신의 보호구역이라고 생각하면서 소홀히 하고 있던 지방 선거구를 민주당으로 끌어들이기 위한 전략이었다.

참의원 선거 패배와 아베의 퇴진

2007년 7월 29일 실시된 참의원 선거는 처음부터 정치와 돈을 둘러싼 스캔들, 연금 기록 누락 문제, 격차 확대 등이 쟁점으로 부각되면서 자민당에 불리한 선거가 예상되었다. 역시 개표 결과는 자민당 집행부에 충격을 줄만큼 참담한 패배였다. 자민당은 개선改選 의석 64개 중 37석만을 확보함으로써, 비개선非改選 의원을 합쳐도 83석밖에 이르지 못하여 참의원에서 제1당의 위치를 처음으로 상실하였다. 더욱 충격적인 것은 연립 여당인 공명당도 9석을 얻는 데 그쳐, 비개선 의석을 합쳐 20석인 공명당을 포함하더라도 참의원 과반수에 이르지 못하게 됨으로써 참의원에서 여당의 지위를 박탈당하게 된 것이었다. 반면, 민주당은 개선 의석 32석에서 크게 늘어난 60석을 확보하면서 비개선 의석을 합친 109석을 확보하여 참의원 내 제1당의 지위를 차지하게 되었다. 특히, 29개에 달하는 1인 선거구에서 23승 6패를 기록함으로써 자민당 참패에 결정적인 타격을 가하였다.[52] 1인 선거구에서 제1차산업 취업자 비율이 높을수록, 또한 건설업 종사자 비율이 높을수록 자민당의 퇴조가 크고 대조적으로 민주당은 표를 늘린 것으로 나타나, 고이즈미가 추진한 개혁 조치의 영향이 참의원에서도 반영된 것으로 밝혀졌다.[53] 결국 1인구에서의 승리가 민주당의 승리를 결정지었다.

참의원 선거에서의 대패로 아베 내각은 궁지에 몰렸다. 참의원에서의 여당의 지위를 상실함으로써, 아베 내각은 중의원에서는 안정 과반수를 유지할 수 있었지만, 참의원에서는 제1당의 자리를 내어준 이른바 '뒤틀린 국회ねじれ国会'상태로 국정을 운영해야 했다. 추락하던 내각의 지지율은 더욱 하락세를 보였다.

◎ 아베 내각 및 정당 지지율 변화 (단위: %)

	아베 내각 지지		정당 지지	
날짜	지지	지지 안함	자민당	민주당
06. 10. 18.	70.0	18.0	44.2	9.8

52 2-5인 선거구는 대체로 의석을 나누어 갖는 '선거의 무풍지대'이지만, 1인구는 민심의 변동을 민감하게 반영하기 때문이다.

53 今井亮佑 · 蒲島郁夫, "なぜ自民党は一人区で惨敗したか," 『中央公論』 (2007年 10月号), 190-199쪽. 1인구와는 달리 2인구에서는 자민당과 민주당이 계속 의석을 분할하였다. 2001, 2004, 2007년 참의원 선거에서 자민당과 민주당이 각각 15석과 13석, 15석과 15석, 12석과 12석으로 의석을 나누어 가졌다.

날짜	아베 내각 지지		정당 지지	
	지지	지지 안함	자민당	민주당
11. 14.	65.1	29.7	45.9	11.2
12. 12.	55.9	30.0	40.8	11.7
07. 1. 23.	48.4	38.9	39.3	12.5
2. 20.	45.3	42.7	34.2	12.0
3. 20.	43.8	43.9	36.4	11.3
5. 22.	49.6	36.8	38.5	11.1
6. 19.	38.3	50.6	32.9	14.3
8. 07.	27.2	63.7	25.8	26.9
9. 11.	29.0	60.7	29.3	20.9

출전: 『요미우리연감』 (2007), 332쪽 & (2008), 330쪽.

2007년 8월 24일 자민당 내부에서 정리한 참의원 선거 총괄위원회는 참의원 선거 패배 원인을 '정부 여당의 위기 관리 능력의 결여'로 정리하고 아베의 인사 스타일, 각료 및 당직 임명에서의 실수, 그리고 우정 민영화 반란조의 복당 허용 등을 문제점으로 지적하였다.[54] 아베에게 사실상 물러날 것을 권고한 것이었다. 그러나 아베는 8월 27일에 개각을 단행하여 관방장관에 요사노与謝野, 외상에 마치무라町村를 임명하고, 아소麻生를 간사장에 임명하는 인적 쇄신안을 내놓았다. 하지만 9월 3일에는 새로 임명한 엔도遠藤 농상과 사카모토坂本 외무정무관이 다시 보조금 부정 수급 문제로 사임하게 되면서 내각은 궁지에 몰렸다. 9월 4일에는 아베의 측근이었던 고바야시小林溫 참의원 의원이 공직선거법 위반으로 사직하는 사태도 벌어졌다. 아베는 국회가 개원하는 9월 11일에

54 『요미우리신문』, 2007년 8월 25일.

소신 표명 연설을 했음에도 불구하고, 바로 다음날인 2007년 9월 12일에 갑작스레 수상직 퇴진 의사를 밝혔다. 그는 오자와 대표에게 테러대책특별조치법에 대한 대책을 강구하기 위해 당수회담을 제안했으나 거절당했다는 이유를 들어 국면 타개를 위해 수상직을 물러난다고 했지만, 참의원 선거 이후 급속히 나빠진 건강이 가장 큰 이유였다.[55] 그러나 아베의 수상직 포기는 참의원 선거에서의 대패로 인해 야당이 참의원의 다수를 점하게 된 상태에서 사실상의 책임을 지는 퇴진이었다. 결국 그의 건강을 해친 것도 개인적인 건강 관리 실패라기보다는 참의원에서의 정치적 패배에서 오는 과도한 스트레스의 결과였다.[56] 2007년 9월 13일 『요미우리신문』이 실시한 여론조사에 의하면, 아베 내각에 대한 부정적 평가가 주를 이루었다. 아베 내각의 문제점으로 응답자의 44%가 각료의 실언을, 42%가 연금 문제를 들었으며, 41%는 정치와 돈의 문제를, 그리고 25%는 양극화 문제를 내세웠다.[57]

55 아베는 수상이 되기 이전에도 위장 장애가 있었으나. 참의원 선거 패배 이후 피로와 스트레스로 인해 급성 위장 장애를 호소하였고, 인도, 호주 등 외국 방문이 이어지면서 더욱 건강 관리에 어려움을 겪었다.

56 파벌의 대표였던 마치무라(町村)는 아베에게 건강 문제라면 1개월 정도 요양하고 다시 업무에 복귀해도 된다고 권고하였지만, 아베는 그의 조언을 듣지 않았다고 술회했다. 필자의 마치무라 의원 인터뷰. 2007년 7월 18일.

57 『요미우리신문』, 2007년 9월 15일.

[02]
참의원 참패와 자민당의 수세적 정국 운영

참의원에서 나타난 일본의 민심은 자민당이 아닌 민주당에게도 기대를 걸겠다는 적극적 의사의 표시였다. 유권자들이 자민당이 당연시해온 만년 여당 체질을 비판하면서, 보다 근본적인 정당 체질 개선과 정책 우선순위의 재조정을 요구한 것이었다. 특히, 이념의 정치 추구로 일탈된 나가타쵸永田町의 '내부 거래자인사이더 정치'를 획기적으로 개선하고, 국민 생활 향상과 안정에 신경을 써달라는 메세지를 보낸 것이다.

일본의 유권자들은 고이즈미 이후 고통 분담의 수용을 전제로 대대적인 공공 부문 개혁 추진을 통해 기득권 구조를 타파하고, 기득권 구조의 일부로 보여진 자민당의 근본적인 재편성을 기대했다. 고이즈미에 대한 기대는 자민당의 분열을 즐기는 일본 유권자들의 유희 본능의 발현이었다기보다는, 구태의연한 세력을 덜어내고서라도 새로운 자민당을 보고 싶다는 남아 있는 기대의 표현이었다.

따라서 참의원에서의 대패에 직면한 자민당이 과거로 회귀하여 고리타분한 야당기피증野党忌避症으로 살아갈 것인가, 개혁 지향적인 자민당으로 다시 부활하여 철저한 개혁 조치를 추진해 나갈 것인가가 관심의 초점이었다. 아베 시대 이후 자민당은 후자보다는 전자의 선택을 했고, 이로 인해 자민당 내부의 분열과 갈등은 더욱 심화되었다. 참의원에서의 대패는 자민당을 점차 수세적으로 만들어갔다.

민주당의 적극 공세와 후쿠다 내각의 저자세

아베 수상이 전격 사임한 후, 언론은 아소麻生太郎의 후임을 점쳤다. 아베와 보수 성향이 비슷한 데다, 아베 내각에서 외상과 간사장을 맡은 만큼 유력한 후임의 하나였기 때문이다. 그러나 아소가 아베의 사임을 미리 알고도 당내 원로들과 상의하거나 말린 흔적이 나타나지 않자, 아소의 음모라며 모리森 등 당내 원로들이 아소에게서 등을 돌렸다. 또한 아베의 우파적 성향에 대한 반작용으로 온건 보수 성향인 후쿠다를 전면에 내세워 자민당의 이미지를 개선하려는 움직임이 두드러졌다. 온건 보수의 대표격인 가토 고이치加藤宏一 전 간사장을 중심으로, 다니가키谷垣, 고가古賀 등 구 미야자와파広池会, 고치카이 대표 주자들이 일찌감치 후쿠다福田 지지 의사를 밝힌 것은 아베의 우파적 성향에 대한 반발이었다.[58] 이는 당내 9개 파벌 중 8개 파벌이 후쿠다를 지지하는 결과를 낳았다. 후쿠다를 지지하는 자민당 의원들은 자민당의 흐름을 두 측면에서 바꾸어 보고자 했다. 하나는 온건한 후쿠다를 내세워 아베의 우파적 성향에 제동을 걸면서 이념 정치가 가져온 유권자의 반발을 무마하

58 岩見隆夫, "自民漂流か大連立の始まりか," 『中央公論』(2007年 11月号), 79쪽.

고자 하였다. 또한, 아베의 등장으로 자민당 내에서 급속하게 세대교체가 진행되는 것을 두려워한 자민당 현직 의원들이 이에 대한 반발로 62세인 후쿠다를 지지함으로써 세대교체의 흐름을 늦추어 보고자 했다.

2007년 9월 23일 양원 총회에서 후쿠다福田가 의원표 254표, 지방표 79표를 합한 330표를 얻어, 의원표 132표, 지방표 65표로 197표를 얻은 아소를 누르고 자민당 총재에 당선되었다. 아소는 지방표에서 후쿠다와 별 차이가 없어 여전히 국민적 인기가 높은 것은 확인되었으나, 자민당 내 소수파의 비애를 맛보아야 했다. 9월 26일 발족한 후쿠다 내각은 스스로를 '배수의 진 내각背水の陣の内閣'으로 명명하였다. 후쿠다 내각의 출범 시 내각 지지율이 크게 높지는 않았지만, 58%를 기록하면서 역대 내각 발족 시 지지율의 상위 4위에 들만큼 안정적이었다.[59]

그러나 자민당은 2007년 참의원 선거에서 대패하여 참의원에서의 제1당 지위를 처음으로 야당인 민주당에게 내줌으로써 법안 및 예산안 통과에 애로를 겪을 수밖에 없었다. 이른바 중의원와 참의원의 '뒤틀림 현상ねじれ現象'에 어떻게 대응하느냐가 가장 큰 정치적 도전이었다. 2005년 중의원 선거에서의 압승을 바탕으로 자민당과 연립 여당인 공명당은 참의원에서 법률안과 예산안이 부결되더라도 이를 중의원에서 재가결하여 통과시킬 수적 우세를 확보하고 있었다. 그러나 이를 반복할 경우 여당이 오만하다는 평가를 받지 않을 수 없었다. 뒤틀림 현상을 현실로 접한 후쿠다 수상은 야당의 공세를 약화시키기 위해, 쟁점 최소화

59 역대 내각 발족 시 지지율 상위 3위는 고이즈미(2001년 4월) 87%; 호소카와(1993년 8월) 72%; 아베(2006년 9월) 70% 순이었다. 『요미우리연감』(2010), 18쪽.

전략, 연정 모색 전략 및 저자세 대응전략에 나섰다.

외교 사안의 쟁점화 방지

2007년 10월 1일에 있었던 국회 소신 표명 연설에서 후쿠다 수상은 '미 · 일동맹 강화와 아시아 외교의 추진이 함께 이루어져야 하며, 모든 아시아 국가들에게 안정과 성장이 뿌리내리도록 적극적 아시아 외교를 추진하겠다'고 밝힘으로써 아시아 외교가 정치외교적 쟁점으로 부상하는 것을 봉쇄하고자 하였다. 그는 또한 2007년 12월 27일부터 30일까지 3박 4일간 중국을 방문하여 후진타오 주석과의 정상회담을 통해 동지나해 가스전 공동 개발의 조기 해결 등을 내세우며 대중국 관계 개선에 주력하였다. 또한 청소년 교류를 연 4,000명 규모로 대폭 늘이는 계획에 합의하였다. 중국 측도 그의 북경대 연설을 생중계하는 등 이례적으로 환대해 주었다.

2008년 5월 22일 국제교류회의 만찬 연설에서는 신 후쿠다 독트린을 발표하여 태평양이 내해가 되도록 아태 지역의 협력을 강화하자고 외치면서, 다섯 개의 약속을 하였다.[60] 첫째, 공동체 실현을 향한 ASEAN의 노력을 지지한다. 둘째, 미 · 일동맹을 아태 지역의 공공재로 강화하겠다. 셋째, 일본은 평화 협력 국가로서의 책임을 다하겠다. 넷째, 젊은 유학생 교류 30만 계획을 실시하겠다. 다섯째, 경제성장, 환경 변화, 그리고 기후 변화의 조화를 꾀하겠다는 것이었다. 이는 사실상 고이즈미,

60 국제교류회의 '아시아의 미래'는 매년 『일본경제신문』이 개최하는 회의다. 후쿠다 총리 연설 전문은, http://www.kantei.go.jp/jp/hukudaspeech/2008/05/22speech.html (검색일: 2010년 7월 19일).

아베가 추구하던 미 · 일동맹 강화 노선에서 아시아 · 태평양으로 눈을 돌려 미국과의 관계는 물론, 새로운 아시아 외교에 적극적으로 나서겠다는 의욕의 표시였다. 2008년 6월 18일에는 2007년 12월 방중에 이어 일 · 중 정상회담을 갖고 일 · 중 가스전 공동 개발에 합의하였다.

2008년에 접어들어서 한국의 이명박 대통령과 2월 25일 취임식 직후 첫 정상회담을 가짐으로써, 노무현 정부와는 구분되는 새로운 한 · 일 관계의 출발을 암시하였다. 후쿠다는 이와 같이 고이즈미, 아베 시대에 흔들리던 아시아 외교를 정상으로 복원함으로써, 외교 문제가 정치적 현안으로 쟁점화하는 것을 회피하고자 하였다.

민주당과의 연정 타진

후쿠다 내각이 직면한 최대의 과제는 과반수를 상실한 참의원을 어떻게 운영하여 법률과 예산안을 통과시키는가 하는 문제였다. 자민당이 참의원에서 대패하고 나서, 『요미우리신문』은 2007년 8월 16일 자 사설에서 '이 곤란한 정국을 타개하기 위해서는 대연립밖에 없다'는 주장을 제기하였다.[61] 당시 간사장이던 나카가와中川秀直는 이를 계기로 민주당과의 연립 정권이 필요하다고 역설하였다.[62] 그는 참의원 과반수 부족을 극복하는 방법은 대연립, 여야 정책 협의, 그리고 정계 재편밖

61 대연립을 주장하는 논리적 근거는 첫째, 현재의 뒤틀림 국회는 오래 지속된다. 자민당은 적어도 9년간 참의원에서 소수당일 수밖에 없다. 이는 입법 마비를 가져온다. 둘째, 그 불행은 국민에게 전가되고 정치는 무책임, 무능력화한다. 셋째, 자민당과 민주당은 정책상 큰 차이가 없다. 따라서 국민 이익을 우선으로 대연립을 구성해야 한다는 주장이었다. 『요미우리신문』, 2007년 8월 16일.

62 『아사히신문』, 2007년 8월 22일. 2007년 8월 초 시사통신이 실시한 여론조사에서 바람직한 정권상으로 27.5%가 자민당과 민주당의 대연립을 지지한 반면, 22.7%가 민주당 중심의 정권, 22.7%가 자민당 중심의 정권을 지지한 것은 대연립 아이디어의 뒷받침이 되었다. 岩見隆夫, "自民漂流か大連立の始まりか," 『中央公論』(2007年 11月号), 82쪽에서 재인용.

에는 방법이 없다며, 자민당과 민주당의 연립 필요성을 강조하였다. 나카가와는 민주당 내에도 일단 여당과의 연립을 통해 국정 경험을 쌓고 정권 담당 능력을 키운 다음 단독 정권을 지향하는 게 좋다는 의견이 있다고 주장하였다.[63]

실제로 후쿠다 수상이 취임한 9월 말부터 11월 초까지 참의원에서 법안이 하나도 통과되지 않는 사태에 직면하자, 대연립을 모색하려는 움직임이 현실화되었다. 기능 부전에 빠진 참의원 과반수 부족 정국에서 자민당이 추구한 위기 돌파책이었다. 와타나베 츠네오渡辺恒雄, 나카가와中川 등이 적극적으로 나서서 추진된 대연립 구상은 참의원에서의 여야 대결 노선을 여야 협조 노선으로 전환하여, 나가타쵸永田町, 정계 개혁 세력 대 가스미가세키霞が関, 관료 저항 세력의 구조를 부각시켜 사회보장, 안전보장, 세제 개혁에 대한 양당 합의를 끌어내보자는 취지였다.[64] 후쿠다는 10월 30일에 민주당 대표인 오자와와 만나 당 대표 회담을 갖고, 테러특별조치법 등에 대한 야당의 유연 대응을 요구하였고, 11월 2일에는 오자와에게 자민당과 민주당의 대연정을 타진하였다. 후쿠다는 자신의 메일매거진에서 '중의원은 자민당, 참의원은 민주당이 각각 제1당이 된 뒤틀림 국회 상태에서 1개월이 지나도록 법안이 하나도 통과되지 않는 특별한 상황이 계속되는 가운데, 국민 생활에 악영향을 끼칠까봐' 오자와 대표와 솔직한 의견 교환을 했다고 적고 있다.[65]

63 中川秀直, "大連立仕掛人の証言," 『現代』 (2008年 1月号), 43쪽.

64 위의 책, 47-48쪽.

65 http://www.mmz.kantei.go.jp/jp/m-magazine/backnumber/2007/1108/1108.html (검색일: 2010년 7월 19일).

하지만 대연립 구상에 긍정적이던 오자와가 민주당 내에서 강한 비판에 직면하고 대표 사임을 논하는 지경에까지 이르자, 오자와는 이 구상을 철회하고 역으로 국회에서 자민당에 대해 적극적 공세 노선으로 전환하겠다고 선언하였다. 참의원에서 우세를 차지한 상태에서 자민당과 연립을 하는 것은 민주당이 자민당의 책략에 농락당할 소지가 높은 데다,[66] 현실적으로 총선을 앞둔 상황에서 선거구에서의 후보자 조정 등 장벽이 높았기 때문이다. 후쿠다 본인도 내용이 국민에게 알려지지 않으면 의미가 없다며 밀실 정치의 재판이라는 비판을 받았음을 고백하고 있다. 후쿠다와 오자와의 대연정 탐색은 자민당 지도부가 일반 유권자와는 무관하게 밀실 담합 정치를 하고 있다는 이미지를 심어주었다.

민주당의 적극 공세

민주당 내부로부터 강한 비판을 받은 오자와는 연정 구상을 포기하고 적극적인 대여 공세에 나섰다. 민주당은 국회의 조기 해산을 통해 국민의 신임을 묻자고 요구하여 국회에 상정된 법안과 국회 동의 인사 등 많은 분야에서 자민당 수뇌부에게 고민을 안겨주었다. 2007년 11월 14일에는 국회에 제출된 14개 기관 28명에 대한 국회 동의 인사안에 대해 3명을 부결시킴으로써 야당의 힘을 과시하였다. 이는 국회 사상 56년만에 일어난 사건으로서 자민당의 역부족을 보여준 좋은 예였

66 민주당 의원들은 자민당이 참의원 과반수를 상실할 경우 다른 당과 연립을 하려는 시도는 과거에도 있었고, 특히 사회당의 경우 90년대 중반 자민당과 연립을 한 후 자기 정체성을 상실하여 당의 몰락으로까지 연결된 점을 잘 기억하고 있었다.

다. 그 다음 날인 11월 15일에는 모리야守屋武昌 방위성 사무차관의 비리를 집중 공격하였다. 모리야 차관은 차관 자리를 5년간 지키면서 방위성 승격에 공을 세웠으나, 업자로부터의 골프 접대 및 방산업체 관계자로부터의 뇌물 수수 의혹을 받고 있었다. 국회에서의 증언 요구 등 민주당의 공세를 계기로 모리야 차관 수사는 속도를 내어 그는 11월 28일에 체포되었고, 사무차관직에서 물러나야 했다. 민주당이 자민당 정권의 부정부패로 규정한 이 사건은 후쿠다 내각의 신뢰성에도 부정적 영향을 주었다.

2008년 들어서 야당의 공세가 더욱 거세지자, 자민당은 법률 통과를 위해 중의원에서의 절대적 수적 우세를 바탕으로 참의원에서 부결된 사안들을 중의원에서 재가결시킬 수밖에 없었다. 하지만 이러한 방식은 유권자들에게 자민당의 무력함과 오만함을 인식시키는 기회가 되었다. 2008년 1월 11일에는 2007년 11월 1일 야당의 반대로 기간이 소멸된 대테러특별조치법을 중의원 3분의 2 이상의 동의를 얻어 재가결, 성립시켰다. 또한, 2008년 5월 13일에는 2007년 12월 참의원에서 부결된 도로정비비재원특례법을 중의원에서 재가결하여 성립시켰다. 이 법안은 가솔린세를 향후 10년간 도로 특정 재원으로 충당하는 것을 내용으로 한 것으로, 고속도로세를 무료로 하겠다는 민주당의 공약과 겹쳐 자민당이 도로 부문에서 이익 단체의 주장을 수용하고 있다는 인상을 깊게 각인시켰다.

2008년 4월 1일 실시된 75세 이상 의료보험자들에 대한 추가부담금 제도는 고령자를 중심으로 강한 반발을 불러일으켰다. 소득원이 없는 고령자에 대한 추가 징세는 물론이고, 75세 이상의 고령자를 '후기

고령자後期高齡者'라고 칭함으로써 이들을 비하한다는 비난에 계속 시달려야 했다. 이 같은 국민의 반발을 이용하여 민주당이 6월 11일, 수상 문책결의안問責決議案을 참의원에 제출하여 야당이 다수인 참의원에서는 결의안이 통과되었다. 다음 날인 6월 12일 여당이 다수인 중의원에서 절대 안정 다수를 바탕으로 내각신임안을 결의함으로써 위기를 모면하였으나, 후쿠다 내각의 구심력이 저하된 것은 숨길 수 없었다. 이즈음 자민당 총재 후보로 거론되던 아소麻生와 요사노与謝野는 『문예춘추』에 공동 기고를 통해 예산안 요구 때부터 야당인 민주당과 정당 간 협의를 해 나가자고 제안하기도 했다.[67] 총선거 정국에 돌입하면 자민당은 무너진다는 위기감에서 민주당과의 정당 간 협의를 통해 참의원 위기 정국을 돌파해 보려는 시도였다.

후쿠다 수상은 국내 정치의 위기 상황을 외교적인 성과를 통해 돌파하고자 하였다.[68] 2008년 7월 7일에는 홋카이도北海道 도야코洞爺湖에서 개최되는 G8 정상회담 주최국 역할을 성공적으로 수행하였다. 그러나 G8 정상회담 직후인 7월 14일에 중학교 신학습지도요령 사회과 해설서에 독도영유권이 명기되면서 한 · 일 간 마찰이 불거졌다. 양국 마찰의 여파는 미국 연방 정부 기관인 지명위원회Board on Geographic Names, BGN에도 미쳐, 7월 22일에 1977년부터 리앙쿠르도Liancourt Rocks라고 통일 표기해 왔던 독도의 소속 국가를 한국으로 표기하던 관행에서 주권 미

---

67 麻生太郎 · 与謝野馨, "民主党よ, 現実にかえろう," 『文芸春秋』 (2008年 6月号).

68 후쿠다는 야당의 협공에 시달리자, 수상직을 그만두겠다는 이야기를 여러번 모리(森) 등 당 중진에게 터어놓았고, 모리 등은 외교를 좋아하는 후쿠다에게 도야코 G8 정상회담 등을 앞둔 상황에서 외교적 혼란을 피해야 한다고 수상직 계속의 중요성을 몇 번이나 상기시켰다고 한다. 読売新聞政治部, 『自民崩壊の300日』 (東京: 読売新聞社, 2009), 18-19쪽.

지정 지역undesignated sovereignty으로 변경하는 사태로 발전하였다.[69] 이에 대해 한국이 외교적 총력전을 펴, 7월 28일 조지 부시 대통령이 독도 문제에 대해 적절한 조치를 취하라는 지시를 국무부에 내렸고, 7월 30일 지명위원회가 독도 관련 표기를 한국 및 공해로 원상회복하는 조치가 취해졌다.[70] 독도 문제를 둘러싼 갈등은 후쿠다의 아시아 외교에 비상등이 켜졌음을 알려주는 계기가 되었다.

후쿠다 내각은 지속적으로 야당의 공세에 시달리면서 중의원에서의 절대 안정 다수를 바탕으로 겨우 위기를 모면해가는 상황이 지속되었다.[71] 민주당은 자민당의 인기가 떨어지고 민주당에 대한 기대가 올라가자, 자민당에게 조기 중의원 해산을 요구하면서 적극적으로 공세를 강화해 갔다. 2008년 8월 1일 후쿠다 수상은 상황 반전을 위해 개조 내각을 출범시켰다. 후쿠다는 13명의 대신을 교체하고 아소麻生를 간사장으로 하는 대규모 개각을 단행하였으나 자민당의 인기가 상승하지 않자,[72] 아베 수상과 마찬가지로 9월 1일에 수상직을 포기하였다. 아베는 참의원 패배에 대한 책임을 지고 물러났고, 후쿠다는 참의원에서의 다

---

69 『연합뉴스』, 2008년 7월 27일.

70 『한겨레』, 2008년 7월 31일.

71 이 당시 자민당 내부에는 다가오는 총선에 대해 두 의견으로 나누어져 있었다. 후쿠다 총리의 측근이었던 에토(衛藤征仕郎) 의원은 후쿠다 등에게 '임기 만료 직전까지 중의원 3분의 2 의석을 계속 가져가는 것이 좋다'는 의견을 밝혔다고 한다. 塩田潮, "キーマンたちが語る福田退陣と小沢政局の本音," 『中央公論』(2008年 10月号), 89쪽. 반면, 고이즈미의 비서였던 이이지마(飯島)는 '모두들 선거 걱정들을 하는 데 이렇게 생각하면 어떠냐? 2005년 9월 우정 선거 이전으로 돌아가는 것 뿐이라고. 47석이나 늘어나서 원래로 돌아가면 그게 걱정이라고들 하는데, 단지 우정 선거 이전으로 돌아가면 그뿐이 아니냐'는 분석을 내놓았다. 飯島勲, "異常なり, 福田 '小手先 · 密室' 政治," 『現代』(2008年 7月号), 115쪽.

72 8월 8-11일에 시사통신이 실시한 여론조사에서 수상에 가장 적합한 정치가로 응답자가 꼽은 인물은 아소가 22.9%로 1위였고, 오자와, 간에 이어 후쿠다는 4.0%로 5위였다. 아소의 인기를 활용하려는 후쿠다의 노력이 성과를 올리지 못한 것이다. 岩見隆夫, "自民漂流か大連立の始まりか," 『中央公論』(2007年 11月号), 87쪽에서 재인용.

수의석을 상실한 가운데 국회 운영에 무리를 느껴 내각을 총사직한 것이다.[73] 또한, 2005년 총선 이후 3년 가까이 지나 1년 이내에는 중의원 선거를 단행해야 하는 시점에서 자신을 정점으로 한 선거가 불리하다고 판단하고, 다음 총재에게 자리를 선양해 주는 격이었다.[74]

아소 내각의 선거 회피와 자민당 내부 분열

후쿠다가 사임하자 아소麻生太郎가 자민당 총재로 선출되었다. 아베와 후쿠다의 선출에서 보여주듯이 자민당 의원들은 자신의 차기 선거 재선 가능성을 높여줄 것으로 판단되는 국민적 인기가 있는 후보에게 표를 몰아 주었다. 다른 한편으로는, 소선거구제 도입 이후 비주류가 되면 공천이나 내각 인사에서 불이익을 받을 것을 두려워하여 이길 승산이 높은 후보를 지지하는 경향을 다시 한 번 보여 주었다.[75]

자민당 의원들이 기대한 것은 새 총재인 아소가 인기가 높은 상태에서 바로 해산 정국에 돌입함으로써 자민당의 피해를 최소화하는 것이었다. 아소와 측근들은 내부적으로 총재 취임 약 1개월 후인 10월 30일을 선거일로 겨냥하면서 준비를 해 나갔다. 그러나 2008년 10월 초 미

73 후쿠다는 내각 총사직의 변에서 '중의원과 참의원의 결의가 다른 미증유의 국회 상황 속에 (…) 국회 운영이 지체가 생겨날 수밖에 없는 상황을 맞아 (…) 결과적으로 충분한 대응을 할 수 없었던 점에 대해 국민들에게 책임을 통감하고 있다'라고 말함으로써 국회 운영에 있어 참의원 다수 의석을 뺏긴 자민당 정권의 어려움을 비교적 솔직하게 고백하고 있다. http://www.kantei.go.jp/jp/hukudaspeech/2008/09/24danwa.html (검색일: 2010년 6월 29일).

74 후쿠다 총리는 자신의 사임을 밝힌 9월 1일의 기자회견에서 '나의 사임은 지금부터의 정치를 어떻게 할 것인가를 생각하면서 내린 결단이다 (…) 내가 계속하는 경우와 새로운 사람이 하는 것과는 다를 거라고 내가 생각한 결과다'라고 그 생각의 일단을 비쳤다. http://www.kantei.go.jp/jp/hukudaspeech/2008/09/01kaiken.html (검색일: 2010년 6월 29일).

75 2005년 총선에서 고이즈미가 자객 공천을 하는 등 당총재가 실질적으로 공천권을 사용할 경우의 두려움을 의원들은 감지하고 있었다.

국발 세계 금융 위기가 닥쳐오자, 이에 대한 대응 필요성을 이유로 중의원 선거 연기를 발표하였다.[76] 아소 수상은 경제 위기에 대한 대응책으로 경기 진작을 위해 26조 9천억 엔에 달하는 추가 경기대책비를 지출하겠다고 선언하고, 이와 동시에 3년 후에는 재정 안정을 위해 소비세 인상을 검토하겠다고 발언하였다.[77] 이와 같은 아소의 자세는 공공부문 개혁을 관철하여 재정 적자를 줄여가자던 고이즈미의 정책 노선과는 거리가 먼 것이었다. 경제 위기 도래로 인해 불가피한 조처라고는 하지만, 경기 진작을 위한 재정 출동 방식은 자민당이 고도성장기에 익숙해있던 이익 배분의 정치의 연장선에 서있는 구태의연한 사고방식이었다. 사회가 고령화하고 경기가 침체되면서 일본에 필요한 것은 '이익 배분의 정치'가 아니라 '부담 배분의 정치'라는 사실을 외면한 정책이었다.[78]

아소 수상의 재정지출 방식에 대해 젊은 의원들은 비판적이었다. 시오자키塩崎 전 관방장관, 와타나베渡辺 전 행정개혁상 등 24명의 젊은 의원들은 '빠른 정책 실현을 요구하는 뜻있는 의원들의 모임'을 결성하고, 개혁 노선의 추구를 주장하였다.[79] 또한, 아소 수상이 2011년부터 소비세 인상 방침을 언급한 데 대해, 나카가와中川 전 간사장을 비롯한 고이즈미 개혁 추진파들은 증세 시기를 밝히는 것에 반대 의사를 표명하고, 공공 부문 개혁을 더 철저히 할 것을 주문하였다. 선거를 앞둔 불

---

76 『아사히신문』, 2008년 10월 31일.

77 麻生太郎, "消費税を10%にして基礎年金を全額税負担にしよう," 『文芸春秋』 (2008年 8月号), 176-187쪽.

78 부담 배분의 정치에 대한 적절한 지적은, 野中尚人 (2008), 147쪽.

79 『아사히신문』, 2008년 11월 22일. 11월 21일에 결성된 이 모임은 사실상 아소 정권에 불만을 가진 인사들의 모임으로서 자민당의 분열을 재촉하는 결과를 가져왔다.

안 심리와 당내 불만은 2009년 1월 13일 와타나베 요시미渡辺喜美 전 행정개혁상이 탈당하여 '모두의 당みんなの党'을 창당하는 데까지 이르렀다. 선거를 앞둔 자민당 내부 분열의 신호탄이었다. 하지만 아소 수상은 2009년 1월 28일 행한 시정 연설에서 '중복지中福祉 중부담中負擔에 기반을 둔 안심 활력 사회安心活力社会를 만들기 위해 2011년부터 소비세를 인상할 필요가 있다'는 방침을 내세웠다. 나아가 2009년 2월 5일에는 아소 수상 본인이 중의원 예산위원회에서 '우정 민영화에 대해 본인은 찬성이 아니었다'라고 하는 등 고이즈미 노선에 대한 반대를 표명함으로써 당내 분열을 더욱 재촉하였다. 이에 대해, 고이즈미 전 수상은 '화가 난다기보다는 웃음이 날 지경이다. 그냥 질려서 어쩔 도리가 없다'라고 반反아소 선언을 하는 데까지 이르렀다.

수상으로 선출된 직후인 2008년 10월 말, 선거를 연기한 아소 총리에게 남아 있던 해산 시기는 세 가지 선택지밖에 없었다. 하나는 2008년 말 국회가 끝난 후부터 2009년 통상국회가 시작하기 직전, 또는 국회에서 예산이 통과된 직후인 2009년 4월, 아니면 사실상 임기 만료 선거였다. 이들 시기를 가늠하는 잣대는 몇 가지가 있었다. 먼저 가장 중요한 요소는 수상의 지지율이었다. 누가 수상이 되든 취임 초기에는 인기가 높지만, 지속적으로 하락하는 것이 보통인 것이 내각 지지율이었다. 따라서, 하루라도 빨리 선거를 하지 않으면 여당에게 불리한 것이 분명한 관계로 조기 선거를 바라는 요구가 많았다. 특히, 아베와 후쿠다 수상이 1년도 못 채우고 내각을 사직한 후 등장한 아소 이외에는 국민적 인기가 있는 차기 후보가 부재한 자민당으로서는 가능하면 조기 선거가 바람직하다는 것이 당내 의원 대부분의 생각이었다. 해산 시기를 결정할 때 다른 하나의 고려 사항은 예산안 통과 여부였다. 국회에서 예산안이 심의되는 1월부터 3월 말까지는 국회를 해산하지 않는 것이 통례였다. 예산 심의의 중단을 회피하려는 일환이었다. 또 한 가지 중요한 고려 사항은 연립 여당인 공명당에 대한 배려였다. 선거 연합의 결과, 도시부에서 공명당 지지층에 의한 도움을 많이 받고 있는 자민당 의원들로서는 공명당이 최대로 자신들의 선거에 도움을 줄 수 있는 시기를 택해 줄 것을 바랐다. 공명당은 자민당과 연립을 맺고 있지만, 2009년 7월 초에 예정되었던 도쿄도의회 선거에서는 자민당과 대립해야 하고, 또 조직을 추슬러 다시 선거에 임하는 데까지는 3개월 정도는 소요된다는 전제하에 늦어도 6월 이전의 선거를 희망하였다.[80] 아니면, 사실상 임기 만료 선거밖에 선택의 여지가 없었다. 참의원에서 과반수를 상실한 상태를 전제로 차기 총선에서 중의원 법안 통과를 위한 3분의 2 이상의 의석 확보가 불가능하다면, 가능한 한 임기 만료 시점까지 중의원에서의 우세를 유지하여 자민당 정권을 연명해 보자는 패배적인 생각이 자민당 의원들 사이에 깔려 있었다.

아소는 2008년 말 2009년 초 중의원 해산 기회도 그냥 지나쳤다.[81] 표면적으로는 경기회복이 가장 중요하다는 주장을 했지만, 2008년 11월을 경계로 아소 내각에 대한 지지율은 급격히 떨어졌고 민주당에 기대는 날로 높아만 갔기 때문이다. 2008년 10월에 실시된 요미우리-와세다대讀売-早稲田大 공동 조사에서는 자민당에 실망한다는 응답이 69%에

80 필자의 공명당 대표 오타(太田)와의 인터뷰. 2009년 11월 17일.

81 이 당시 한 자민당 의원은 아소 수상을 해산 시기를 모르는 수상(解散の時期を知らない総理)이라고 비판했다. 필자의 자민당 중진 의원과의 인터뷰. 2008년 12월 6일.

이른 반면, 민주당에 정권을 맡겨도 좋다는 대답이 65%나 되어 민주당 정권을 받아들일 태도가 되었다는 조사가 발표되었다.[82] 또한 『중앙공론』의 특집에 소개된 중의원 소선거구 시뮬레이션에서는 2007년 참의원 투표 패턴이 지속될 경우 자민당은 160의석, 공명당은 32석을 차지할 것이고, 만약 공명당 지지표 60%가 민주당에 흘러 들어가고 2007년 참의원 비례선거 패턴이 재현될 경우 자민당은 166석, 공명당은 33석을 얻는다는 충격적인 결과가 소개되었다.[83] 어느 경우도 자민당과 여당이 200석을 얻지 못한다는 추론이었다. 아소 수상은 자신이 구성한 추경예산안을 과거 최대인 15조 엔 규모로 하는 재정지출안을 실시한 후에 자민당의 인기가 살아날 것으로 기대하면서 해산 시기를 되도록 뒤로 미루었다. 2009년 4월 8일 국회에서 통과된 재정지출안은 연 36,000엔의 가족 및 자녀 수당이 포함되어 있었다. 유권자들에 현금을 나누어주면 자민당의 인기가 높아질 것이라는 전통적인 자민당의 보상중심형 사고방식의 발현이었다. 2008년 12월 『요미우리신문』의 조사에 의하면, 응답자의 83%가 아소 내각이 경제 정세에 제대로 대응하지 못하고 있다고 답했고, 정액 급부액을 평가하지 않는다는 응답도 72%에 달했다.[84] 수상으로 적합한 이는 오자와가 36%, 아소가 29%로 민주당에 대한 호감도가 자민당을 능가하는 사태로 발전했다. 수상의 문제 발언과 실언이 악영향을 미쳤다고 보는 응답도 77%에 달했다.

아소 수상은 총리 취임 후 '한자를 잘 읽지 못하는 총리漢字を読めない総

82 『요미우리신문』, 2008년 10월 19일.

83 特集, "衆議員300全小選挙区シミュレーション," 『中央公論』 (2008年 11月号), 101-127쪽.

84 『요미우리연감』 (2009), 327쪽.

理'라는 의미에서 'KY 총리'로 불렸다. 교양있는 일본인이면 틀리지 않는 한자를 국회 답변 중 몇 번이나 잘못 읽는 실수를 연발하여 붙은 별명이었다.[85] 문제가 된 것은 수상 본인의 자질만이 아니었다. 취임한 지 닷새밖에 안 되는 2008년 9월 28일에 나카야마中山成彬 국토교통상이 문제 발언으로 사직했다. 그는 '일본은 단일민족이다'라든가 '일교조日教組가 센 곳은 학력이 낮다'라는 발언 이외에도, 나리타成田 공항 건설에 반대하던 사람들을 바보 취급한 이유로 사직하였다. 2009년에 들어서는 아소의 절친한 친구이자 재무상이던 나카가와 쇼이치中川昭一가 2월 14일 이탈리아에서 열린 G8 재무상 회의에서 취중 회견을 함으로써 2월 17일 사직하였다.[86] 5월 12일에는 관방부장관이던 고노이케鴻池가 여성 문제로 다시 사직함으로써 내각 임명권자의 책임이 더욱 가중되었다.

아소 내각의 문제가 점점 드러나면서 민주당에 대한 기대는 높아갔다. 2009년에 실시된 네 차례에 걸친 지방선거 결과는 이를 여실히 증명하였다. 2009년 4월 26일 실시된 나고야名古屋 시장 선거에서 전 중의원 의원이던 가와무라河村가 민주당 지지로 당선된 것을 시작으로, 5월 24일 사이타마埼玉 시장 선거에서 민주당계인 시미즈清水가 당선되었고, 6월 14일 실시된 치바千葉 시장 선거에서는 구마가이熊谷가 최연소 시장으로 선출되었다. 이어 도쿄도의회東京都議会 선거의 전초전으로 불렸던 7월 5일 시즈오카静岡 지사 선거에서는 학자 출신인 가와카츠河勝平太가

85 아소 이전의 후쿠다 총리는 분위기를 잘 못 파악하는 총리(空気を読めない総理)라는 의미에서 역시 KY 총리로 불렸다. 아소 수상은 국회 답변 도중 踏襲(とうしゅう)를 ふしゅう로, 未曽有(みぞう)를 みぞうゆう로, 頻繁(ひんぱん)을 はんざつ로 읽는 등, 한자 잘못 읽기로 국민의 빈축을 샀다.

86 그는 2009년 10월 4일 목을 매서 자살하였다.

민주당의 지원으로 당선되었다.

4월 초라는 국회 해산 시기가 사실상 무산되자, 자민당의 내부 분열과 아소의 인기 하락은 더 이상 막을 수가 없었다. 우정 민영화의 결과로 생겨난 일본우정日本郵政회사 사장 임명안을 놓고 아소 수상과 담당 대신인 하토야마鳩山邦夫가 조정에 실패함으로써, 결국 6월 12일, 아소가 하토야마를 경질하는 사태로 발전하여 당내 분열은 물론 각내 분열까지 격화되는 상태에 이르렀다. 이 사건은 아소의 각내 지도력의 저하를 여실히 보여 주는 것이었다. 아소의 인기 저하는 선거를 책임지고 있는 고가古賀 선거대책위원장의 움직임에서도 드러났다. 고가는 6월 23일에 전 코미디언으로 국민적 지명도가 높은 히가시고쿠바라東国原 미야자키 현지사에게 자민당 공천으로 중의원 출마를 요청하였다. 이에 대해, 그는 자민당 총재 취임을 전제로 내세움으로써 아소 총재가 인기가 없다는 사실을 반증하는 결과를 가져왔다. 자민당 내 개혁파 의원들을 대표하던 시오자키塩崎 전 관방장관은 아소 총리가 자민당의 차별성을 내세우지 못하고 있고 재정 재건과 성장 전략을 위한 시나리오가 전혀 없다고 주장하면서, 빨리 퇴진하고 자민당 총재 선거를 실시해야 한다고 비판의 목소리를 높였다.[87]

자민당 내 분열과 소동은 7월 12일에 실시된 도쿄도의회 선거에서 참패하는 요인을 스스로 제공하였다. 7월 12일에 이루어진 도쿄도의회 선거에서 민주당은 지난번 선거에서 획득한 35의석을 훨씬 상회하는 54의석을 얻어 처음으로 도의회 제1당의 지위를 획득하고 다가오는 중

87 塩崎恭久, "麻生総理よ, 直ちに総裁選を," 『文芸春秋』 (2009年 8月号), 122-128쪽.

의원 선거에서의 승리를 예감하였다. 반면, 자민당은 과거 최저의 38석을 차지하는 데 그쳤다. 연립 여당인 공명당은 공천한 23명 전원이 당선되었지만, 자민당의 참패로 도의회 여당 지위를 위협받았다.

자민당에 대한 민심의 이반이 여기까지 이르자, 7월 중순경 나카가와中川秀直 전 간사장이 선두에 서서 아소 수상의 명예로운 결단을 촉구하는 일이 일어났다. 그러나 나카가와를 중심으로 한 움직임도 대안을 제시하지 않은 아소 끌어내리기麻生下ろし로서 결국 자민당 분열이라는 인상만을 깊게 인상지우며, 아소 내각 및 자민당의 지지율을 더욱 끌어내리는 악재로 작용하였다.

[03]

2009년 총선과 민주당 정권의 성립

아소의 떠밀린 해산과 민주당의 선거 전략

자민당의 아소 수상은 2009년 7월 21일 중의원을 해산하였다. 그러나 사실상 이 해산은 임기 만료 해산任期滿了解散에 가깝다고 볼 수 있으며, 정확히 말하자면, 임기 연장 선거였다. 왜냐하면, 임시국회 마지막 날인 7월 28일까지 수상이 해산을 하지 않을 경우, 선거법에 의해 국회 개원 마지막날로부터 이주일이 되는 8월 14일에 선거가 치러지도록 되어 있었기 때문이다.[88] 사실상 선거 기간을 최대한으로 연장함으로써 민주당의 상승하는 인기에 쐐기를 박고, 낙선 가능성이 높은 자민당 의원들에게도 하루라도 임기를 더 보장해 주겠다는 생각이 담긴 해산이었다.

민주당의 조용하지만 빠른 성장은 자민당에 대한 지지의 장기적 퇴

88 필자의 자민당 하야시 요시마사(林芳正) 의원 인터뷰. 2009년 7월 7일.

조를 반증하는 것이다. 그러나 총선의 결과는 장기적 경향만으로 설명할 수 없다.[89]

자민당은 결국 자신에게 유리한 해산의 타이밍을 놓친 채 선거에 임하게 되었다. 아소麻生가 자민당 총재에 새로 당선된 2008년 9월 시점만 해도 자민당의 지지율은 민주당보다 높았고, 중의원 비례구에 어느 당에 투표할 것이냐는 질문에도 33% 정도로 비슷했다.[90] 따라서 2008년 10월에 해산했거나 민주당 오자와 대표의 정치자금 스캔들로 자민당 지지율이 일시적으로 회복되었던 2009년 3월 시점에 해산했더라면, 불리한 가운데서도 승부를 걸어볼 만한 정도였다. 그러나 2009년 7월은 자민당에게 진퇴양난에 걸린 최악의 해산 시점이었다. 아소 내각의 지지율은 아래와 같았다.

	아소 내각		정당 지지	
날짜	지지 (%)	지지 안함 (%)	자민당 (%)	민주당 (%)
08. 9. 26.	49.5	33.4	37.4	22.8
10. 13.	45.9	38.6	38.7	24.3
11. 4.	40.5	41.9	32.4	23.4
12. 8.	20.9	66.7	27.2	28.2
09. 1. 12.	20.4	72.3	29.3	26.2
2. 10.	19.7	72.4	26.8	28.3
3. 9.	17.4	74.8	24.1	23.8
4. 6.	24.3	66.5	27.2	24.2
5. 11.	28.7	59.7	26.8	23.4
6. 8.	29.5	61.0	28.5	27.7
7. 4.	19.7	66.4	25.5	28.6

출처: 『요미우리연감』 (2009 & 2010).

89 이것이 정치를 '살아있는 동물(生き物)'이라고 부르는 이유이다.

90 그러나 2008년 11월 이래 2009년 8월까지 비례대표구 지지 정당은 민주당이 줄곧 앞섰다. 『아사히신문』, 2009년 8월 18일.

그러나 해산의 타이밍은 전술적인 차이에 불과할 뿐, 기본적으로 자민당에 대한 유권자의 공직 추방purge 기세는 식을 줄 몰랐다.[91] 고이즈미 이후 총리가 된 아베安部와 후쿠다福田가 각각 1년 남짓한 기간에 권력을 팽개치고, 유권자들의 의사와는 무관한 당내 파벌 역학에 의해 또 다른 총리인 아소가 탄생하는 과정을 보면서 유권자를 배제한 권력자의 변동에 유권자의 불만이 누적되었다.[92] 2000년 이후 수상이 된 고이즈미, 아베, 후쿠다, 아소 모두가 전형적인 2세 의원들이었다는 점도 유권자들의 배제심리를 더욱 부추겼다.[93]

민주당은 선거 공시 이후 바로 '매니페스토선거공약'를 발표하여 선거공약을 주요 쟁점으로 만드는 데 성공하였다.[94] 하토야마鳩山의 사진과 더불어 '정권 교대政權交代'를 전면에 내세운 선거공약은 연금, 보험, 자녀 교육 등 일반 유권자가 관심을 가진 생활에 밀접한 이슈를 내세웠고, 이를 실시하기 위한 재원과 공정도도 함께 공표함으로써 정권 교체에 대한 열망을 상승시켰다.[95] 민주당 지지층은 물론 무당파층을 겨냥한 선거 전략이었다. 실제로 선거 결과 무당파층의 52%가 민주당을 지지한 데 반해, 자민당 지지는 16%에 그친 것으로 나타났다. 또한 자민

91 北岡伸一 · 御厨 貴, "政権交代で始まる不可逆的な地殻変動," 『中央公論』 (2009年 10月), 26쪽.

92 현행 헌법하에서 단명 내각을 차례로 보면 다음과 같다. 하타(羽田) 64일; 이시바시 65일; 우노 69일; 도다 220일; 호소카와 263일; 가타야마 292일; 아소 358일; 후쿠다 365일; 아베 366일; 모리 387일. 『요미우리연감』 (2010), 190쪽. 이와 같이 아베, 후쿠다, 아소 내각 등 자민당 정권 마지막 내각들은 단명 내각 10위 안에 드는 단기 내각이었다.

93 2009년 시점에서 자민당 의원 388명 중 210명이 세습 의원으로 전 의원의 53%나 되었다. 田原総一朗 (2009), 12쪽.

94 민주당 매니페스토의 총괄역이었던 후쿠야마 정조부회장은 매니페스토에 대한 반대가 있더라도 이것이 화제가 되는 이상 자민당을 압도하는 데에 성공하였음을 보여 주는 것으로, 기본적으로 선거 전술상으로는 성공이라고 말하였다. 필자의 후쿠야마 인터뷰. 2009년 7월 29일, 도쿄.

95 민주당의 매니페스토 작성 위원은 정책과 더불어 재원, 공정표가 삼위일체로 이해되어야 한다고 강조하고 있다. 민주당 참의원 오다치 인터뷰. 2009년 7월 13일, 도쿄.

당 지지파 내에서도 54%만 자민당에 표를 던지고 29%는 민주당을 지지한 것으로 나타났다.[96]

민주당은 또한 자민당을 전면적으로 공략하기 위해 치밀한 선거 전략을 구사하였다. 우선, 선거에 돌입하기 이전에 야당 간 경합구를 최소화하기 위해 야당 간 선거구 협력을 착실하게 진행하였다. 야당 후보 간의 경합으로 인한 '함께 넘어지기共倒れ'를 방지하고자 한 것이다. 민주당은 총 28개 선거구에서 선거 협력을 실시하였고, 이 중 9개 선거구에서 연립 여당의 후보가 선출되었다.[97] 야당과의 선거 협력에서 특히 주목할 부분은 공산당과의 묵시적인 선거 협력이었다. 공산당은 2005년 총선까지 290개 이상의 소선거구에 후보를 공천하여 이들을 비례대표구 득표를 위한 촉진제로 활용하였다. 그러나 2009년 총선에서는 소선거구 공천 후보를 152명으로 한정하였다.[98] 이들이 공천하지 않는 선거구에서 과거에 공산당을 지지하던 유권자들이 자민당을 지지할 확률은 아주 낮았다. 결국 이는 사실상 민주당 정권 교체에 대한 간접적인 선거지원의 형태를 띤 것이었다.[99]

오자와 간사장이 주도한 선거 전술에서 더욱 주목되는 것은, 자민당

96 『요미우리신문』, 2009년 8월 31일.

97 민주당이 선거 협력을 실시한 선거구는 두 가지 패턴 중의 하나였다. 하나는, 참의원에서 연립을 해야 하는 국민신당이나 사민당이 독자적인 후보를 내려고 강력하게 요구한 지역구이다. 다른 하나는, 본래 자민당 후보자가 강한 반면, 민주당이 이에 대항할 후보를 찾아내지 못한 경우였다. 실제로 28개 선거 협력구 중 19개 선거구에서 자민당 후보가 당선되었다.

98 공산당이 후보 공천을 축소한 표면상의 이유는 재정 부족이었다. 각 선거구에서 소선거구 후보 공탁금 300만 엔, 비례대표구 후보 공탁금이 600만 엔에 이르고 이들의 선거사무소를 운영하는 데 드는 비용이 막대한 데 반해, 득표수는 작았기 때문이다.

99 공산당은 2008년 민주당 히라오카 의원이 당선된 2008년 중의원 보궐선거와 2009년 4월 야마가타 지사 선거에서 공산당 지지 후보를 공천하지 않을 경우 민주당에 유리하게 작용한다는 간접적인 시뮬레이션을 실시한 바가 있다. 공산당 기관지 『아카하타(赤旗)』 기자와의 인터뷰. 2009년 8월 10일, 도쿄.

유력 후보에 대한 대항마로 자객 공천을 한 것이었다.[100] 오자와는 자민당 총리 경험자 및 파벌 영수를 상대로 젊고 잘생긴 여성 후보를 집중적으로 공천하여 자민당 중진들을 선거구에 묶어놓는 데 성공하였다. 아래의 표는 민주당이 전략 공천한 자객 공천의 예이다.

◎ 민주당의 전략 공천 선거구 및 선거 결과

선거구	자민당 후보	민주당 자객	선거 결과	비고
홋카이도 5구	마치무라 전 관방장관	고바야시 〈여〉 전 중의원 의원	민주당 고바야시 당선	마치무라 비례 부활
홋카이도 11구	나카가와 전 재무상	이시카와 오자와 비서	민주당 이시카와 당선	나카가와 낙선
홋카이도 12구	다케베 전 간사장	마츠기 의원 비서	민주장 마츠기 당선	다케베 비례 부활
이시가와 2구	모리 전 총리	다나카 〈여〉 전 의원 비서	자민당 모리 당선	다나카 비례 부활
이바라키 6구	니와 전 후생상	오이즈미 후생성 과장	민주당 오이즈미 당선	니와 낙선
군마 4구	후쿠다 전 총리	미야케 〈여〉 뉴스캐스터	자민당 후쿠다 당선	미야케 비례 부활
도쿄 10구	고이케 전 방위상	에바타 〈여〉 대학교수	민주당 에바타 당선	고이케 비례 부활
도쿄 12구	오타 공명당 대표	아오키 〈여〉 참의원 의원	민주당 아오키 당선	오타 낙선
도쿄 17구	히라사와 외무위원장	하야가와 〈여〉 구의회 의원	자민당 히라사와 당선	하야가와 비례 부활
기후 1구	노다 전 우정상	시바하시 전 은행원	민주당 시바하시 당선	노다 비례 부활
아이치 9구	가이후 전 총리	오카모토 의사	민주당 오카모토 당선	가이후 낙선
효고 8구	후유시바 공명당 간사장	다나카 일본신당	일본신당 다나카 당선	후유시바 낙선
에히메 1구	시오자키 전 관방장관	나가에 〈여〉 아나운서	자민당 시오자키 당선	나가에 비례 부활
나가사키 2구	규마 전 방위상	후쿠다 〈여〉 간염원고단장	민주당 후쿠다 당선	규마 낙선

주: 『아사히신문』 선거 결과 보도를 바탕으로 필자가 작성.

100 자객 공천은 원래 자민당의 총재였던 고이즈미가 2005년 총선에서 우정 민영화에 반대하는 자민당 의원들을 향해 공천한 후보들이 그 원조였다.

총 14개 선거구에서 이루어진 자객 공천의 결과, 10개 선거구에서 민주당 후보가 자민당 유력 정치인을 누르고 당선되었으며, 나머지 4개 선거구에서도 민주당의 후보가 비례대표구에서 부활하여 중의원 배지를 달았다. 특히 자객 공천은 2005년 총선에서도 그러하였듯이, TV를 비롯한 보도기관의 관심을 이들 선거구에 집중시키게 하여 선거에 대한 유권자들의 관심과 지지 유발을 극대화하는 데 목적이 있었으며, 민주당 후보들의 당선에서 보여지듯 이 목적은 충분히 달성되었다고 할 수 있다.

2009년 총선과 자민당 정권 상실

민주당이 총선에서 승리할 것이라는 많은 낙관적인 예측에도 불구하고, 실제로 민주당이 획득한 중의원 308석이라는 의석은 경이에 가까운 일이 아닐 수 없었다. 300석이었던 자민당이 119석으로, 115석에 불과했던 민주당이 308석으로 의석을 늘여가는 것은 오셀로 게임을 연상하게 할 만큼 극적인 결과였다. 다음의 표는 2009년 8월 30일 총선 결과를 보여준다.

● 2009년 8월 30일 중의원 선거 결과

정당명	당선자 수	소선거구	비례구	선거 이전	대비
민주당	308명	221석	87석	115석	+193석
자민당	119	64	55	300	−181
공명당	21	0	21	31	−10
공산당	9	0	9	9	0
사민당	7	3	4	7	0
모두의 당	5	2	3	4	+1
국민신당	3	3	0	4	−1

정당명	당선자 수	소선거구	비례구	선거 이전	대비
일본	1	1	0	0	+1
신당 대지	1	–	1	1	0
개혁	0	0	0	1	–1
무소속	6	6	0	6	0
합계	480	300	180	480	–

출처: 『아사히신문』, 2009년 8월 31일.

민주당이 확보한 의석은 민주당 지도부 자체가 예상한 270-280석을 훨씬 넘어서는 수치였다. 총선에서의 투표율이 69.28%로서, 소선거구제를 도입한 이후 최고의 투표율이었다는 점도 민주당에 유리하게 작용하였다.

민주당의 승리에 비하면 자민당의 참패는 초라하기까지 했다. 일본의 47개 도도부현都道府県에서 자민당의 승패율을 살펴보면,[101] 민주당 내지 야당이 도도부현 내 전 소선거구를 제패한 곳은 13개 현에 이른다.[102] 또한 자민당이 1개 의석밖에 획득하지 못한 현도 12개에 이른다.[103] 이에 반해, 자민당이 전 의석을 차지한 곳은 후쿠이福井, 돗토리鳥取, 시마네島根 등 3개 현에 불과하다. 아오모리青森와 야마구치山口현에서는 4개 의석 중 3개를 획득하는 데 성공하였다.[104]

수도권의 선거 결과를 분석해 보면, 자민당의 참패를 분명하게 알 수

101 『아사히신문』, 2009년 8월 31일 신문을 토대로 필자가 확인한 자료.

102 이는 이와테(岩手), 아키타(秋田), 후쿠시마(福島), 니가타(新潟), 나가노(長野), 사이타마(埼玉), 야마나시(山梨), 시즈오카(静岡), 아이치(愛知), 시가(滋賀), 나가사키(長崎), 오이타(大分), 오키나와(沖縄)현 등이다.

103 이는 홋카이도(北海道), 미야기(宮城), 야마가타(山形), 이시카와(石川), 도치기(栃木), 미에(三重), 교토(京都), 나라(奈良), 와카야마(和歌山), 도쿠시마(徳島), 히로시마(広島), 사가(佐賀) 등이다.

104 『아사히신문』, 2009년 8월 31일.

있다. 수도권인 도쿄東京, 사이타마埼玉, 가나가와神奈川, 치바千葉의 71개 선거구에서 자민당이 승리를 거둔 선거구는 9곳에 불과하다. 지난 2005년 총선에서 자민당이 71개 선거구 중 63개 선거구를 휩쓸었던 것과는 아주 대조적이다.[105] 사이타마埼玉현에서는 자민당 소선거구 후보가 전멸하는 결과를 가져왔다.

자민당은 소선거구제가 도입된 이후 중의원 선거에서 4번 연속 승리를 거둔 이른바 '철판 선거구鐵板選擧區'가 94곳 존재했었다. 그러나 2009년 총선에서는 94개 소선거구 중 62개 선거구에서만 자민당 후보가 살아남았다. 이는 자민당의 아성인 선거구에서마저 민주당의 공격을 이겨내지 못했다는 것을 말해 준다.[106] 자민당이 2009년 총선거에서 민주당 후보를 이기고 새로 획득한 선거구는 불과 3곳에 불과했다.

2009년 총선에서 당선된 신인 후보의 면면을 보면 자민당의 패배는 더욱 눈에 띈다. 2009년 총선에서 당선된 신인 후보자는 전체 158명으로 역대 선거 중 최다수였다. 1996년에는 115명으로 23%, 2000년에는 106명으로 22.1%, 2003년에는 100명으로 20.8%, 2005년의 경우는 101명으로 21.0%의 당선자가 신인이었다.[107] 그러나 전체 신인 중 민

105 2005년 총선 당시 도쿄의 25개 소선거구 중에서 민주당 후보가 당선된 곳은 간 나오토의 선거구뿐이었다.

106 이들 94개 소선거구는 역으로 차기 총선이 치러질 경우 자민당이 회복할 가능성이 아주 높은 선거구임을 반증해 주기도 한다. 민주당이 2005년에 이어 2009년 총선에서도 승리한 소선거구는 51개 선거구였다.

107 『아사히신문』, 2009년 8월 31일. 이 숫자들이 밝혀주는 바와 같이, 역대 총선에서 매번 평균 100여 명의 현직 의원 교체가 이루어진다고 할 수 있다. 따라서 2009년 총선에서의 신인 수 158명은 이례적인 것이며, 50여 명은 예전 총선에 비해 부풀려진 신인 숫자로, 이는 민주당에 대한 바람이 불지 않았을 경우, 50여 석을 삭감한 260석 정도가 민주당 의석이었을 가능성을 추산할 수 있게 한다.

주당 의원이 143명인 데 반해, 자민당 신인은 겨우 5명에 불과했다.[108] 선거 결과, 자민당은 젊은 의원들은 아주 적고 중진 의원들이 다수를 이루는 역삼각형의 구조를 가진 정당이 되었다. 반면, 민주당은 젊은 초선 의원들이 당선자의 거의 절반에 이르는 정당이 되었다. 아래의 표는 총선 직후 당선 횟수별 당선자 분포를 나타낸 것이다.

◎ 2009년 총선 이후 정당 내 당선 횟수별 의원 분포

<table>
<tr><th>당선 횟수</th><th colspan="2">자민당</th><th colspan="2">민주당</th></tr>
<tr><td>8회 이상</td><td>26명 (40명)</td><td rowspan="3">50 (37)</td><td>10명 (4명)</td><td rowspan="3">31 (18)</td></tr>
<tr><td>7회</td><td>12 (15)</td><td>11 (2)</td></tr>
<tr><td>6회</td><td>12 (22)</td><td>10 (12)</td></tr>
<tr><td>5회</td><td>21 (21)</td><td rowspan="3">54 (81)</td><td>20 (10)</td><td rowspan="3">96 (45)</td></tr>
<tr><td>4회</td><td>18 (40)</td><td>26 (17)</td></tr>
<tr><td>3회</td><td>15 (41)</td><td>50 (18)</td></tr>
<tr><td>2회</td><td>10 (33)</td><td rowspan="2">15 (116)</td><td>38 (35)</td><td rowspan="2">182 (48)</td></tr>
<tr><td>1회</td><td>5 (83)</td><td>143 (13)</td></tr>
</table>

출처: 『일본경제신문』, 2009년 8월 31일.

민주당이 지방에서 약하다는 정설도 뒤집었다. 도시 규모별 비례구 득표 비율 추이를 살펴보면, 민주당은 2009년 총선에서 대도시, 중소도시, 지방을 불문하고 각각 42, 43, 41%로 고른 득표를 보임으로써, 도시와 지방에서 모두 지지를 받고 있으며, 역으로 지방에서의 자민당의 우위를 잠식해 들어가고 있음을 보여 주고 있다.

108 2005년 우정 선거 당시, 소위 고이즈미의 아이들(Koizumi Children)로 불리던 자민당 신인 당선자는 83명이었다.

자민당, 민주당의 선거구 지역별 비례득표 비율 (단위: %)

구분		2003년	2005년	2009년
대도시	자민당	31	38	24
	민주당	40	30	42
중소도시	자민당	34	38	27
	민주당	38	31	43
지방	자민당	41	38	30
	민주당	33	31	41

출처: 『아사히신문』, 2009년 8월 31일.

소선거구에서의 다수 의석 점유와 관련하여 주목해야 할 점은 소선거구제가 가지는 파괴력이다. 2009년 총선에서 민주당은 소선거구에서 합계 33,475,334표를 획득하여 47.43%의 득표를 하였고, 자민당은 27,301,982표로 38.68%를 득표하였으나, 의석 점유율에 있어서는 민주당이 73.67%를 차지하고 자민당은 21.33%에 그쳤다. 이는 득표수와 상관없이 승자 독식 방식에 의해 득표 비율을 훨씬 상회하는 의석 전환이 이루어지고 있음을 보여 준다.[109] 이 같은 의석 전환 방식은 차기 선거에서의 역전 가능성을 보여주는 한 예라고 할 수 있다.

민주당 정권의 출범

2009년 8월 총선에서의 참패로, 자민당은 1955년 이후 1993년 7월부터 1994년 6월까지 11개월을 제외하고 53년을 지켜온 여당 자리를 민주당에 내놓았다. 자민당 일당 지배 체제에 종언을 고한 것이었다.

109 2005년 중의원 선거에서는 민주당이 소선거구 득표의 36.44%, 자민당이 38.68%를 차지하였으나, 의석수에서는 자민당이 73.0%, 민주당이 17.33%를 차지하는 극적인 결과를 가져왔다.

2007년 참의원 선거에서의 참패에 이은 총선 패배로 정권 교체가 현실화되었다.

8월 29일, 총선을 끝낸 민주당은 참의원 의석이 단독 과반수에 미치지 못하였던 관계로, 9월 초 야당이던 사회당과 가메이 시즈카亀井静香가 이끄는 국민신당과 연립 정권을 수립하는 데 합의하였다. 9월 22일 열린 국회에서 하토야마鳩山由紀夫 민주당 대표가 중 · 참 양원에서 수상으로 선출되었다. 야당에서 여당으로의 총리 전환은 전후 최초의 경험이었다. 이로써 전후 체제를 주도하고 변형시켜온 자민당 중심의 정치 체제는 막을 내렸다.

[04]
보수 양대 정당화 경향

민주당에 의한 중의원 승리로 정권 교체가 이루어지자, 그 결과에 의아해 하는 이들도 있다. 자민당 내부에서조차 고이즈미 개혁의 부정적 유산의 탓이라든가, 아베, 후쿠다, 아소 등 특정 정치 지도자들에 의한 실패로 자민당 패배의 책임을 돌리려는 경향이 아주 강하다. 그러나 주목해야 할 점은 야당 세력의 재편과 통합에 의해 2003년 이후 일본 정치에서의 양대 정당 중심화 경향은 계속 심화되어 가고 있었다는 사실이다.

1994년 소선거구제 비례대표제 병립제의 도입 이후, 5회에 걸친 중의원 선거에서 자민당自民党과 민주당民主党이 차지하는 비율이 지속적으로 증가하고 있다는 사실을 다음의 표에서 확인할 수 있다. 자민당과 제1야당인 민주당이 차지하는 비율이 2000년에서는 75%였던 것이, 민주당과 자유당의 통합이 일어난 직후 치러진 2003년 총선에서는 86.25%로 늘어났고, 2009년 8월 30일 총선에서는 양당이 차지하는 비율이 88.96%까지 높아졌다. 이는 일본 정치가 사실상 양대 정당 중심의 경쟁 체제로 이행해 가고 있음을 말해 준다.

◎ 중의원 선거의 양대 정당화 경향

	1996년	2000년	2003년	2005년	2009년
중의원 정원	500석	480석	480석	480석	480석
자민당	239	233	237	296	119
민주당	52	127	177	113	308
공명당	156 (신진)	31	34	31	21
기타	53	89	32	40	32
양대 정당	79.0%	75.0%	86.25%	85.21%	88.96%

주: 『아사히신문』 역대 선거 결과 자료를 바탕으로 필자가 작성.

이 같은 일본 정치의 양대 정당화는 소수 정당의 운명을 들여다보면 더욱 확실해진다. 위의 표에서 보는 바와 같이, 자민당, 민주당, 공명당을 제외한 기타 정당은 2000년에 89석으로 최고를 차지한 이후 2003년과 2009년에는 32석으로 하향 안정화 경향을 보여 주고 있다.[110] 그 내용을 좀 더 자세히 들여다보면, 공산당共産党의 경우 1996년에는 26석이던 것이 2000년 총선에서는 20석으로 줄어들었고, 다시 2003년 총선에서 급감하여 9석을 차지한 이래 2005년, 2009년 총선에서도 계속 9석을 차지해 왔다. 다시 말해서, 공산당은 비례대표구를 중심으로 한 9석 정도의 소수 정당으로 자리매김한 것이다. 또한 공명당公明党의 경우를 보아도, 2000년 총선에서 31석, 2003년 총선에서 35석, 2005년 총선에

110 2005년 총선의 경우, 기타 의석이 늘어난 것은 자민당에서 탈당한 의원들이 무소속으로 출마하여 당선한 숫자가 늘어났기 때문이다.

서 31석을 차지하는 등 30여 석 내외의 의석을 차지하는 안정적 소수 정당으로 자리를 잡아가고 있다.[111]

이를 취합해 보면 공명당이 30석 전후, 그리고 공산당의 9석을 포함한 무소속 등 기타 정당이 30석 내외를 점유하여 대략 60여 석 정도를 소수 정당이 차지하는 경향이 있다. 중의원 정원 480석 중 50-60여 석을 제외한 410-420석 정도를 놓고, 자민당과 민주당 양당이 경쟁하는 양상으로 중의원 총선이 전개되고 있음을 보여 주는 것이다. 실제로 2003년 이후 자민당과 민주당의 의석을 합쳐 보면, 480석 중 2003년 414석, 2005년 409석, 2009년 427석으로 양당이 중심적인 위치를 차지하고 있다.

이와 같은 양대 정당화 경향은 소선거구제만을 분석해 보면 더욱 극명하게 드러난다. 2000년 총선 이후 300개 소선거구에서의 의석 점유율을 시계열적時系列的으로 분석한 것이 다음의 표이다. 민주당과 자유당이 합당하기 이전인 2000년 총선에서 자민당과 민주당 양당이 차지한 소선거구 의석은 85.7%였으나, 2003년 총선에서 90%를 넘어선 이후 2009년 총선에서는 양당이 95%에 해당하는 소선거구 의석을 점유하고 있다. 이는 특히 소선거구에서 소수 정당이 독자적으로 생존하는 것이 얼마나 어려운 것인가를 반증해 준다. 나중에 살펴보겠지만, 2009년 총선의 경우 야당인 민주당이 다른 소수 야당과 28개 소선거구에서 선거협력을 함으로써 독자적인 후보 공천을 유보하였으나, 만약 민주당이

111 2009년 총선에서는 공명당이 소선거구에 내세운 8명의 후보가 전패함에 따라 21석을 확보하는 데 그쳤다. 그러나 오사카 등 일부 지역에서의 소선거구 당선 가능성은 아직도 남아 있다고 보이며, 통상 25-27석 정도의 의석 확보는 가능하다는 게 정설이다.

더욱 적극적으로 후보 발굴에 나서 독자 후보를 공천하였다면, 이 비율은 더욱 상승했을 것이다. 따라서 소선거구에 한정해 본다면 일본의 중의원 선거는 양대 정당화의 길목에 들어섰다고 할 수 있다.

◎ 소선거구에서의 양대 정당 의석 비율

총선 연도	소선거구	자민당	민주당	자민 + 민주	비율(%)
2000년	300석	177석	80석	257석	85.7
2003년	300	168	105	273	91.0
2005년	300	219	52	271	90.3
2009년	300	64	221	285	95.0

주: 『아사히신문』 역대 선거 결과 자료를 바탕으로 필자가 작성.

일본 정치의 장기적인 양대 정당화의 경향 속에서 잊어서는 안 되는 것이 민주당의 급속한 성장에 따른 지지 역전 현상이다. 일본 정치 분석가들은 2005년 총선에서 자민당의 압도적인 승리를 관망하면서 민주당은 자민당에 대항할 수 없는 유약한 정당으로 인식하기도 하였다. 그러나 2005년 총선이 오히려 예외적이었다는 점을 인식할 필요가 있다. 또한, 고이즈미 총리가 자민당의 저항 세력과 대항하는 방식을 취함으로써 자민당에 대한 비판을 흡수하는 형태의 선거였다는 점도 간과해서는 안 된다. 아래의 표는 민주당과 자민당이 1994년 선거제도 개혁 이후 치러진 국정 선거에서 획득한 비례대표 득표수이다.

◎ 국정선거 비례대표구에서의 양당 득표수 및 비율

연도	선거 구분	정당	득표수	의석수	득표 비율(%)
1996년	중의원 선거	자민당	18,205,955	70	32.76
		민주당	8,949,190	35	16.10

연도	선거 구분	정당	득표수	의석수	득표 비율(%)
1998년	참의원 선거	자민당	14,128,719	14	25.17
		민주당	12,209,685	12	21.75
2000년	중의원 선거	자민당	16,943,425	56	28.31
		민주당	15,067,990	47	25.18
2001년	참의원 선거	자민당	21,114,727	20	38.57
		민주당	8,990,524	8	16.42
2003년	중의원 선거	자민당	20,660,185	69	34.96
		민주당	22,095,636	72	37.39
2004년	참의원 선거	자민당	16,797,686	15	30.03
		민주당	21,137,457	19	37.79
2005년	중의원 선거	자민당	25,887,798	77	38.18
		민주당	21,036,425	61	31.02
2007년	참의원 선거	자민당	16,544,761	14	28.08
		민주당	23,256,247	20	39.48
2009년	중의원 선거	자민당	18,810,217	87	26.7
		민주당	29,844,799	55	42.4

주: 『아사히신문』 역대 선거 결과 자료를 바탕으로 필자가 작성.

위의 표를 잘 살펴보면, 2000년 중의원 선거 당시 민주당의 득표수는 이미 자민당에 거의 근접해 있고, 2003년 중의원 선거, 2004년 참의원 선거에서는 이미 자민당을 압도하고 있다. 2005년 우정 선거에서는 자민당이 이를 일시적으로 역전시켰지만, 다시 2007년 참의원 선거에서는 670만 표에 가까운 차이로 자민당을 크게 앞질렀다. 2009년 총선에서 민주당이 압승한 것이 결코 우연이 아니었음을 알려주는 좋은 증거이다. 이를 역으로 말하자면, 자민당에 대한 본격적인 역풍은 2000년경을 전환점으로 불기 시작하였으며,[112] 이후 자민당 지지자들이 점차

112 이는 자민당에 대한 지지가 냉전 이후 하락세에 있으며, 특히 가토의 난 이후 도시부 유권자를 중심으로 자민당에 대한 반발이 커졌다는 자민당 의원의 경험적 고백과 크게 다르지 않다. 加藤紘一, 『劇場政治の誤算』(東京: 角川新書, 2009).

이탈해가고 있음을 보여 주는 예라고 할 수 있다.

자민당에 대한 지지 추세를 분석해 보면, 자민당은 1989년 참의원 선거에서 참의원 단독 과반수를 상실한 이후 한 번도 참의원에서 단독 과반수를 확보한 적이 없었으며, 중의원에서도 1993년에 과반수를 상실한 이후, 2005년 중의원 선거를 예외로 하면, 지속적으로 단독 과반수 확보에 실패하였다. 자민당은 여당 지위를 유지하기 위해 1994년부터 1996년까지는 사회당社会党 및 사키가케さきがけ와, 그리고 1999년부터는 공명당公明党과 연립 정권을 수립하지 않으면 안 되었다. 이는 1955년 체제와는 달리, 자민당 지배 체제가 단독 우위가 아닌 연립에 의한 우위였기 때문에 늘 유동적인 상태에 놓여 있었다는 점을 보여준다.[113] 특히, 수상에 의한 임의적 해산이 아니라 정기적으로 실시되는 정권 평가형 선거인 참의원 선거가 자민당에겐 아킬레스건이었다.[114]

◘ 역대 국정 선거에서의 자민당 의석 확보 수

선거일	구분	정원	과반수	자민당	연립 여당	여당 합계
93.07.18	중의원	511	256	223		
95.07.23	참의원	250	126	107 (46)	사회 38 (16) 사키가케 3 (3)	148
96.10.20	중의원	500	251	239	사민 (15) 사키가케 (2)	256
98.07.12	참의원	250	126	102 (44)	공명 22 자유 12	136

113 樋渡展洋 · 三浦まり 編, 『流動期の日本政治: 失われた10年の政治学的検証』 (東京: 東京大学出版会, 2002), 13-15쪽.

114 중의원의 경우 수상은 자신이 유리하다고 판단하는 시점에 중의원을 해산할 수 있는 특권을 가진다. 그 대표적인 예는 일반의 예상을 빗나간 2005년 우정 선거였다. 이에 반해 참의원 선거는 정원 242석 중 절반에 해당하는 121석을 매 3년마다 정기적으로 개선하도록 되어 있고 시기도 7월로 못박혀 있어 여당에 유리한 시점에 선거를 할 수 없는 한계가 있다. 일본 참의원 선거에 대한 소개와 중요성에 대해서는, 이이범 (2008).

선거일	구분	정원	과반수	자민당	연립 여당	여당 합계
00.06.25	중의원	480	241	233	공명 31 보수 7	271
01.07.29	참의원	245	123	109 (63)	공명 22 (12) 보수 5 (1)	136
03.11.09	중의원	480	241	237	공명 35 보수신당 4	275
04.07.11	참의원	242	122	115 (49)	공명 24 (11)	139
05.09.11	중의원	480	241	296	공명 31	327
07.07.29	참의원	242	122	83 (37)	공명 20 (9)	103

주: 『아사히신문』 역대 선거 결과 자료를 바탕으로 필자가 작성

요약해서 말하면, 1994년 선거제도 개혁 이후 야당 세력의 재편 속에서 민주당은 조용하면서도 빠르게 성장해 왔고, 그 결과 민주당은 자민당에 필적할 만한 거대 정당으로 존재감을 늘려왔다. 특히, 2005년 총선을 제외하면 2003년 이후 민주당은 비례대표구 선거에서 자민당을 압도할 만큼 지지 세력을 충실하게 확보해 왔다. 2005년 총선도 고이즈미 총리가 사실상 자민당 내부 저항 세력에 대한 축출과 비판을 중심으로 선거를 전개했고 그를 통해 승리했다는 점을 감안한다면, 2009년 총선은 자민당에 대한 대안 세력을 찾고 있었던 유권자의 심리가 반영된 결과라고 판단하는 것이 현실적일 것이다. 다시 말해, 민주당의 승리는 우연한 일시적 현상이 아니라 장기간 축적된 역량의 결과물로 이해되어야 한다.

| 결론 |

자민당 우위 체제의 종결과 전후 체제의 변용

◆ ◆ ◆

전후 일본 정치를 뒤돌아보면, 자민당의 일당 지배를 언급하지 않고는 지나갈 수가 없다. 1955년 창당한 이래 자민당은 무려 54년에 걸쳐 일본을 지배하는 여당으로 군림해 왔다. 민주주의 국가에서는 아주 드문 일이었다.[1] 하지만 자민당이 반세기에 걸쳐 집권 여당으로 남아 있었다는 이유로 일본을 변화가 없는 정체된 정치 체제로 이해하는 것은 그릇된 인식이다. 자민당이 지배하는 반세기 동안 정당 간 이념적 대립축이 변화했고, 정치를 이끌어가는 정당과 엘리트들도 바뀌었으며, 자민당이 일본을 지배하는 방식도 바뀌었다. 또한, 정권 교체가 없는 현상을 보면서 일본을 '연성 권위주의soft authoritarianism'라고 부르는 것도 자민당의 지배 체제가 민주적인 선거를 통해 일본인들이 선택했다는

1 T. J. Pempel, *Uncommon Democracies: One Party Dominant Regimes* (Ithaca; Cornell University Press, 1990).

점을 외면하는 논의이다.[2] 일본은 자유롭고, 공명하며, 주기적인 선거에 의해 정치 지도자가 탄생하는 민주주의 국가이다. 아울러 자민당이 일본을 오래 지배했다고 해서, 자민당이 당의 규율이 강한 일사불란한 정당이었다고 보는 것도 현실적이지 않다. 자민당은 오랫 동안 파벌의 연합체라고 이해되어 왔으며,[3] 다원적인 목소리를 가진 복수의 정치 세력이 자민당이라는 한 지붕 아래 공존하는 정당이었다.

자민당이 장기 집권하는 동안 전후 체제는 놀랄 만큼 변화했다. 외견상으로는 자민당이라는 단일 정당이 변함없이 지배적인 위치를 차지하고 있었음에도 불구하고, 그 내면을 들여다보면, 전후 체제는 변화를 거듭하였다. 전후 체제의 변용은 세 가지 차원에서 본질적이고 심도 있는 변화였다. 우선, 정당 간 경쟁 체제의 성격이 크게 변화하였다. 패전 직후 보수 진영과 혁신 진영의 대결과 갈등으로 출발한 전후 체제는 2000년대에 들어서면서 보수 양당 중심의 경쟁 체제로 변모하였다. 자민당도 내부적인 변화를 겪었지만, 혁신과 중도 진영의 변화가 훨씬 진폭이 컸다. 혁신 진영은 약화되고, 공명당을 제외한 제 정당들이 보수적인 양당으로 통합되는 과정이 전후 체제의 변모한 모습이다. 자민당이 우위에 선 체제라는 점에서 장기간 변화가 없어 보이지만, 정당 간 경쟁 체제의 내적인 역학은 야당 진영의 변화에 상응하여 눈에 띄는 변

---

2 연성 권위주의에 대해서는, Charlmers Johnson, "Political Institutions and Economic Performance," in Frederic Deyo (ed.), *The Political Economy of the New Asian Industrialism* (Ithaca: Cornell University Press, 1979).

3 内田健三, 『派閥』 (東京: 講談社, 1983).

화를 보였다.[4] 또한, 자민당 내부 지배 구조의 역학도 근본적인 변화를 겪었다. 급진 보수파, 보수 리버럴, 온건 보수의 세 흐름이 공존하던 자민당 내부 세력 분포는 5대 파벌이 정착하면서 다나카田中파와 오히라大平파 연합에 의한 온건 보수가 주류를 이루다가, 다케시타竹下파의 우월적 지배기로 이행했다. 그 후 다케시타파가 분열하면서 다른 정당들과 연합을 통해 우위를 유지하다가, 모리森파의 우위기로 변천하는 과정이 자민당 내부 지배 구조의 변천사였다. 셋째, 이념 및 정책적 대립축의 차원에서도 전후 체제는 본질적으로 변화하였다. 전쟁 직후부터 1960년 안보 투쟁까지 평화와 민주주의를 둘러싼 항쟁이 정당 간 이념적 대립축이었다면, 성장과 분배, 복지와 재정 건전화를 둘러싼 여야 간의 대립이 1980년대 말까지 주된 축을 이루었고, 1990년대에 접어들면서 보통국가론을 둘러싼 각축이 전면에 대두되었다. 2000년대에 접어들면서, 국가 행정 구조 개편 및 예산 사용 방식을 둘러싼 구조개혁 논쟁이 정당 간 정책 대립축의 중심에 놓이게 되었다. 정당 간, 그리고 정당 내 세력 분포의 변화가 이루어지면서 전후 체제하의 이념적 대립축도 이행하였음을 말해 준다.

다시 말하자면, 자민당의 우월적 지배 체제하에서, 전후 체제는 보수와 혁신 간의 정당 간 역학 관계inter-party competition의 변화, 자민당 내 파벌 간 경쟁 구도와 합종연횡으로 나타나는 정당 내 경쟁 관계intra-party competition의 변모, 그리고 전후 체제 옹호 세력과 전후 체제 수정주의자들 간의 이념적 대립축ideological confrontation 이동이라는 세 가지 차원의

---

4 Gerald Curtis, *The Japanese Way of Politics* (New York: Columbia University Press, 1988); 北岡伸一, 『自民党』(東京: 読売新聞社, 1995).

변화를 수반하였다. 아래에서는 이들 세 가지 차원에서의 전후 체제 변화가 현대 일본 정치 분석에 시사하는 바는 무엇인지를 집중적으로 논해 보고자 한다.

[01]

보 · 혁 대립에서 보수 양당 간 대립으로

전후 보수 진영과 혁신 진영 간 대립의 출발은 전후 개혁이 가지는 이중성에 기인하는 것이었다. 혁신 진영은 평화헌법으로 대표되는 철저한 민주화와 탈군사화 노선을 원칙대로 지키려는 사실상의 '지킴이'였고, 보수 진영은 일본적 역사와 전통을 지키겠다는 점에서는 보수였지만, 일본의 자주적인 외교 · 안보 노선을 추구하고, 강요된 헌법을 개정하려고 시도했다는 점에서는 수정주의자들이었다. 전전 권위주의 체세의 흔적이 남아 있던 일본에서 구질시ancien regime로의 회귀에 부정적이었던 일본 국민은 혁신 진영에 대해 심정적 공감을 가지면서도, 냉전이라는 현실적 제약을 감안하여 온건 보수 세력이 택한 미 · 일동맹 체제, 경무장화, 경제성장 중심 노선에 힘을 실어주었다. 혁신 진영에 대한 기대는 전후 체제하에서 급진 보수가 정치적 주류가 되지 못하도록 하는 견제자 역할 수행에 있었다. 1955년 체제 출범 이후 하토야마, 기시로 이어지는 급진 보수가 구체제로의 복귀, 견고한 방위국가의 건설,

자주헌법으로의 개정을 시도할 때, 혁신 진영을 중심으로 반대를 결집시킬 수 있었던 것은 일본 국민 사이에 정착한 구체제에 대한 거부감 때문이었다.[5] 1960년 안보 투쟁으로 대표되는 보 · 혁 진영의 양극화된 대치는 일본의 정당 체제가 의석상으로는 1.5정당제에 가까웠지만, 이념적으로는 양당제적 요소가 강했음을 보여준다.

일본 정계가 다당제로 발전해 나가는 것은 사회당의 비현실성과 공공 노조의 이념적 경직성에 도전한 사회당 내 우파의 결별, 이념 정치에 대한 대안으로서 생활 정치, 대중 정치를 앞세운 공명당이 등장하면서부터였다. 야당 세력의 총체적인 증가는 자민당으로 하여금 현실적으로 온건 보수 노선, 즉 요시다 노선을 추구하도록 만들었다.[6] 우익적 선택은 야당의 결집을 가져와 자민당의 우월적 지위를 흔들 것이고, 지나치게 리버럴한 선택은 사회당을 중심으로 한 좌파와의 차별성을 없애버릴 공산이 컸기 때문이다. 따라서 자민당 내 보수 본류로 불리는 요시다 노선의 추구는 자민당의 정체성을 드러내기 위한 자주적인 선택인 동시에, 정당 경쟁 공간 속에서 생존과 확장을 위한 자민당의 전략적 선택이기도 했다. 또한, 보수 진영과 혁신 진영의 총체적인 균형과 백중세는 자민당으로 하여금 야당의 요구와 도전에 민감하게 반응하는 유연한 자세를 습득하도록 만들었다. 국회대책정치를 통한 야당과의 협상과 대화의 정착이 그러하고, 야당의 요구를 선제적으로 흡수

5 Thomas Berger, "From Sword to Chrysanthemum: Japan's Culture of Anti-Militarism," *International Security*, 17:4 (Spring 1993), 119-150쪽.

6 添谷芳秀, 『日本のミドルパーワ外交』 (東京: ちくま新書, 2005); 박철희 · 윤수경 · 이나올 옮김, 『일본의 미들파워 외교』 (서울: 오름, 2006).

함으로써 국회에서의 대치 정국을 회피하려는 노력도 그러하였다. 따라서 자민당 연구자들이 지적하는 자민당의 유연성flexibility은 다당제적 공간 속에서 백중세를 극복하기 위한 자민당의 생존 전략survival strategy이었다.[7] 즉 자민당이 태생적으로 유연한 기질을 가졌던 게 아니라, 보·혁 백중세 속에서 권력을 유지하기 위해 후천적으로 습득한 지혜였다. 자민당의 수용적 태도와 유연한 정책 대응은 두 가지 결과를 가져왔다. 하나는 자민당의 정책 노선이 시장경제의 활성화라는 경제적 보수주의에 더하여, 사회복지의 충실화라는 리버럴한 이념도 수용함으로써 포괄적으로 정당의 외연을 확장할 수 있는 여지를 열어주었다. 다른 한편, 혁신 진영은 자신의 무기를 자민당에게 빼앗긴 형국이 되어 여당에 대한 비판을 사회·경제 정책보다는 더욱 외교·안보 노선에 집중하였다. 사회당이 호헌 정당의 성격을 강화해 가면서, 사실상 자민당에 대한 견제자로서의 역할에 자족하는 양상은 1970년대 후반부터 두드러지게 나타난다. 사회주의협회에 함몰된 사회당의 이념적 교조주의와 공공 노조에만 의존하는 조직적 경직성은 야당 간의 협력을 점점 어렵게 만들었다.

야당 간 협소 노선의 붕괴를 목도하면서, 자민당 일당 우위 체제의 기초를 확고히 한 것이 나카소네 시대였다. 나카소네는 자유주의적 개혁을 통해 복지국가의 과잉이 가져온 재정지출 확대에 메스를 대고, 민영화를 통해 야당의 지지 기반이었던 노동조합을 약화시키면서, 혁신 진영

7 자민당의 유연성에 대한 지적은, Gerald Curtis (1988); T. J. Pempel, *Policy and Politics in Japan: Creative Conservatism* (New York: Temple University Press, 1982); Kent Calder, *Crisis and Compensation* (Princeton: Princeton University Press, 1988).

에 대한 전면 공세에 나섰다. 전후 체제의 총결산이란 보수 진영의 우위 확립을 위한 혁신 진영의 고립화 시도였다. 개념적으로 흔히 1955 체제와 동일시하는 자민당 일당 우위 체제는 나카소네 시대가 되서야 비로소 그 열매를 맺은 것이었다.[8] 사회당은 견제 정당으로 자족하고, 공명당과 민사당은 국회 내에서 자민당과 때로는 대립하고 때로는 타협하는 국회대책정치가 정착되는 시기이기도 하였다. 야당의 비판이 무뎌지기 시작하면서, 정치권은 내부자 거래가 일상화되는 자기 만족의 정치politics of complacency에 익숙해졌다. 여당인 자민당은 강해졌지만, 야당과의 정당 간 경쟁에 의한 긴장감과 갈등은 순화되어 버린 상태였다. 그 결과로 나타난 것이 리쿠르트 스캔들로 대표되는 정치 부패의 만연이었다.

정치 부패와 소비세 인상은 야당인 사회당에게 호재를 안겨주는 듯했지만, 그 효과는 일시적이었다. 자민당은 정치개혁이라는 화두를 제시하여 여론의 비판을 잠재웠고, 선거제도 개혁이라는 양날의 칼을 야당에 들이댐으로써 열세에 몰린 야당의 경쟁력을 더욱 약화시키고자 하였다. 한편, 걸프전의 충격으로 일국평화주의와 수표 발행 외교가 비판을 받자, 오자와는 보통국가론을 통해 국제국가 일본의 기치를 들었다. 보통국가론은 야당인 사회당의 비현실성을 적시함으로써 보수 진영의 주도권을 강화하려는 시도이자, 사회당과 민사당, 공명당의 협력 체제를 갈라놓기 위한 야당 분단책이기도 했다. 선거제도 개혁은 자민

8 나카소네 시대 이전에도 자민당이 유일한 집권 여당으로서 지배를 계속하였지만, 자민당이 다른 정당들에 비해 압도적인 우위를 점하고 있지는 않았다는 의미이다. 나카소네 시대까지 보수 진영과 혁신 진영의 힘겨루기는 팽팽했다고 보는 것이 현실적일 것이다.

당 내 기득권층과의 충돌을, 그리고 보통국가론은 당내 온건 보수 및 리버럴 세력과의 갈등을 불가피하게 만들어 결국 자민당은 분열한다. 1993년 자민당의 일시적 정권 상실은 야당의 협공이 아니라, 자민당의 자기 분열에 의해 이루어졌다. 유권자들은 이를 사후 승인한 데 불과했다.

1990년대는 오자와 대 반오자와의 시대였다. 오자와는 구태의연한 자민당 타도라는 목표를 위해 야당이던 공명당, 민사당과 손을 잡음으로써 현실적으로는 중도 야당이던 두 당을 이념적으로 무력화시켰고, 보수 정당과의 협력을 가정이 아닌 현실로 만들었다. 반면, 오자와에 대항하여, 숙적이었던 자민당과 사회당이 연합하는 형국이 벌어졌다. 이는 당과 국회에서의 대화와 타협이라는 정치 수법에 대한 공감대, 그리고 재정지출에 근거한 사회복지의 충실화라는 접합점이 존재하기에 가능한 것이었다. 하지만 보수와 혁신 진영을 대척점에 서게 했던 외교 · 안보 노선에 있어, 사회당의 자기 부정, 자기 굴복을 가져옴으로써 혁신 진영의 상징이었던 사회당의 자기 정체성은 상실되었다. 이로써 혁신 진영의 몰락은 더욱 가속화되었다. 자기 분열한 보수 세력과 무력화된 혁신 진영 사이에서 제3의 길을 모색하며 성장한 것이 바로 민주당이었다.

야당 세력의 혼돈과 분열 덕택에 자민당은 사회당에 이어 공명당과 손을 잡으며 권력 연장을 도모하였다. 하지만 경제 불황과 저성장 시대, 재정 적자 시대임에도 불구하고, 공공사업을 진작하고 재정지출을 통한 경기부양을 시도하는 전통적 자민당은 도시부 유권자를 중심으로 한 비판에 직면하였다. 혁신 세력은 약화되었지만, 자민당에 대한 유권자들의 역풍은 거세졌다. 자민당의 집권 연장은 야당의 분열과 공명당과의 연합 때문에 가능했다. 자민당을 대신하는 야당이 충분히 성장하지 않은 상태에서, 자민당의 자기 개혁을 통해 보수의 우위를 재확립하려는 시도가 고이즈미의 구조개혁 노선이었다. 신자유주의적 개혁과 재정 건전화 노력을 통해 도시부 유권자들을 보수 진영으로 다시 끌어들이고, 신국제국가 노선의 추구를 통해 국민들의 자부심을 높여 혁신 세력에 대한 저항감을 강화하려 했다는 점에서, 고이즈미 시대의 보수 정치는 전후 체제의 유산으로 남아 있던 혁신 진영을 전면적으로 해체하려는 시도였다. 나아가 구태의연한 정책과 수법에 집착하는 자민당 자체를 개혁함으로써, 혁신 진영을 고립시키는 데 머무르지 않고 보수 진영 내부의 체질 개선까지 추구했다는 점에서 고이즈미는 혁명적이기까지 했다.

그러나 고이즈미에 이은 아베는 혁신 진영에 대한 이념적 저항감이 매우 강했던 관계로, 정치적으로 힘을 상실한 혁신계의 정치 쟁점을 한꺼번에 일소해 버리려는 공세적 시도를 주저하지 않았다. 호헌 세력에 정면 배치되는 헌법 개정 시도, 평화주의적 안보 노선에 대치되는 방위성의 승격 및 집단적 자위권 실현의 모색, 사회당 지지 기반이었던 일교조의 영향력 축소를 위한 교육기본법 개정 등은 전후 체제의 변화 속에서 명맥을 유지하던 혁신 진영을 일소하고, 전후 체제로부터 완전하게 탈각해 보려는 야심찬 시도였다.[9] 아베가 추구한 이념의 정치가 열

9 아베는 그런 의미에서 비교적 젊은 총리였음에도 불구하고 전후 체제의 이념들에 사로잡혀 있는 정치인의 하나였다.

어놓은 중간 지대의 공백은 제1야당이었던 민주당에게 자민당을 효과적으로 공략할 수 있는 기회를 주었다. 2007년 참의원 선거에서의 민주당의 승리가 이를 증명해 주었다. 다만, 이 시기의 민주당은 1998년 창당 당시의 리버럴한 정당이 아니었다. 소선거구제하에서 소수 정당들과 다양한 인재들이 민주당으로 흡수 · 합병되면서, 민주당은 자민당과 커다란 차이가 없는 중도 보수 정당으로 바뀌어 있었다. 2007년에 이어 2009년에 일본의 유권자들이 민주당을 안심하고 지지할 수 있었던 것은 전후 체제 출발 당시 혁신 진영이 가졌던 이념적 좌파 성향으로부터 거리를 두고 있었기 때문이었다. 1990년대 이후 민사당과 공명당 등 중도 정당은 보수의 협력자로 탈바꿈하고, 사민당, 공산당으로 대표되는 혁신 진영은 자기 몰락을 거듭해 가는 가운데, 일본 정치의 장은 점차 보수 양대 정당 중심의 경쟁 체제로 바뀌었다.

보수 양당을 경쟁 중심으로 한 체제로의 전환은 1955년 체제에서의 정치와는 다른 양상을 연출해 가고 있다. 첫째, 여야를 갈라놓는 핵심적 쟁점은 더 이상 외교 안보 노선이 아니다. 자민당과 민주당의 정책 노선의 차이는 존재하지만, 1955년 체제에서의 자민당과 사회당이 추구한 외교 · 안보 노선과 비교해 보면, 양당의 정책은 수렴하고 있다고 해도 과언이 아니다. 그 대신, 국내 정치적인 이슈, 특히 경제 · 사회 정책을 둘러싼 갈등과 대결의 골이 깊어지고 있다. 외교 · 안보 노선을 중심으로 한 보수-혁신의 대결이 정당 간 대결의 독특성을 띠는 일본형 정치Japanese-style politics를 상징했다면, 경제 · 사회 정책을 둘러싼 정책 대결은 다른 선진 민주주의 국가들의 정당 경쟁 및 대결 구도와 유사한 정책 대립축을 가지게 되었음을 의미한다.[10] 둘째, 정치 세력이 이념을 사이에 두고 보수와 혁신으로 나누어져 경쟁하던 시대에는 이념적 정체성으로 인해 상대 진영의 정당을 지지하지 않는 경직성을 띤 고정표固定票가 체제 유지의 기반으로 작용하였다. 중선거구제라는 선거제도는 이를 고착시키고 양산하는 결과를 가져왔다. 그러나 정당 간 이념적 대립축이 약화된 보수 정당 간의 경쟁 체제는 유동층의 증가는 물론, 정당에 대한 충성도를 약화시키는 결과를 낳았다. 정치적 유동성과 불안정성의 증대는 유권자 내부에서의 유동층 및 무당파층의 증대와 밀접한 관련이 있다.[11] 셋째, 보 · 혁 대립 구도에서 혁신은 기본적으로 자민당의 견제 역할을 수행하는 데 만족해야 했다. 그러나 보수 양당 중심 경쟁 구도에서는 자민당과 민주당 간의 실질적인 정권 교체에 대한 기대가 높아지고 있고, 정권 교체는 단지 자민당에서 민주당으로의 이양뿐만 아니라, 역의 가능성도 아울러 잉태하고 있다. 정책의 신뢰도와 수행 능력을 선거 때마다 평가받고 유권자들의 쏠림 현상이 일어나면서, 장기간에 걸친 자민당 일당 우위 체제나 민주당 우위 체제의 확립은 이제 기대하기 어렵게 되었다.

10 유럽 사회민주주의 국가에서 나타난 이념적 대립축의 변화에 대해서는, Herbert Kitschelt, *The Transformation of European Social Democracy* (Cambridge: Cambridge University Press, 1994); Anthony Giddens, *The Third Way* (Cambridge: Polity Press, 1998).

11 田中愛治, "自民党衰退の構造: 得票構造と政策対立軸の変化," 読売新聞世論調査部, 『2009年, なぜ政権交代だったのか』(東京: 勁草書房, 2009).

[02]

자민당 파벌 간 유사 정권 교체에서 정당 간 정권 교체로

오랫동안 집권 여당이었던 자민당은 정당 내부의 지배 구조를 점차 제도화해 나갔다. 자민당의 출범 당시 인적 배경으로는 크게 전직 관료 그룹과 정당정치인으로 나누어졌고,[12] 인적 유대의 측면에서는 합당 이전 자유당과 민주당 내부의 보스를 중심으로 8개 군단으로 나누어져 있었다.[13] 1955년 체제 초기 자민당 내부는 정치 이념의 관점에서, 하토야마鳩山와 기시岸로 대표되는 급진 보수와 미키三木, 이시바시石橋 등으로 대표되는 보수 리버럴, 그리고 요시다吉田와 이케다池田, 사토佐藤 등으로 대표되는 온건 보수의 세 가지 갈래로 나누어졌다. 평화헌법 질서의 수용, 미 · 일동맹의 견지, 경제성장 노선에 입각한 요시다 노선에 대해, 하토야마와 기시로 대표되는 당내 급진 보수 세력은 자주헌법의

12 Gerald Curtis, *Election Campaigning Japanese Style* (New York: Columbia University Press, 1971).

13 内田健三 (1983).

제정, 일본의 고유한 전통의 계승과 국가관의 함양, 그리고 일본의 자주적 외교 선택을 주장하면서 대항하였다. 이시바시 등 보수 리버럴은 전쟁에 대한 반성과 아시아중심주의, 소국주의적 발상을 실현하고자 하면서 야당인 혁신 세력의 반대를 당내로 흡수하는 양상이었다. 1950년대 대부분을 관철한 자민당 내부 급진 보수와 온건 보수 간의 노선 대립은 1960년 안보 투쟁을 겪고 나서야 일단락되었다.

안보 투쟁을 거치면서 급진 보수 세력이 추구한 정책 노선이 야당과 국민들의 반발에 직면하자, 이케다池田를 중심으로 한 온건 보수 세력은 저자세 정치를 주장하면서 경제성장 중심 노선으로 전환하였다. 자민당 내부에서의 노선 전환이었지만, 급진 보수로부터 온건 보수로의 유사 정권 교체였다. 이케다에 이어, 사토佐藤 정권도 기본적으로 요시다 라인의 기본 정책을 계승하였다. 이 시기에 이르러 구세대 정치인들의 세대교체가 이루지면서 새로운 정치 지도자들에 의해 당내 그룹은 5대 파벌로 정착되어갔다. 다나카田中파와 오히라大平파는 보수 본류로 불리우는 온건 보수 노선을 계승한 데 반해, 후쿠다福田파와 나카소네中曽根파는 재정 건전화와 일본의 자주적인 선택을 강조하는 우파적인 성향을 나타냈다. 미키三木파의 경우는 이시바시石橋류의 소일본주의와 아시아주의를 계승하면서 보수 리버럴의 기치를 들었다.

1970년대는 다나카파와 오히라파의 연합에 대항하여 후쿠다파가 도전하는 양상이 지속되었다. 당내 소수 파벌이던 나카소네파와 미키파는 양대 그룹과 편의적인 연합을 지속하는 형태였다. 다나카田中 정권은 일본이 일구어 낸 경제성장의 과실을 전 국토 균형 발전이라는 명분하에 횡적인 배분을 실현하는 동시에, 사회복지 충실화라는 관점에서 계층 간 수직적 분배를 확산하려 했다. 즉, 성장 일변도의 정책 노선에 사회민주주의적 요소를 가미하려 시도했다. 이는 야당의 주장을 대폭 흡수하는 방식을 통해 야당의 견제를 무마하는 정치 방식이기도 했다. 기시에서 이케다에 이어지는 유사 정권 교체와 더불어, 사토에서 다나카에 이어지는 수상의 교체도 정책 노선상 유사 정권 교체에 상응하는 것이었다. 다나카에 이은 미키, 미키에 이은 후쿠다로의 정권 교체도 일본의 유권자들에세 유사 정권 교체의 효과를 자아냈다. 부패한 다나카를 대신하는 깨끗한 미키, 복지 예산으로 인한 재정 적자를 메우려는 후쿠다로의 정권 이행은 정책 노선에 변화를 주면서 국민들에게 새로운 자민당 이미지를 선사했다. 이 시기, 자민당이 정권을 유지할 수 있었던 것은, 분권적이다 못해 때로는 자기분열적인 요소마저 지니면서도[14] 5대 파벌이 확대지향적인 경쟁을 벌임으로써 야당의 입지마저 빼앗아가는 권력 지향성을 보여 주었기 때문이었다.

그러나 1970년대 말, 40일 항쟁으로 불리는 오히라大平와 후쿠다福田 간의 대립은 자민당이 자기 분열에 빠질 수 있는 위기를 가져왔다. 자민당에서 분열된 파벌이 연합하여 정권을 창출할 수 있는 세력이 자민당의 외곽에 있었다면, 이미 이 시기에 자민당 분열에 의한 정권 교체가 일어났을지도 모른다. 하지만 야당이 사분오열되어 있고, 여야 간의 정치적 이데올로기 간극이 너무 컸던 관계로 당의 분열은 회피할 수 있었다. 극단적인 파벌 항쟁을 벗어나 자민당 내부를 안정시킬 수 있었던 것은 아이러니컬하게도 자민당 내 최대 파벌인 다나카파가 급속한 양

14 실제로 고노(河野)를 중심으로 한 자민당의 일부는 1974년 신자유클럽을 만들어 탈당하였다.

적 팽창을 꾀하면서 당내 주도권을 확립했기 때문이었다. 오히려, 스즈키 정권에 이은 나카소네中曽根의 등장은 다나카파의 지원 없이는 불가능했다. 그럼에도 불구하고 나카소네는 자유주의적 개혁의 기치를 들고 복지국가의 병을 치유하려 하였으며, 정치 · 군사적으로도 일본의 역할을 확대하려는 국제국가 일본을 제시하면서, 국민적 지지를 확보하였다. 성장의 과실을 국내에 배분하는 데 중점을 두었던 다나카田中적 발상과는 달리, 나카소네는 오일 쇼크를 성공적으로 극복하고 세계에서 주목받는 발전 국가로 발돋움한 일본의 위치를 정확히 간파하고, 일본을 '아시아의 일본을 넘어 세계 속의 일본'으로 정착시켰다.[15] 정책적 발상의 전환이라는 의미에서 이 또한 유사 정권 교체라고 볼 수 있다.

1980년 초반부터 1990년대 초반에 이르는 10여 년간, 자민당 내부는 다나카田中, 다케시타竹下로 이어지는 최대 파벌의 지배기였다. 나카소네 정권의 탄생부터 미야자와 정권에 이르기까지 다케시타파의 협력 없이는 누구도 총리가 될 수 없을 정도로 5대 파벌 중 다케시타파의 영향력은 절대적이었다. 특히 나카소네 이후의 정권 교체는 경쟁하는 파벌 간의 유사 정권 교체라기보다는, 다케시타파의 일극 지배하에서 아베安倍, 미야자와宮沢, 와타나베渡辺 등 3개 중간 파벌들이 경합하면서 다케시타파와의 협력을 통해 수상 자리를 노리는 형국이었다. 다케시타 본인의 정권에 이은 가이후海部, 미야자와宮沢 정권이 모두 다케시타파의 수적인

15 나카소네 정권을 전후한 시기에 일본의 성장의 비밀에 대한 찬사가 국제적으로 확산되었다. Peter Katzenstein, *Between Power and Plenty* (Madison: University of Wisconsin Press, 1978); Charlmers Johnson, *MITI and the Japanese Miracle* (Stanford: Stanford University Press, 1982); Ezra Vogel, *Japan as Number One* (New York: Charles Tuttle Co., 1979).

영향력을 벗어날 수 없었다.[16] 다케시타파가 추구한 정치적 이상은 정치적 이념과 정책 노선의 수정보다는 자파 영향력의 유지였다.

일본 정치 변화의 극적인 반전은 자민당 내 최대 파벌이었던 다케시타파가 분열하면서 이루어졌다. 정치 부패에 대한 대처로서 정치개혁을 둘러싼 개혁파와 수구파의 항쟁, 그리고 걸프전의 여파에 따른 보통국가론의 추구와 이에 대한 반대로 요약되는 다케시타파 내부 및 자민당 파벌 간의 대립 구조는 호소카와細川의 일본신당 창당, 오자와小沢파의 탈당, 다케무라武村가 이끄는 사키가케さきがけ 그룹의 탈당으로 이어졌다. 이들 모두가 전 다케시타파 소속이었다. 1993년의 정치 변동은 본질적으로 다케시타파의 분열에 의한 것이었다. 다케시타파와 연합을 유지해 왔던 미야자와파도 가토加藤파와 고노河野파로 나누어지면서 자기 분열했다.[17] 자민당 파벌 내부의 세대교체기가 당내 지배 구조의 불안정을 가져왔다고 해도 지나친 말은 아니다.[18] 다케시타竹下파의 절대적 영향력이 약화되었고 미야자와宮沢파도 분열하였지만, 이를 이은 하시모토橋本파와 가토加藤파의 연합 구조가 유지되면서, 1990년대 자민당 정권은 하시모토와 오부치小淵로 이어지는 구 다케시타파 지배의 후속 시대였다. 미츠즈카三塚와 모리森로 이어지는 구 후쿠다파는 이들의 연합에 효과적으로 도전하지 못했다. 오히려 하시모토파 이외의 차세

16 가이후 정권에 대한 다케시타파의 영향력에 대한 좋은 고백은, 海部俊樹, 『政治とカネ』(東京: 新潮新書, 2010).

17 Cheol Hee Park, "Factional Dynamics in Japan's LDP after Political Reform," *Asian Survey* (May/June 2000).

18 1960년대 후반에서 1970년대 초반에 이르는 기간이 자민당 파벌 내 1차 세대교체기였다면, 1980년대 후반에서 1990년대 초반에 이르는 기간은 자민당 내 제2차 세대교체기였다. 2000년대 중반부터 2010년대 초반에 자민당은 다시 제3의 세대교체기를 맞고 있다.

대 파벌 대표격이었던 야마자키山崎, 가토加藤, 고이즈미小泉 등이 YKK라는 명칭으로 상호 연계하면서 하시모토파의 권력 연장을 도와준 측면이 강했다. 자민당 내부 역학으로만 보자면, 1980년대 초반부터 무려 20여 년간에 이르는 기간이 다케시타파의 실질적 지배기였다.[19]

자민당 지배 구조의 현격한 변화를 가져온 유사 정권 교체는 고이즈미小泉 정권의 등장이었다. 고이즈미의 등장은 세 가지 측면에서 유사 정권 교체 효과를 극대화했다. 첫째, 공공사업과 사회복지를 위한 적극적인 재정 정책을 뒤로 하고, 재정 건전화를 위한 구조개혁 노선을 통해 정책 노선의 반전을 만들어냈다. 둘째, 오랜 기간 자민당을 지배해 온 다케시타파의 지배를 무너뜨리고 모리파의 영향력을 확대시키는 반면, 수상 지도력의 확대를 위해 파벌의 전반적인 영향력을 약화시켰다. 셋째, 농촌부와 지역공동체를 중심으로 한 자민당 지지 단체들을 중시하던 정책으로부터, 무당파층과 도시부에 거주하는 젊은층, 고학력층, 주부들을 자민당 지지로 이끌어내려는 포퓰리스트적인 정치 수법을 과감히 도입하였다. 고이즈미의 정책 전환과 정치 수법은 구태의연한 자민당에 식상해 있던 일본의 유권자들을 다시 자민당 지지로 돌려놓을 만큼 실효적인 유사 정권 교체 효과를 거두었다.

소선거구 제도의 정착과 정치자금법 개정의 여파로 약화되었던 파벌의 응집력은 고이즈미의 모리파 집중 지원으로 인해 더욱 위축되어 갔다. 공천권과 정당 자금 배분권을 장악한 당 집행부가 모리파를 중심으

19 다나카-다케시타파의 지배 시기를 다나카가 수상이 된 1970년대 초반부터 30년간으로 보는 시각도 있다. 그러나 1970년대의 경우 다나카파의 상대적 우위기였을 뿐, 각 파벌 간의 합종연횡을 통한 파벌 항쟁은 오히라 시대까지 지속되었다. 1980년대 이후에야 비로소 다나카-다케시타파가 당내에서 절대적 영향력을 행사하기 시작했다고 보는 것이 현실적일 것이다.

로 운영되면서, 다른 파벌들이 상대적으로 위축되어 가는 가운데 모리파만큼은 영향력이 확대되었다. 또한 자민당 내 파벌의 세대교체기가 겹쳐지면서 파벌의 결속력은 더욱 떨어졌다. 그 여파로 자민당의 유사 정권 교체를 이루어 낼 만한 당내 반대 세력의 결집이 이루어지지 못하고, 연이어 모리파 출신 수상이 탄생하였다. 고이즈미에 이은 아베安倍, 후쿠다福田가 모두 모리파였고, 최소 파벌인 아소麻生도 모리파의 지원하에 수상이 된 점을 감안하면, 자민당 내 파벌 경쟁에 의한 유사 정권 교체 효과의 창출이 어려워졌음을 반증해 준다.

파벌의 약화와 당 집행부 권한의 강화는 자민당 내부에서 새로운 목소리를 내면서 진자振子를 반대 방향으로 움직일 동력을 크게 떨어뜨렸다. 또한 자민당이 내부 파벌 간 진자의 이동을 통해 유사 정권 교체를 이룰 수 있었던 것은 야당이 결집하지 못하고, 자민당에 필적하는 현실적이고 매력있는 정책 대안을 제시하지 못했기 때문이었다. 그러나, 민주당이 야당 세력을 결집하고 자민당과 차별화된 정책 노선을 제시하면서, 유권자들의 관심은 자민당 내부의 저항적 세력보다는 자민당 외부의 대안적 세력에 주목하게 되었다. 따라서 자민당 내부의 유사 정권 교체보다는, 자민당에 대신하는 정당인 민주당에 대한 기대가 높아지면서 정권 교체는 현실로 나타났다.

그렇다면, 향후 여당 내부에서의 지도자 교체를 통한 유사 정권 교체 효과는 지속적으로 나타날 것인가? 중선거구제를 바탕으로 결속력이 강한 파벌이 존재하던 시절에는 독자적인 세력과 이념을 가진 당내 세력 결집이 쉬웠던 관계로, 파벌 간 경쟁에 의한 유사 정권 교체를 비교적 이루기 쉬웠다. 그러나 소선거구제를 중심으로 한 선거제도와 당 집행부의 권한이 강화된 현행의 제도하에서 예전과 같은 대립적인 파벌 관계를 유지한다는 것은 쉬운 일이 아니다. 정당 내 신인들의 경우, 차기 총선이나 국정선거를 염두에 두고, 당 집행부에 정면으로 반대 의사를 표명하거나 집단적으로 항의를 할 수 있는 제도적 환경이 약해졌다. 또한 당내에서 분열적 요소가 나타날 경우, 대외적으로 당의 분열이 정당에 대한 지지도를 떨어뜨리거나, 정책 수행 능력을 제약할 수 있는 가능성 또한 높아졌다. 그럼에도 불구하고, 정권 여당 내 최고지도자 교체에 의한 유사 정권 교체 효과는 창출해 낼 수 있다. 당 지도부가 교체되는 경우는 대부분 전임 총리가 인기가 없거나 정책 수행 능력에 문제가 있는 경우가 많으므로, 전임 당 대표에 갈음하는 정책 노선과 인물을 택하지 않을 경우, 내각과 당의 인기도 저하가 지속될 공산이 크기 때문이다. 따라서 전임 당 대표의 정책 노선에 수정을 가하는 유사 정권 교체 효과를 이룰 가능성은 남아 있다. 그러나, 이 같은 효과 창출은 양날의 칼일 수 있다. 새로운 정책 노선과 쟁점 제시를 통해 정권의 신선한 이미지를 만들 수는 있다. 하지만 정책 노선을 둘러싸고 당내 분열을 심화시킬 수도 있고, 국정선거 당시 유권자들에게 공약한 사항과 배치되는 정책을 추진할 가능성이 있어, 궁극적으로는 유권자들로부터 외면당할 가능성도 안고 있다. 따라서 정책 대안을 제시할 수 있는 능력과 인재를 가진 야당이 존재할 경우, 유사 정권 교체에 의한 정권 여당의 집권 연장 가능성은 1955년 체제와 비교할 때 현저하게 낮아졌다. 한 정당이 집권한 후 정책 수행 능력과 정당 이미지 면에서 국민적 반발에 직면할 경우, 유권자들이 직전의 선거 결과와 상반되는 선택을 함으로써 정당 간 정권 교체를 실현하는 방식이 보다 보편화될 공산이 크다.

[03]

전후 지배 이념과 정책 대립축의 변화

전후 반세기 이상에 걸친 정당 간 경쟁 체제의 변화 및 집권 여당인 자민당 내 파벌 간 경쟁 구조의 변화에 따라 지배 이념 및 정책 대립축의 변화 또한 두드러졌다. 일본을 지배하는 이념축이나 정책 대립축은 정치 세력 간 경쟁 관계 변화의 역학 속에서 장기적으로 이행하였다. 전후 체제 성립 과정에서 외교 · 안보 노선은 정당 간의 갈등을 가장 극명하게 보여 주는 이념적 대립축이었다.[20] 전후 초기 점령 당국이 추진한 급진적인 민주화와 탈군사화 개혁 조치를 가장 충실하게 받아들인 일본의 혁신 세력은 일본을 평화주의에 철저한 국가로 다시 만들어 나갈 것을 주장하였다. 철저하게 비무장 평화주의 노선을 외친 것이 혁신 세력이었다. 이들은 또한 냉전적 질서하에서 미국과 거리를 두면서 중립주의적 노선을 걷고자 하였다. 반면, 요시다를 중심으로 한 보수 본

20 大嶽秀夫,『再軍備とナショナリズム』(東京: 中央公論社, 1988).

류 세력은 일본의 안전보장을 위해 미국과의 동맹 관계를 유지하면서 일본의 본격적인 군사 국가화를 방지하고 경무장, 경제성장 중심 노선을 추구하고자 하였다. 냉전 질서하에서 최강국인 미국과 동맹 관계를 통해 국제 사회에 경제통상국가로 진출하려 한 점에서, 미국과 거리를 두려던 혁신 세력과는 대칭적인 외교 노선이었다. 한편, 하토야마, 기시 등의 급진 보수 세력은 전전 질서에 대한 복귀의 인상을 주는 군사적 현실주의, 즉 자주국방의 길을 외치는 한편, 소련 등과의 수교를 주장하는 등 미국 일변도의 외교에서 벗어나려는 정책을 구사하고자 하였다. 따라서 급진 보수와 혁신 진영 간의 세력과 노선 대립이 1960년 안보 투쟁으로 일단락될 때까지, 일본 정계는 평화국가론과 국제통상국가론, 자주국가론이 상호 경합하는 양상을 보여 주었다.

안보 투쟁 이후 급진 보수 세력의 자주국가론적 시도가 국민들의 반대에 직면하자, 자민당은 미 · 일동맹을 바탕으로 경제성장에 매진하는 국제통상국가 노선을 강력하게 추진하였다. 사회당을 중심으로 한 평화국가주의자들은 지속적으로 일본의 평화주의를 앞세워 헌법 수호와 사회경제적 민주주의의 고양을 목표로 삼아 자민당 노선을 견제하고자 하였다. 국제통상국가론 추구를 통해 세계 제2위의 경제 대국이 된 일본은 평화주의국가론을 억제하기보다는 견제 세력으로 용인하는 가운데 지나치게 군사현실주의적 노선으로 다가가는 것을 회피하고자 하였다. 실제로 자민당 정권은 일본의 소프트파워를 앞세운 문화국가론을 내세우는가 하면, 비군사적인 인간 안전보장을 포함한 종합 안전보장 정책을 펴 나가기도 하였다. 평화국가론자들과 국제통상국가론자들이 경쟁하는 양상이었지만, 후자의 우위 속에서 평화주의 노선을 크게 일탈하려는 시도는 없었던 것이 1955년 체제에서의 정책 대립축이었다.

1990년대 초 걸프전의 충격을 거치면서 등장한 보통국가론은 그 이전의 이념적 대립축과는 다른 차원의 국가 노선을 표면화시켰다. 즉, 미국과의 동맹을 강화하는 속에서 일본도 정치 · 군사적인 현실주의 노선을 강화하여 국제사회에 대한 공헌, 특히 인적 공헌으로 불리는 국제안보에 대한 기여를 높이자는 것이 보통국가론이었다. 보통국가론의 대두는 냉전이 끝난 후의 국제 질서에 대한 일본의 적극적인 대응이기도 했다. 보통국가론이 일본 정치 세력 일반에 자연스럽게 수용된 것은 결코 아니었지만, 평화주의국가론이 주장하던 일본 중심의 평화론, 즉 일국평화주의에 대한 결정적인 비판으로 작용하였다. 평화헌법의 수호에만 일관하던 사회당적인 평화주의와 비군사주의가 보통국가론의 견제를 받으면서 일본 국민들로부터 지지가 약화되는 것이 1990년대였다. 사회당이 자민당과 연립하는 과정에서 외교 · 안보 노선에 있어서 자기부정적인 태도를 취하게 되면서, 평화주의 세력의 정치적 활력은 급격하게 저하되었다. 그 대신 보통국가론적인 논의, 그중에서도 미 · 일동맹 강화론과 국제 안보 공헌론이 급상승하는 기간이 1990년대 중후반기였다. 따라서 1990년대를 관통한 이념적 대립축은 국제통상국가론자들에 대해 보통국가론자들이 도전하면서, 평화주의국가론이 급속하게 약화되는 양상이었다.

1990년대 후반이 되면서 자주국가론적인 논의가 일본 정계에 재부상하기 시작하였다. 이시하라가 주장하는 자주적 방위국가론이나 아베 등이 추진한 전후 체제로부터의 탈각은 보통국가론적인 국가 노선 추구를 현실화하는 동시에, 이를 넘어서서 일본의 군사현실주의를 더욱 강화하고 국제사회에서 일본의 자주적인 외교적 선택지를 늘려가려는 시도였다.[21] 물론, 좌파 세력에 대한 대항 개념으로 주장한 자주국가론적인 아이디어는 국민들로부터 긍정적인 화답을 받지 못했다. 아베가 추구한 전후 체제로부터의 탈각이 좌파의 왜소화에 공헌한 동시에 자민당까지 약화시키게 된 것은 역설적이다. 따라서 이념적 대립축으로 본 2000년대의 일본 정치는 보통국가론적인 논의가 주류를 이루면서, 자주국가론적인 목소리가 더해지는 시기였다. 국제통상국가론적인 논의가 사라진 것은 아니었으나, 보통국가론이 정치적 주류 세력을 차지하게 되었다.

전후 이념적 대립축 이행을 도표화해 보면 다음과 같다.[22] 즉 전후 체제의 출발기에는 A축에서 평화국가론과 자주국가론, 국제통상국가론이 경합하던 것이, 안보 투쟁을 거치면서 자주국가론이 약화되고 평화국가론과 국제통상국가론이 본격적으로 경쟁하는 시기가 1955년 체제의 대부분을 장식하였다. 1990년대에 들어서면 평화주의국가론이 약화되는 반면, 보통국가론이 새롭게 일어나 C축을 중심으로 정치적 대립축이 형성되어갔다. 2000년대에 들어서면 자주국가론적인 요소가 등장하면서 대립축의 각도가 약간 기울어지는 D축 형태의 이념적 대

21 아베 수상이 외쳤던 '주장하는 외교'는 곧 자주적인 외교 노선의 주장과 일맥상통하는 것이었다.

22 이념적 대립축을 중심으로 한 국가 노선의 대립을 단순화시킨 이 표는 다음과 같은 기존의 논의에 기반하여 필자가 작성한 것이다. 永井陽之助, 『現代と戦略』(東京: 文芸春秋, 1983); Mike Mochizuki, "Japan's Search for Strategy," *International Security* 8:3 (1983/4), 152-179쪽; 박철희, "고이즈미 정권의 대외 관계 인식과 한·일 관계 전망," 『외교안보연구원 주요국제문제 분석』(2002년 5월 31일); 박철희, "일본 보수 세력의 보통국가론과 한국의 대응 방안," 『외교안보연구원 정책연구시리즈』(2005년 3월 7일); 이명찬, "일본 외교안보 정책에 나타난 네 가지 노선," 『국제정치학회 연례학술대회 자유공모 3 논문』(2006); Richard Samuels, "Securing Japan: The Current Discourse," *Journal of Japanese Studies* 33:1 (2007), 125-152쪽; Richard Samuels, *Securing Japan* (Ithaca: Cornell University Press, 2007).

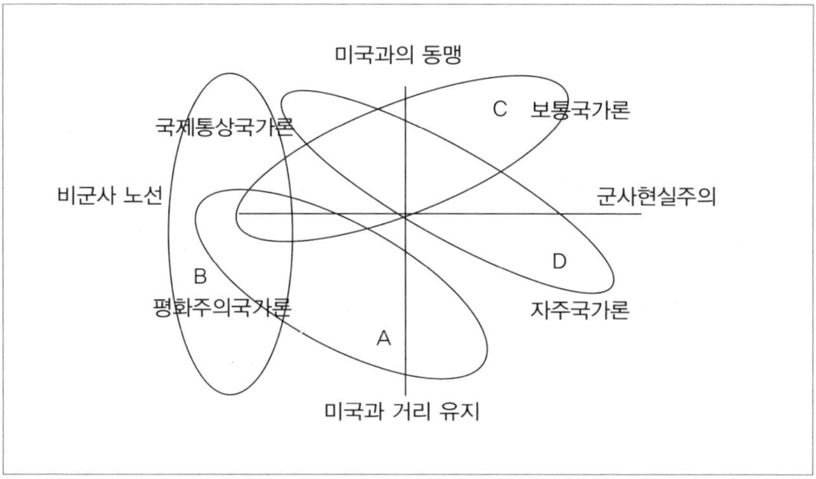

립축이 형성되었다.

전후 체제의 이념적 대립축이 상당한 이행을 겪었음에도 불구하고, 전후 체제의 근간에는 아직 근본적인 변화가 나타나지 않고 있다. 우선, 민주주의와 시장경제에 기반을 둔 체제와 가치관에 근본적인 수정을 가하려는 시도는 전무할 정도이다. 체제 자체에 대한 도전 세력disloyal opposition은 적어도 현실 정치권에서는 찾아볼 수 없다. 전전 체제에 대한 심정적 향수는 1950년대 중반까지 일부 정치 세력에 남아 있었지만, 정치적 세력화라는 측면에서는 사라진 지 오래다.[23] 역으로, 수사학적으로나마 자본주의를 대체하는 사회주의혁명을 외치던 세력들도 1970년대 후반 이후로는 표면화하지 않고 있다. 따라서 일본에서 민주주의와 자본주의적 시장경제 체제에 대한 근본적 부정은 예측 가

23 일본에 우익 세력은 있지만, 우익 정당은 존재하지 않는 것이 이를 반증해 준다.

능한 미래에 나타나지 않을 것으로 보인다. 둘째, 미 · 일동맹에 기반한 방위 · 안보 정책도 유지될 것으로 보인다. 1990년대 중반 이후 미국으로부터 벗어난 자주적인 방위 국가 건설을 외치는 정치인들도 있지만, 소수에 불과하다.[24] 비동맹 중립을 외치는 혁신 세력은 사라졌다. 중국의 부상과 적극적인 외교 행보가 가시화되는 시점에서 일본은 미국과의 동맹을 약화시키기보다는 이를 강화하면서 상호 운용성을 높일 가능성이 훨씬 높다.[25] 일본이 미국과의 동맹을 버리고 자주적인 선택을 한다면, 전후 체제의 골격은 무너질 것이다. 그러나 미 · 일동맹에 기초한 외교 · 안보 정책이 지속되는 한, 전후 체제의 근간에는 변함이 없을 것이다. 셋째, 일본은 평화헌법의 틀에 근본적인 수정을 가하지 않고 있다. 아베 시대에 헌법 개정에 대한 논의가 활발해졌고, 국민투표법이라는 절차법도 통과시킨 상태에서 평화헌법이 불변의 헌법으로 남아있을 가능성은 낮다. 또한, 일본은 수차에 걸친 '해석 개헌'을 통해 시대의 변화에 적응해 온 것도 사실이다. 그러나 일본이 헌법 조문을 개정한다손 치더라도, 일본 국민이나 주변국의 예상을 넘어서는 혁명적이거나 도발적인 변화를 추진하지는 않을 것이다. 이미 발표된 각 당의 헌법 개정 시안에 대한 분석은 일본이 헌법을 개정하더라도 변화가 예상 가능한 범위에 있을 것임을 예견할 수 있다.[26] 따라서 전후 체제의 근본적

24 박철희, "일본 보수 세력의 국가론과 동아시아 인식," 박태호 · 박철희 엮음, 『동아시아의 로컬리즘, 내셔널리즘, 리저널리즘』 (서울: 인간사랑, 2007), 169-196쪽.

25 동적 방위력에 기반한 일본의 신방위 구상에 대해서는, 2011년 12월에 발표된 신방위 계획의 대강을 참고할 것. http://www.mod.go.jp/j/approach/agenda/guideline/2010seibi.pdf (검색일: 2010년 12월 19일).

26 박철희, "일본 정당들의 헌법 개정 시안 분석을 통해 본 개헌 논의의 정치 과정," 『일본연구논총』 (2008), 65-93쪽.

인 변화를 주는 혁명적인 변화 가능성은 작아 보인다. 외교 · 안보 노선 이외에도, 일본의 정당정치는 국내 정치 · 경제를 이끌어가는 정책을 둘러싸고 대립축을 이행시켜왔다. 일본의 사회당과 혁신 세력은 외교 · 안보 노선을 둘러싼 이념적 측면에 치중하여 사회주의적 이상을 일본에 실현하려는 의욕은 그다지 부각되지 않았다. 그러나 노동자 계층을 중심으로 한 혁신 세력은 사회주의적 정책을 염두에 두고, 주로 복지국가적인 이상을 추구하였다. 즉, 성장 일변도보다는 성장의 이익을 국가를 중심으로 하여 재배분함으로써 사회적 약자들과 노동자들이 이익을 향유하는 형태의 국가를 지향하였다. 이들은 큰 정부를 현실로 받아들이고 큰 정부의 역할을 통해 분배의 구조를 개선하려는 노력이 중심을 이루었다. 복지국가론은 이들의 정책적 구심점이었다. 그러나 줄곧 야당으로 남았던 혁신 세력이 그들의 정치적 이상을 현실화할 기회는 없었다. 이에 반해, 자민당을 중심으로 한 온건 보수 세력은 패전 이후 쇠잔한 국력의 향상을 위해 경제성장에 매진할 것을 주장하였으며, 국가가 주도적인 역할을 통해 산업 정책 및 금융 정책을 통해 발전을 견인하는 역할을 충실하게 수행할 것을 주장해 왔다. 이른바, 발전국가론에 입각한 정책 추구가 자민당 보수 본류의 정책적 근간을 이루었다.

발전국가론을 중심으로 한 성장 위주의 국가 운영이 혁신 세력과 야당을 중심으로 한 거센 비판에 직면하자, 자민당 중추부는 이들의 요구를 수용하는 형태로 복지국가적인 요소를 가미하여 자원의 전국적인 분배, 사회적 약자에 대한 보호 조치 등을 강화해 나갔다. 시장경제에 기반을 둔 성장 노선을 포기하지 않으면서도, 사회민주주의적 요소를 가미한 혼합경제 노선을 추구함으로써 성장과 분배의 동시 달성을 이루고자 한 것이 자민당의 정책적 선택이었다. 1950년대와 1960년대에 발전국가론에 입각한 고도 성장을 바탕으로, 1970년대 초반 이후 복지국가적인 발상을 가미한 국가 노선을 추구하였다. 복지국가적인 분배구조의 강화로 재정 적자 및 공적 부분의 팽창이 문제가 되자, 나카소네는 자유주의적 개혁을 통해 규제개혁과 민영화를 통한 작은 정부를 실현하고, 성장의 활력을 부추기려고 하였다. 그러나 나카소네 이후에도 자민당 지도부는 성장과 분배를 배합한 국내 정치 · 경제 운영 방침에 따라 자민당의 지지층을 강화하려는 정책을 지속적으로 추구하였다.

고이즈미는 경제 불황이 지속하는 가운데 분배론에 중점을 둔 사회민주주의적 요소를 약화시키는 반면, 구조개혁, 특히 공공 부문의 축소를 통해 작은 정부를 실현하고, 동시에 성장의 새로운 기반을 마련하려는 정책을 펴고자 하였다. 즉, 고이즈미 시대의 자민당은 신자유주의 구조개혁을 통해 신성장 동력 마련을 모색하였다, 그러나 고이즈미가 수상직에서 물러난 후, 자민당은 농촌 세력의 이반과 사회 계층의 양극화 현상에 대한 우려를 바탕으로 신자유주의적 국가론에 대한 회의를 주장하는 세력과 신자유주의적 구조개혁을 주장하는 세력 간에 합의를 보지 못한 채 우왕좌왕하는 모습을 보여 주었다. 신자유주의적 국가론에 반기를 들면서, 양극화의 폐해를 시정하기 위한 분배적 요소의 강조를 생활 정치와 연결시켜 자민당 정권에 도전한 것이 민주당이었다. 그러나 민주당은 큰 정부보다는 공공 부문 개혁, 공무원 개혁 등을 통해 작은 정부를 실현하고, 지방분권과 민익우선론을 추구했다는 점에서 분권국가론을 내세웠다고 볼 수 있다.[27] 분권국가론적 이상을 추구하는 민주당이 작은 정부 실현과 동시에 사회적 분배 강화를 추구함으로써 재정적 부담을 해소할 방안에 고심하고 있는 것은 당연한 귀결일지도 모른다.[28]

국내 정치 · 경제적 정책 노선을 중심으로 일본의 정책적 대립축 이행을 도표화해 보면 다음의 그림과 같다. 즉, 복지국가적 이상을 내세운 혁신과 발전국가론적 정책을 주장한 자민당 보수가 A와 같은 형태의 대립축을 이룬 것이 1955년 체제의 기본적 대립축이었다. 하지만 정치 현실에서는 발전국가론이 압도적 우위에 서 있었다. 자민당 온건 보수 세력이 복지국가론적 요소를 가미하면서 B와 같이 종축에서 중간점으로의 이동과 복귀를 반복한 것이 1970년대였고, 이에 대한 수정을 가하려던 나카소네 시대는 신자유주의 국가론의 초기적 시도였다. 그러나 다시 나카소네 이후 정책 대립축은 발전국가론을 중심으로 전개되었으며, 이에 대한 본질적인 정책 수정은 고이즈미 시대에 들어서서 신자유주의적 개혁을 통해 이루어졌고, 대립축이 C의 형태로 바뀌었다.

그러나 이와 같은 국내 정치 · 경제적 정책 방향의 수정은 여야 간의 대립을 통해서보다는 자민당 내부에서의 정책 노선 대립 및 수정 · 보완으로 이루어져 왔고, 자민당 내부 경쟁의 결과로 정책 대립축이 이행

---

27 작은 정부와 분배 지향성을 결합하려는 국가 노선을 분권 국가로 볼 수 있다는 지적은 동료인 정종호 교수와의 대화에서 도움을 받았다.

28 한국의 노무현 정부는 일본민주당이 추구한 정책의 본보기에 해당할 수도 있다. 노무현 대통령은 재임 시절, 자신의 정책을 좌파 신자유주의라고 명명한 적이 있다. 사회적 약자의 보호와 엘리트에 대한 대항 의식으로서의 분배 강조라는 점에서는 좌파적이고 분배 지향적이지만, 큰 정부를 지향하기보다는 지방으로의 권력 이양 등을 통해 국가 권력 구조의 재편을 시도한 것은 자유주의적 시도였다는 점에서 한편 모순적이지만, 좌파 신자유주의라는 표현은 그가 지향한 정책 방향을 잘 표현하고 있다.

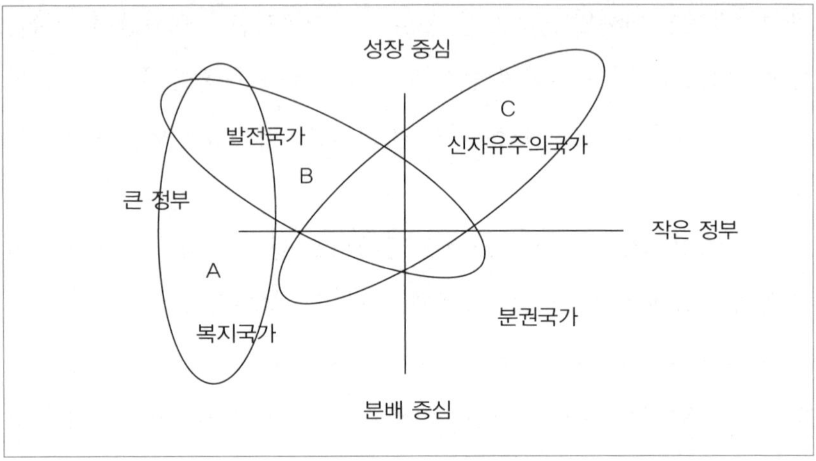

했다는 점에서 여야 간 대립축의 이행을 보여 주는 외교 · 안보 노선과는 대별된다. 외교 · 안보 노선을 중심으로 한 대립축이 혁신 세력과 보수 진영을 중심으로 한 대결 구조를 형상화하고 있다면, 국내 정치 · 경제 체제를 둘러싼 정책 노선 대립은 보수 세력인 자민당 내부에서 혁신 세력의 도전을 사전에 봉쇄하기 위한 선제적 대응과 정책 노선 흡수를 통해 이행이 이루어졌다. 여야 간 이념적 대립축의 중심에는 외교 · 안보 노선을 둘러싼 갈등이 주축을 이루고, 국내 정치 · 경제 체제를 둘러싼 정책적 대립축이 이를 보완하는 형태로 이행했다.

2009년 자민당에서 민주당으로 정권이 넘어갔지만, 일본 정치의 기본 패턴은 자민당 정치를 축으로 하여 이에 대항하는 담론과 정책 구상의 제시에 놓여 있다. 자민당은 자신들이 설정한 정치적 아젠다인 경제성장과 반사회주의적 이데올로기 추구에서 실패한 것이 아니라 성공을 거두었기 때문에 성공 이후 그 지배의 정당성이 의문시된 정당이다. 자민당 지배를 지탱해 주던 구조와 이념이 변환의 시대에 강력한 도전에 직면한 결과 실각한 것은 부정할 수 없다. 자민당은 지지 조직의 구성에 있어서 전국에 걸친 이익집단을 전반적으로 끌어안는 포괄정당으로 성장해 왔다. 중간 조직의 포괄정당이었던 것이다. 이를 가능하게 한 것은 성장의 이익인 예산을 지지 조직에 배분하는 '보상의 정치'를 통해서였다. 따라서 자민당은 이익 단체와 협회 등을 중심으로 잘 조직된 공급자 측의 소리에 귀를 기울이는 편향성을 가지고 있었다.[29] 또한, 지역공동체의 장기 거주자, 장노년층 및 자영업자들을 중심으로 한 지지자 단체를 가짐으로써, 조직화되지 않은 도시부의 샐러리맨, 고학력 유동층 및 젊은 유권자들의 목소리는 제대로 수용하지 못했다.[30] 패턴화된 다원주의로부터 소외된 유권자들의 이익을 대표하는 데 실패한 자민당은 생활자의 이익, 민익을 대변하고자 생활 정치를 내세운 민주당에 정권을 내주었다.[31] 정보통신 수단의 발달은 조직을 통한 비공식적 의사 전달보다 매스미디어 및 인터넷을 통한 직접적 · 동시적 · 무차별적 정보 전달을 가져와, 특정 조직의 이익 보호보다는 전국적인 쟁점에 민감한 정치 구조를 만들어내고 있다. 자민당이 생활자의 이익, 무당파층의 이해를 과소평가하고, 조직에 기반한 네트워크 정치에 집중한 것이 실패를 가속화했다. 또한, 자민당이 주도적으로 도입하기 시작한 각종 제도개혁은 자민당의 발목을 잡는 부메랑이 되었다. 정치개혁의 이

29 필자의 자민당 의원 시오자키 인터뷰. 2011년 1월 18일.

30 필자는 자민당 지지 조직들을 분석하면서 지지 조직의 전반적인 고령화, 세대 및 직업별 편중화로 인해 지배의 우위가 상당히 불안정적임을 지적한 바 있다. 朴喆熙, 『代議士のつくられ方』(東京: 文春新書, 2000), 183-199쪽,

31 민주당의 민익론에 기반한 대안 모색은, 鳩山由紀夫 · 菅直人, 『民益論』(東京: PHP, 1997).

름으로 도입한 소선거구제 중심의 선거제도는 야당의 통합을 유도하는 한편, 공백 선거구가 많은 야당으로 좋은 인재들이 유입되는 의도하지 않은 결과를 낳았다. 수상 관저와 내각의 집권적 통합을 가능하게 하는 정치 주도의 틀은 역설적으로 총리와 관저 및 내각 전체의 결과 책임을 크게 만들었다. 정치 주도를 관료의 주도권 배제로 이해하고 관료 두들기기bureaucracy bashing를 일상화함으로써, 관료들이 정치인들을 적극적으로 지지하기보다는 자신들의 책임 회피를 위해 몸을 사리는 무책임과 방임의 구조를 낳았다. 결국, 정치적 책임은 정책과 아젠다를 추진한 내각과 수상이 질 수밖에 없는 구조가 형성된 것이다. 또한, 지방의 비능률과 재정 적자 해소를 위한 합병 등 광역자치단체화도 자민당계 지방의원들을 약화시키는 결과를 낳았다. 1990년대 중반 이후 추진된 정치개혁 및 행 · 재정개혁 조치들이 역설적으로 자민당의 발목을 잡는 부메랑으로 다가온 것이다.

자민당이 추구하던 이념적 · 정책적 좌표는 시대에 부응하는 변화를 요구받고 있다. 경제성장을 추구하고 그 이익을 사회에 권위적으로 재배분하던 선순환의 정치는 경제 불황과 눈덩어리처럼 불어나는 재정 적자로 인해 그 실효성에 의문이 던져지고 있다. 글로벌화에 따른 산업의 공동화 및 신성장 동력의 부재, 고령화 및 소자화의 급속한 진전, 그리고 격차 사회의 도래 등이 일본 정부에 커다란 재정적 압박을 가하고 있다. 지방정부를 합치면 일본은 GDP의 200%에 달하는 재정 적자에 시달리고 있다. 따라서 이를 보전하기 위해서는 대대적인 구조개혁의 추진과 전반적인 세제개혁 등을 고려해야 할 국면에 이르렀다. 고도성장에 따라 재정 확충이 용이하던 시대와는 아주 다른 정치적 난제에 직면한 것이다.[32] 성장주의의 신화와 분배의 유혹에 매달린 정치는 이제 통용되지 않는다. 인구 증가와 고도성장이 끝난 고도 산업 사회에서의 재정 건전화와 사회복지 충실화의 과제를 어떻게 양립시켜 나갈 것인가를 둘러싸고 새로운 정책적 대립축이 형성될 가능성이 아주 높다. 또한 냉전이 끝날 때까지 자민당을 중심으로 한 일본 정계는 세계 최강대국인 미국과 밀접한 관계를 유지하면서, 자유와 번영에 기반한 안정적 정치 질서를 확보하는 데 성공했다. 하지만 일본 정치를 규정하는 대외적 여건에는 상당한 변화가 오고 있다. 동아시아 지역에서 일본은 오랫동안 성장과 발전의 모델이었지만, 이제는 세계 제2위의 경제대국 지위를 중국에 내주었다. 또한, 중국은 대외 문제에 대한 발언력을 높여가고 있으며, 적극적인 해양 안보와 핵심 이익 수호를 대내외에 공표하고 있다. 이와 같이 부상하는 중국을 포함하는 지역 질서의 변화에 어떻게 대응할 것인가를 둘러싸고 새로운 정책 아이디어를 모색해야 할 단계에 와 있다. 전후 체제의 외교 · 안보 노선에서는 미국과의 거리 유지를 둘러싼 이슈가 정치적 쟁점의 핵심이었다면, 이제부터는 중국과의 거리를 어느 정도 유지할 것인가가 쟁점의 핵으로 부상할 가능성이 크다.

일본의 정계가 이 같은 새로운 도전에 대응하여 새로운 패러다임을 구상할 것인가 아니면, 기존의 정치 패러다임 속에서 차선책을 추구할 것인가는 더 두고 보아야 할 것이다.

---

32 1990년대 초반까지의 일본 정치가 '시절 좋은 때의 정치(politics in good times)'였다면, 이제부터는 '어려운 시절의 정치(politics in hard times)'판을 짜야할 것이다. 이에 대한 논의로 참고가 될 만한 것은, Peter Gourevitch, *Politics in Hard Times* (Ithaca: Cornell University Press, 1986).

| 참고문헌 |

길승흠. 1998.『현대일본정치론』. 서울: 서울대학교출판부.

김영작 · 이원덕 공편. 2006.『일본은 한국에게 무엇인가』. 서울: 한울.

-. 전진호 공편. 2006.『글로벌화시대의 일본』. 서울: 한울.

권순미. 2003. "일본사회당의 실패와 조직노동과의 관계,"『한국정치학회보』, 37:2. 311-333쪽.

박철희. 2010. "정치개혁 아이디어의 발흥, 확산, 그리고 제도화,"『일본연구논총』, 32호. 35-61쪽.

-. 2010. "일본의 정권교체선거와 민주당정권의 향배," 최관 편.『저팬리뷰』. 서울: 고려대학교출판부.

-. 2008. "일본 정당들의 헌법개정안 시안분석을 통해서 본 개헌논의의 정치과정,"『일본연구논총』, 27호. 65-92쪽.

-. 박태호 공편. 2007.『동아시아의 로컬리즘, 내셔널리즘, 리져널리즘』. 서울: 인간사랑.

-. 2006. "일본야당세력의 재편과 정당경쟁체제,"『한국정치학회보』, 40집 5호. 가을. 279-299쪽.

-. 2005. "일본보수세력의 보통국가론과 한국의 대응방안,"『외교안보연구원 정책 연구시리즈』. 3월 7일.

-. 2005. "일본 9.11 총선과 자민당 정치역학의 변화,"『역사비평』, 가을. 127-151쪽.

-. 2004. "미국의 전략적 이해와 일본정치연구,"『국제지역연구』.

-. 2004. "전수방위에서 적극방위로,"『국제정치논총』.

-. 2002. "고이즈미정권의 대외관계 인식과 한일관계 전망,"『외교안보연구원 주요 국제문제분석』. 5월 31일.

-. 2001. "일본국제정치학의 패러다임 변화,"『일본연구논총』, 14권. 195-215쪽.

신정화. 2004.『일본의 대북정책 1945-1992』. 서울: 오름.

이기완. 2006.『일본의 정당과 정당정치』. 서울: 매봉.

-. 2002.『전환기의 일본정치와 연립정권』. 서울: 케이시 아카데미.

이명찬. 2006. "일본 외교안보정책에 나타난 네 가지 노선," 국제정치학회 연례학술대회 자유공모 3 논문.

이이범. 2008. "일본의 참의원선거와 수상의 역할," 『일본연구논총』, 28호. 57-82쪽.
－. 2004. "2003 일본 총선 결과 분석과 정당시스템의 변화," 『일본연구논총』, 19권. 1-27쪽.
장달중. 2002. 『세계화와 일본의 구조전환』. 서울: 서울대학교출판부.
－. 핫토리 다미오 공편. 2007. 『한일정치사회의 비교분석』. 서울: 고려대 아연.
정진성. 2001. 『현대일본의 사회운동론』. 서울: 나남출판.
진창수. 2006. "일본정당정치의 변동과 정책변화," 『일본연구논총』, 24권. 39-80쪽.
하세헌. 2008. "일본국회제도의 개혁," 『일본연구논총』, 28권. 33-55쪽.
한상일 · 김영작 외. 2005. 『일본형 시스템: 위기와 변화』. 서울: 일조각.
현대일본학회 편. 2007. 『일본정치론』. 서울: 논형.

Allinson, Gary and Sone Yasunori. 1993. *Political Dynamics in Contemporary Japan*. Ithaca: Cornell University Press.
Baerwald, Hans. 1986. *Party Politics in Japan*. Boston: Allen & Unwin.
－. 1959. *Purge of Japanese Leaders under the Occupation*. Berkeley: University of California Press.
Berger, Thomas. 1993. "From Sword to Chrysanthemum: Japan's Culture of Anti-Militarism," *International Security*. Spring. pp. 119-150.
Bestor, Theodore. 1989. *Neighborhood Japan*. Stanford: Stanford University Press.
Bix, Herbert. 2000. *Hirohito and the Making of Modern Japan*. New York: Harper Collins.
Blyth, Mark. 2002. *Great Transformations: Economic Ideas and Institutional Changes in the Twentieth Century*. Cambridge: Cambridge University Press.
Calder, Kent. 1993. *Strategic Capitalism*. Princeton: Princeton University Press.
－. 1988. *Crisis and Compensation: Public Policy and Political Stability in Japan, 1949-1986*. Princeton: Princeton University Press.
Campbell, John. 1973. *Contemporary Japanese Budget Politics*. New York: Columbia University.
Chie, Nakane. 1970. *Japanese Society*. Berkeley: University of California Press.
Christensen, Raymon. 2000. *Ending the LDP Hegemony*. Honolulu: University of Hawaii Press.
Curtis, Gerald. 1999. *The Logic of Japanese Politics*. New York: Columbia University Press.
－. 1988. *The Japanese Way of Politics*. New York: Columbia University Press.
－. 1971. *Election Campaigning Japanese Style*. New York: Columbia University Press.

Destler, I. M., Haruhiro Fukui and Hideo Sato. 1979. *Textile Wrangle: Conflict in Japanese-American Relations 1969-1971*. Ithaca: Cornell University Press.

Dore, Ronald. 1986. *Flexible Rigidities*. Princeton: Princeton University Press.

Dower, John. 1999. *Embracing Defeat: Japan in the Wake of the World War II*. New York: Free Press.

Estevez-Abe, Margarita. 2008. *Welfare and Capitalism in Postwar Japan*. Cambridge: Cambridge University Press.

-. 2006. "Japan's Shift toward a Westminster System," *Asian Survey* 46:4. July/August. pp. 632-651.

Fukui, Haruhiro. 1970. *Party in Power: The Japanese Liberal Democrats and Policy Making*. Berkeley: University of California Press.

Garon, Sheldon. 1997. *Molding Japanese Minds*. Princeton: Princeton University Press.

Gordon, Andrew. 1993. *Postwar Japan as History*. Berkeley: University of California Press.

Gourevitch, Peter. 1986. *Politics in Hard Times*. Ithaca: Cornell University Press.

Green, Michael. 2001. *Japan's Reluctant Realism*. New York: Palgrave.

Grimes, William. 2001. *Unmaking the Japanese Miracle: Macroeconomic Politics 1985-2000*. Ithaca: Cornell University Press.

Hall, Peter. 1989. *Political Power of Economic Ideas*. Princeton: Princeton University Press.

Hiwatari, Nobuhiro. 2002. "Irresolute Parties? The Fiscal Stimulus-Structural Reform Policy Dilemma and the Politics of Sectoral Coalition in Japan," *Ilbon Yeonku Nonchong* (*The Korean Journal of Japanese Studies*). Winter.

Jervis, Robert. 1997. *System Effects: Complexity in Political and Social Life*. Princeton: Princeton University Press.

Johnson, Charlmers. 1982. *MITI and the Japanese Miracle*. Stanford: Stanford University Press.

-. 1979. "Political Institutions and Economic Performance," in Frederic Deyo (ed.), *The Political Economy of New Asian Industrialism*. Ithaca: Cornell University Press.

- and E. B. Keehn. 1994. "A Disaster in the Making: Rational Choice Theory and Asian Studies," *The National Interest*. Summer. pp. 14-22.

Kaihara, Hiroshi. 2007. "The Advent of a New Japanese Politics," *Asian Survey* 47:5. September/October. pp. 749-765.

Kato, Junko. 1998. "Why the Party Breaks Up?" *American Political Science Review* 92. pp. 857-70.

－. 1997. *Problem of Bureaucratic Rationality*. New Haven: Yale University Press.

Katzenstein, Peter. 1988. "Japan, Switzerland of the Far East," in Takashi Inoguchi and Daniel Okimoto (eds.), *The Political Economy of Japan Vol. 2*. Stanford: Stanford University Press.

－. 1978. *Between Power and Plenty*. Ithaca: Cornell University Press.

Katznelson, Ira and Barry Weingast. 2005. *Preferences and Situations: Points of Intersection between Historical and Rational Choice Institutionalism*. New York: Russell Sage Foundation.

Kernell, Samuel. 1991. *Parallel Politics: Economic Policymaking in the United States and Japan*. Tokyo: Japan Center for International Exchange.

Kitschelt, Herbert. 1998. *The Transformation of European Social Democracy*. Cambridge: Cambridge University Press.

Kohno, Masaru. 1997. *Japan's Postwar Party Politics*. Princeton: Princeton University Press.

Mishima, Ko. 2007. "Grading Japanese Prime Minister Koizumi's Revolution," *Asian Survey* 47:5. September/October. pp. 727-748.

Mochizuki, Mike. 1983/4. "Japan's Search for Strategy," *International Security* 8:3. pp. 152-179.

Morley, James. 1972. *Japan's Thrust into Siberia*. New York: Freeport.

－. 1971. *Dilemmas of Growth in Prewar Japan*. Princeton: Princeton University Press.

Mouer, Ross and Yoshino Sugimoto. 1986. *Images of Japanese Society*. New York: KPI.

Mulgan, Aurelia George. 2005. Where Tradition Meets Change: Japan's Agricultural Politics in Transition," *Journal of Japanese Studies* 31:2. Summer. pp. 261-298.

Muramatsu, Michio and Eliss Krauss. 1987. "The Conservative Policy Line and the Development of Patterned Pluralism," in Kozo Yamamura and Y. Yasuba (eds.), *The Political Economy of Japan Vol. 1*. Stanford: Stanford University Press.

Okimoto, Daniel. 1989. *Between MITI and the Market*. Stanford: Stanford University Press.

Park, Cheol Hee. 2010. "Who's Who and Whereabouts of Japanese Political Studies in South Korea," *Japanese Journal of Political Science*. September.

－. 2004. "Political Dynamics of Regime Transformation in Japan in the 1990s," *Japanese Journal of Political Science*.

－. 2001. "Factional Dynamics in Japan's LDP since Political Reform," *Asian Survey*. May/June.

Passin, Herbert. 1970. *Japanese Education: A Biography of Materials*. New York:

Teachers' College Press.
–. 1965. *Society and Education in Japan*. New York: Columbia University Press.
Pekkanen, Robert. 2006. *Japan's Dual Civil Society*. Stanford: Stanford University Press.
Pempel, T. J. 1999. *Regime Shift: Contemporary Dynamics of Japanese Political Economy*. Ithaca: Cornell University Press.
–. 1990. *Uncommon Democracies*. Ithaca: Cornell University Press.
–. 1987. "The Tar Baby Target: Reform of the Japanese Bureaucracy," in Robert Ward and Yoshikazu Sakamoto (eds.), *Democratizing Japan*. Honolulu: University of Hawaii Press.
–. 1982. *Policy and Politics in Japan: Creative Conservatism*. Philadelphia: Temple University Press.
–. 1978. *Patterns of Japanese Policymaking*. Boulder: Westview Press.
Pyle, Kenneth. 2007. *Japan Rising: The Resurgence of Power and Purpose*. New York: Public Affairs.
–. 1996. *Japanese Question: Power and Purpose in a New Era*. Washington DC: AEI Press.
Ramseyer, Mark and Frances Rosenbluth. 1995. *Politics of Oligarchy: Institutional Choice of Imperial Japan*. Cambridge: Cambridge University Press.
– and Frances Rosenbluth. 1993. *Japan's Political Marketplace*. Cambridge: Harvard University Press.
Reed, Steven. 1999. "Political Reform in Japan: Combining Scientific and Historical Analysis," *Social Science Japan Journal 2*. pp. 177-193.
–. 1993. *Making Common Sense of Japan*. Pittsburgh: University of Pittsburgh Press.
–, Kenneth Mori McElwain, and Kay Shimizu. 2009. *Political Change in Japan*. Stanford: APARC.
– and Kay Shimizu. 2009. "Avoiding a Two-Party System: The Liberal Democratic Party versus Duverger's Law," in Steven Reed, Kenneth Mori McElwain and Kay Shimizu. *Political Change in Japan*. Stanford: APARC.
Richardson, Bradley. 1997. *Japanese Democracy*. New Haven: Yale University Press.
Rozman, Gilbert. 2007. *Northeast Asia's Stunted Regionalism*. New York: Palgrave.
Samuels, Richard. 2007. "Securing Japan: The Current Discourse," *Journal of Japanese Studies* 33:1. pp. 125-152.
–. 2007. *Securing Japan: Tokyo's Grand Strategy and the Future of East Asia*. Ithaca: Cornell University Press.
–. 2003. *Machiavelli's Children*. Ithaca: Cornell University Press.

－. 1994. *Rich Nation Strong Army*. Ithaca: Cornell University Press.
－. 1987. *The Business of the Japanese State*. Ithaca: Cornell University Press.
－ and Myron Weiner (eds.), 1992. *The Political Culture of Foreign Area and International Studies*. Washington DC: Brassey's.
Schaller, Michael. 1997. *Altered States: The United States and Japan since the Occupation*. New York: Oxford University Press.
Schlesinger, Jacob. 1999. *Shadow Shoguns: The Rise and Fall of Japan's Postwar Political Machine*. Stanford: Stanford University Press.
Schneider, Ethan. 2006. *Democracy without Competition in Japan*. Cambridge: Cambridgc University Press.
Shinoda, Tomohiko. 2007. *Koizumi Diplomacy: Japan's Kantei Approach to Foreign and Defense Affairs*. Seattle: University of Washington Press.
Sikkink, Kathryn. 1991. *Ideas and Institutions*. Ithaca: Cornell University Press.
Simon, Herbet. 1976. *Administrative Behavior*. New York: Free Press.
Steinmo, Sven, Kathleen Thelen and Frank Longstreth. 1992. *Structuring Politics: Historical Institutionalism in Comparative Politics*. New York: Cambridge University Press.
Stockwin, J. A. A. 1999. *Governing Japan: Divided Politics in a Resurgent Economy*. New York: Blackwell Publishers.
Tadokoro, Masayuki. 1994. "The End of Japan's Non-Decision Politics," *Asian Survey* 34:11. November. pp. 1002-1015.
Thayer, Nathaniel. 1969. *How the Conservatives Rule Japan*. Princeton: Princeton University Press.
Uriu, Robert. 2000. "The Impact of Policy Ideas: Revisionism and the Clinton Administration's Trade Policy," in Gerald Curtis (ed.), *New Perspectives on the U.S.-Japan Relations*. New York: Japan Center for International Exchange.
－. 1996. *Troubled Industries: Confronting Economic Change in Japan*. Ithaca: Cornell University Press.
Vogel, Ezra. 1985. *Japan as Number One: Lesson for America*. New York: Harper & Row.
－. 1968. *Japan's New Middle Class*. Berkeley: University of California Press.
Vogel, Steven. 1998. *Freer Market, More Rules*. Ithaca: Cornell University Press.
Ward, Robert. 1974. *Allied Occupation of Japan 1945-1952*. Chicago: American Library Association.
－. 1968. *Political Development in Modern Japan*. Princeton: Princeton University Press.
Ward, Robert and Yoshikazu Sakamoto. 1987. *Democratizing Japan*. Honolulu:

University of Hawaii Press.
White, James. 1970. *The Sokka Gakkai and Mass Society*. Stanford: Stanford University Press.
Wolferen, Karl von. 1990. *The Enigma of Japanese Power*. New York: Alfred Knopf.

秋田純. 2008. "小泉政権と小淵 · 森政権の予算からの比較," 東大法学部第7期蒲島ゼミ 編. 『小泉政権の研究』. 東京: 木鐸社.
朝日新聞政治部. 1992.『竹下派支配』. 東京: 朝日新聞社.
―. 1989.『竹下せいけんの崩壊』. 東京: 朝日新聞社.
麻生太郎. 2008. "消費税を10%にして基礎年金を全額税負担にしよう,"『中央公論』3月号. 176-187.
―. 2007.『自由と繁栄の弧』. 東京: 幻冬舎.
―. 与謝野馨, 2008. "民主党よ, 現実にかえろう,"『文芸春秋』6月号.
安倍晋三. 2006.『美しい国へ』. 東京: 文春新書.
飯尾潤. 2008.『日本の統治構造』. 東京: 中央公論新書.
―. 2008.『政局から政策へ』. 東京: NTT出版.
―. 1993.『民営化の政治過程』. 東京: 東京大学出版会.
飯島勲. 2008. "異常なり, 福田 '小手先.密室' 政治,"『現代』7月号. 108-115.
―. 2007.『実録小泉外交』. 東京: 日本経済新聞社.
―. 2006.『小泉官邸秘録』. 東京: 日本経済新聞社.
五十嵐武士. 1986.『対日講和と冷戦: 戦後日米関係の形成』. 東京: 東京大学出版会.
―. 1979. "対日占領政策の転換," 中村隆英.『占領期日本の経済と政治』. 東京: 東京大学出版会.
伊藤光利. 2006. "官邸主導型政策決定と自民党,"『レヴァイアサン』38号. 春. 7-40.
―. 2007. "政権交代に現実味はあるのか,"『中央公論』12月号. 114-122.
石川真澄. 1995.『戦後政治史』. 東京: 岩波新書.
―. 1984.『データ戦後政治史』. 東京: 岩波新書.
石田博英. 1963. "保守党のビジョン,"『中央公論』1月号.
伊奈久喜. 2007. "守屋事件の本当の深刻度,"『中央公論』12月号. 108-113.
―. 2006. "小泉外交は何だったのか,"『外交フォーラム』11月号. 12-19.
猪口孝. 1983.『現代日本政治経済の構造』. 東京: 東洋経済新聞社.
―. 岩井奉信. 1987.『族議員の研究』. 東京: 日本経済新聞社.
猪口 · 大嶽 · 蒲島 · 村松. 1998. "日本の政治学とレヴァイアサンの十年,"『レヴァイアサン』臨時増刊号. 153-176.
猪口 · 蒲島 · 北岡 · 小林 · 苅部 · 谷口. 2004. "日本政治研究が目指すもの,"『日本政治研究』1:1. 120-168.
今井亮介 · 蒲島郁夫. 2007. "なぜ自民党は一人区で惨敗したか,"『中央公論』10月号. 190-199.
岩見隆夫. 2007. "自民漂流か大連立の始まりか,"『中央公論』11月号. 78-85.
上住充弘. 1992.『日本社会党興亡史』. 東京: 自由社.
内田融. 2007.『小泉政権』. 東京: 中公新書.
内田健三. 1994.『戦後宰相論』. 東京: 文芸春秋.
—. 1989.『現代日本の保守政治』. 東京: 岩波書店.
—. 1983.『派閥』. 東京: 講談社.
—. 1969.『戦後日本の保守政治』. 東京: 岩波書店.
— 外. 2001.『この政治空白の時代』. 東京: 木鐸社.
奥島貞雄. 2002.『自民党幹事長室の30年』. 東京: 中央公論新社.
大嶽秀夫. 2007. "日本政治と政治学の転換点としての1975年,"『レヴァイアサン』40号. 春. 20-35.
—. 2006.『日本型ポピュリズムの研究』. 東京: 東洋経済新報社.
—. 1999.『高度成長期の政治学』. 東京: 東京大学出版会.
—. 1994.『戦後政治と政治学』. 東京: 東京大学出版会.
—. 1994.『自由主義的改革の時代』. 東京: 中央公論社.
—. 1988.『再軍備とナショナリズム』. 東京: 中央公論社.
—. 1981.『現代日本の政治権力, 経済権力』. 東京: 三一書房.
小川一夫. 2003.『大不況の経済分析』. 東京: 日本経済新聞社.
小倉和夫. 2003.『吉田茂の自問』. 東京: 藤原書店.
—. 1996.『語る』. 東京: 文芸春秋.
—. 1993.『日本改造計画』. 東京: 講談社.
海部俊樹. 2010.『政治とカネ』. 東京: 新潮新書.
加藤紘一. 2009.『劇場政治の誤算』. 東京: 角川新書.
金丸信. 1985. "世代交代,"『自民党の30年』. 東京: 読売新聞社.
加茂利男. 1993.『日本型政治システム』. 東京: 有斐閣.
蒲島郁夫. 2004.『戦後政治の軌跡』. 東京: 岩波書店.
—. 大川千寿. 2006. "安倍晋三の研究,"『世界』11月号. 70-79.
菅直人. 1997.『大臣』. 東京: 岩波新書.
姜尙中 · 李鍾元 · 水野直樹. 2003.『日朝交渉』. 東京: 岩波書店.
北岡伸一. 1995.『自民党一政権党の30年』. 東京: 読売新聞社.
—. 1994.『政党政治の再生』. 東京: 中央公論社.
木村幹. 2000.『朝鮮 · 韓国ナショナリズムと小国意識』. 東京: ミネルヴァア書房.
京極純一. 1983.『日本の政治』. 東京: 東京大学出版会.
草野厚. 1999.『連立政権』. 東京: 文春新書.

―. 1989.『国鉄改革』. 東京: 中公新書.
国正武重. 1999.『湾岸戦争という転回点』. 東京: 岩波書店.
久米郁男. 1998.『日本型労使関係の成功: 戦後和解の政治経済学』. 東京: 有斐閣.
久保亘. 1998.『連立政権の真実』. 東京: 読売新聞社.
具裕珍. 2006.『新しい歴史教科書をつくる会を通してみる歴史認識の日本政治』. ソウル大学国際大学院修士論文.
小泉純一郎. 1996.『官僚王国解体論』. 東京: 光文社.
後藤基夫・内田健三・石川真澄. 1982.『戦後保守政治の軌跡』. 東京: 岩波書店.
後藤田正晴. 1998.『情と理』. 東京: 講談社.
香山健一. 1975. "日本の自殺,"『文芸春秋』2月.
坂本多加雄. 1996.『知識人』. 東京: 読売新聞社.
佐々木毅. 1992.『政治はどこへ向かうのか』. 東京: 中公新書
佐々木・吉田・谷口・山本. 1999.『代議士と金』. 東京: 朝日新聞社.
佐道明広. 2006.『戦後政治と自衛隊』. 東京: 吉川弘文館.
佐藤誠三郎・松崎哲久. 1986.『自民党政権』. 東京: 中央公論社.
塩田潮. 2009.『新版民主党の研究』. 東京: 平凡社
―. 2008. "キーマンたちが語る福田退陣と小沢政局の本音,"『中央公論』10月号. 84-93.
―. 2007.『民主党の研究』. 東京: 平凡社新書
塩崎恭久. 2009. "麻生総理よ, 直ちに総裁選を,"『文芸春秋』8月号. 122-128.
重村智計. 2006.『外交敗北』. 東京: 講談社.
島田順二. 2006. "日米安保体制のさらなる強化に向けて: 2+2 共同文書の意義,"『外交フォーラム』3月号. 22-27.
清水慎三. 1961.『日本の社会民主主義』. 東京: 岩波書店.
清水直人. 2005.『官邸主導』. 東京: 日本経済新聞社.
信田智人. 2004.『官邸外交』. 東京: 朝日新聞社.
白川勝彦. 2000.『自自公を批判する』. 東京: 花云社.
新川俊光. 1999.『戦後日本政治と社会民主主義』. 東京: 法律文化社.
鈴木棟一. 2006.『小泉政権50の功罪』. 東京: ダイヤモンドしゃ.
曾根泰教. 1986. "やらせの政治: 審議会方式を検証する,"『中央公論』1月号.
高畠通敏. 1979. "大衆運動の多様化と変質," 日本政治学会　編.『55年体制の形成と崩壊』. 東京: 岩波書店.
武村正義. 1994.『小さくともきらりと光る国』. 東京: 光文社.
竹中治堅. 2006.『首相支配』. 東京: 中公新書.
竹中平蔵. 2006.『構造改革の真実』. 東京: 日本経済新聞社.
建林正彦. 2004.『議員行動の政治経済学』. 東京: 有斐閣.
立花隆. 1976.『田中角栄の研究』. 東京: 講談社.
田中愛治. 2009. "自民党衰退の構造: 得票構造と政策対立軸の変化," 読売新聞世論調査部.

『2009年, なぜ政権交代だったのか』. 東京: 勁草書房.
田中愛治. 2004. "日本の政党システム変容: 1980-90年代の変化と無党派層の増大," 曾根泰教 · 崔章集 編.『変動期の日韓政治比較』. 東京: 慶應義塾大学出版会.
ー. 1997. "政党支持なし層の意識構造,"『レヴァイアサン』20号. 春. 101-129.
田中秀征. 2004.『日本リベラルと石橋湛山』. 東京: 講談社.
谷口将紀. 2007. "日本政治研究のおけるアプローチのアプローチ,"『レヴァイアサン』40号. 春. 196-204.
ー. 2004.『現代日本の選挙政治』. 東京: 東京大学出版会.
田原総一朗. 2009.『崩壊自民の裏のウラ』. 東京: 朝日新聞.
ー. 2002.『日本の政治: 田中角栄, 角栄以後』. 東京: 講談社.
ー. 2001.『日本のカラクリ』. 東京: 朝日新聞社.
永井陽之助. 1983.『現代と戦略』. 東京: 文芸春秋.
中川秀直. 2008. "大連立仕掛人の証言,"『現代』1月号. 42-50.
中曽根康弘. 2010.『保守の遺言』. 東京: 角川書店.
ー. 2000.『21世紀日本の国家戦略』. 東京: PHP
ー. 1996.『天地有情』. 東京: 文芸春秋
ー. 1992.『政治と人生』. 東京: 講談社.
ー · 渡辺恒雄. 2009. "自民党政治はいつ終わったか,"『文藝春秋』9月号. 164-173.
成田憲彦. 1997. "政治改革の過程論の試み,"『レヴァイアサン』20号. 春. 7-57.
日本社会党50年史編纂委員会 編. 1996.『日本社会党史』. 東京: 社会民主党全国連合.
野坂浩賢. 1996.『政権』. 東京: すずさわ書店.
野中尚人. 2008.『自民党政治の終り』. 東京: ちくま新書.
増山幹高. 2003.『議会制度と日本政治』. 東京: 木鐸社.
丸山眞男. 1957.『現代政治の思想と行動』. 東京: 未来社.
ー. 1952.『日本政治思想史研究』. 東京: 東京大学出版会.
三宅一郎 · 山口定 · 村松みちお · 進藤栄一. 1985.『日本政治の座標』. 東京: 有斐閣選書.
ー. 1981.『合理的選択の政治学』. 東京: ミネルバ書房.
村上泰亮. 1984.『新中間大衆の時代』. 東京: 中央公論社.
ー · 公文俊平 · 佐藤誠三郎. 1977. "脱保革時代の政治ビジョン,"『中央公論』1月号.
ー · 公文俊平 · 佐藤誠三郎. 1976.『文明としてのイエ社会』. 東京: 中央公論社.
村松みちお · 伊藤光利 · 中豊. 1992.『日本の政治』. 東京: 有斐閣.
ー · 奥野正寛. 2002.『平成バブルの研究』. 東京: 東洋経済新報社.
村山富一. 1998.『それじゃのう...』東京: 第三書舘.
モチヅキ. M. 1985. "比較の中の日本政治ーアメリカにおける現代日本政治研究,"『近代日本研究』7. 東京: 山川出版社.
森裕城. 2001.『日本社会党の研究: 路線転換の政治過程』. 東京: 木鐸社.
朴喆熙. 2000.『代議士のつくられ方』. 東京: 文春新書.

鳩山由起夫・菅直人. 1997.『民益論』. 東京: PHP.
浜口恵俊. 1982.『間人主義の社会 日本』. 東京: 東洋経済新聞社.
早野透. 2001. "小淵政権発足から自自連立へ," 内田健三 外.『この政治空白の時代』. 東京: 木鐸社.
―. 2001. "自自公政局から見えるもの," 内田健三 外.『この政治空白の時代』. 東京: 木鐸社.
広瀬道貞. 1981.『補助金と政権党』. 東京: 朝日文庫.
樋渡展洋・三浦まり. 2002.『流動期の日本政治』. 東京: 東京大学出版会.
福井治弘. 1974. "沖縄返還交渉," 日本国際政治学会 編.『沖縄返還交渉の政治過程』. 東京: 有斐閣.
福元健太郎. 2000.『日本の国会政治』. 東京: 東京大学出版会.
藤岡信勝・自由主義史観研究会. 1999.『教科書が教えない歴史』. 東京: 産経新聞ニュースサービス.
星浩. 2006.『安倍政権の日本』. 東京: 朝日新書.
堀幸雄. 1973.『公明党論』. 東京: 青木書店.
山口二郎. 2009.『政権交代論』. 東京: 岩波新書.
―. 2007.『ポスト戦後政治の対抗軸』. 東京: 岩波書店.
―. 1993.『政治改革』. 東京: 岩波新書.
山岸章. 1995.『連立仕掛人』. 東京: 講談社.
―. 1992.『連合世直しへの挑戦』. 東京: 東洋経済新報社.
尹秀敬. 2006.『舊社会党勢力の移行過程を通してみる日本革新勢力の変化』ソウル大学国際大学院修士論文.
横道孝宏. 1995.『第三の極』. 東京: 講談社.
横山宏章. 1994.『日中の障壁』. 東京: サイマル出版会.
読売新聞政治部. 2009.『自民崩壊の300日』. 東京: 新潮社.
―. 2006.『外交を喧嘩にした男』. 東京: 新潮社.
―. 2005.『自民党を壊した男』. 東京: 新潮社.
―. 1986.『総理大臣中曽根康弘』. 東京: 現代出版.
―. 1985.『自民党の三十年』. 東京: 読売新聞社.
若宮啓文. 1995.『戦後保守のアジア観』. 東京: 朝日新聞社.
渡辺治. 2007.『安倍政権論: 新自由主義から新保守主義へ』. 東京: 旬報社.
―. 1994.『政治改革と憲法改正』. 東京: 青木書店.
渡辺恒雄. 1958.『派閥: 保守党の解剖』. 東京: 弘文堂.

| 찾아보기 |

:: 인물

ㅁ

ㅅ

ㅇ

:: **일반**

박철희(朴喆熙)

1963년생. 서울대학교 정치학과에서 학사와 석사 학위를 취득하고, 1998년 미국 콜럼비아 대학에서 정치학 박사 학위를 받았다. 박사 학위를 위한 현지조사과정 중 나카소네 전 수상이 회장으로 있는 세계평화연구소에서 객원연구원으로 근무하면서, 선거제도 개혁 이후의 자민당의 선거전략 및 정당조직에 관한 연구를 수행하였다. 그의 박사 학위 논문 "Electoral Strategies in Urban Japan"은 일본 문예춘추사에서 『代議士のつくられ方(일본의 국회의원이 만들어지는 법)』이라는 제목으로 출간되어 자민당 연구의 필독서가 되었다.
학위 취득 이후 1999년부터 2002년 2월까지 일본 국립 정책연구대학원대학에서 조교수로 근무하면서 현대 일본 정치와 비교 정치를 가르쳤으며, 2002년 귀국하여 2004년 8월까지 외교안보연구원 조교수로 근무하면서 대일 정책에 대한 자문 및 일본 외교 정책 분석, 그리고 한국 외교 일반에 대한 다양한 집필을 하였다. 이후 2004년 가을학기부터 서울대학교 국제대학원으로 자리를 옮겨 일본 정치와 외교, 한일관계론, 동아시아 국제관계론을 가르치고 있다. 일본의 고베 대학, 게이오 대학 및 미국 콜럼비아 대학 객원교수를 역임하였으며, 한국정치학회, 현대일본학회, 한국국제정치학회의 이사로 일한 바 있다.
공저로는 *Japan's Strategic Thought toward Asia*, *East Asia's Haunted Present*, *U.S. Leadership, Historial and Bilateral Relationship in Northeast Asia*, *Changing Power Relations in Northeast Asia* 등이 있으며, 역서로는 『21세기 일본의 국가전략』, 『흔들리는 일본의 정당정치』, 『일본의 미들파워 외교』 등이 있다. 그 외 『한국정치학회보』, 『국제정치논총』, 『일본연구논총』 등 국내 유수의 학술지와 *Asian Survey*, *Japanese Journal of Political Science*, *International Political Science Review*, *Asian Journal of Political Science* 등 국제적으로 유명한 학술지에도 다수의 논문을 게재하였다.
2002년부터 한일포럼 멤버이자 운영위원으로 활동하고 있으며, 청와대, 외교통상부, 교육부, 국회, 서울특별시 등 국가기관은 물론 한일의원연맹, 한일협력위원회 등 민간기관에도 다양한 자문을 하고 있다. 2005년 일본 연구 및 한일관계 개선에 대한 공로를 인정받아 제1회 나카소네 야스히로상을 수상하였다. 현재 서울대학교 국제대학원 교수로 재직 중이다.

자민당 정권과 전후 체제의 변용

펴낸곳 서울대학교출판문화원
펴낸이 성낙인
지은이 박철희

초판 1쇄 발행 2011년 8월 26일
초판 4쇄 발행 2017년 4월 30일

출판등록 제15-3호

주소 서울시 관악구 관악로 1 우편번호 08826
대표전화 02-880-5252
팩스 02-889-0785
출판관리팀(주문상담) 02-889-4424, 02-880-7995
이메일 snubook@snu.ac.kr
홈페이지 www.snupress.com
영문홈페이지 eng.snupress.com

ISBN 978-89-521-1245-3 93340

2012 대한민국학술원 우수학술도서